대전광역시

NCS + 최신상식 + 일반상식

공공기관 통합채용

시대에듀

2025 시대에듀 대전광역시 공공기관 통합채용
NCS + 최신상식 + 일반상식

Always **with you**

사람의 인연은 길에서 우연하게 만나거나 함께 살아가는 것만을 의미하지는 않습니다.
책을 펴내는 출판사와 그 책을 읽는 독자의 만남도 소중한 인연입니다.
시대에듀는 항상 독자의 마음을 헤아리기 위해 노력하고 있습니다. 늘 독자와 함께하겠습니다.

머리말 PREFACE

대전광역시 공공기관 통합채용, 합격으로 나아가도록 준비했습니다!

대전광역시가 산하 공공기관의 채용 공정성과 투명성을 높이고 종합 채용홍보를 강화하기 위해 2025년 공공기관 직원 통합채용을 실시합니다. 채용은 상반기와 하반기로 나누어 실시되며, 일반직과 공무직을 모두 채용할 예정입니다. 상세한 채용일정과 내용은 대전광역시 홈페이지 등에 공고될 예정이며, 지원서는 대전광역시의 통합채용 홈페이지에서 접수할 수 있습니다. 각 기관별 중복지원은 불가하며 하나의 기관에 1개의 분야에만 지원 가능합니다.

자세한 사항은 대전광역시 및 채용기관별 홈페이지를 통해 확인할 수 있으며, 통합채용 필기시험은 대전광역시 주관으로 시행됩니다. 필기시험 과목은 일반상식과 NCS 직업기초능력평가, 직렬별 전공과목, 인성검사로 채용기관별 모집 직렬에 따라 다르게 출제하고 있어 응시자들은 기관별 공고문을 자세히 살펴볼 필요가 있습니다. 최종 합격자는 통합채용 홈페이지 등을 통해 발표될 예정입니다.

이 한 권만 보고 합격할 수 있도록 필요한 모든 내용을 정성껏 담았습니다!

필기시험의 공통과목은 다양하고, 직렬에 따라 공부해야 할 내용도 다릅니다. 시간과 비용이 부족한 수험생들이 해당사항들을 일일이 확인하고 찾아 공부하기는 어렵습니다. 그래서 대전광역시 공공기관 통합채용을 준비하는 수험생들이 이 책 한 권만으로 필기시험 과목을 충분히 학습할 수 있도록 알차게 만들었습니다. NCS · 일반상식 최신기출문제와 적중예상문제, 최신시사상식을 담아 시험 유형을 미리 파악하고 대비할 수 있도록 했습니다.

도서의 특징

❶ 주요 공공기관에서 출제되었던 NCS 직업기초능력평가와 일반상식 기출문제를 학습하며 필기시험 유형을 파악할 수 있도록 했습니다.

❷ 자주 출제되는 최신시사상식은 물론, 출제될 만한 국제 수상내역과 상식용어 등을 한눈에 확인하기 쉽도록 정리해 낯선 시사 분야도 쉽게 학습할 수 있습니다.

❸ 시험에 출제될 만한 분야별 일반상식 적중예상문제를 수록하여 일반상식 시험 대비를 더욱 탄탄하게 할 수 있도록 했습니다.

❹ 주요 공공기관 필기시험에서 치러지는 NCS 직업기초능력평가 기출예상문제를 수록해, 시험 대비에 만전을 기할 수 있도록 했습니다.

대전광역시 공공기관 통합채용을 준비하는 수험생 여러분들이 본서를 통해 합격의 길로 나아가시길 진심으로 기원합니다.

시대적성검사연구소 씀

이 책의 구성과 특징 STRUCTURES

PART 1 주요 공공기관 NCS 기출문제 / 주요 공공기관 일반상식 기출문제

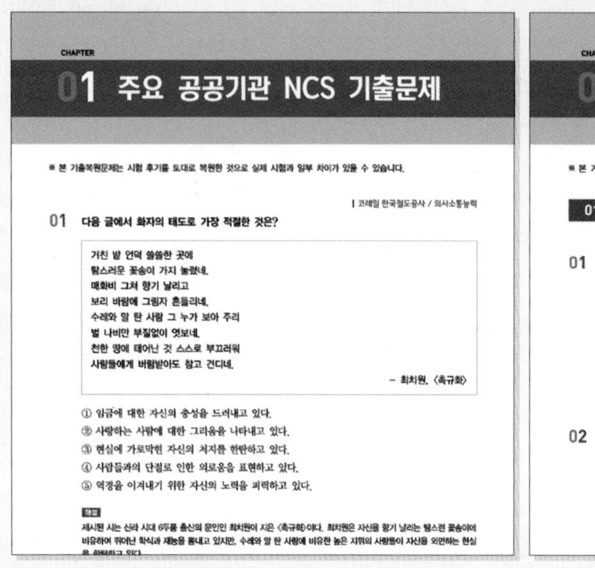

CHAPTER

01 주요 공공기관 NCS 기출문제

※ 본 기출복원문제는 시험 후기를 토대로 복원한 것으로 실제 시험과 일부 차이가 있을 수 있습니다.

| 코레일 한국철도공사 / 의사소통능력

01 다음 글에서 화자의 태도로 가장 적절한 것은?

거친 밭 언덕 쓸쓸한 곳에
탐스러운 꽃송이 가지 눌렀네.
매화비 그쳐 향기 날리고
보리 바람에 그림자 흔들리네.
수레와 말 탄 사람 그 누가 보아 주리
벌 나비만 부질없이 엿보네.
천한 땅에 태어난 것 스스로 부끄러워
사람들에게 버림받아도 참고 견디네.

– 최치원, 〈촉규화〉

① 임금에 대한 자신의 충성을 드러내고 있다.
② 사랑하는 사람에 대한 그리움을 나타내고 있다.
③ 현실에 가로막힌 자신의 처지를 한탄하고 있다.
④ 사람들과의 단절로 인한 외로움을 표현하고 있다.
⑤ 역경을 이겨내기 위한 자신의 노력을 피력하고 있다.

해설
제시된 시는 신라 시대 6두품 출신의 문인인 최치원이 지은 〈촉규화〉이다. 최치원은 자신을 향기 날리는 탐스런 꽃송이에 비유하여 뛰어난 학식과 재능을 뽐내고 있지만, 수레와 말 탄 사람에 비유한 높은 지위의 사람들이 자신을 외면하는 현실을 한탄하고 있다.

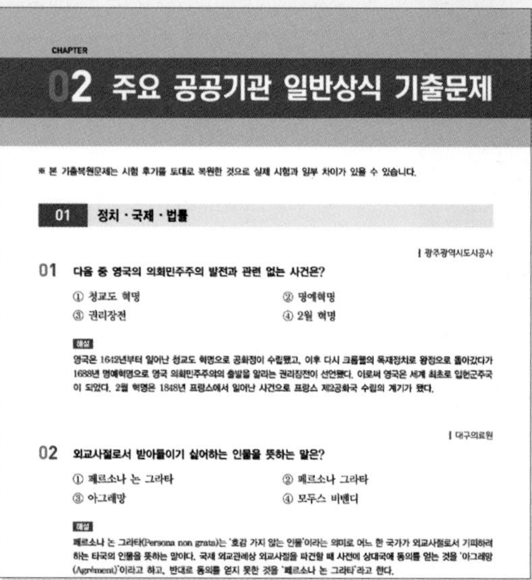

CHAPTER

02 주요 공공기관 일반상식 기출문제

※ 본 기출복원문제는 시험 후기를 토대로 복원한 것으로 실제 시험과 일부 차이가 있을 수 있습니다.

01 정치 · 국제 · 법률

| 광주광역시도시공사

01 다음 중 영국의 의회민주주의 발전과 관련 없는 사건은?

① 청교도 혁명 ② 명예혁명
③ 권리장전 ④ 2월 혁명

해설
영국은 1642년부터 일어난 청교도 혁명으로 공화정이 수립됐고, 이후 다시 크롬웰의 독재정치로 왕정으로 돌아갔다가 1688년 명예혁명으로 영국 의회민주주의의 출발을 알리는 권리장전이 선언됐다. 이로써 영국은 세계 최초로 입헌군주국이 되었다. 2월 혁명은 1848년 프랑스에서 일어난 사건으로 프랑스 제2공화국 수립의 계기가 됐다.

| 대구의료원

02 외교사절로서 받아들이기 싫어하는 인물을 뜻하는 말은?

① 페르소나 논 그라타 ② 페르소나 그라타
③ 아그레망 ④ 모두스 비벤디

해설
페르소나 논 그라타(Persona non grata)는 '호감 가지 않는 인물'이라는 의미로 어느 한 국가가 외교사절로서 기피하려 하는 타국의 인물을 뜻하는 말이다. 국제 외교관례상 외교사절을 파견할 때 사전에 상대국에 동의를 얻는 것을 '아그레망(Agrément)'이라고 하고, 반대로 동의를 얻지 못한 것을 '페르소나 논 그라타'라고 한다.

공공기관에서 최근 출제된 NCS 직업기초능력평가와 분야별 일반상식 기출문제를 선별 수록하여 최신출제경향과 트렌드를 한눈에 파악할 수 있도록 하였습니다.

PART 2 주요 국제 Awards / 최신시사용어

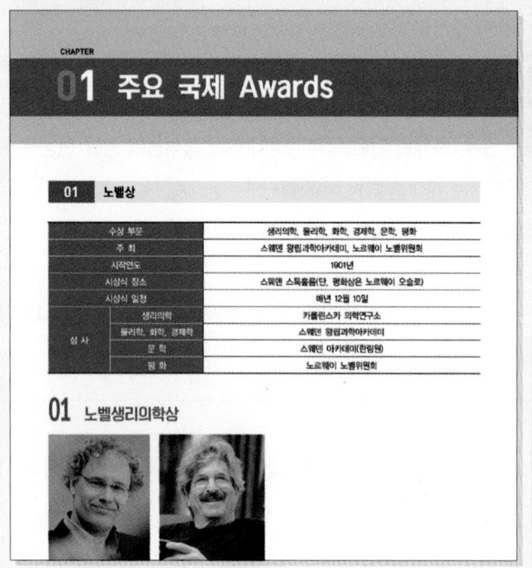

CHAPTER

01 주요 국제 Awards

01 노벨상

구분		내용
수상 부문		생리의학, 물리학, 화학, 경제학, 문학, 평화
주 최		스웨덴 왕립과학아카데미, 노르웨이 노벨위원회
시작연도		1901년
시상식 장소		스웨덴 스톡홀름(단, 평화상은 노르웨이 오슬로)
시상식 일정		매년 12월 10일
심 사	생리의학	카롤린스카 의학연구소
	물리학, 화학, 경제학	스웨덴 왕립과학아카데미
	문 학	스웨덴 아카데미(한림원)
	평 화	노르웨이 노벨위원회

01 노벨생리의학상

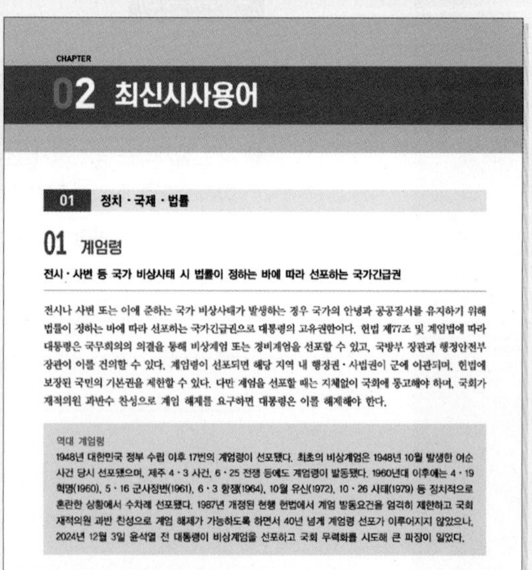

CHAPTER

02 최신시사용어

01 정치 · 국제 · 법률

01 계엄령

전시 · 사변 등 국가 비상사태 시 법률이 정하는 바에 따라 선포하는 국가긴급권

전시나 사변 또는 이에 준하는 국가 비상사태가 발생하는 경우 국가의 안녕과 공공질서를 유지하기 위해 법률이 정하는 바에 따라 선포하는 국가긴급권으로 대통령의 고유권한이다. 헌법 제77조 및 계엄법에 따라 대통령은 국무회의의 의결을 통해 비상계엄 또는 경비계엄을 선포할 수 있고, 국방부 장관과 행정안전부 장관이 이를 건의할 수 있다. 계엄령이 선포되면 해당 지역 내 행정권 · 사법권이 군에 이관되며, 헌법에 보장된 국민의 기본권을 제한할 수 있다. 다만 계엄을 선포할 때는 지체없이 국회에 통고해야 하며, 국회가 재적의원 과반수 찬성으로 계엄 해제를 요구하면 대통령은 이를 해제해야 한다.

역대 계엄령
1948년 대한민국 정부 수립 이후 17번의 계엄령이 선포됐다. 최초의 비상계엄은 1948년 10월 발생한 여순사건 당시 선포됐으며, 제주 4 · 3 사건, 6 · 25 전쟁 등에도 계엄령이 발동됐다. 1960년대 이후에는 4 · 19 혁명(1960), 5 · 16 군사정변(1961), 6 · 3 항쟁(1964), 10월 유신(1972), 10 · 26 사태(1979) 등 정치적으로 혼란한 상황에서 수차례 선포됐다. 1987년 개정된 현행 헌법에서 계엄 발동요건을 엄격히 제한하고 국회 재적의원 과반 찬성으로 계엄 해제가 가능하도록 하면서 40년 넘게 계엄령 선포가 이루어지지 않았으나, 2024년 12월 3일 윤석열 전 대통령이 비상계엄을 선포하고 국회 무력화를 시도해 큰 파장이 일었다.

공공기관의 상식문제들은 일반상식은 물론이고 최신시사상식의 출제빈도도 높습니다. 하지만 매일 쏟아져 나오는 많은 이슈들을 다 공부할 수는 없기 때문에 단기간에 빠르게 학습할 수 있도록 꼭 필요한 최신상식만을 선별하여 정리하였습니다.

PART 3 분야별 일반상식 적중예상문제

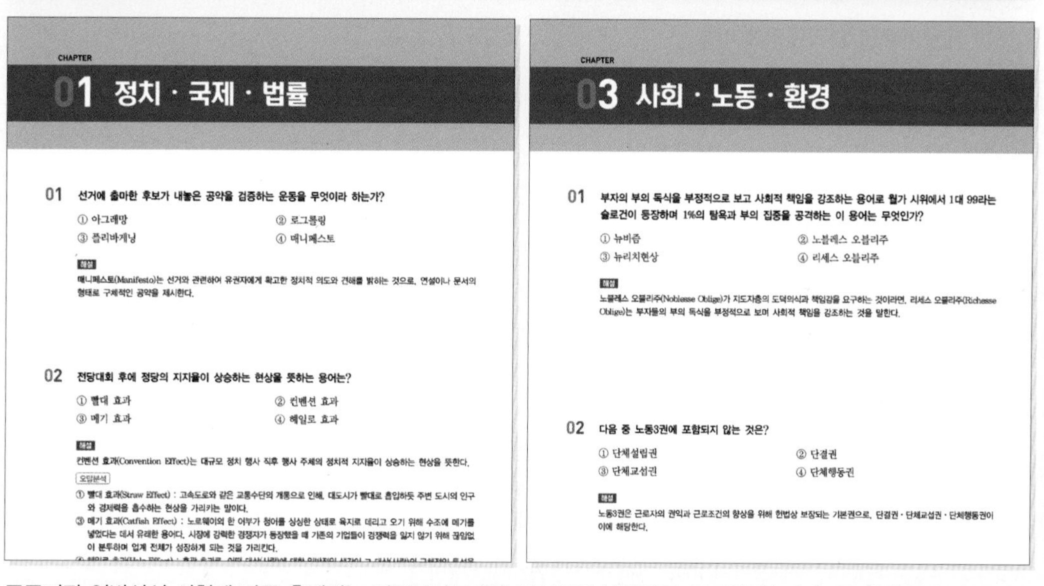
CHAPTER

01 정치 · 국제 · 법률

01 선거에 출마한 후보가 내놓은 공약을 검증하는 운동을 무엇이라 하는가?

① 아그레망 ② 로그롤링
③ 플리바게닝 ④ 매니페스토

해설
매니페스토(Manifesto)는 선거와 관련하여 유권자에게 확고한 정치적 의도와 견해를 밝히는 것으로, 연설이나 문서의 형태로 구체적인 공약을 제시한다.

02 전당대회 후에 정당의 지지율이 상승하는 현상을 뜻하는 용어는?

① 빨대 효과 ② 컨벤션 효과
③ 메기 효과 ④ 헤일로 효과

해설
컨벤션 효과(Convention Effect)는 대규모 정치 행사 직후 행사 주체의 정치적 지지율이 상승하는 현상을 뜻한다.

오답분석
① 빨대 효과(Straw Effect) : 고속도로와 같은 교통수단의 개통으로 인해, 대도시가 빨대로 흡입하듯 주변 도시의 인구와 경제력을 흡수하는 현상을 가리키는 말이다.
③ 메기 효과(Catfish Effect) : 노르웨이의 한 어부가 청어를 싱싱한 상태로 육지로 데리고 오기 위해 수조에 메기를 넣었다는 데서 유래한 용어다. 시장에 강력한 경쟁자가 등장했을 때 기존의 기업들이 경쟁력을 잃지 않기 위해 끊임없이 분투하며 업계 전체가 성장하게 되는 것을 가리킨다.

CHAPTER

03 사회 · 노동 · 환경

01 부자의 부의 독식을 부정적으로 보고 사회적 책임을 강조하는 용어로 월가 시위에서 1대 99라는 슬로건이 등장하며 1%의 탐욕과 부의 집중을 공격하는 이 용어는 무엇인가?

① 뉴비즘 ② 노블레스 오블리주
③ 뉴리치현상 ④ 리세스 오블리주

해설
노블레스 오블리주(Noblesse Oblige)가 지도자층의 도덕의식과 책임감을 요구하는 것이라면, 리세스 오블리주(Richesse Oblige)는 부자들의 부의 독식을 부정적으로 보며 사회적 책임을 강조하는 것을 말한다.

02 다음 중 노동3권에 포함되지 않는 것은?

① 단체설립권 ② 단결권
③ 단체교섭권 ④ 단체행동권

해설
노동3권은 근로자의 권익과 근로조건의 향상을 위해 헌법상 보장되는 기본권으로, 단결권 · 단체교섭권 · 단체행동권이 이에 해당한다.

공공기관 일반상식 시험에 자주 출제되는 적중예상문제를 엄선하여 분야별로 정리하였습니다. 문제를 풀며 전 범위의 상식 출제 형태를 점검하고 유형을 충분히 익힐 수 있도록 구성했습니다.

PART 4 NCS 직업기초능력평가

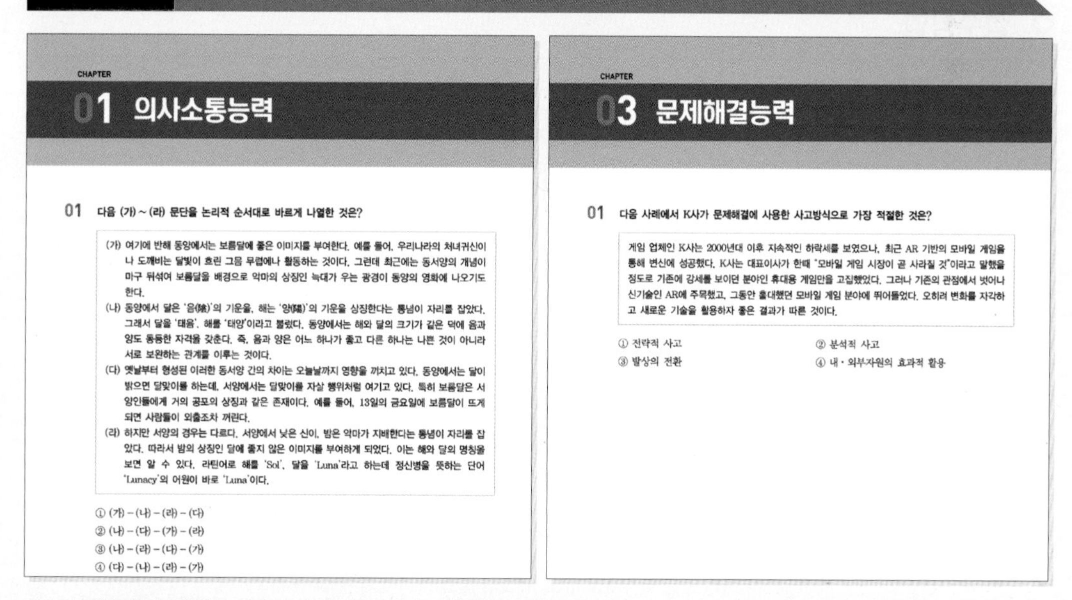
CHAPTER

01 의사소통능력

01 다음 (가) ~ (라) 문단을 논리적 순서대로 바르게 나열한 것은?

(가) 여기에 반해 동양에서는 보름달에 좋은 이미지를 부여한다. 예를 들어, 우리나라의 처녀귀신이나 도깨비는 달빛이 흐린 그믐 무렵에나 활동하는 것이다. 그런데 최근에는 동서양의 개념이 마구 뒤섞여 보름달을 배경으로 악마의 상징인 늑대가 우는 광경이 동양의 영화에 나오기도 한다.
(나) 동양에서 달은 '음(陰)'의 기운을, 해는 '양(陽)'의 기운을 상징한다는 통념이 자리를 잡았다. 그래서 달을 '태음', 해를 '태양'이라고 불렀다. 동양에서는 해와 달의 크기가 같은 덕에 음과 양도 동등한 자격을 갖춘다. 즉, 음과 양은 어느 하나가 좋고 다른 하나는 나쁜 것이 아니라 서로 보완하는 관계를 이루는 것이다.
(다) 옛날부터 형성된 이러한 동서양 간의 차이는 오늘날까지 영향을 끼치고 있다. 동양에서는 달이 밝으면 달맞이를 하는데, 서양에서는 달맞이를 자살 행위처럼 여기고 있다. 특히 보름달은 서양인들에게 거의 공포의 상징과 같은 존재이다. 예를 들어, 13일의 금요일에 보름달이 뜨게 되면 사람들이 외출조차 꺼린다.
(라) 하지만 서양의 경우는 다르다. 서양에서 낮은 신이, 밤은 악마가 지배한다는 통념이 자리를 잡았다. 따라서 밤의 상징인 달에 좋지 않은 이미지를 부여하게 되었다. 이는 해와 달의 명칭을 보면 알 수 있다. 라틴어로 해를 'Sol', 달을 'Luna'라고 하는데 정신병을 뜻하는 단어 'Lunacy'의 어원이 바로 'Luna'이다.

① (가) – (나) – (라) – (다)
② (나) – (다) – (가) – (라)
③ (나) – (라) – (다) – (가)
④ (다) – (나) – (라) – (가)

CHAPTER

03 문제해결능력

01 다음 사례에서 K사가 문제해결에 사용한 사고방식으로 가장 적절한 것은?

게임 업체인 K사는 2000년대 이후 지속적인 하락세를 보였으나, 최근 AR 기반의 모바일 게임을 통해 변신에 성공했다. K사는 대표이사가 한때 "모바일 게임 시장이 곧 사라질 것"이라고 말했을 정도로 기존에 강세를 보이던 분야인 휴대용 게임만을 고집했었다. 그러나 기존의 관점에서 벗어나 신기술인 AR에 주목했고, 그동안 홀대했던 모바일 게임 분야에 뛰어들었다. 오히려 변화를 자각하고 새로운 기술을 활용하자 좋은 결과가 따른 것이다.

① 전략적 사고 ② 분석적 사고
③ 발상의 전환 ④ 내 · 외부자원의 효과적 활용

NCS 직업기초능력평가 시험에서 출제될 만한 기출예상문제를 유형별로 알차게 담아, 출제유형과 경향을 파악하고 대비할 수 있도록 하였습니다.

시험 안내 INTRODUCE

❖ 2025년 상반기 대전광역시 공공기관 통합 채용시험 계획 기준

◇ 응시자격

채용기관별 자격요건에 따름

※ 거주지 제한요건이 있으므로 응시 희망자는 반드시 채용예정기관 홈페이지에 게시된 공고문의 응시자격 요건을 확인 후 지원하여야 함

◇ 선발예정인원

구 분	내 용
기 관	대전도시공사, 대전교통공사, 대전관광공사, 대전광역시시설관리공단, 대전세종연구원, 대전과학산업진흥원, 대전디자인진흥원, 대전정보문화산업진흥원, 대전테크노파크, 대전신용보증재단, 대전일자리경제진흥원, 대전고암미술문화재단, 한국효문화진흥원, 대전평생교육진흥원, 대전청년내일재단 등
인 원	상반기(12개 기관 총 110명), 하반기(미정)

※ 예정된 사항이며 선발기관 · 인원 및 채용규모는 채용공고 시 확정

◇ 접수방법

구 분	내 용
접수처	대전광역시 통합채용 홈페이지 접속 후 접수
유의사항	각 기관별 중복지원 불가(1개 기관만 지원 가능)

◇ 필기시험 과목

구 분	과 목
일반직	NCS 직업기초능력평가(50문항), 전공과목(과목별 20문항), 인성검사(210문항)
공무직	일반상식(20문항), 인성검사(210문항)

※ NCS 직업기초능력평가는 의사소통, 수리, 문제해결, 정보, 대인관계 등 총 5개 영역에서 출제함
※ 일반상식은 국어 25%, 한국사 25%, 시사경제문화 50%로 구성됨
※ 필기시험 장소는 대전광역시 통합채용 홈페이지에 공고 예정

◇ 시험일정

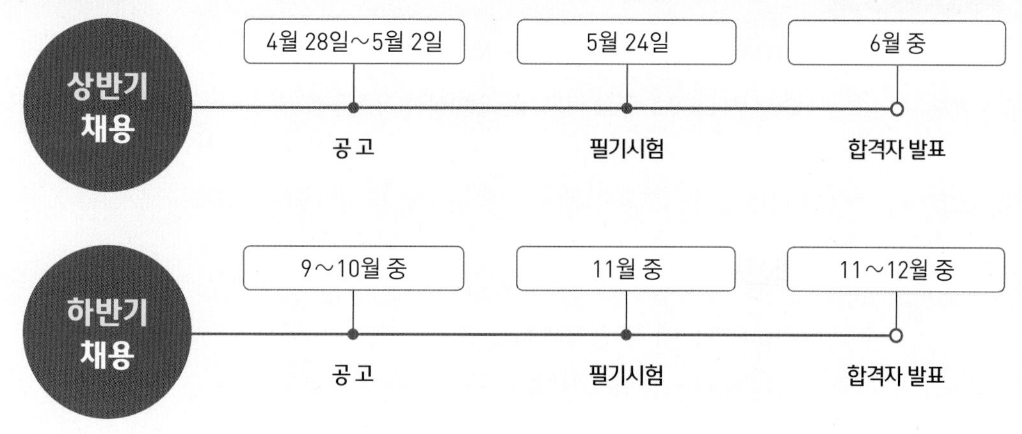

※ 필기시험 이후 서류전형, 면접시험 등은 기관별 진행

◇ 응시자 유의사항

❶ 채용기관 · 분야별 시험과목, 응시자격, 가산점 등 세부사항이 상이하므로 반드시 채용기관별 홈페이지에 게재된 공고문을 확인한 후 접수하시기 바랍니다.

❷ 동일 날짜에 시행하는 「2025 대전광역시 공공기관 통합채용 시험」의 참여기관에 중복 또는 복수로 접수할 수 없으며, 중복 또는 복수접수로 인한 불이익은 본인의 책임입니다.
※ 중복 접수 시 해당 접수자의 모든 접수사항이 무효처리 될 수 있음

❸ 응시원서 접수 시 연락 가능한 휴대전화 번호를 반드시 입력하시기 바라며, 착오입력으로 인한 연락 불능 및 불이익은 응시자 책임입니다.

❹ 접수완료 건에 대한 수정은 불가하므로 자격요건 등을 정확히 확인하여 지원하시기 바라며, 부득이 지원 내용을 수정 또는 취소 시 원서접수사이트 운영사로 연락하시어 조치해야 합니다.

❺ 필기시험 이후 일정(서류전형, 면접시험 등)은 채용예정기관별 일정에 따릅니다.

❻ 기타 문의사항이 있을 경우 기관별 홈페이지 게시판에 별도로 문의하시기 바랍니다.

❖ 본 시험안내는 2025년 상반기 대전광역시 공공기관 통합채용 계획을 바탕으로 정리한 내용으로 세부 내용은 변경될 수 있으니 반드시 대전광역시 홈페이지(www.daejeon.go.kr)나 대전광역시 통합채용 홈페이지(daejeon.saramin.co.kr)에서 최종 확정된 공고문을 확인하시기 바랍니다.

이 책의 차례 CONTENTS

PART 1 최신기출복원문제

PART 2 최신시사상식

PART 3 분야별 일반상식 적중예상문제

PART 4 NCS 직업기초능력평가

PART 1

최신기출복원문제

남에게 이기는 방법의 하나는 예의범절로 이기는 것이다.

– 조쉬 빌링스 –

CHAPTER

01 주요 공공기관 NCS 기출문제

※ 본 기출복원문제는 시험 후기를 토대로 복원한 것으로 실제 시험과 일부 차이가 있을 수 있습니다.

| 코레일 한국철도공사 / 의사소통능력

01 다음 글에서 화자의 태도로 가장 적절한 것은?

> 거친 밭 언덕 쓸쓸한 곳에
> 탐스러운 꽃송이 가지 눌렀네.
> 매화비 그쳐 향기 날리고
> 보리 바람에 그림자 흔들리네.
> 수레와 말 탄 사람 그 누가 보아 주리
> 벌 나비만 부질없이 엿보네.
> 천한 땅에 태어난 것 스스로 부끄러워
> 사람들에게 버림받아도 참고 견디네.
>
> – 최치원, 〈촉규화〉

① 임금에 대한 자신의 충성을 드러내고 있다.

② 사랑하는 사람에 대한 그리움을 나타내고 있다.

③ 현실에 가로막힌 자신의 처지를 한탄하고 있다.

④ 사람들과의 단절로 인한 외로움을 표현하고 있다.

⑤ 역경을 이겨내기 위한 자신의 노력을 피력하고 있다.

해설

제시된 시는 신라 시대 6두품 출신의 문인인 최치원이 지은 〈촉규화〉이다. 최치원은 자신을 향기 날리는 탐스런 꽃송이에 비유하여 뛰어난 학식과 재능을 뽐내고 있지만, 수레와 말 탄 사람에 비유한 높은 지위의 사람들이 자신을 외면하는 현실을 한탄하고 있다.

정답 01 ③

02 다음 글에 대한 설명으로 적절하지 않은 것은?

> 중국 연경(燕京)의 아홉 개 성문 안팎으로 뻗은 수십 리 거리에는 관청과 아주 작은 골목을 제외하고는 대체로 길 양옆으로 모두 상점이 늘어서 휘황찬란하게 빛난다.
> 우리나라 사람들은 중국 시장의 번성한 모습을 처음 보고서는 "오로지 말단의 이익만을 숭상하고 있군"이라고 말하였다. 이것은 하나만 알고 둘은 모르는 소리이다. 대저 상인은 사농공상(士農工商) 사민(四民)의 하나에 속하지만, 이 하나가 나머지 세 부류의 백성을 소통시키기 때문에 열에 셋의 비중을 차지하지 않으면 안 된다.
> 사람들은 쌀밥을 먹고 비단옷을 입고 있으면 그 나머지 물건은 모두 쓸모없는 줄 안다. 그러나 무용지물을 사용하여 유용한 물건을 유통하고 거래하지 않는다면, 이른바 유용하다는 물건은 거의 대부분이 한 곳에 묶여서 유통되지 않거나 그것만이 홀로 돌아다니다 쉽게 고갈될 것이다. 따라서 옛날의 성인과 제왕께서는 이를 위하여 주옥(珠玉)과 화폐 등의 물건을 조성하여 가벼운 물건으로 무거운 물건을 교환할 수 있도록 하셨고, 무용한 물건으로 유용한 물건을 살 수 있도록 하셨다.
> 지금 우리나라는 지방이 수천 리이므로 백성들이 적지 않고, 토산품이 구비되어 있다. 그럼에도 산이나 물에서 생산되는 이로운 물건이 전부 세상에 나오지 않고, 경제를 윤택하게 하는 방법도 잘 모르며, 날마다 쓰는 것을 팽개친 채 그것에 대해 연구하지 않고 있다. 그러면서 중국의 거마, 주택, 단청, 비단이 화려한 것을 보고서는 대뜸 "사치가 너무 심하다"라고 말해 버린다.
> 그렇지만 중국이 사치로 망한다고 할 것 같으면, 우리나라는 반드시 검소함으로 인해 쇠퇴할 것이다. 왜 그러한가? 검소함이란 물건이 있음에도 불구하고 쓰지 않는 것이지, 자기에게 없는 물건을 스스로 끊어 버리는 것을 일컫지는 않는다. 현재 우리나라에는 진주를 캐는 집이 없고 시장에는 산호 같은 물건의 값이 정해져 있지 않다. 금이나 은을 가지고 점포에 들어가서는 떡과 엿을 사 먹을 수가 없다. 이런 현실이 정말 우리의 검소한 풍속 때문이겠는가? 이것은 그 재물을 사용할 줄 모르기 때문이다. 재물을 사용할 방법을 알지 못하므로 재물을 만들어 낼 방법을 알지 못하고, 재물을 만들어 낼 방법을 알지 못하므로 백성들의 생활은 날이 갈수록 궁핍해진다.
> 재물이란 우물에 비유할 수가 있다. 물을 퍼내면 우물에는 늘 물이 가득하지만, 물을 길어내지 않으면 우물은 말라 버린다. 이와 같은 이치로 화려한 비단옷을 입지 않으므로 나라에는 비단을 짜는 사람이 없고, 그로 인해 여인이 베를 짜는 모습을 볼 수 없게 되었다. 그릇이 찌그러져도 이를 개의치 않으며, 기교를 부려 물건을 만들려고 하지도 않아 나라에는 공장(工匠)과 목축과 도공이 없어져 기술이 전해지지 않는다. 더 나아가 농업도 황폐해져 농사짓는 방법이 형편없고, 상업을 박대하므로 상업 자체가 실종되었다. 사농공상 네 부류의 백성이 누구나 할 것 없이 다 가난하게 살기 때문에 서로를 구제할 길이 없다.
> 지금 종각이 있는 종로 네거리에는 시장 점포가 연이어 있다고 하지만 그것은 1리도 채 안 된다. 중국에서 내가 지나갔던 시골 마을은 거의 몇 리에 걸쳐 점포로 뒤덮여 있었다. 그곳으로 운반되는 물건의 양이 우리나라 곳곳에서 유통되는 것보다 많았는데, 이는 그곳 가게가 우리나라보다 더 부유해서 그러한 것이 아니고 재물이 유통되느냐 유통되지 못하느냐에 따른 결과인 것이다.
>
> – 박제가, 〈시장과 우물〉

① 재물이 적절하게 유통되지 않는 현실을 비판하고 있다.
② 재물을 유통하기 위한 성현들의 노력을 근거로 제시하고 있다.
③ 경제의 규모를 늘리기 위한 소비의 중요성을 강조하고 있다.
④ 조선의 경제가 윤택하지 못한 이유를 부족한 생산량으로 보고 있다.
⑤ 산업의 발전을 위해 적당한 사치가 있어야 함을 제시하고 있다.

해설

네 번째 문단에서 우리나라는 백성들이 적지 않고, 토산품이 구비되어 있지만 이로운 물건이 세상에 나오지 않고, 그렇게 하는 방법을 모르기 때문에 경제를 윤택하게 하는 것 자체를 모른다고 하였다. 따라서 조선의 경제가 윤택하지 못한 이유를 부족한 생산량이 아니라 유통의 부재로 보고 있다.

| 코레일 한국철도공사 / 의사소통능력

03 다음 중 한자성어의 뜻이 바르게 연결되지 않은 것은?

① 水魚之交 : 아주 친밀하여 떨어질 수 없는 사이

② 結草報恩 : 죽은 뒤에라도 은혜를 잊지 않고 갚음

③ 靑出於藍 : 제자나 후배가 스승이나 선배보다 나음

④ 指鹿爲馬 : 윗사람을 농락하여 권세를 마음대로 함

⑤ 刻舟求劍 : 말로는 친한 듯 하나 속으로는 해칠 생각이 있음

해설

'말로는 친한 듯 하나 속으로는 해칠 생각이 있음'을 뜻하는 한자성어는 '口蜜腹劍(구밀복검)'이다.

• 刻舟求劍(각주구검) : 융통성 없이 현실에 맞지 않는 낡은 생각을 고집하는 어리석음

오답분석

① 水魚之交(수어지교)
② 結草報恩(결초보은)
③ 靑出於藍(청출어람)
④ 指鹿爲馬(지록위마)

| 코레일 한국철도공사 / 의사소통능력

04 다음 중 밑줄 친 부분의 띄어쓰기가 옳지 않은 것은?

① 운전을 어떻게 해야 <u>하는지</u> 알려 주었다.

② 오랫동안 <u>애쓴 만큼</u> 좋은 결과가 나왔다.

③ 모두가 떠나가고 남은 사람은 고작 <u>셋 뿐이다</u>.

④ 참가한 사람들은 누구의 키가 <u>큰지 작은지</u> 비교해 보았다.

⑤ 민족의 큰 명절에는 온 나라 방방곡곡에서 <u>씨름판이</u> 열렸다.

해설

③에서 '뿐이다'는 체언(명사, 대명사, 수사)인 '셋'을 수식하므로 조사로 사용되었다. 따라서 앞말과 붙여 써야 한다.

오답분석

① 종결어미 '-는지'는 앞말과 붙여 써야 한다.
② '만큼'은 용언(동사, 형용사)인 '애쓴'을 수식하므로 의존명사로 사용되었다. 따라서 앞말과 띄어 써야 한다.
④ '큰지'와 '작은지'는 모두 연결어미 '-ㄴ지'로 쓰였으므로 앞말과 붙여 써야 한다.
⑤ '-판'은 앞의 '씨름'과 합성어를 이루므로 붙여 써야 한다.

정답 02 ④ 03 ⑤ 04 ③

05 다음 중 밑줄 친 부분의 표기가 옳지 않은 것은?

① 늦게 온다던 친구가 금세 도착했다.

② 변명할 틈도 없이 그에게 일방적으로 채였다.

③ 못 본 사이에 그의 얼굴은 핼쑥하게 변했다.

④ 빠르게 변해버린 고향이 낯설게 느껴졌다.

⑤ 문제의 정답을 찾기 위해 곰곰이 생각해 보았다.

해설

'채이다'는 '차이다'의 잘못된 표기이다. 따라서 '차였다'로 표기해야 한다.

• 차이다 : 주로 남녀관계에서 일방적으로 관계가 끊기는 것을 뜻하는 말

오답분석

① 금세 : 지금 바로. '금시에'의 준말

③ 핼쑥하다 : 얼굴에 핏기가 없고 파리하다.

④ 낯설다 : 전에 본 기억이 없어 익숙하지 아니하다.

⑤ 곰곰이 : 여러모로 깊이 생각하는 모양

06 다음 중 단어와 그 발음법이 바르게 연결되지 않은 것은?

① 결단력 – [결딴녁]

② 옷맵시 – [온맵씨]

③ 몰상식 – [몰상씩]

④ 물난리 – [물랄리]

⑤ 땀받이 – [땀바지]

해설

한자어에서 'ㄹ' 받침 뒤에 연결되는 'ㄷ, ㅅ, ㅈ'은 된소리로 발음되므로 [몰쌍식]으로 발음해야 한다.

오답분석

①·④ 받침 'ㄴ'은 'ㄹ'의 앞이나 뒤에서 [ㄹ]로 발음하지만, 결단력, 공권력, 상견례 등에서는 [ㄴ]으로 발음한다.

② 받침 'ㄱ(ㄲ, ㅋ, ㄳ, ㄺ), ㄷ(ㅅ, ㅆ, ㅈ, ㅊ, ㅌ, ㅎ), ㅂ(ㅍ, ㄼ, ㄿ, ㅄ)'은 'ㄴ, ㅁ' 앞에서 [ㅇ, ㄴ, ㅁ]으로 발음한다.

⑤ 받침 'ㄷ, ㅌ(ㄾ)'이 조사나 접미사의 모음 'ㅣ'와 결합되는 경우에는 [ㅈ, ㅊ]으로 바꾸어서 뒤 음절 첫소리로 옮겨 발음한다.

07 다음 식을 계산하여 나온 수의 백의 자리, 십의 자리, 일의 자리를 순서대로 바르게 나열한 것은?

$$865\times865+865\times270+135\times138-405$$

① 0, 0, 0
② 0, 2, 0
③ 2, 5, 0
④ 5, 5, 0
⑤ 8, 8, 0

해설

$865\times865+865\times270+135\times138-405$
$=865\times865+865\times270+135\times138-135\times3$
$=865\times(865+270)+135\times(138-3)$
$=865\times1,135+135\times135$
$=865\times(1,000+135)+135\times135$
$=865\times1,000+(865+135)\times135$
$=865,000+135,000$
$=1,000,000$
따라서 식을 계산하여 나온 수의 백의 자리는 0, 십의 자리는 0, 일의 자리는 0이다.

08 길이가 200m인 A열차가 어떤 터널을 60km/h의 속력으로 통과하였다. 잠시 후 길이가 300m인 B열차가 같은 터널을 90km/h의 속력으로 통과하였다. A열차와 B열차가 이 터널을 완전히 통과할 때 걸린 시간의 비가 10 : 7일 때, 이 터널의 길이는?

① 1,200m
② 1,500m
③ 1,800m
④ 2,100m
⑤ 2,400m

해설

터널의 길이를 xm라 하면 다음과 같은 식이 성립한다.

$\frac{x+200}{60}:\frac{x+300}{90}=10:7$

$\frac{x+300}{90}\times10=\frac{x+200}{60}\times7$

→ $600(x+300)=630(x+200)$

→ $30x=54,000$

∴ $x=1,800$

따라서 터널의 길이는 1,800m이다.

09 다음과 같이 일정한 규칙으로 수를 나열할 때, 빈칸에 들어갈 수는?

−2 1 6 13 22 33 46 61 78 97 ( )

① 102
② 106
③ 110
④ 114
⑤ 118

해설

제시된 수열은 +3, +5, +7, +9, … 씩 증가하는 수열이다.
따라서 빈칸에 들어갈 수는 97+21=118이다.

10 K중학교 2학년 A～F 6개의 학급이 체육대회에서 줄다리기 경기를 다음과 같은 토너먼트로 진행하려고 한다. 이때, A반과 B반이 모두 두 번의 경기를 거쳐 결승에서 만나게 되는 경우의 수는?

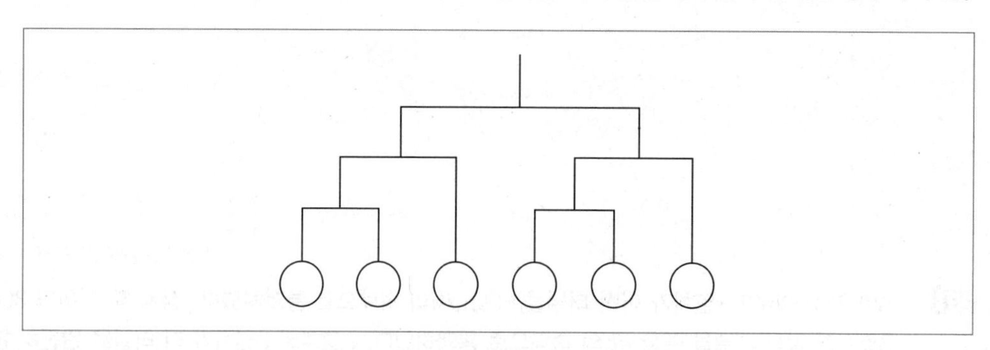

① 6가지
② 24가지
③ 120가지
④ 180가지
⑤ 720가지

해설

A반과 B반 모두 2번의 경기를 거쳐 결승에 만나는 경우는 다음과 같다.

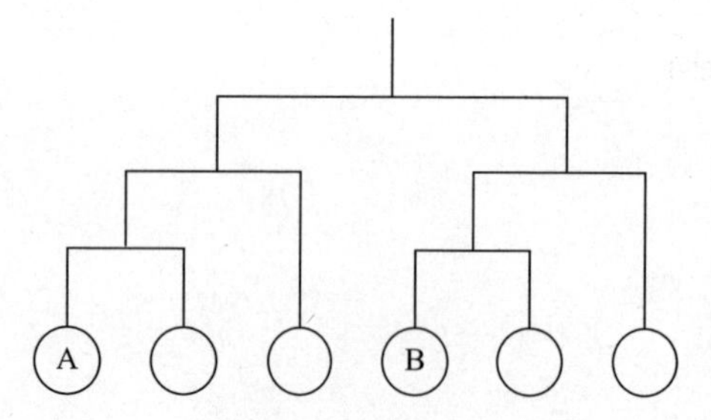

이때 남은 네 반을 배치할 때마다 모두 다른 경기가 진행되므로 구하고자 하는 경우의 수는 4!=24가지이다.

11 다음은 연령대별로 도시와 농촌에서의 여가생활 만족도 평가 점수를 조사한 자료이다. 〈조건〉에 따라 빈칸 ㄱ～ㄹ에 들어갈 수를 순서대로 바르게 나열한 것은?

〈연령대별 도시·농촌 여가생활 만족도 평가〉

(단위 : 점)

구 분	10대 미만	10대	20대	30대	40대	50대	60대	70대 이상
도 시	1.6	ㄱ	3.5	ㄴ	3.9	3.8	3.3	1.7
농 촌	1.3	1.8	2.2	2.1	2.1	ㄷ	2.1	ㄹ

※ 매우 만족 : 5점, 만족 : 4점, 보통 : 3점, 불만 : 2점, 매우 불만 : 1점

조건

- 도시에서 여가생활 만족도는 모든 연령대에서 같은 연령대의 농촌보다 높았다.
- 도시에서 10대의 여가생활 만족도는 농촌에서 10대의 2배보다 높았다.
- 도시에서 여가생활 만족도가 가장 높은 연령대는 40대였다.
- 농촌에서 여가생활 만족도가 가장 높은 연령대는 50대지만, 3점을 넘기지 못했다.

	ㄱ	ㄴ	ㄷ	ㄹ
①	3.8	3.3	2.8	3.5
②	3.5	3.3	3.2	3.5
③	3.8	3.3	2.8	1.5
④	3.5	4.0	3.2	1.5
⑤	3.8	4.0	2.8	1.5

해설

첫 번째 조건에 따라 ①, ②는 70대 이상에서 도시의 여가생활 만족도(1.7점)가 같은 연령대의 농촌(ㄹ) 만족도(3.5점)보다 낮으므로 제외되고, 두 번째 조건에 따라 도시에서 10대의 여가생활 만족도는 농촌에서 10대(1.8점)의 2배보다 높으므로 $1.8 \times 2 = 3.6$점을 초과해야 하나 ④는 도시에서 10대(ㄱ)의 여가생활 만족도가 3.5점이므로 제외된다. 또한, 세 번째 조건에 따라 ⑤는 도시에서 여가생활 만족도가 가장 높은 연령대인 40대(3.9점)보다 30대(ㄴ)가 4.0점으로 높으므로 제외된다.

따라서 마지막 조건까지 만족하는 것은 ③이다.

정답 09 ⑤ 10 ② 11 ③

12 다음은 2023년 K톨게이트를 통과한 차량에 대한 자료이다. 이에 대한 설명으로 옳지 않은 것은?

〈2023년 K톨게이트 통과 차량〉

(단위 : 천 대)

구 분	승용차			승합차			대형차		
	영업용	비영업용	합 계	영업용	비영업용	합 계	영업용	비영업용	합 계
1월	152	3,655	3,807	244	2,881	3,125	95	574	669
2월	174	3,381	3,555	222	2,486	2,708	101	657	758
3월	154	3,909	4,063	229	2,744	2,973	139	837	976
4월	165	3,852	4,017	265	3,043	3,308	113	705	818
5월	135	4,093	4,228	211	2,459	2,670	113	709	822
6월	142	3,911	4,053	231	2,662	2,893	107	731	838
7월	164	3,744	3,908	237	2,721	2,958	117	745	862
8월	218	3,975	4,193	256	2,867	3,123	115	741	856
9월	140	4,105	4,245	257	2,913	3,170	106	703	809
10월	135	3,842	3,977	261	2,812	3,073	107	695	802
11월	170	3,783	3,953	227	2,766	2,993	117	761	878
12월	147	3,730	3,877	243	2,797	3,040	114	697	811

① 전체 승용차 수와 전체 승합차 수의 합이 가장 많은 달은 9월이고, 가장 적은 달은 2월이었다.
② 4월을 제외하고 K톨게이트를 통과한 비영업용 승합차 수는 월별 300만 대 미만이었다.
③ 전체 대형차 수 중 영업용 대형차 수의 비율은 모든 달에서 10% 이상이었다.
④ 영업용 승합차 수는 모든 달에서 영업용 대형차 수의 2배 이상이었다.
⑤ 승용차가 가장 많이 통과한 달의 전체 승용차 수에 대한 영업용 승용차 수의 비율은 3% 이상이었다.

해설

④에서 3월의 경우 K톨게이트를 통과한 영업용 승합차 수는 229천 대이고, 영업용 대형차 수는 139천 대이다.
$139\times2=278>229$이므로 3월의 영업용 승합차 수는 영업용 대형차 수의 2배 미만이다.
따라서 모든 달에서 영업용 승합차 수는 영업용 대형차 수의 2배 이상이 아니므로 옳지 않은 설명이다.

13 다음 글에서 알 수 있는 논리적 사고의 구성요소로 가장 적절한 것은?

A는 동업자 B와 함께 신규 사업을 시작하기 위해 기획안을 작성하여 논의하였다. 그러나 B는 신규 기획안을 읽고 시기나 적절성에 대해 부정적인 입장을 보였다. A가 B를 설득하기 위해 B의 의견들을 정리하여 생각해 보니 B는 신규 사업을 시작하는 데 있어 다른 경쟁사보다 늦게 출발하여 경쟁력이 부족하는 점 때문에 신규 사업에 부정적이라는 것을 알게 되었다. 이에 A는 경쟁력을 높이기 위한 다양한 아이디어를 추가로 제시하여 B를 다시 설득하였다.

① 설 득
② 구체적인 생각
③ 생각하는 습관
④ 타인에 대한 이해
⑤ 상대 논리의 구조화

해설

A는 B의 부정적인 의견들을 구조화하여 B가 그러한 논리를 가지게 된 궁극적 원인인 경쟁력 부족을 찾아내었고, 이러한 원인을 해소할 수 있는 방법을 찾아 자신의 계획을 재구축하여 B에게 설명하였다. 따라서 제시문에서 나타난 논리적 사고의 구성요소는 '상대 논리의 구조화'이다.

14 면접 참가자 A ~ E 5명은 〈조건〉과 같이 면접장에 도착했다. 동시에 도착한 사람은 없다고 할 때, 다음 중 항상 참인 것은?

조건

- B는 A 바로 다음에 도착했다.
- D는 E보다 늦게 도착했다.
- C보다 먼저 도착한 사람이 1명 있다.

① E는 가장 먼저 도착했다.
② B는 가장 늦게 도착했다.
③ A는 네 번째로 도착했다.
④ D는 가장 먼저 도착했다.
⑤ D는 A보다 먼저 도착했다.

해설

마지막 조건에 따라 C는 항상 두 번째에 도착하게 되고, 첫 번째 조건에 따라 A－B가 순서대로 도착했으므로 A, B는 첫 번째로 도착할 수 없다. 또한 두 번째 조건에 따라 D는 E보다 늦으므로 가능한 경우를 정리하면 다음과 같다.

구 분	첫 번째	두 번째	세 번째	네 번째	다섯 번째
경우 1	E	C	A	B	D
경우 2	E	C	D	A	B

따라서 E는 항상 가장 먼저 도착한다.

※ 서울역 근처 K공사에 근무하는 A과장은 1월 10일에 팀원 4명과 함께 부산에 있는 출장지에 열차를 타고 가려고 한다. 다음 자료를 보고 이어지는 질문에 답하시오. [15~16]

〈서울역 → 부산역 열차 시간표〉

구 분	출발시각	정차역	다음 정차역까지 소요시간	총주행시간	성인 1인당 요금
KTX	8:00	-	-	2시간 30분	59,800원
ITX-청춘	7:20	대전	40분	3시간 30분	48,800원
ITX-마음	6:40	대전, 울산	40분	3시간 50분	42,600원
새마을호	6:30	대전, 울산, 동대구	60분	4시간 30분	40,600원
무궁화호	5:30	대전, 울산, 동대구	80분	5시간 40분	28,600원

※ 위의 열차 시간표는 1월 10일 운행하는 열차 종류별로 승차권 구입이 가능한 가장 빠른 시간표이다.
※ 총주행시간은 정차·대기시간을 제외한 열차가 실제로 달리는 시간이다.

〈운행 조건〉

- 정차역에 도착할 때마다 대기시간 15분을 소요한다.
- 정차역에 먼저 도착한 열차가 출발하기 전까지 뒤에 도착한 열차는 정차역에 들어오지 않고 대기한다.
- 정차역에 먼저 도착한 열차가 정차역을 출발한 후, 5분 뒤에 대기 중인 열차가 정차역에 들어온다.
- 정차역에 2종류 이상의 열차가 동시에 도착했다면, ITX-청춘 → ITX-마음 → 새마을호 → 무궁화호 순으로 정차역에 들어온다.
- 목적지인 부산역은 먼저 도착한 열차로 인한 대기 없이 바로 역에 들어온다.

| 코레일 한국철도공사 / 문제해결능력

15 다음 중 자료에 대한 설명으로 옳지 않은 것은?

① ITX-청춘보다 ITX-마음이 목적지에 더 빨리 도착한다.
② 부산역에 가장 늦게 도착하는 열차는 12시에 도착한다.
③ ITX-마음은 먼저 도착한 열차로 인한 대기시간이 없다.
④ 부산역에 가장 빨리 도착하는 열차는 10시 30분에 도착한다.
⑤ 무궁화호는 울산역, 동대구역에서 다른 열차로 인해 대기한다.

해설

제시된 열차의 부산역 도착시간을 계산하면 다음과 같다.

- KTX
  8:00(서울역 출발) → 10:30(부산역 도착)
- ITX–청춘
  7:20(서울역 출발) → 8:00(대전역 도착) → 8:15(대전역 출발) → 11:05(부산역 도착)
- ITX–마음
  6:40(서울역 출발) → 7:20(대전역 도착) → 7:35(대전역 출발) → 8:15(울산역 도착) → 8:30(울산역 출발) → 11:00(부산역 도착)
- 새마을호
  6:30(서울역 출발) → 7:30(대전역 도착) → 7:40(ITX–마음 출발 대기) → 7:55(대전역 출발) → 8:55(울산역 도착) → 9:10(울산역 출발) → 10:10(동대구역 도착) → 10:25(동대구역 출발) → 11:55(부산역 도착)
- 무궁화호
  5:30(서울역 출발) → 6:50(대전역 도착) → 7:05(대전역 출발) → 8:25(울산역 도착) → 8:35(ITX–마음 출발 대기) → 8:50(울산역 출발) → 10:10(동대구역 도착) → 10:30(새마을호 출발 대기) → 10:45(동대구역 출발) → 12:25(부산역 도착)

따라서 가장 늦게 도착하는 열차는 무궁화호로, 12시 25분에 부산역에 도착한다.

16 다음 〈조건〉에 따라 승차권을 구입할 때, A과장과 팀원 4명의 총 요금은?

조건

- A과장과 팀원 1명은 7시 30분까지 K공사에서 사전 회의를 가진 후 출발하며, 출장 인원 모두 같이 이동할 필요는 없다.
- 목적지인 부산역에는 11시 30분까지 도착해야 한다.
- 열차 요금은 가능한 한 저렴하게 한다.

① 247,400원
② 281,800원
③ 312,800원
④ 326,400원
⑤ 347,200원

해설

A과장과 팀원 1명은 7시 30분까지 사전 회의를 가져야 하므로 8시에 출발하는 KTX만 이용할 수 있다. 남은 팀원 3명은 11시 30분까지 부산역에 도착해야 하므로 10시 30분에 도착하는 KTX, 11시 5분에 도착하는 ITX–청춘, 11시에 도착하는 ITX–마음을 이용할 수 있는데 이 중 가장 저렴한 열차를 이용해야 하므로 ITX–마음을 이용한다. 따라서 KTX 2인, ITX–마음 3인의 요금을 계산하면 $(59,800\times2)+(42,600\times3)=119,600+127,800=247,400$원이다.

정답 15 ② 16 ①

17 다음 글의 내용으로 적절하지 않은 것은?

K공단은 의사와 약사가 협력하여 지역주민의 안전한 약물 사용을 돕는 의·약사 협업 다제약물 관리사업을 6월 26일부터 서울 도봉구에서 시작했다고 밝혔다.
지난 2018년부터 K공단이 진행 중인 다제약물 관리사업은 10종 이상의 약을 복용하는 만성질환자를 대상으로 약물의 중복 복용과 부작용 등을 예방하기 위해 의약전문가가 약물관리 서비스를 제공하는 사업이다. 지역사회에서는 K공단에서 위촉한 자문 약사가 가정을 방문하여 대상자가 먹고 있는 일반 약을 포함한 전체 약을 대상으로 약물의 복용상태, 부작용, 중복 등을 종합적으로 검토하고 그 결과를 바탕으로 상담, 교육 및 처방조정 안내를 실시함으로써 약물관리가 이루어지고, 병원에서는 입원 및 외래환자를 대상으로 의사, 약사 등으로 구성된 다학제팀(전인적인 돌봄을 위해 의사, 간호사, 약사, 사회복지사 등 다양한 전문가들로 이루어진 팀)이 약물관리 서비스를 제공한다.
다제약물 관리사업 효과를 평가한 결과 약물관리를 받은 사람의 복약순응도가 56.3% 개선되었고, 효능이 유사한 약물을 중복해서 복용하는 환자가 40.2% 감소되었다. 또한, 병원에서 제공된 다제약물 관리사업으로 응급실 방문 위험이 47%, 재입원 위험이 18% 감소되는 등의 효과를 확인하였다.
다만, 지역사회에서는 약사의 약물 상담결과가 의사의 처방조정에까지 반영되는 다학제 협업 시스템이 미흡하다는 의견이 제기되었다. 이러한 문제점의 개선을 위해 K공단은 도봉구 의사회와 약사회, 전문가로 구성된 지역협의체를 구성하여 지난 4월부터 3회에 걸친 논의를 통해 의·약사 협업 모형을 개발하고, 사업 참여 의·약사 선정, 서비스 제공 대상자 모집 및 정보공유 방법 등의 현장 적용방안을 마련했다. 의사나 K공단이 선정한 약물관리 대상자는 자문 약사의 약물점검(필요시 의사 동행)을 받게 되며, 그 결과가 K공단의 정보 시스템을 통해 대상자의 단골 병원 의사에게 전달되어 처방 시 반영될 수 있도록 하는 것이 주요 골자이다. 지역 의·약사 협업 모형은 2023년 12월까지 도봉구 지역의 일차의료 만성질환관리 시범사업에 참여하는 의원과 자문 약사를 중심으로 우선 실시한다. 이후 사업의 효과성을 평가하고 부족한 점은 보완하여 다른 지역에도 확대 적용할 예정이다.

① K공단에서 위촉한 자문 약사는 환자가 먹는 약물을 조사하여 직접 처방할 수 있다.
② 다제약물 관리사업으로 인해 환자는 복용하는 약물의 수를 줄일 수 있다.
③ 다제약물 관리사업의 주요 대상자는 10종 이상의 약을 복용하는 만성질환자이다.
④ 다제약물 관리사업은 지역사회보다 병원에서 더 활발히 이루어지고 있다.

해설

K공단에서 위촉한 자문 약사는 다제약물 관리사업 대상자가 먹고 있는 약물의 복용상태, 부작용, 중복 등을 종합적으로 검토하고 그 결과를 바탕으로 상담, 교육 및 처방조정 안내를 실시한다. 또한 본문에는 언급되지 않았지만 우리나라는 2000년에 시행된 의약 분업의 결과, 일부 예외사항을 제외하면 약사는 환자에게 약물의 처방을 할 수 없다. 따라서 약사는 환자의 약물점검 결과를 의사에게 전달하여 처방에 반영될 수 있도록 할 뿐 직접적인 처방을 할 수는 없다.

오답분석

② 다제약물 관리사업으로 인해 중복되는 약물을 파악하고 조치할 수 있다. 실제로 세 번째 문단의 다제약물 관리사업 평가에서 효능이 유사한 약물을 중복해서 복용하는 환자가 40.2% 감소되는 등의 효과가 확인됐다.
③ 다제약물 관리사업은 10종 이상의 약을 복용하는 만성질환자를 대상으로 약물관리 서비스를 제공하는 사업이다.
④ 병원의 경우 입원 및 외래환자를 대상으로 의사, 약사 등으로 구성된 다학제팀이 약물관리 서비스를 제공하는 반면, 지역사회에서는 다학제 협업 시스템이 미흡하다는 의견이 나왔다. 이에 K공단은 도봉구 의사회와 약사회, 전문가로 구성된 지역협의체를 구성하여 의·약사 협업 모형을 개발했다.

18 다음 문단 뒤에 이어질 내용을 논리적 순서대로 바르게 나열한 것은?

아토피 피부염은 만성적으로 재발하는 양상을 보이며 심한 가려움증을 동반하는 염증성 피부 질환으로, 연령에 따라 특징적인 병변의 분포와 양상을 보인다.

(가) 이와 같이 아토피 피부염은 원인을 정확히 파악할 수 없기 때문에 아토피 피부염의 진단을 위한 특이한 검사소견은 없으며, 임상 증상을 종합하여 진단한다. 기존에 몇 가지 국외의 진단기준이 있었으며, 2005년 대한아토피피부염학회에서는 한국인 아토피 피부염에서 특징적으로 관찰되는 세 가지 주진단 기준과 14가지 보조진단 기준으로 구성된 한국인 아토피 피부염 진단기준을 정하였다.

(나) 아토피 피부염 환자는 정상 피부에 비해 민감한 피부를 가지고 있으며 다양한 자극원에 의해 악화될 수 있으므로 앞의 약물치료와 더불어 일상생활에서도 이를 피할 수 있도록 노력해야 한다. 비누와 세제, 화학약품, 모직과 나일론 의류, 비정상적인 기온이나 습도에 대한 노출 등이 대표적인 피부 자극 요인들이다. 면제품 속옷을 입도록 하고, 세탁 후 세제가 남지 않도록 물로 여러 번 헹구도록 한다. 또한 평소 실내 온도, 습도를 쾌적하게 유지하는 것도 중요하다. 땀이나 자극성 물질을 제거하는 목적으로 미지근한 물에 샤워를 하는 것이 좋으며, 샤워 후에는 3분 이내에 보습제를 바르는 것이 좋다.

(다) 아토피 피부염을 진단받아 치료하기 위해서는 보습이 가장 중요하고, 피부 증상을 악화시킬 수 있는 자극원, 알레르겐 등을 피하는 것이 필요하다. 국소 치료제로는 국소 스테로이드제가 가장 기본적이다. 국소 칼시뉴린 억제제도 효과적으로 사용되는 약제이며, 국소 스테로이드제 사용으로 발생 가능한 피부 위축 등의 부작용이 없다. 아직 국내에 들어오지는 않았으나 국소 포스포디에스테라제 억제제도 있다. 이 외에는 전신치료로 가려움증 완화를 위해 사용할 수 있는 항히스타민제가 있고, 필요시 경구 스테로이드제를 사용할 수 있다. 심한 아토피 피부염 환자에게는 면역 억제제가 사용된다. 광선치료(자외선치료)도 아토피 피부염 치료로 이용된다. 최근에는 아토피 피부염을 유발하는 특정한 사이토카인 신호 전달을 차단할 수 있는 생물학적 제제인 두필루맙(Dupilumab)이 만성 중증 아토피 피부염 환자를 대상으로 사용되고 있으며, 치료 효과가 뛰어나다고 알려져 있다.

(라) 많은 연구에도 불구하고 아토피 피부염의 정확한 원인은 아직 밝혀지지 않았다. 현재까지는 피부 보호막 역할을 하는 피부장벽 기능의 이상, 면역체계의 이상, 유전적 및 환경적 요인 등이 복합적으로 상호작용한 결과로 인해 발생하는 것으로 보고 있다.

① (다) – (가) – (라) – (나)
② (다) – (나) – (라) – (가)
③ (라) – (가) – (나) – (다)
④ (라) – (가) – (다) – (나)

해설

제시문의 첫 번째 문단은 아토피 피부염의 정의를 나타내므로 이어서 연결될 수 있는 문단은 아토피 피부염의 원인을 설명하는 (라) 문단이다. 또한, (가) 문단의 앞부분 내용이 (라) 문단의 뒷부분과 연계되므로 (가) 문단이 다음에 오는 것이 적절하다. 그리고 (나) 문단의 첫 번째 문장에서 앞의 약물치료와 더불어 일상생활에서의 예방법을 말하고 있으므로 (나) 문단의 앞에는 아토피 피부염의 약물치료 방법인 (다) 문단이 오는 것이 가장 자연스럽다. 따라서 (라) – (가) – (다) – (나)의 순서로 나열해야 한다.

정답 17 ① 18 ④

19 다음 글의 주제로 가장 적절한 것은?

한국인의 주요 사망 원인 중 하나인 뇌경색은 뇌혈관이 갑자기 폐쇄됨으로써 뇌가 손상되어 신경학적 이상이 발생하는 질병이다.
뇌경색의 발생 원인은 크게 분류하면 2가지가 있는데, 그중 첫 번째는 동맥경화증이다. 동맥경화증은 혈관의 중간층에 퇴행성 변화가 일어나서 섬유화가 진행되고 혈관의 탄성이 줄어드는 노화현상의 일종으로, 뇌로 혈류를 공급하는 큰 혈관이 폐쇄되거나 뇌 안의 작은 혈관이 폐쇄되어 발생하는 것이다. 두 번째는 심인성 색전으로, 심장에서 형성된 혈전이 혈관을 타고 흐르다 갑자기 뇌혈관을 폐쇄시켜 발생하는 것이다.
뇌경색이 발생하여 환자가 응급실에 내원한 경우, 폐쇄된 뇌혈관을 확인하기 위한 뇌혈관 조영 CT를 촬영하거나 손상된 뇌경색 부위를 좀 더 정확하게 확인해야 하는 경우에는 뇌 자기공명 영상(Brain MRI) 검사를 한다. 이렇게 시행한 검사에서 큰 혈관의 폐쇄가 확인되면 정맥 내에 혈전용해제를 투여하거나 동맥 내부의 혈전제거술을 시행하게 된다. 시술이 필요하지 않은 경우라면, 뇌경색의 악화를 방지하기 위하여 뇌경색 기전에 따라 항혈소판제나 항응고제 약물치료를 하게 된다.
뇌경색의 원인 중 동맥경화증의 경우 여러 가지 위험요인에 의하여 장시간 동안 서서히 진행된다. 고혈압, 당뇨, 이상지질혈증, 흡연, 과도한 음주, 비만 등이 위험요인이며, 평소 이러한 원인이 있는 사람은 약물치료 및 생활습관 개선으로 위험요인을 줄여야 한다. 특히 뇌경색이 한번 발병했던 사람은 재발 방지를 위한 약물을 지속적으로 복용하는 것이 필요하다.

① 뇌경색의 주요 증상
② 뇌경색 환자의 약물치료 방법
③ 뇌경색의 발병 원인과 치료 방법
④ 뇌경색이 발생했을 때의 조치사항

해설

제시문은 뇌경색이 발생하는 원인과 발생했을 때 치료 방법을 소개하고 있다. 따라서 글의 주제로 가장 적절한 것은 '뇌경색의 발병 원인과 치료 방법'이다.

오답분석

① 뇌경색의 주요 증상에 대해서는 제시문에서 언급하고 있지 않다.
② 뇌경색 환자는 기전에 따라 항혈소판제나 항응고제 약물치료를 한다고 하였지만, 글의 전체 내용을 담는 주제는 아니다.
④ 뇌경색이 발생했을 때의 조치사항은 제시문에서 언급하고 있지 않다.

20 다음은 2019 ~ 2023년 건강보험료 부과 금액 및 1인당 건강보험 급여비에 대한 자료이다. 이에 대한 설명으로 옳지 않은 것은?

〈건강보험료 부과 금액 및 1인당 건강보험 급여비〉

구 분	2019년	2020년	2021년	2022년	2023년
건강보험료 부과 금액 (십억 원)	59,130	63,120	69,480	76,775	82,840
1인당 건강보험 급여비(원)	1,300,000	1,400,000	1,550,000	1,700,000	1,900,000

① 건강보험료 부과 금액과 1인당 건강보험 급여비는 모두 매년 증가하였다.
② 2020 ~ 2023년 동안 전년 대비 1인당 건강보험 급여비가 가장 크게 증가한 해는 2023년이다.
③ 2020 ~ 2023년 동안 전년 대비 건강보험료 부과 금액의 증가율은 항상 10% 미만이었다.
④ 2019년 대비 2023년의 1인당 건강보험 급여비는 40% 이상 증가하였다.

해설

2021년의 건강보험료 부과 금액은 전년 대비 69,480−63,120=6,360십억 원 증가하였다. 이는 2020년 건강보험료 부과 금액의 10%인 63,120×0.1=6,312십억 원보다 크므로 2021년의 건강보험료 부과 금액은 전년 대비 10% 이상 증가하였음을 알 수 있다.
2022년 또한 76,775−69,480=7,295십억 > 69,480×0.1=6,948십억 원이므로 건강보험료 부과 금액은 전년 대비 10% 이상 증가하였다.

오답분석

① 제시된 자료를 통해 확인할 수 있다.
② 연도별 전년 대비 1인당 건강보험 급여비 증가액을 구하면 다음과 같다.
- 2020년 : 1,400,000−1,300,000=100,000원
- 2021년 : 1,550,000−1,400,000=150,000원
- 2022년 : 1,700,000−1,550,000=150,000원
- 2023년 : 1,900,000−1,700,000=200,000원

따라서 1인당 건강보험 급여비가 전년 대비 가장 크게 증가한 해는 2023년이다.
④ 2019년 대비 2023년의 1인당 건강보험 급여비 증가율은 $\frac{1,900,000-1,300,000}{1,300,000} \times 100 ≒ 46\%$이므로 40% 이상 증가했다.

21 다음은 대한민국 입국 목적별 비자 종류의 일부이다. 외국인 A ~ D씨가 피초청자로서 입국할 때, 발급받아야 하는 비자의 종류를 바르게 짝지은 것은?(단, 비자면제 협정은 없는 것으로 가정한다)

〈대한민국 입국 목적별 비자 종류〉

- 외교・공무
  - 외교(A-1) : 대한민국 정부가 접수한 외국 정부의 외교사절단이나 영사기관의 구성원, 조약 또는 국제관행에 따라 외교사절과 동등한 특권과 면제를 받는 사람과 그 가족
  - 공무(A-2) : 대한민국 정부가 승인한 외국 정부 또는 국제기구의 공무를 수행하는 사람과 그 가족
- 유학・어학연수
  - 학사유학(D-2-2) : (전문)대학, 대학원 또는 특별법의 규정에 의하여 설립된 전문대학 이상의 학술기관에서 정규과정(학사)의 교육을 받고자 하는 자
  - 교환학생(D-2-6) : 대학 간 학사교류 협정에 의해 정규과정 중 일정 기간 동안 교육을 받고자 하는 교환학생
- 비전문직 취업
  - 제조업(E-9-1) : 외국인근로자의 고용에 관한 법률의 규정에 의한 국내 취업요건을 갖추어 제조업체에 취업하고자 하는 자
  - 농업(E-9-3) : 외국인근로자의 고용에 관한 법률의 규정에 의한 국내 취업요건을 갖추어 농업, 축산업 등에 취업하고자 하는 자
- 결혼이민
  - 결혼이민(F-6-1) : 한국에서 혼인이 유효하게 성립되어 있고, 우리 국민과 결혼생활을 지속하기 위해 국내 체류를 하고자 하는 외국인
  - 자녀양육(F-6-2) : 국민의 배우자(F-6-1) 자격에 해당하지 않으나 출생한 미성년 자녀(사실혼 관계 포함)를 국내에서 양육하거나 양육하려는 부 또는 모
- 치료요양
  - 의료관광(C-3-3) : 국내 의료기관에서 진료 또는 요양할 목적으로 입국하는 외국인 환자와 간병 등을 위해 동반입국이 필요한 동반가족 및 간병인(90일 이내)
  - 치료요양(G-1-10) : 국내 의료기관에서 진료 또는 요양할 목적으로 입국하는 외국인 환자와 간병 등을 위해 동반입국이 필요한 동반가족 및 간병인(1년 이내)

〈피초청자 초청 목적〉

피초청자	국 적	초청 목적
A	말레이시아	부산에서 6개월가량 입원 치료가 필요한 아들의 간병(아들의 국적 또한 같음)
B	베트남	경기도 소재 O제조공장 취업(국내 취업요건을 모두 갖춤)
C	사우디아라비아	서울 소재 K대학교 교환학생
D	인도네시아	대한민국 개최 APEC 국제기구 정상회의 참석

	A	B	C	D
①	C-3-3	D-2-2	F-6-1	A-2
②	G-1-10	E-9-1	D-2-6	A-2
③	G-1-10	D-2-2	F-6-1	A-1
④	C-3-3	E-9-1	D-2-6	A-1

해설

- A : 초청 목적이 6개월가량의 외국인 환자의 간병이므로 G-1-10 비자를 발급받아야 한다.
- B : 초청 목적이 국내 취업조건을 모두 갖춘 자의 제조업체 취업이므로 E-9-1 비자를 발급받아야 한다.
- C : 초청 목적이 K대학교 교환학생이므로 D-2-6 비자를 발급받아야 한다.
- D : 초청 목적이 국제기구 정상회의 참석이므로 A-2 비자를 발급받아야 한다.

※ 다음 명제가 모두 참일 때, 빈칸에 들어갈 명제로 가장 적절한 것을 고르시오. [22~24]

| 국민건강보험공단 / 문제해결능력

22

- 잎이 넓은 나무는 키가 크다.
- 잎이 넓지 않은 나무는 덥지 않은 지방에서 자란다.
- ______________________
- 따라서 더운 지방에서 자라는 나무는 열매가 많이 맺힌다.

① 잎이 넓지 않은 나무는 열매가 많이 맺힌다.
② 열매가 많이 맺히지 않는 나무는 키가 작다.
③ 벌레가 많은 지역은 열매가 많이 맺히지 않는다.
④ 키가 작은 나무는 덥지 않은 지방에서 자란다.

해설

'잎이 넓다'를 P, '키가 크다'를 Q, '더운 지방에서 자란다'를 R, '열매가 많이 맺힌다'를 S라 하면, 첫 번째 명제는 P → Q, 두 번째 명제는 ~P → ~R, 네 번째 명제는 R → S이다. 두 번째 명제의 대우인 R → P와 첫 번째 명제인 P → Q에 따라 R → P → Q이므로 네 번째 명제가 참이 되려면 Q → S인 명제 또는 이와 대우 관계인 ~S → ~Q인 명제가 필요하다.

정답 21 ② 22 ②

23

> • 풀을 먹는 동물은 몸집이 크다.
> • 사막에서 사는 동물은 물속에서 살지 않는다.
> • ______________________
> • 따라서 물속에서 사는 동물은 몸집이 크다.

① 몸집이 큰 동물은 물속에서 산다.

② 물이 있으면 사막이 아니다.

③ 사막에 사는 동물은 몸집이 크다.

④ 풀을 먹지 않는 동물은 사막에 산다.

해설

'풀을 먹는 동물'을 P, '몸집이 크다'를 Q, '사막에서 산다'를 R, '물속에서 산다'를 S라 하면, 첫 번째 명제는 P → Q, 두 번째 명제는 R → ~S, 네 번째 명제는 S → Q이다. 네 번째 명제가 참이 되려면 두 번째 명제와 대우 관계인 S → ~R에 의해 ~R → P인 명제 또는 이와 대우 관계인 ~P → R인 명제가 필요하다.

24

> • 모든 1과 사원은 가장 실적이 많은 2과 사원보다 실적이 많다.
> • 가장 실적이 많은 4과 사원은 모든 3과 사원보다 실적이 적다.
> • 3과 사원 중 일부는 가장 실적이 많은 2과 사원보다 실적이 적다.
> • 따라서 ______________________

① 모든 2과 사원은 4과 사원 중 일부보다 실적이 적다.

② 어떤 1과 사원은 가장 실적이 많은 3과 사원보다 실적이 적다.

③ 어떤 3과 사원은 가장 실적이 적은 1과 사원보다 실적이 적다.

④ 1과 사원 중 가장 적은 실적을 올린 사원과 같은 실적을 올린 사원이 4과에 있다.

해설

모든 1과 사원은 가장 실적이 많은 2과 사원보다 실적이 많고, 3과 사원 중 일부는 가장 실적이 많은 2과 사원보다 실적이 적다. 따라서 3과 사원 중 일부는 모든 1과 사원보다 실적이 적다.

※ 다음 글을 읽고 이어지는 질문에 답하시오. [25~26]

통계청이 발표한 출생·사망통계에 따르면 국내 합계출산율(가임여성 1명이 평생 낳을 것으로 기대되는 평균 출생아수)은 2015년 1.24명에서 2023년 0.72명으로 급격하게 감소했다. 이 수치는 OECD 38개국 중 꼴찌일 뿐 아니라 바로 앞 순위인 스페인의 1.19명과도 상당한 차이를 보인다.
실제로 2020년부터 사망자수가 출생아수를 넘어서면서 이른바 데드크로스 현상이 나타나고 있으며, 이 사태가 지속된다면 머지않아 경제, 사회, 안보 등 모든 분야가 순차적으로 직격탄을 맞게 될 것이다.
이에 정부는 현 상황을 해결하고자 3대 핵심부분인 일-가정 양립, 양육, 주거를 중심으로 지원하겠다고 밝혔다. 특히 소득 차이를 줄이기 위한 방안으로 현행 월 150만 원인 육아휴직 월 급여 상한을 최초 3개월 동안 250만 원으로 증액시키고, 연 1회 2주 단위의 단기휴직을 도입하겠다고 밝혔다.
이 외에도 경력단절 문제를 해결하기 위한 방안으로 육아기 단축근로제도를 수정하였는데, 기존 제도에서 ____________________ 또 육아휴직과 출산휴가의 통합신청을 가능하게 하고 이에 대해 14일 이내 사업주가 서면으로 허용하지 않으면 자동 승인되도록 하여 눈치 보지 않고 육아휴직 및 출산휴가를 사용할 수 있도록 개선하였다.
다만 제도가 변경되어도 현실적으로 육아휴직 사용이 어려운 소규모 사업장에서의 사용률을 높일 수 있는 법적 강제화 방안은 제외되었으며, 배달라이더 등 특수고용노동자나 자영업자는 전과 같이 적용대상에서 제외되었다.

| 건강보험심사평가원 / 의사소통능력

25 다음 중 윗글에 대한 설명으로 적절하지 않은 것은?

① 2020년 이후 우리나라 전체 인구수는 감소하고 있다.
② 2023년 OECD 38개국 중 유일하게 우리나라만 인구감소 현상이 나타났다.
③ 정부는 저출생의 가장 큰 원인을 일-가정 양립, 양육, 주거로 보고 있다.
④ 육아휴직 및 출산휴가 제도가 개선되었더라도 수혜 대상은 이전과 유사하다.

해설

2023년 국내 합계출산율은 0.72명으로, 이는 한 부부 사이에서 태어나는 아이의 수가 평균 1명이 되지 않는다는 것을 뜻한다. 또한 앞 순위인 스페인은 1.19명으로, 한 부부 사이에서 태어난 아이의 수가 2명이 되지 않아 스페인 역시 인구감소 현상이 나타남을 예측할 수 있다.

오답분석

① 두 번째 문단에서 2020년부터 사망자수가 출생아수보다 많다고 했으므로 전체 인구수는 감소하고 있음을 알 수 있다.
③ 세 번째 문단에서 정부가 현 상황, 즉 저출산 문제를 해결하고자 일-가정 양립, 양육, 주거를 중심으로 지원하겠다고 한 내용을 통해 알 수 있다.
④ 마지막 문단에서 제도는 변경되었지만, 이에 대한 법적 강제화는 없고 일부 직종에 대해서는 이전과 같이 배제된다고 하였으므로 수혜 대상은 이전과 유사할 것임을 알 수 있다.

26 다음 중 윗 글의 빈칸에 들어갈 내용으로 가장 적절한 것은?

① 자녀의 대상연령은 축소하고, 제도의 이용기간은 줄였다.
② 자녀의 대상연령은 축소하고, 제도의 이용기간은 늘렸다.
③ 자녀의 대상연령은 확대하고, 제도의 이용기간은 줄였다.
④ 자녀의 대상연령은 확대하고, 제도의 이용기간은 늘렸다.

해설

육아기 단축근로제도는 일과 가정의 양립을 지원하기 위한 제도로, 해당 제도의 적용을 받을 수 있는 기간이 늘어나면 일과 가정 모두를 유지하기 수월해질 것이다. 따라서 자녀의 대상연령은 확대하고, 제도의 이용기간을 늘렸다는 내용이 빈칸에 들어가기에 가장 적절하다.

※ 다음 글을 읽고 이어지는 질문에 답하시오. [27~28]

헤겔의 정반합 이론은 변증법이라고도 하며, '정', '반', '합'의 3단계 과정으로 이루어진다. 먼저 '정'이라는 하나의 명제가 존재하고 여기에 반대되는 주장인 '반'이 등장해 둘 사이는 갈등을 통해 통합된 하나의 주장인 '합'을 도출해낸다. 이 이론의 각 단계를 살펴보면 다음과 같다.
먼저 '정'이라는 하나의 추상적인 또는 객관적인 명제로부터 이 이론은 시작된다. '정' 단계에서는 그 명제 자체만으로도 독립적인 의미를 가지고 있는 상태로, 어떠한 갈등이나 대립도 없어 다음 단계로 발전하지 못하는 잠재적인 무의식의 단계이다.
그 다음 단계인 '반'은 앞선 단계인 '정'의 명제에 대해 반대되거나 모순되어 갈등상황을 일으키는 명제이다. 비록 부정적이지만 이성에 근거한 이 명제는 '정'으로 하여금 이미 자신이 내포하고 있었던 내재적 모순을 표면적으로 드러나게 하여 스스로를 객관적으로 바라보고 이를 반성할 수 있도록 이끈다. 따라서 이 단계는 직접적인 갈등 과정이 표면으로 드러나면서 이를 자각하고 이전보다 한걸음 발전했기 때문에 의식적 단계라고 볼 수 있다.
마지막 단계인 '합'은 '정'과 '반' 두 명제를 통합하는 과정으로, 두 명제 사이의 갈등을 해결해 마침내 이성적이고 긍정적인 판단을 이끌어내는 것이다. 이로써 '합'은 두 명제의 모순을 해결해 하나로 합쳐 스스로를 인식하는 진정한 의식적 단계에 다다른 것이다.
하지만 헤겔의 변증법적인 발전은 '합' 단계에서 그치는 것이 아니다. '합'은 다시 '정'이 되어 스스로가 내재적으로 가지고 있는 모순을 다시금 꺼내어 정반합의 단계를 되풀이하면서 계속하여 발전해 간다. 즉, 이 이론의 핵심은 ______________________이다.

| 건강보험심사평가원 / 의사소통능력

27 다음 중 윗글에 대한 설명으로 적절하지 않은 것을 〈보기〉에서 모두 고르면?

보기

ㄱ. '정'과 '반'의 명제가 무조건적으로 대립되는 관계는 아니다.
ㄴ. 헤겔의 정반합 이론에서 '합'은 '정'과 '반'보다 더 발전된 명제이다.
ㄷ. '정'과 '반'의 명제의 우위를 가려 더 발전적 결과인 '합'을 도출하여야 한다.
ㄹ. '정'과 '반'이 하나의 의견으로 도출해내지 못한다면, 이는 헤겔의 정반합 이론이 적용되었다고 보기 어렵다.

① ㄱ, ㄴ　　② ㄱ, ㄷ
③ ㄴ, ㄷ　　④ ㄷ, ㄹ

해설

ㄱ. 헤겔의 정반합 이론상 '정'에 대립되는 주장을 '반'이라고 했으므로 '정'과 '반'은 항상 대립하는 관계이다.
ㄷ. '정'과 '반'의 우위를 가리는 것이 아닌 두 명제 사이의 모순을 해결하면서 더 발전적인 결과인 '합'을 도출해내야 한다.

오답분석

ㄴ. 마지막 문단에서 정반합의 단계를 되풀이하면서 계속하여 발전해 간다고 하였으므로 '합'이 더 발전된 개념임을 알 수 있다.
ㄹ. 헤겔의 정반합 이론이란 정, 반, 합 3단계 과정 전체를 말하는 것이므로 적절한 내용이다.

| 건강보험심사평가원 / 의사소통능력

28 다음 중 윗글의 빈칸에 들어갈 내용으로 가장 적절한 것은?

① 개인과 사회는 정반합의 과정처럼 계속하여 갈등상황에 놓이게 된다는 것
② 개인과 사회는 정반합의 과정을 계속하면서 이전보다 더 발전하게 된다는 것
③ 개인과 사회는 발전하기 위해 끊임없이 '반'에 해당하는 명제를 제시해야 한다는 것
④ 개인과 사회는 발전하기 위해 서로 상반된 주장도 통합할 수 있는 판단을 이끌어내야 한다는 것

해설

제시문에서 헤겔은 정, 반, 합의 3단계 과정을 거치면서 발전한다고 하였으며, '합'에서 끝나는 것이 아니라 '합'은 다시 '정'이 되어 다시금 정, 반, 합 3단계 과정을 되풀이하며 발전해 간다고 하였다. 따라서 개인과 사회는 정반합의 과정을 계속하면서 이전보다 더 발전하게 된다는 내용이 빈칸에 들어가기에 가장 적절하다.

정답 26 ④ 27 ② 28 ②

29 다음과 같이 일정한 규칙으로 수를 나열할 때 빈칸에 들어갈 수는?

• 6	13	8	8	144
• 7	11	7	4	122
• 8	9	6	2	100
• 9	7	5	1	( )

① 75　　② 79

③ 83　　④ 87

해설

나열된 수의 규칙은 [(첫 번째 수)+(두 번째 수)]×(세 번째 수)−(네 번째 수)=(다섯 번째 수)이다.
따라서 빈칸에 들어갈 수는 $(9+7)\times5-1=79$이다.

30 주사위 A, B를 던져 나온 수를 각각 a, b라고 할 때, $a \neq b$일 확률은?

① $\frac{2}{3}$　　② $\frac{13}{18}$

③ $\frac{7}{9}$　　④ $\frac{5}{6}$

해설

두 주사위 A, B를 던져 나온 수를 각각 a, b라 할 때, 가능한 순서쌍 (a, b)의 경우의 수는 $6\times6=36$가지다.
이때 $a=b$의 경우의 수는 (1, 1), (2, 2), (3, 3), (4, 4), (5, 5), (6, 6)으로 6가지이므로 $a \neq b$의 경우의 수는 $36-6=30$가지다.

따라서 $a \neq b$일 확률은 $\frac{30}{36}=\frac{5}{6}$이다.

❙ 건강보험심사평가원 / 수리능력

31 다음과 같이 둘레의 길이가 2,000m인 원형 산책로에서 오후 5시 정각에 A씨가 3km/h의 속력으로 산책로를 따라 걷기 시작했다. 30분 후 B씨는 A씨가 걸어간 반대 방향으로 7km/h의 속력으로 같은 산책로를 따라 달리기 시작했을 때, A씨와 B씨가 두 번째로 만나게 되는 시각은?

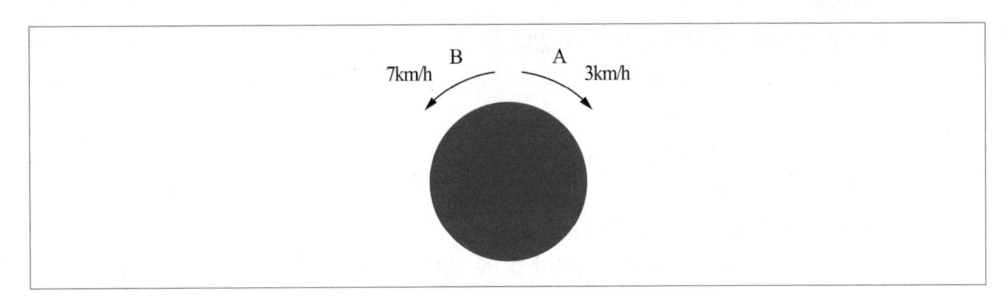

① 오후 6시 30분 ② 오후 6시 15분
③ 오후 6시 ④ 오후 5시 45분

해설

A씨와 B씨가 만날 때 A씨의 이동거리와 B씨의 이동거리의 합은 산책로의 둘레 길이와 같으며, 두 번째 만났을 때 A씨의 이동거리와 B씨의 이동거리의 합은 산책로의 둘레 길이의 2배이다.

이때 A씨가 출발 후 x시간이 지났다면 다음 식이 성립한다.

$$3x+7\left(x-\frac{1}{2}\right)=4$$

$$\rightarrow 3x+7x-\frac{7}{2}=4$$

$$\therefore\ x=\frac{15}{20}$$

그러므로 $\frac{15}{20}$시간, 즉 45분이 지났음을 알 수 있다.

따라서 A씨와 B씨가 두 번째로 만나게 되는 시각은 오후 5시 45분이다.

❙ 건강보험심사평가원 / 수리능력

32 어떤 상자 안에 빨간색 공 2개와 노란색 공 3개가 들어 있다. 이 상자에서 공 3개를 꺼낼 때, 빨간색 공 1개와 노란색 공 2개를 꺼낼 확률은?(단, 꺼낸 공은 다시 넣지 않는다)

① $\frac{1}{2}$ ② $\frac{3}{5}$
③ $\frac{2}{3}$ ④ $\frac{3}{4}$

해설

$$\frac{\text{(빨간색 공 2개 중 1개를 뽑는 경우의 수)}\times\text{(노란색 공 3개 중 2개를 뽑는 경우의 수)}}{\text{(전체 공 5개 중 3개를 뽑는 경우의 수)}}=\frac{{}_2C_1\times{}_3C_2}{{}_5C_3}=\frac{6}{10}=\frac{3}{5}$$

정답 29 ② 30 ④ 31 ④ 32 ②

33 신입사원 A ~ G 7명이 다음 <조건>에 따라 5층까지 있는 사택에서 살 때, 각 층에 사는 사원을 바르게 연결한 것은?

조건

- 한 층에 최대 2명까지 들어갈 수 있다.
- A, B는 같은 층에 산다.
- C는 A보다 아래에 산다.
- D, E는 서로 다른 층에 산다.
- F는 E의 바로 위에 산다.
- G와 같은 층에 사는 신입사원은 없다.
- 3층은 사택 복지 공간이므로 사람이 살 수 없다.

① 1층 – G
② 2층 – D, F
③ 4층 – E
④ 5층 – B, C

해설

마지막 조건에 따라 3층에 사는 신입사원은 없다.

- A, B가 2층에 살 경우 : 세 번째 조건에 따라 C는 1층에 살고, 다섯 번째 조건에 따라 E는 4층, F는 5층에 살지만, G가 홀로 살 수 있는 층이 없으므로 여섯 번째 조건에 위배된다.
- A, B가 4층에 살 경우 : 다섯 번째 조건에 따라 E는 1층, F는 2층에 살고, 여섯 번째 조건에 따라 G는 5층에 산다. C는 세 번째 조건에 따라 1층 또는 2층에 살지만 네 번째 조건에 따라 D, E는 서로 다른 층에 살아야 하므로 C는 1층, D는 2층에 산다.
- A, B가 5층에 살 경우 : 다섯 번째 조건에 따라 E는 1층, F는 2층에 살고, 여섯 번째 조건에 따라 G는 4층에 살 수 있다. C는 세 번째 조건에 따라 1층 또는 2층에 살지만 네 번째 조건에 따라 D, E는 서로 다른 층에 살아야 하므로 C는 1층, D는 2층에 산다.

이를 정리하면 다음과 같다.

5층	G
4층	A, B
3층	(복지 공간)
2층	D, F
1층	C, E

5층	A, B
4층	G
3층	(복지 공간)
2층	D, F
1층	C, E

따라서 바르게 연결한 것은 ②이다.

34 다음 중 제시된 명제가 모두 참일 때, 빈칸에 들어갈 명제로 가장 적절한 것은?

- 전제 1 : 아파트에 사는 어떤 사람은 강아지를 키운다.
- 전제 2 : ______________________
- 전제 3 : 아파트에 사는 강아지를 키우거나 식물을 키우는 사람은 빨간색 옷을 입는다.
- 결론 : 그러므로 아파트에 사는 모든 사람은 빨간색 옷을 입는다.

① 아파트에 사는 모든 사람은 식물을 키우지 않는다.
② 아파트에 사는 어떤 사람은 식물을 키운다.
③ 아파트에 사는 강아지를 키우지 않는 모든 사람은 식물을 키운다.
④ 아파트에 사는 어떤 사람은 강아지를 키우지 않는다.

해설

아파트에 사는 사람을 A, 강아지를 키우는 어떤 사람을 B라고 하면 전제 1에 의해 다음과 같은 관계가 있다.

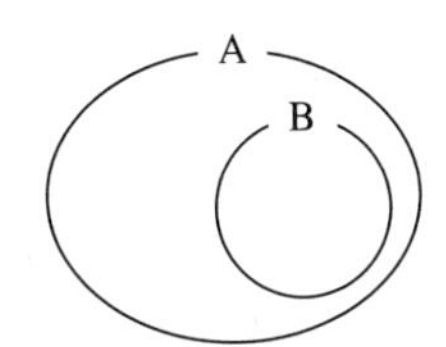

식물을 키우는 사람을 C, 빨간색 옷을 입는 사람을 D라고 할 때, 전제 3에 의해 B→D, C→D이고, 결론에 의해 A→D이므로 전제 2에 들어가는 명제는 ~B→C이어야 한다. 따라서 빈칸에 들어갈 명제는 '아파트에 사는 강아지를 키우지 않는 모든 사람은 식물을 키운다'이다.

35 다음 중 파일 여러 개가 열려 있는 상태에서 즉시 바탕화면으로 돌아가고자 할 때, 입력해야 할 단축키로 옳은 것은?

① 〈Window 로고 키〉+〈R〉
② 〈Window 로고 키〉+〈I〉
③ 〈Window 로고 키〉+〈L〉
④ 〈Window 로고 키〉+〈D〉

해설

'〈Window 로고 키〉+〈D〉'를 입력하면 활성화된 모든 창을 최소화하고 바탕화면으로 돌아갈 수 있으며, 이 상태에서 다시 '〈Window 로고 키〉+〈D〉'를 입력하면 단축키를 입력하기 전 상태로 되돌아간다. 비슷한 기능을 가진 단축키로 '〈Window 로고 키〉+〈M〉'이 있지만, 입력하기 전 상태의 화면으로 되돌아갈 수는 없다.

오답분석

① 〈Window 로고 키〉+〈R〉 : 실행 대화 상자를 여는 단축키이다.
② 〈Window 로고 키〉+〈I〉 : 설정 창을 여는 단축키이다.
③ 〈Window 로고 키〉+〈L〉 : PC를 잠그거나 계정을 전환하기 위해 잠금화면으로 돌아가는 단축키이다.

정답 33 ② 34 ③ 35 ④

※ 다음은 중학생 15명을 대상으로 한 달 용돈 금액을 조사한 자료이다. 이어지는 질문에 답하시오. [36~37]

	A	B
1	이 름	금액(원)
2	강○○	30,000
3	권○○	50,000
4	고○○	100,000
5	김○○	30,000
6	김△△	25,000
7	류○○	75,000
8	오○○	40,000
9	윤○○	100,000
10	이○○	150,000
11	임○○	75,000
12	장○○	50,000
13	전○○	60,000
14	정○○	45,000
15	황○○	50,000
16	황△△	100,000

| 건강보험심사평가원 / 정보능력

36 다음 중 한 달 용돈이 50,000원 이상인 학생 수를 구하고자 할 때, 입력해야 할 함수식으로 옳은 것은?

① =MODE(B2:B16)

② =COUNTIF(B2:B16,">50000")

③ =MATCH(50000,B2:B16,0)

④ =VLOOKUP(50000,$B$1:$B$16,1,0)

해설

제시된 조건이 포함되는 셀의 수를 구하는 조건부 함수를 사용한다. 따라서 「=COUNTIF(B2:B16,">50000")」를 입력해야 한다.

| 건강보험심사평가원 / 정보능력

37 다음 중 학생들이 받는 한 달 평균 용돈을 백 원 미만은 버림하여 구하고자 할 때, 입력해야 할 함수식으로 옳은 것은?

① =LEFT((AVERAGE(B2:B16)),2)

② =RIGHT((AVERAGE(B2:B16)),2)

③ =ROUNDUP((AVERAGE(B2:B16)),−2)

④ =ROUNDDOWN((AVERAGE(B2:B16)),−2)

해설

지정된 자릿수 이하의 수를 버림하는 함수는 「=ROUNDDOWN(버림할 수,버림할 자릿수)」이다. 따라서 입력해야 할 함수는 「=ROUNDDOWN((AVERAGE(B2:B16)),−2)」이다.

| 건강보험심사평가원 / 정보능력

38 엑셀 프로그램에서 "서울특별시 영등포구 홍제동"으로 입력된 텍스트를 "서울특별시 서대문구 홍제동"으로 수정하여 입력하고자 할 때, 입력해야 할 함수식으로 옳은 것은?

① =SUBSTITUTE("서울특별시 영등포구 홍제동","영등포","서대문")

② =IF("서울특별시 영등포구 홍제동"="영등포","서대문"," ")

③ =MOD("서울특별시 영등포구 홍제동","영등포","서대문")

④ =NOT("서울특별시 영등포구 홍제동","영등포","서대문")

해설

특정 텍스트를 다른 텍스트로 수정하는 함수는 「=SUBSTITUTE(참조 텍스트,수정해야 할 텍스트,수정한 텍스트,[위치])」이며, [위치]가 빈칸이면 모든 수정해야 할 텍스트가 수정한 텍스트로 수정된다.
따라서 입력해야 할 함수식은 「=SUBSTITUTE("서울특별시 영등포구 홍제동","영등포","서대문")」이다.

오답분석

② IF(조건,참일 때 값,거짓일 때 값) 함수는 조건부가 참일 때 TRUE 값을 출력하고, 거짓일 때 FALSE 값을 출력하는 함수이다. "서울특별시 영등포구 홍제동"="영등포"는 항상 거짓이므로 빈칸으로 출력된다.
③ MOD(수,나눌 수) 함수는 입력한 수를 나눌 수로 나누었을 때 나머지를 출력하는 함수이므로 텍스트를 입력하면 오류가 발생한다.
④ NOT(인수) 함수는 입력된 인수를 부정하는 함수이며, 인수는 1개만 입력할 수 있다.

정답 36 ② 37 ④ 38 ①

※ 다음은 2023년 7 ~ 12월 경상수지에 대한 자료이다. 이어지는 질문에 답하시오. **[39~40]**

〈2023년 7 ~ 12월 경상수지〉

(단위 : 백만 달러)

구 분		2023년 7월	2023년 8월	2023년 9월	2023년 10월	2023년 11월	2023년 12월
경상수지(계)		4,113.9	5,412.7	6,072.7	7,437.8	3,890.7	7,414.6
상품수지		4,427.5	5,201.4	7,486.3	5,433.3	6,878.2	8,037.4
	수 출	50,247.2	53,668.9	56,102.5	57,779.9	56,398.4	ㄴ
	수 입	45,819.7	ㄱ	48,616.2	52,346.6	49,520.2	50,966.5
서비스수지		−2,572.1	−1,549.5	−3,209.9	−1,279.8	−2,210.9	−2,535.4
본원소득수지		3,356.3	1,879	2,180.4	3,358.5	−116.6	2,459.5
이전소득수지		−1,097.8	−118.2	−384.1	−74.2	−660	−546.9

※ (경상수지)=(상품수지)+(서비스수지)+(본원소득수지)+(이전소득수지)

※ (상품수지)=(수출)−(수입)

※ 수지가 양수일 경우 흑자, 음수일 경우 적자이다.

| 한국전력공사 / 수리능력

39 다음 중 자료에 대한 설명으로 옳은 것은?

① 본원소득수지는 항상 흑자를 기록하였다.

② 경상수지는 2023년 11월에 적자를 기록하였다.

③ 상품수지가 가장 높은 달의 경상수지가 가장 높았다.

④ 2023년 8월 이후 서비스수지가 가장 큰 적자를 기록한 달의 상품수지 증가폭이 가장 크다.

⑤ 2023년 8월 이후 전월 대비 경상수지 증가폭이 가장 작은 달의 상품수지 증가폭이 가장 낮다.

해설

2023년 8 ~ 12월의 전월 대비 상품수지 증가폭은 다음과 같다.

- 2023년 8월 : 5,201.4−4,427.5=773.9백만 달러
- 2023년 9월 : 7,486.3−5,201.4=2,284.9백만 달러
- 2023년 10월 : 5,433.3−7,486.3=−2,053백만 달러
- 2023년 11월 : 6,878.2−5,433.3=1,444.9백만 달러
- 2023년 12월 : 8,037.4−6,878.2=1,159.2백만 달러

따라서 서비스수지가 가장 큰 적자를 기록한 2023년 9월의 상품수지 증가폭이 가장 크다.

40 다음 중 빈칸에 들어갈 수로 옳은 것은?

	ㄱ	ㄴ
①	48,256.2	59,003.9
②	48,256.2	58,381.1
③	48,467.5	59,003.9
④	48,467.5	58,381.1
⑤	47,685.7	59,003.9

해설

(상품수지)=(수출)−(수입)이므로 2023년 8월의 수입(ㄱ)은 53,668.9−5,201.4=48,467.5백만 달러이고, 2023년 12월 수출(ㄴ)은 8,037.4+50,966.5=59,003.9백만 달러이다.

41 S편의점을 운영하는 P씨는 개인사정으로 이번 주 토요일 하루만 오전 10시부터 오후 8시까지 직원들을 대타로 고용할 예정이다. 직원 A ~ D의 시급과 근무 가능 시간이 다음과 같을 때, 가장 적은 인건비는 얼마인가?

〈S편의점 직원 시급 및 근무 가능 시간〉

직 원	시 급	근무 가능 시간
A	10,000원	오후 12:00 ~ 오후 5:00
B	10,500원	오전 10:00 ~ 오후 3:00
C	10,500원	오후 12:00 ~ 오후 6:00
D	11,000원	오후 12:00 ~ 오후 8:00

※ 추가 수당으로 시급의 1.5배를 지급한다.
※ 직원 1명당 근무시간은 최소 2시간 이상이어야 한다.

① 153,750원
② 155,250원
③ 156,000원
④ 157,500원
⑤ 159,000원

정답 39 ④ 40 ③ 41 ③

해설

오전 10시부터 오후 12시까지 근무를 할 수 있는 사람은 B뿐이고, 오후 6시부터 오후 8시까지 근무를 할 수 있는 사람은 D뿐이다.

A와 C가 남은 오후 12시부터 오후 6시까지 나누어 근무해야 하지만, A는 오후 5시까지 근무할 수 있고 모든 직원의 최소 근무시간은 2시간이므로 A가 오후 12시부터 4시까지 근무하고, C가 오후 4시부터 오후 6시까지 근무할 때 인건비가 최소이다.

각 직원의 근무시간과 인건비를 정리하면 다음과 같다.

직 원	근무시간	인건비
B	오전 10:00 ~ 오후 12:00	10,500×1.5×2=31,500원
A	오후 12:00 ~ 오후 4:00	10,000×1.5×4=60,000원
C	오후 4:00 ~ 오후 6:00	10,500×1.5×2=31,500원
D	오후 6:00 ~ 오후 8:00	11,000×1.5×2=33,000원

따라서 가장 적은 인건비는 31,500+60,000+31,500+33,000=156,000원이다.

| 서울교통공사 9호선 / 대인관계능력

42 다음 〈보기〉 중 실무형 팔로워십을 가진 사람의 자아상으로 옳은 것을 모두 고르면?

보기

ㄱ. 기쁜 마음으로 과업을 수행
ㄴ. 판단과 사고를 리더에 의존
ㄷ. 조직의 운영 방침에 민감
ㄹ. 일부러 반대의견을 제시
ㅁ. 규정과 규칙에 따라 행동
ㅂ. 지시가 있어야 행동

① ㄱ, ㄴ
② ㄴ, ㄷ
③ ㄷ, ㅁ
④ ㄹ, ㅁ
⑤ ㅁ, ㅂ

해설

팔로워십의 유형

구 분	자아상	동료 / 리더의 시각	조직에 대한 자신의 느낌
소외형	• 자립적인 사람 • 일부러 반대의견 제시 • 조직의 양심	• 냉소적 • 부정적 • 고집이 셈	• 자신을 인정해 주지 않음 • 적절한 보상이 없음 • 불공정하고 문제가 있음
순응형	• 기쁜 마음으로 과업 수행 • 팀플레이를 함 • 리더나 조직을 믿고 헌신함	• 아이디어가 없음 • 인기 없는 일은 하지 않음 • 조직을 위해 자신의 요구를 양보	• 기존 질서를 따르는 것이 중요 • 리더의 의견을 거스르지 못함 • 획일적인 태도와 행동에 익숙함
실무형	• 조직의 운영 방침에 민감 • 사건을 균형 잡힌 시각으로 봄 • 규정과 규칙에 따라 행동함	• 개인의 이익을 극대화하기 위한 흥정에 능함 • 적당한 열의와 수완으로 업무 진행	• 규정 준수를 강조 • 명령과 계획의 빈번한 변경 • 리더와 부하 간의 비인간적 풍토
수동형	• 판단과 사고를 리더에 의존 • 지시가 있어야 행동	• 하는 일이 없음 • 제 몫을 하지 못함 • 업무 수행에는 감독이 필요	• 조직이 나의 아이디어를 원치 않음 • 노력과 공헌을 해도 소용이 없음 • 리더는 항상 자기 마음대로 함

43 다음 중 갈등의 과정 단계를 순서대로 바르게 나열한 것은?

ㄱ. 이성과 이해의 상태로 돌아가며 협상과정을 통해 쟁점이 되는 주제를 논의하고, 새로운 제안을 하고, 대안을 모색한다.
ㄴ. 설득보다는 강압적·위협적인 방법 등 극단적인 모습을 보이며 상대방의 생각이나 의견, 제안을 부정하고, 상대방은 그에 대한 반격으로 대응함으로써 자신들의 반격을 정당하게 생각한다.
ㄷ. 의견 불일치가 해소되지 않아 감정이 개입되어 상대방의 주장에 대한 문제점을 찾기 시작하고, 상대방의 입장은 부정하면서 자기주장만 하려고 한다.
ㄹ. 서로 간의 생각이나 신념, 가치관 차이로 인해 의견 불일치가 생겨난다.
ㅁ. 회피, 경쟁, 수용, 타협, 통합의 방법으로 서로 간의 견해를 일치하려 한다.

① ㄹ－ㄱ－ㄴ－ㄷ－ㅁ
② ㄹ－ㄴ－ㄷ－ㄱ－ㅁ
③ ㄹ－ㄷ－ㄴ－ㄱ－ㅁ
④ ㅁ－ㄱ－ㄴ－ㄷ－ㄹ
⑤ ㅁ－ㄹ－ㄴ－ㄷ－ㄱ

해설

갈등의 과정 단계

1. 의견 불일치 : 서로 생각이나 신념, 가치관, 성격이 다르므로 다른 사람들과의 의견 불일치가 발생한다. 의견 불일치는 상대방의 생각과 동기를 설명하는 기회를 주고 대화를 나누다 보면 오해가 사라지고 더 좋은 관계로 발전할 수 있지만, 그냥 내버려 두면 심각한 갈등으로 발전하게 된다.
2. 대결 국면 : 의견 불일치가 해소되지 않아 발생하며, 단순한 해결방안은 없고 다른 새로운 해결점을 찾아야 한다. 대결 국면에 이르게 되면 감정이 개입되어 상대방의 주장에 대한 문제점을 찾기 시작하고, 자신의 입장에 대해서는 그럴듯한 변명으로 옹호하면서 양보를 완강히 거부하는 상태에 이르는 등 상대방의 입장은 부정하면서 자기주장만 하려고 한다. 서로의 입장을 고수하려는 강도가 높아지면 긴장은 높아지고 감정적인 대응이 더욱 격화된다.
3. 격화 국면 : 상대방에 대하여 더욱 적대적으로 변하며, 설득을 통해 문제를 해결하기보다 강압적·위협적인 방법을 쓰려고 하며, 극단적인 경우 언어폭력이나 신체적 폭행으로 번지기도 한다. 상대방에 대한 불신과 좌절, 부정적인 인식이 확산되면서 갈등 요인이 다른 요인으로 번지기도 한다. 격화 국면에서는 상대방의 생각이나 의견, 제안을 부정하고, 상대방은 그에 대한 반격을 함으로써 자신들의 반격을 정당하게 생각한다.
4. 진정 국면 : 계속되는 논쟁과 긴장이 시간과 에너지를 낭비하고 있음을 깨달으며, 갈등상태가 무한정 유지될 수 없다는 것을 느끼고 흥분과 불안이 가라앉으면서 이성과 이해의 원상태로 돌아가려 한다. 이후 협상이 시작된다. 협상과정을 통해 쟁점이 되는 주제를 논의하고 새로운 제안을 하고 대안을 모색하게 된다. 진정 국면에서는 중개자, 조정자 등의 제3자가 개입함으로써 갈등 당사자 간에 신뢰를 쌓고 문제를 해결하는 데 도움이 되기도 한다.
5. 갈등의 해소 : 진정 국면에 들어서면 갈등 당사자들은 문제를 해결하지 않고는 자신들의 목표를 달성하기 어렵다는 것을 알게 된다. 모두가 만족할 수 없는 경우도 있지만, 불일치한 서로 간의 의견을 일치하려고 한다. 갈등의 해소는 회피형, 지배 또는 강압형, 타협형, 순응형, 통합 또는 협력형 등의 방법으로 이루어진다.

정답 42 ③ 43 ③

44 다음 〈보기〉 중 근로윤리의 덕목과 공동체윤리의 덕목을 바르게 구분한 것은?

보기

㉠ 근 면	㉡ 봉사와 책임의식
㉢ 준 법	㉣ 예절과 존중
㉤ 정 직	㉥ 성 실

	근로윤리	공동체윤리
①	㉠, ㉡, ㉥	㉢, ㉣, ㉤
②	㉠, ㉢, ㉤	㉡, ㉣, ㉥
③	㉠, ㉤, ㉥	㉡, ㉢, ㉣
④	㉡, ㉣, ㉤	㉠, ㉢, ㉥
⑤	㉡, ㉤, ㉥	㉠, ㉢, ㉣

해설

원만한 직업생활을 위해 직업인이 갖추어야 할 직업윤리는 근로윤리와 공동체윤리로 나누어지며, 각 윤리의 덕목은 다음과 같다.

- 근로윤리 : 일에 대한 존중을 바탕으로 근면하고, 성실하고, 정직하게 업무에 임하는 자세
  - 근면한 태도(㉠)
  - 정직한 행동(㉤)
  - 성실한 자세(㉥)
- 공동체윤리 : 인간존중을 바탕으로 봉사하며, 책임감 있게 규칙을 준수하고, 예의바른 태도로 업무에 임하는 자세
  - 봉사와 책임의식(㉡)
  - 준법성(㉢)
  - 예절과 존중(㉣)

45 **다음 중 B에 대한 A의 행동이 직장 내 괴롭힘에 해당하지 않는 것은?**

① A대표는 B사원에게 본래 업무에 더해 개인적인 용무를 자주 지시하였고, B사원은 과중한 업무로 인해 근무환경이 악화되었다.

② A팀장은 업무처리 속도가 늦은 B사원만 업무에서 배제시키고 청소나 잡일만을 지시하였다. 이에 B사원은 고의적인 업무배제에 정신적 고통을 호소하였다.

③ A팀장은 기획의도와 맞지 않는다는 이유로 B사원에게 수차례 보완을 요구하였다. 계속해서 보완을 명령받은 B사원은 늘어난 업무량으로 인해 스트레스를 받아 휴직을 신청하였다.

④ A대리는 육아휴직 후 복직한 동기인 B대리를 다른 직원과 함께 조롱하고 무시하며 따돌렸다. 이에 B대리는 우울증을 앓았고 결국 퇴사하였다.

⑤ A대표는 실적이 부진하다는 이유로 B과장을 다른 직원이 보는 앞에서 욕설 등의 모욕감을 주었고 이에 B과장은 정신적 고통을 호소하였다.

해설

직장 내 괴롭힘이 성립하려면 다음의 행위 요건이 성립해야 한다.
- 직장에서의 지위 또는 관계 등의 우위를 이용할 것
- 업무상 적정 범위를 넘는 행위일 것
- 신체적·정신적 고통을 주거나 근무환경을 악화시키는 행위일 것

③은 A팀장이 지위를 이용하여 B사원에게 수차례 업무를 지시했지만 이는 업무상 필요성이 있는 정당한 지시이며, 완수해야 하는 적정 업무에 해당하므로 직장 내 괴롭힘으로 보기 어렵다.

정답 44 ③ 45 ③

46 다음 중 S의 사례에서 볼 수 있는 직업윤리 의식으로 옳은 것은?

> 어릴 적부터 각종 기계를 분해하고 다시 조립하는 취미가 있던 S는 공대를 졸업한 뒤 로봇 엔지니어로 활동하고 있다. S는 자신의 직업이 적성에 꼭 맞는다고 생각하여 더 높은 성취를 위해 성실히 노력하고 있다.

① 소명의식 ② 봉사의식
③ 책임의식 ④ 직분의식
⑤ 천직의식

해설

S는 자신의 일이 능력과 적성에 맞다 여기고 발전을 위해 열성을 가지고 성실히 노력하고 있는 천직의식을 나타내고 있다.

직업윤리 의식

- 소명의식 : 자신이 맡은 일은 하늘에 의해 맡겨진 일이라고 생각하는 태도이다.
- 천직의식 : 자신의 일이 자신의 능력과 적성에 꼭 맞는다 여기고 그 일에 열성을 가지고 성실히 임하는 태도이다.
- 직분의식 : 자신이 하고 있는 일이 사회나 기업을 위해 중요한 역할을 하고 있다고 믿고 자신의 활동을 수행하는 태도이다.
- 책임의식 : 직업에 대한 사회적 역할과 책무를 충실히 수행하고 책임을 다하는 태도이다.
- 전문가의식 : 자신의 일이 누구나 할 수 있는 것이 아니라 해당 분야의 지식과 교육을 밑바탕으로 성실히 수행해야만 가능한 것이라 믿고 수행하는 태도이다.
- 봉사의식 : 직업 활동을 통해 다른 사람과 공동체에 대하여 봉사하는 정신을 갖추고 실천하는 태도이다.

47 1 ~ 200의 자연수 중에서 2, 3, 5 중 어느 것으로도 나누어떨어지지 않는 수는 모두 몇 개인가?

① 50개 ② 54개
③ 58개 ④ 62개

해설

1 ~ 200의 자연수 중에서 2, 3, 5 중 어느 것으로도 나누어떨어지지 않는 수의 개수는 각각 2의 배수, 3의 배수, 5의 배수가 아닌 수의 개수이다.

- 1 ~ 200의 자연수 중 2의 배수의 개수 : $\frac{200}{2}=100$이므로 100개이다.
- 1 ~ 200의 자연수 중 3의 배수의 개수 : $\frac{200}{3}=66 \cdots 2$이므로 66개이다.
- 1 ~ 200의 자연수 중 5의 배수의 개수 : $\frac{200}{5}=40$이므로 40개이다.
- 1 ~ 200의 자연수 중 6의 배수의 개수 : $\frac{200}{6}=33 \cdots 2$이므로 33개이다.
- 1 ~ 200의 자연수 중 10의 배수의 개수 : $\frac{200}{10}=20$이므로 20개이다.
- 1 ~ 200의 자연수 중 15의 배수의 개수 : $\frac{200}{15}=13 \cdots 5$이므로 13개이다.
- 1 ~ 200의 자연수 중 30의 배수의 개수 : $\frac{200}{30}=6 \cdots 20$이므로 6개이다.

따라서 1 ~ 200의 자연수 중에서 2, 3, 5 중 어느 것으로도 나누어떨어지지 않는 수의 개수는 $200-[(100+66+40)-(33+20+13)+6]=200-(206-66+6)=54$개이다.

정답 46 ⑤ 47 ②

48 다음 10개의 수의 중앙값이 8일 때, 빈칸에 들어갈 수로 옳은 것은?

10	( )	6	9	9	7	8	7	10	7

① 6　　② 7

③ 8　　④ 9

해설

나열된 수는 짝수 개이므로 수를 작은 수부터 순서대로 나열했을 때, 가운데에 있는 두 수의 평균이 중앙값이다.

- 빈칸의 수가 7 이하인 경우 : 가운데에 있는 두 수는 7, 8이므로 중앙값은 $\frac{7+8}{2}=7.5$이다.
- 빈칸의 수가 8인 경우 : 가운데에 있는 두 수는 8, 8이므로 중앙값은 8이다.
- 빈칸의 수가 9 이상인 경우 : 가운데에 있는 두 수는 8, 9이므로 중앙값은 $\frac{8+9}{2}=8.5$이다.

따라서 중앙값이 8일 때 빈칸에 들어갈 수는 8이다.

49 어떤 원형 시계가 4시 30분을 가리키고 있다. 이 시계의 시침과 분침이 만드는 작은 부채꼴의 넓이와 전체 원의 넓이의 비는 얼마인가?

① $\frac{1}{8}$　　② $\frac{1}{6}$

③ $\frac{1}{4}$　　④ $\frac{1}{2}$

해설

분침은 60분에 1바퀴 회전하므로 1분 지날 때 분침은 $\frac{360}{60}=6°$ 움직이고,

시침은 12시간에 1바퀴 회전하므로 1분 지날 때 시침은 $\frac{360}{12\times60}=0.5°$ 움직인다.

따라서 4시 30분일 때 시침과 분침이 만드는 작은 부채꼴의 각도는 $6\times30-0.5\times(60\times4+30)=180-135=45°$이므로,

부채꼴의 넓이와 전체 원의 넓이의 비는 $\frac{45}{360}=\frac{1}{8}$이다.

50 다음 그림과 같은 길의 A지점에서 출발하여 최단거리로 이동하여 B지점에 도착하는 경우의 수는?

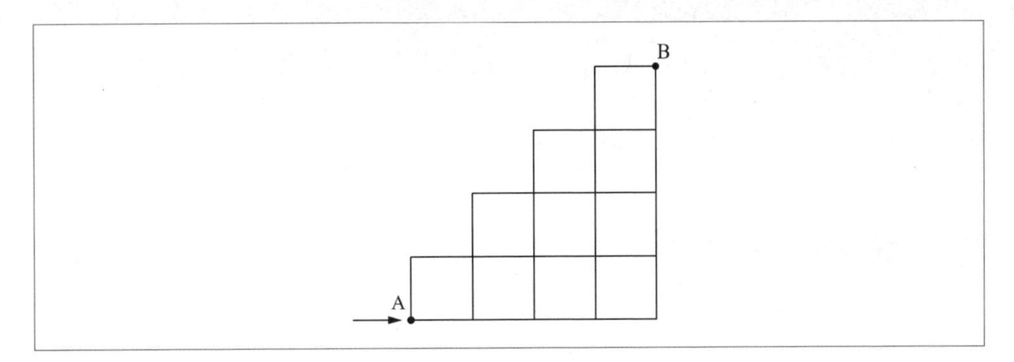

① 36가지
② 42가지
③ 48가지
④ 54가지

해설

A지점에서 출발하여 최단거리로 이동하여 B지점에 도착하기까지 가능한 경로의 수를 구하면 다음과 같다.

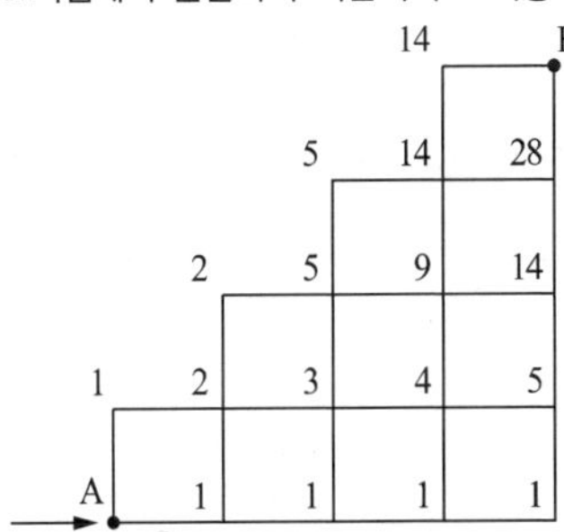

따라서 구하고자 하는 경우의 수는 42가지이다.

CHAPTER

02 주요 공공기관 일반상식 기출문제

※ 본 기출복원문제는 시험 후기를 토대로 복원한 것으로 실제 시험과 일부 차이가 있을 수 있습니다.

01 정치 · 국제 · 법률

| 광주광역시도시공사

01 다음 중 영국의 의회민주주의 발전과 관련 없는 사건은?

① 청교도 혁명　② 명예혁명
③ 권리장전　④ 2월 혁명

해설

영국은 1642년부터 일어난 청교도 혁명으로 공화정이 수립됐고, 이후 다시 크롬웰의 독재정치로 왕정으로 돌아갔다가 1688년 명예혁명으로 영국 의회민주주의의 출발을 알리는 권리장전이 선언됐다. 이로써 영국은 세계 최초로 입헌군주국이 되었다. 2월 혁명은 1848년 프랑스에서 일어난 사건으로 프랑스 제2공화국 수립의 계기가 됐다.

| 대구의료원

02 외교사절로서 받아들이기 싫어하는 인물을 뜻하는 말은?

① 페르소나 논 그라타　② 페르소나 그라타
③ 아그레망　④ 모두스 비벤디

해설

페르소나 논 그라타(Persona non grata)는 '호감 가지 않는 인물'이라는 의미로 어느 한 국가가 외교사절로서 기피하려 하는 타국의 인물을 뜻하는 말이다. 국제 외교관례상 외교사절을 파견할 때 사전에 상대국에 동의를 얻는 것을 '아그레망(Agrément)'이라고 하고, 반대로 동의를 얻지 못한 것을 '페르소나 논 그라타'라고 한다.

| 대전도시공사

03 일정 기간이 지나면 공소 제기가 불가능한 제도는?

① 면소판결　② 공소기각
③ 소멸시효　④ 공소시효

해설

공소(公訴)란 검사가 형사사건에 대해 법원에 재판을 청구하는 것을 말한다. 공소시효는 어떤 범죄에 대해 일정 기간이 지나면 국가의 형벌권을 소멸시키는 제도로 공소시효가 완성된 이후에는 범죄 사실이 드러나더라도 수사 및 기소의 대상이 되지 않는다. 즉, 수사기관이 범죄를 인지하여도 법원에 재판을 청구할 수 없게 되는 것이다. 다만 살인죄를 포함해 13세 미만의 사람 및 신체적 · 정신적 장애가 있는 사람을 대상으로 한 강간죄, 강제추행죄, 강간 등 상해 · 치상죄, 강간 등 살인 · 치사죄 등에는 공소시효가 적용되지 않는다.

| 대전도시공사

04 다음 중 해양오염 방지를 위한 국제협약은?

① 파리 협정
② 런던 협약
③ 몬트리올 의정서
④ 교토 의정서

해설

런던 협약은 방사성 폐기물을 비롯해 바다를 오염시킬 수 있는 각종 산업폐기물의 해양투기나 해상소각을 규제하는 협약으로, 해양오염을 방지하는 것이 목적이다. 우리나라는 1992년에 가입했다.

| 대전도시공사

05 다음 중 중대선거구제에 대한 설명으로 틀린 것은?

① 사표가 많이 발생한다.
② 지역구마다 2 ~ 5명의 의원을 선출한다.
③ 유권자의 민의가 충분히 반영되지 않는다.
④ 많은 군소정당의 후보들이 선거에 뛰어들게 된다.

해설

중대선거구제는 지역구당 2 ~ 5명의 의원을 뽑는 방식이다. 중대선거구제에서는 지역구의 범위가 넓어지는데, 예를 들어 1개 도에 10개의 지역구가 있다면 이를 북부와 남부라는 2개의 커다란 지역구로 통합한다. 지역구마다 2 ~ 5명의 의원이 선출되기 때문에 유권자 입장에서는 선택의 폭이 넓어지고, 당선자 선출에 기여하지 못하는 사표(死票)가 줄어든다. 이를 통해 유권자의 정치적 효능감도 커진다. 그러나 유권자의 민의(民意)가 충분히 반영되지 않고, 군소정당의 후보들이 선거판에 난립할 수 있다는 단점도 있다. 지역구가 넓어 선거비용도 비교적 많이 들어간다.

| 밀양시시설관리공단

06 덴마크의 자치령 중 하나로 세계에서 가장 큰 섬은?

① 그린란드
② 버진아일랜드
③ 미드웨이 제도
④ 웨이크섬

해설

그린란드(Greenland)는 덴마크의 자치령으로 유럽과 북미 대륙 사이에 위치한 세계에서 가장 큰 섬이다. 이곳에 사는 원주민을 이누이트(Inuit)라고 하며, 1814년부터 덴마크가 식민지로서 지배하기 시작했다. 국토의 85%가 얼음으로 덮인 척박한 환경이지만, 희토류 등 중요한 희귀자원이 풍부하게 매장된 것으로 알려졌다.

정답 01 ④ 02 ① 03 ④ 04 ② 05 ① 06 ①

| 부산광역시공무직통합채용

07 독일 최초의 여성 국방부 장관이자 제13대 유럽연합 집행위원장은?

① 우르줄라 폰데어라이엔
② 마린 르펜
③ 조르자 멜로니
④ 엘리자베트 보른

해설

우르줄라 폰데어라이엔(Ursula vonder Leyen)은 독일의 의사 출신 정치인이다. 2003년 주의원으로 당선되며 정계에 입문했고, 이후 앙겔라 메르켈 내각에서 가족노인여성청소년부 장관과 노동부 장관, 그리고 2013 ~ 2019년에는 독일 최초 민간 출신이자 여성 국방부 장관을 역임했다. 국방부 장관에서 퇴임한 후에는 중도우파 성향의 유럽국민당(EPP) 소속으로 2019년 12월 유럽연합(EU)의 수장인 제13대 집행위원장 자리에 올랐으며, 2024년 7월 연임에 성공했다.

| 부산광역시공무직통합채용

08 다음 중 선거로 뽑는 것이 아닌 직무는?

① 국회의원
② 교육감
③ 장학사
④ 기초단체장

해설

장학사는 교육연구사와 함께 특정직에 속하는 교육공무원을 말한다. 교육직 공무원인 평교사가 전직 시험에 합격하거나 교감 자격을 가진 교사 또는 현직 교감이 전직하는 경우 임용된다. 행정상 지휘·명령·감독권은 없으나 학교 시찰 등을 통해 교육현장에서의 교육 관련 지도, 조언 등의 업무를 수행한다.

| 부산광역시공무직통합채용

09 우리나라 국회의원의 정수는?

① 200명
② 250명
③ 280명
④ 300명

해설

현재 우리나라 국회의원 정수는 총 300인으로 지역구 254인과 비례대표 46인으로 구성되어 있다.

헌법 제41조

1항 국회는 국민의 보통·평등·직접·비밀선거에 의하여 선출된 국회의원으로 구성한다.
2항 국회의원의 수는 법률로 정하되, 200인 이상으로 한다.
3항 국회의원의 선거구와 비례대표제 기타 선거에 관한 사항은 법률로 정한다.

| 부천시공공기관통합채용

10 우리나라가 193번째로 정식 수교를 맺은 국가는?

① 캄보디아 ② 모나코
③ 북마케도니아 ④ 쿠 바

해설

우리나라는 2024년 2월 그동안 외교관계가 없었던 쿠바와 정식 수교를 맺게 됐다. 쿠바는 우리나라의 193번째 수교국으로 1959년 쿠바의 사회주의 혁명 이후 교류가 단절됐었다. 외교부는 쿠바와의 수교를 통해 양국 간 경제협력 확대 및 국내 기업 진출을 위한 제도적 기반을 마련함으로써 실질적인 협력 확대에 기여할 것으로 예상된다고 밝혔다.

| 폴리텍

11 다음 중 범죄 성립의 3요소에 해당하지 않는 것은?

① 구성요건 해당성 ② 위법성
③ 모욕성 ④ 책임성

해설

범죄 성립의 3요소에는 구성요건 해당성, 위법성, 책임성이 있다. 어떠한 행위가 범죄로 성립하려면 형법에서 범죄로 규정하고 있는 구성요건에 해당이 되어야 하며, 전체 법질서로부터 위법적인 행위라는 판단이 가능해야 한다. 또 범죄 행위자가 법이 요구하는 공동생활상의 규범에 합치할 수 있도록 의사결정을 할 수 있는 능력인 책임능력을 갖추고 있어야 한다.

| 폴리텍

12 특정 정당이나 후보에게 유리하도록 의도적으로 선거구를 조작하는 것은?

① 게리맨더링 ② 스핀닥터
③ 매니페스토 ④ 스윙보터

해설

게리맨더링(Gerrymandering)이란 1812년 미국 매사추세츠 주지사 게리가 당시 공화당 후보에게 유리하도록 선거구를 재조정했는데 그 모양이 마치 그리스 신화에 나오는 샐러맨더와 비슷하다고 한 데서 유래한 말이다. 이는 특정 정당이나 후보자에게 유리하도록 선거구를 인위적으로 획정하는 것을 의미하며, 이를 방지하기 위해 우리나라에서는 선거구 법정주의를 채택하고 있다.

정답 07 ① 08 ③ 09 ④ 10 ④ 11 ③ 12 ①

| 폴리텍

13 다음 중 헌법 개정 시 의결정족수에 관한 내용으로 옳은 것을 모두 고르면?

ㄱ. 헌법 개정은 국회 재적의원 과반수 찬성 또는 대통령의 발의로 제안된다.
ㄴ. 국회의원 선거권자 100만 명 이상의 찬성이 있으면 개정안을 발의할 수 있다.
ㄷ. 국회의 의결은 재적의원 1/3 이상의 찬성을 얻어야 한다.
ㄹ. 국회의 의결 이후 국회의원 선거권자 과반수의 투표와 투표자 과반수의 찬성을 얻어야 한다.

① ㄱ, ㄷ ② ㄱ, ㄹ
③ ㄱ, ㄴ, ㄹ ④ ㄴ, ㄷ, ㄹ

해설

오답분석

ㄴ. 문재인 전 대통령의 공약이기도 했던 '국민발안제'의 내용으로 당시 국회에서 이와 관련된 헌법 개정안이 발의돼 표결에 부쳐졌으나 의결정족수 부족으로 투표가 성립되지 않아 자동 폐기됐다.
ㄷ. '헌법 제130조 제1항'에 따르면 국회는 헌법 개정안이 공고된 날로부터 60일 이내에 의결하여야 하며, 국회의 의결은 재적의원 3분의 2 이상의 찬성을 얻어야 한다.

| 폴리텍

14 우리 국회에서 원내 교섭단체를 구성할 수 있는 인원수는?

① 15명 ② 20명
③ 25명 ④ 30명

해설

교섭단체는 국회에서 정당 소속의원들의 의견과 정당의 주장을 통합하여 국회가 개회하기 전에 반대당과 교섭·조율하기 위해 구성하는 단체로, 소속 국회의원 20인 이상을 구성요건으로 한다. 하나의 정당으로 교섭단체를 구성하는 것이 원칙이지만 복수의 정당이 연합해 구성할 수도 있다. 교섭단체가 구성되면 매년 임시회와 정기회에서 연설을 할 수 있고, 국고보조금 지원도 늘어난다.

| 폴리텍

15 재정·실현가능성은 생각하지 않는 대중영합주의 정치를 뜻하는 말은?

① 포퓰리즘 ② 프리거니즘
③ 리버테리아니즘 ④ 맨해트니즘

해설

포퓰리즘(Populism)은 대중의 의견을 존중하고, 대중의 이익을 대변하는 방향으로 정치활동을 펼치는 것을 말한다. 또한 재정이나 환경 또는 실현가능성을 고려하지 않고 인기에 따라 '퍼주기식' 정책을 펼치는 대중영합주의 정치를 뜻하기도 한다.

| 폴리텍

16 우리나라 선거제도에 관한 설명으로 틀린 것은?

① 대통령의 임기는 5년, 국회의원의 임기는 4년이다.
② 국회의원 선거는 중선거구제를 채택하고 있다.
③ 선거권은 만 18세 이상의 국민에게 주어진다.
④ 특정 정당·후보자에게 유리하지 않도록 국회가 선거구를 법률로 정한다.

해설

우리나라 국회의원 선거는 선거구별 1인을 선출하는 소선거구제를 채택하고 있다. 후보자 중 1명에게만 투표하고, 가장 많은 득표를 한 사람이 당선되는 방식이다. 소선거구제는 군소정당의 난립을 방지하고 보궐선거를 용이하게 하는 반면, 소수당에 불리하고 사표가 많아진다는 단점이 있다.

| 포항시청소년재단

17 다음 중 쿼드 정상회의에 참여하는 국가가 아닌 것은?

① 인 도
② 일 본
③ 뉴질랜드
④ 미 국

해설

쿼드(Quad)는 미국, 일본, 인도, 호주로 구성된 안보협의체다. 2007년 아베 신조 당시 일본 총리의 주도로 시작됐으며 2020년 8월 미국의 제안 아래 공식적인 국제기구로 출범했다. 중국의 일대일로를 견제하기 위한 목적도 갖고 있으며, 미국은 쿼드를 인도-태평양판 북대서양조약기구(NATO)로 추진했다. 한편 쿼드는 한국, 뉴질랜드, 베트남이 추가로 참가하는 쿼드 플러스(Quad+)로 기구를 확대하려는 의지를 내비치기도 했다.

| 화성시공공기관통합채용

18 다음 중 OPEC+에만 해당하는 국가는?

① 러시아
② 쿠웨이트
③ 이 란
④ 베네수엘라

해설

'OPEC+'는 OPEC(석유수출국기구)의 회원국과 러시아 등 기타 산유국과의 협의체를 말한다. OPEC은 쿠웨이트, 이란, 사우디아라비아 등 중동의 대표적 산유국 5개국이 모여 창립했고, 산유국 간의 공동이익 증진을 위한 행보를 보여 왔다. 그러다가 러시아, 멕시코, 말레이시아 같은 비OPEC 산유국들이 성장하면서, 이들이 함께 모여 석유 생산을 논의하는 OPEC+ 체계가 자리잡게 됐다.

정답 13 ② 14 ② 15 ① 16 ② 17 ③ 18 ①

| 고양시공공기관통합채용

19 둘 이상의 자회사의 주식을 갖고 있으면서 그 회사의 경영권을 가지고 지휘 · 감독하는 회사는?

① 지주회사
② 주식회사
③ 합명회사
④ 합자회사

해설

회사의 종류
- 주식회사 : 주식을 발행하여 여러 사람이 자본투자에 참여할 수 있는 회사
- 합명회사 : 몇 사람이 동업을 하면서 회사를 설립해 회사의 존망을 모든 사원이 함께 책임지는 회사
- 유한회사 : 사원이 일정 금액을 투자해 그 투자금액만큼만 책임지는 회사
- 합자회사 : 일부 사원은 투자 없이(월급사원), 일부 사원은 투자(월급 + 투자 수익)하여 그 투자금액은 손실을 감수해야 하는 형태의 회사(합명회사 + 유한회사 형태)

| 광주광역시공공기관통합채용

20 기업이 제품의 가격은 유지하고 수량과 무게 등만 줄이는 전략은?

① 런치플레이션
② 애그플레이션
③ 슈링크플레이션
④ 스킴플레이션

해설

슈링크플레이션(Shrinkflation)은 기업들이 자사 제품의 가격을 유지하는 대신 수량과 무게 · 용량만 줄여 사실상 가격을 올리는 전략을 말한다. 영국의 경제학자 피파 맘그렌이 제시한 용어로 '줄어들다'라는 뜻의 '슈링크(Shrink)'와 '지속적으로 물가가 상승하는 현상'을 나타내는 '인플레이션(Inflation)'의 합성어다.

| 광주광역시공공기관통합채용

21 바이러스처럼 퍼져나가 소비자들이 자발적으로 제품을 홍보하도록 유도하는 마케팅은?

① 게릴라 마케팅
② 디지털 마케팅
③ 바이럴 마케팅
④ 퍼포먼스 마케팅

해설

바이럴 마케팅(Viral Marketing)은 소비자들이 이메일이나 다른 전파 가능한 매체를 통해 자발적으로 제품이나 서비스를 알리도록 유도하는 마케팅을 말한다. 기업이 직접 광고를 하지 않는 대신 소비자의 SNS나 블로그, 카페 등을 활용해 자연스럽게 정보를 제공하고, 이를 이용자들이 자발적으로 퍼뜨리도록 해 홍보 효과를 누리는 것이다.

| 광주광역시공공기관통합채용

22 **1990년대 일본에서 버블경제가 붕괴한 뒤 나타난 '100엔숍'은 이 현상을 상징하는 대표 사례로 꼽힌다. 경기침체 상황에서 물가가 지속적으로 하락하는 것을 가리키는 용어는?**

① 슬로플레이션 ② 디플레이션
③ 슈링크플레이션 ④ 스킴플레이션

해설

100엔숍은 진열되어 있는 대부분의 상품을 100엔에 판매하는 일본의 소매점이다. 이러한 100엔숍은 일본의 심각한 디플레이션(Deflation) 현상을 상징하는 대표 사례로 꼽힌다.

오답분석

① 슬로플레이션(Slowflation) : 경기회복 속도가 느린 가운데 물가가 치솟는 현상
③ 슈링크플레이션(Shrinkflation) : 가격은 그대로 유지하는 대신 제품의 용량을 줄이는 것
④ 스킴플레이션(Skimpflation) : 물가가 상승하는 것과 반대로 상품 및 서비스의 질이 떨어지는 현상

| 광명도시공사

23 **소비자와 판매자 간 정보의 불균형으로 인해 값싼 가격에 질 낮은 저급품만 유통되는 시장을 가리키는 용어는?**

① 프리마켓 ② 제3마켓
③ 피치마켓 ④ 레몬마켓

해설

레몬마켓(Lemon Market)은 저급품만 유통되는 시장으로, 불량품이 넘쳐나면서 소비자의 외면을 받게 된다. 피치마켓은 레몬마켓의 반대어로, 고품질의 상품이나 우량의 재화·서비스가 거래되는 시장을 의미한다.

| 대구의료원

24 **주식을 대량으로 보유한 매도자가 매수자에게 장외 시간에 주식을 넘기는 거래는?**

① 숏커버링 ② 블록딜
③ 윈도드레싱 ④ 스캘핑

해설

블록딜(Block Deal)은 거래소 시장이 시작하는 전후에 주식을 대량으로 보유한 매도자가 대량으로 구매할 매수자에게 그 주식을 넘기는 거래를 말한다. 한번에 대량의 주식이 거래될 경우 이로 인한 파동이 시장에 영향을 미치지 않도록 하는 조치다.

정답 19 ① 20 ③ 21 ③ 22 ② 23 ④ 24 ②

| 대구의료원

25 경제지표 평가 시 기준·비교시점의 상대적 차이에 따라 결과가 왜곡돼 보이는 현상은?

① 분수 효과 ② 백로 효과
③ 낙수 효과 ④ 기저 효과

해설

기저 효과는 어떤 지표를 평가하는 과정에서 기준시점과 비교시점의 상대적 수치에 따라 그 결과가 실제보다 왜곡돼 나타나는 현상을 말한다. 가령 호황기의 경제상황을 기준으로 현재의 경제상황을 비교할 경우, 경제지표는 실제보다 상당히 위축된 모습을 보인다. 반면 불황기가 기준시점이 되면, 현재의 경제지표는 실제보다 부풀려져 개선된 것처럼 보이는 일종의 착시현상이 일어난다. 때문에 수치나 통계작성 주체에 의해 의도된 착시라는 특징을 갖는다.

| 대구의료원

26 연간 소득 대비 총부채 원리금상환액을 기준으로 부채상환능력을 평가함으로써 대출 규모를 제한하는 기준은?

① DTI ② DSR
③ LTV ④ DTA

해설

DSR은 'Debt Service Ratio'의 약어로, 우리말로는 '총부채 원리금상환비율'이라 한다. 주택 대출의 원리금과 신용 대출, 자동차 할부, 학자금 대출, 카드론 등 모든 대출의 원리금상환액이 수익에서 얼마를 차지하는지를 나타내는 비율로, 낮을수록 대출이 어려워진다.

오답분석

① DTI : 총소득에서 주택담보 부채의 연간 원리금상환액과 기타 대출의 이자상환액이 차지하는 비율
③ LTV : 담보 물건의 실제 가치 대비 대출금액의 비율
④ DTA : 자산평가액 대비 총부채비율

| 대전광역시공공기관통합채용

27 성장 가능성은 있으나 아직은 성숙하지 못한 산업을 뜻하는 말은?

① 기간산업 ② 유치산업
③ 사양산업 ④ 후방산업

해설

유치산업(Infant Industry)은 발달 초기에 놓인 산업으로 성장 가능성은 있지만 아직 경쟁력을 갖추지 못한 산업을 뜻한다. 유치산업에 관해서는 국제경쟁력을 갖출 수 있도록 국가에서 관세나 보조금 정책 등으로 보호 육성해야 한다는 '유치산업 보호론'이 있다.

| 밀양시시설관리공단

28 **국가와 국가 혹은 국가와 세계의 경기가 같은 흐름을 띠지 않는 현상을 뜻하는 말은?**

① 리커플링　　② 디커플링
③ 테이퍼링　　④ 양적완화

해설

디커플링(Decoupling)은 일명 탈동조화 현상으로 한 국가의 경제가 주변의 다른 국가나 세계경제와 같은 흐름을 보이지 않고 독자적인 경제로 움직이는 현상을 말한다. 세계경제는 미국이나 유럽 등 선진국에서 발생한 수요 또는 공급 충격에 큰 영향을 받는 동조화(Coupling) 현상, 점차 다른 나라의 경제상황과 성장에 미치는 영향이 약화되는 디커플링 현상, 동조화 재발생(Recoupling) 현상이 반복된다.

| 부산광역시공공기관통합채용

29 **플랫폼이 수익 창출을 우선시하면서 품질과 사용자 경험이 떨어지는 현상은?**

① 젠트리피케이션　　② 엔시티피케이션
③ 워케이션　　④ 카니벌라이제이션

해설

엔시티피케이션(Enshittification)은 사용자에게 양질의 콘텐츠와 편익을 제공하던 플랫폼이 점차 더 많은 이익을 창출하는 것에 몰두하면서 플랫폼의 품질과 사용자 경험이 모두 저하되는 것을 말한다. 배설물을 뜻하는 'Shit'을 써서 플랫폼의 변질을 꼬집은 용어로 '열화(劣化)'라고도 한다. 플랫폼들이 본래 추구하던 콘텐츠보다 광고나 가짜뉴스 같은 스팸성 게시글이 넘쳐나면서 전체적으로 플랫폼의 질이 떨어지고, 이에 따라 사용자가 이탈하고 있는 현상을 설명하기 위해 제시된 개념이다.

| 부산광역시공공기관통합채용

30 **지지하는 브랜드의 상품을 의도적으로 구입하고, 주변에도 구입을 권장하는 행위는?**

① 노멀크러시　　② 윤리적 소비
③ 보이콧　　④ 바이콧

해설

바이콧(Buycott)은 보이콧(Boycott)에 대비되는 개념으로 스스로 지지하는 브랜드의 상품을 의도적으로 구입하고, 주변에도 구입을 권장하는 행위를 말한다. 환경보호에 나서거나 사회에 선한 영향력을 끼치는 기업의 상품을 적극적으로 구입해, 이러한 기업을 지지하고 더 좋은 영향력을 끼칠 수 있도록 독려하는 것이다.

정답 25 ④ 26 ② 27 ② 28 ② 29 ② 30 ④

| 부산광역시공무직통합채용

31 다음 중 한국은행의 기능이 아닌 것은?

① 화폐를 시중에 발행하고 다시 환수한다.
② 통화량 조절을 위해 정책금리인 기준금리를 결정한다.
③ 외화보유액을 적정한 수준으로 유지한다.
④ 금융기관에 대한 감사와 감독 업무를 수행한다.

해설

한국은행의 주요 기능

- 화폐를 발행하고 환수한다.
- 기준금리 등 통화신용 정책을 수립하고 진행한다.
- 은행 등 금융기관을 상대로 예금을 받고 대출을 해준다.
- 국가를 상대로 국고금을 수납하고 지급한다.
- 외환건전성 제고를 통해 금융안정에 기여하며, 외화자산을 보유·운용한다.
- 국내외 경제에 관한 조사연구 및 통계 업무를 수행한다.

| 부천시공공기관통합채용

32 서로 다른 분야의 요소들이 결합해 더 큰 에너지를 분출하는 효과는?

① 플라시보 효과
② 헤일로 효과
③ 메디치 효과
④ 메기 효과

해설

메디치 효과(Medici Effect)란 서로 다른 분야의 요소들이 결합하여 각 요소가 지닌 에너지의 합보다 더 큰 에너지를 분출하는 것을 말한다. 15세기 이탈리아 피렌체의 메디치 가문이 문화, 철학, 과학 등 여러 분야 전문가를 후원하면서 자연스럽게 서로 융합돼 상승 효과가 일어난 데서 유래한 용어다.

| 서울메트로환경

33 다른 사람이 구매한 것을 똑같이 구매하거나 착용하는 효과를 뜻하는 용어는?

① 밴드왜건 효과
② 스놉 효과
③ 오픈런
④ 속물 효과

해설

밴드왜건 효과(Bandwagon Effect)는 대중의 유행에 따라 다른 사람이 구매한 것을 똑같이 구매하거나 착용하는 소비현상으로 '편승 효과'라고도 한다. 퍼레이드의 선두에 서는 악대차를 의미하는 '밴드왜건(Bandwagon)'에서 유래한 것으로 미국의 경제학자 하비 라이벤스타인이 발표한 네트워크 효과 중 하나다.

| 의정부도시공사

34 다음 중 세계 3대 신용평가기관에 꼽히지 않는 것은?

① 무디스(Moody's)
② 스탠더드 앤드 푸어스(S&P)
③ 피치 레이팅스(Fitch Ratings)
④ D&B(Dun&Bradstreet Inc)

해설

영국의 피치 레이팅스, 미국의 무디스와 스탠더드 앤드 푸어스는 세계 3대 신용평가기관으로서 각국의 정치·경제상황과 향후 전망 등을 고려하여 국가별 등급을 매겨 국가신용도를 평가한다. D&B(Dun&Bradstreet Inc)는 미국의 상사신용조사 전문기관으로 1933년에 R. G. Dun&Company와 Bradstreet Company의 합병으로 설립됐다.

| 폴리텍

35 애덤 스미스의 〈국부론〉에 등장하는 조세원칙으로 틀린 것은?

① 편의성
② 최대성
③ 투명성
④ 효율성

해설

애덤 스미스는 자신의 대표적 저서인 〈국부론〉을 통해 조세의 4가지 원칙을 내세웠다. 첫째 소득에 따라서 비례적으로 걷혀야 할 것(비례성), 둘째 임의대로 징수하는 것이 아닌 확실한 기준이 있을 것(투명성), 셋째 납세자가 편리한 방법으로 납부할 수 있을 것(편의성), 넷째 징수에 드는 행정비용이 저렴할 것(효율성) 등이다.

| 폴리텍

36 해외 투자자가 평가하는 투자상대국의 대외신인도를 뜻하는 말은?

① 컨트리 리스크
② 소버린 리스크
③ 폴리티칼 리스크
④ 이머전시 리스크

해설

컨트리 리스크(Country Risk)란 글로벌 투자자가 한 국가를 상대로 투자를 하려고 할 때 평가하는 투자상대국의 대외신인도를 말한다. 컨트리 리스크는 해당 국가의 정치적 결단이나 금융정책의 실행에 따라 한순간에 크게 좌우될 수 있다. 때문에 투자상대국의 정책적 행보에 큰 손해를 볼 수 있으므로 글로벌 투자자는 컨트리 리스크를 면밀히 검토해야 한다.

정답 31 ④ 32 ③ 33 ① 34 ④ 35 ② 36 ①

03 사회 · 노동 · 환경

| 대구의료원

37 12인승 이하의 승합자동차가 고속도로에서 버스전용차로를 이용하기 위해서는 최소 몇 명이 탑승해야 하는가?

① 2명　② 3명
③ 4명　④ 6명

해설

9인승 이상 12인승 이하의 승합자동차가 고속도로에서 버스전용차로를 이용하기 위해서는 최소 6명 이상이 탑승해야 한다. 이를 위반할 경우 벌점 30점과 승용차는 범칙금 6만 원, 승합차는 7만 원을 부과받게 된다.

| 대구의료원

38 패션과 미용에 아낌없이 투자하는 남성들을 뜻하는 신조어는?

① 더피족　② 딘트족
③ 그루밍족　④ 여피족

해설

그루밍족(Grooming族)은 패션과 미용에 아낌없이 투자하는 남성을 뜻하는 신조어다. 피부, 두발, 치아 관리는 물론 성형수술까지 마다하지 않으면서 자신을 꾸미는 것에 대한 투자를 아끼지 않는 남성들을 가리킨다. 패션과 외모에 관심이 많은 메트로섹슈얼족의 증가와 함께 자신을 치장하고 꾸미는 것에 큰 관심을 갖는 그루밍족도 늘고 있다.

| 대전도시공사

39 다음 중 법인승용차 전용번호판의 지정색은?

① 파란색　② 연두색
③ 노란색　④ 빨간색

해설

국토교통부가 2023년 11월 공공 · 민간법인이 이용하는 8,000만 원 이상의 업무용 승용차(법인차)에 대해 일반번호판과 구분하기 위해 '자동차 등록번호판 등의 기준에 관한 고시' 개정안을 행정예고함에 따라 2024년부터 대상 차량들은 연두색 번호판을 의무적으로 장착해야 한다. 전용번호판은 법인차에 일반번호판과 구별되는 색상번호판을 배정해 법인들이 스스로 업무용 차량을 용도에 맞게 운영하도록 유도하기 위해 추진된 것으로 세제혜택 등을 위해 법인 명의로 고가의 차량을 구입 또는 리스한 뒤 사적으로 이용하는 문제를 막기 위해 도입됐다.

| 부산광역시공공기관통합채용

40 저임금 노동에 시달리는 노동계급을 뜻하는 말은?

① 룸 펜　　② 부르주아
③ 프롤레타리아　　④ 프레카리아트

해설

프레카리아트(Precariat)는 '불안정하다'라는 의미의 이탈리아어 'Precario'와 노동계급을 뜻하는 독일어 'Proletariat'가 조합된 단어로, 불안정한 고용과 저임금에 시달리는 노동자들을 의미한다. 영국 경제학자 가이 스탠딩은 '엘리트 – 봉급생활자 – 연금생활자 – 프롤레타리아'라는 전통적 계급 아래에 프레카리아트가 존재한다고 말하며, 이들은 평생 불안정한 직업을 전전하고 노동의 가치를 깨닫지 못할 뿐만 아니라 자기계발을 하기도 힘든 계급이라고 설명했다.

| 부산광역시공공기관통합채용

41 고령사회를 구분하는 65세 이상 노인의 비율은?

① 7%　　② 10%
③ 14%　　④ 20%

해설

국제연합(UN)의 기준에 따르면 65세 이상 노인이 전체 인구의 7% 이상을 차지하면 고령화사회(Aging Society), 14% 이상을 차지하면 고령사회(Aged Society), 20% 이상을 차지하면 초고령사회(Super-aged Society)로 구분한다. 대한민국은 2024년 12월 기준 65세 이상의 인구가 전체 인구의 20%를 넘어서며 초고령사회에 접어들었다.

| 부산광역시공공기관통합채용

42 하나의 부정적 행동이 연쇄적으로 다른 부분에 영향을 끼치며 전반적 상황을 악화시키는 현상은?

① 피셔 효과　　② 둠루프
③ 트리플딥　　④ 그레샴의 법칙

해설

둠루프(Doom Loop)란 '파멸의 고리'라는 뜻으로 하나의 부정적 행동이나 사고가 연쇄적으로 다른 부분으로까지 악영향을 끼치며 전반적인 상황을 악화시키는 현상을 말한다. 경제상황에서는 하나의 기업이 무너지면 그 충격으로 산업 전체가 몰락하는 현상을 뜻하기도 한다. 2008년 전 세계를 금융위기로 몰아넣었던 '서브프라임 모기지 사태'를 대표적 사례로 꼽을 수 있다.

정답 37 ④ 38 ③ 39 ② 40 ④ 41 ③ 42 ②

| 부산광역시공공기관통합채용

43 부유한 가정에서 태어나 별다른 노력 없이도 성공한 삶을 사는 자녀를 뜻하는 말은?

① 놈 프
② 킨포크
③ 네포 베이비
④ 텐포켓

해설

네포 베이비(Nepo Baby)란 족벌주의를 뜻하는 '네포티즘(Nepotism)'과 '아기(Baby)'를 합친 말로, 우리말로 하면 '금수저'를 뜻한다. 부유하고 유명한 부모에게서 태어나 별다른 노력 없이 풍족하고 성공적인 삶을 사는 자녀를 의미하는 말이다. 최근 미국에서는 청년층을 비롯한 대중들이 부모의 후광으로 화려한 삶을 사는 네포 베이비에 대한 반감을 느끼는 것으로 보도되기도 했다.

| 부산광역시공무직통합채용

44 독일의 사회학자 퇴니에스가 주장한 사회유형 중 이익사회를 뜻하는 말은?

① 게른샤프트
② 게마인샤프트
③ 게노센샤프트
④ 게젤샤프트

해설

게젤샤프트(Gesellschaft)는 독일의 사회학자 퇴니에스(F. Tonnies)가 주장한 사회유형 중 하나로 인위적으로 계약돼 이해타산적 관계에 얽혀 이루어진 '이익사회'를 일컫는다. 회사나 조합, 정당 같은 계약・조약으로 구성된 사회가 게젤샤프트라고 할 수 있다. 게마인샤프트(Gemeinschaft)는 가족과 친족, 마을 등의 '공동사회'를 의미하며, 게노센샤프트(Genossenschaft)는 '협동사회'로 이익사회와 공동사회의 성질을 모두 띠고 있는 사회를 뜻한다.

| 부산광역시공무직통합채용

45 금지된 것에 더욱 끌리는 심리적 저항 현상을 뜻하는 말은?

① 칼리굴라 효과
② 로미오와 줄리엣 효과
③ 칵테일파티 효과
④ 서브리미널 효과

해설

칼리굴라 효과는 하지 말라고 하면 더 하고 싶어지는, 즉 금지된 것에 끌리는 심리 현상을 말한다. 1979년 로마 황제였던 폭군 칼리굴라의 일대기를 그린 영화 〈칼리굴라〉가 개봉했는데, 미국 보스턴에서 이 영화의 선정성과 폭력성을 이유로 들어 상영을 금지하자 외려 더 큰 관심을 불러일으킨 데서 유래했다.

| 부천시공공기관통합채용

46 고학력자임에도 불구하고 경력을 쌓지 못하고 희망이나 가능성이 없는 일에 내몰리는 청년세대를 지칭하는 용어는?

① 알파세대 ② 마처세대
③ 림보세대 ④ 오팔세대

해설

림보세대는 어려운 경제상황으로 인해 고등교육을 받고도 경력을 쌓지 못한 채 가능성이 없는 일에 내몰리고 있는 청년들을 지칭하는 용어다. 2008년 글로벌 금융위기 이후 전 세계적인 사회현상으로 대두된 개념으로 미국 뉴욕타임스가 2011년 9월 발행한 기사에서 사용하면서 널리 확산됐다. 최근 장기간 이어진 경기침체로 취업난이 지속되면서 고학력자임에도 불구하고 정규직으로 일하지 못하고 계약직이나 아르바이트를 하며 생계를 꾸리는 림보세대가 다시 주목받고 있다.

| 부천시공공기관통합채용

47 다양한 직장 또는 직무를 찾아 일자리를 옮기는 사람을 가리키는 말은?

① 디지털 노마드 ② 커리어 노마드
③ 프리터족 ④ 프리커족

해설

커리어 노마드(Career Nomad)는 '직업'이라는 뜻의 영단어 'Career'와 '유목민'이라는 뜻의 'Nomad'의 합성어로 하나의 조직이나 직무에만 매여 있지 않고 다양한 직장이나 직무를 찾아 일자리를 옮기는 사람을 가리킨다. '잡(Job)노마드'라고도 한다. 최근 불안정한 고용환경과 자기개발을 중시하는 사회적 분위기가 맞물리면서 과거 평생직장이나 평생직업을 선택하던 것에서 벗어나 다양한 경력활동을 추구하는 사람들이 증가하고 있다.

| 부천시공공기관통합채용

48 SNS에서 연인관계를 미끼로 금전을 갈취하는 범죄 수법은?

① 퍼블릭 피겨 ② 장미꽃 강매
③ 로맨스 스캠 ④ 스피어 피싱

해설

로맨스 스캠(Romance Scam)은 주로 SNS상에서 신분을 위장하는 등의 방식으로 이성을 유혹한 뒤, 결혼이나 사업 자금을 명목으로 금전을 갈취하는 사기범죄 수법이다. 신분을 속여 피해자에게 호감을 산 후 거액의 투자를 유도하거나, 사기 행각을 저지르도록 강요하기도 한다.

정답 43 ③ 44 ④ 45 ① 46 ③ 47 ② 48 ③

| 부천시공공기관통합채용

49 **자신이 속한 세대의 생활방식에 얽매이지 않고 다양한 문화를 향유하는 세대는?**

① 퍼레니얼 세대 ② 알파세대

③ 밀레니얼 세대 ④ Z세대

해설

퍼레니얼(Perennial) 세대란 자신이 속한 세대가 향유하는 문화나 생활방식에 얽매이지 않고, 다른 세대의 문화도 자유롭게 소비하는 탈세대형 인간을 뜻한다. 퍼레니얼은 원래 '다년생 식물'을 뜻하는데, 마우로 기옌 미국 펜실베이니아대 교수가 이 같은 의미로 재정의하면서 현재의 의미로 확산했다. 평균수명이 늘어나면서 각 세대가 보편적으로 향유하는 문화만을 고집하지 않고, 이를 넘나들며 유연하게 즐기는 사람들이 늘어나고 있다.

| 부천시공공기관통합채용

50 **하루 종일 침대에 누워 SNS 등을 하며 휴식을 취하는 것을 뜻하는 말은?**

① 베드 로팅 ② 리 즈

③ 도파밍 ④ 리퀴드폴리탄

해설

베드 로팅(Bed Rotting)은 우리말로 직역하면 '침대에서 썩기'라는 뜻이다. 하루 종일 침대에 누워 SNS나 유튜브 등에 시간을 쏟으며 휴식을 취하는 것을 말한다. '집콕'과 유사한 의미로 최대한 다른 이들과의 접촉 없이 스트레스를 받지 않으려는 최근 세태를 반영한 신조어다. 그러나 한편으론 오히려 이러한 베드 로팅이 스마트폰 중독이나 우울감 등을 유발할 수도 있다는 의견도 나오고 있다.

| 폴리텍

51 **도심에는 상업기관·공공기관 등만 남아 주거인구가 텅 비어 있고, 외곽에 주택이 밀집되는 현상은?**

① 토페카 현상 ② 지가구배 현상

③ 스프롤 현상 ④ 도넛화 현상

해설

도넛화 현상은 '공동화 현상'이라고도 하며 높은 토지가격, 공해, 교통 등 문제들로 인해 도심에는 주택들이 줄어들고 상업·공공기관 등만이 남게 되는 현상이다. 주거인구의 분포를 보면 도심에는 텅 비어 있고, 외곽 쪽에 밀집돼 있어 도넛 모양과 유사하게 나타난다. 이로 인해 도심의 직장과 교외의 주택 간 거리가 멀어지는 직주분리가 나타나는데, 이러한 현상이 심화하면 교통난이 가중되고 능률이 떨어져 다시 도심으로 회귀하는 현상이 일어날 수도 있다.

| 폴리텍

52 상담이나 의사소통을 통해 구축된 상호 신뢰관계를 뜻하는 심리학 용어는?

① 라 포
② 그루밍
③ 메타인지
④ 모글리 현상

해설

라포(Rapport)는 상담 또는 교육, 의사소통을 바탕으로 구축된 상호 신뢰관계를 뜻하는 말이다. 주로 상담 과정에서 상담자와 내담자 사이에 쌓이는 친근한 인간관계를 지칭할 때 쓰인다. 라포는 공감대 형성과 상호 협조가 필요한 상담・치료・교육 과정에서 성공을 이끌어낼 수 있는 필수요소로 꼽힌다.

| 폴리텍

53 구직자・근로자들이 더 좋은 조건을 찾는 탐색행위로 인해 발생하는 실업은?

① 구조적 실업
② 기술적 실업
③ 마찰적 실업
④ 경기적 실업

해설

마찰적 실업이란 구직자・근로자들이 더 좋은 조건을 찾는 탐색행위로 인해 발생하는 실업으로, 고용시장에서 노동의 수요와 공급 간에 소통이 원활하지 않아 발생한다. 근로자들이 자발적으로 선택해서 발생하는 일시적인 실업 유형이므로 자발적 실업에 해당한다. 자발적 실업은 일할 능력과 의사는 있지만 현재의 임금수준이나 복지 등에 만족하지 못하고 다른 곳으로 취업하기 원하여 발생하는 실업을 말한다.

| 화성시공공기관통합채용

54 사람의 활동이나 상품을 생산・소비하는 전 과정을 통해 배출되는 온실가스 배출량을 이산화탄소로 환산한 총량을 가리키는 말은?

① 탄소세
② 탄소수지
③ 탄소배출권
④ 탄소발자국

해설

탄소발자국(Carbon Footprint)은 생산부터 폐기까지 하나의 제품이 발생시키는 이산화탄소 배출 총량을 말한다. 2006년 영국 의회 과학기술처(POST)에서 처음 사용한 용어로 제품 생산 시 발생된 이산화탄소의 총량을 탄소발자국으로 표시하게 함으로써 유래됐다.

정답 49 ① 50 ① 51 ④ 52 ① 53 ③ 54 ④

❙ 광주광역시공공기관통합채용

55 다음 중 대등 합성어인 것은?

① 손 발 ② 책가방
③ 돌다리 ④ 밤 낮

해설

'손발(손과 발)'은 대등 합성어, '책가방(책이 든 가방)'과 '돌다리(돌로 만든 다리)'는 종속 합성어, '밤낮(늘)'은 융합 합성어이다.

의미 관계에 따른 합성어 구분
- 대등 합성어 : 두 어근이 본래의 의미를 갖고 대등한 자격으로 결합된 합성어
- 종속 합성어 : 앞 어근이 뒤 어근을 수식하는 합성어
- 융합 합성어 : 새로운 의미를 나타내는 합성어

❙ 광주광역시공공기관통합채용

56 '국물'이 [궁물]로 발음되는 것은 어떤 음운변동 현상 때문인가?

① 구개음화 ② 유음화
③ 비음화 ④ 경음화

해설

비음화는 자음동화 현상 중 하나로 비음이 아닌 자음이 비음의 영향을 받아 비음인 'ㅇ, ㄴ, ㅁ'으로 바뀌는 것을 말한다.
예 국물 → [궁물], 받는다 → [반는다], 입는다 → [임는다]

❙ 광주광역시공공기관통합채용

57 막혀 있던 공기가 터지면서 나는 소리는?

① 파열음 ② 파찰음
③ 마찰음 ④ 비 음

해설

파열음이란 자음을 소리내는 방법(조음방법) 중 하나로 허파로부터 성대를 통해 나오던 공기가 혀와 입천장 또는 입술 등의 조음기관에 의해 완전히 차단됐다가 터져 나오면서 나는 소리를 말한다. 자음의 'ㄱ', 'ㄲ', 'ㅋ', 'ㄷ', 'ㄸ', 'ㅌ', 'ㅂ', 'ㅃ', 'ㅍ'이 파열음으로 분류된다. 이러한 파열음은 강하게 터져 나오는 소리가 특징으로 짧고 강하게 발음된다.

ㅣ광주광역시공공기관통합채용

58 다음 중 한강 작가의 작품이 아닌 것은?

① 〈흰〉
② 〈소년이 온다〉
③ 〈작별하지 않는다〉
④ 〈무의 노래〉

해설

한강은 대한민국의 소설가로 1994년 서울신문 신춘문예 소설 부문에 〈붉은 닻〉이 당선되며 소설가로 데뷔했다. 그는 죽음과 폭력 등 인간의 보편적 문제를 시적이고 서정적인 문체로 풀어내는 독창적인 작품세계를 구축했다는 평가를 받고 있으며, 〈소년이 온다〉, 〈흰〉, 〈작별하지 않는다〉, 〈채식주의자〉 등의 작품을 발표했다. 2016년 연작소설집 〈채식주의자〉로 부커상 인터내셔널 부문을, 2023년 〈작별하지 않는다〉로 메디치상 외국문학상을 수상한 데 이어 2024년에는 노벨문학상 수상자로 선정되며 한국문학의 새 역사를 썼다.

ㅣ광주광역시도시공사

59 '가을철에 농사를 짓느라 매우 바쁨'을 의미하는 속담은?

① 가을에는 부지깽이도 덤벙인다.
② 가을 추수는 입추 이슬을 맞아야 한다.
③ 밤송이 맺을 때 모 심어도 반밥 더 먹는다.
④ 가을멸구는 볏섬에서도 먹는다.

해설

'가을에는 부지깽이도 덤벙인다'라는 속담은 가을 추수철에 온 식구가 농사일에 달려들어도 일손이 모자라, 부엌에서 불을 뒤적이는 부지깽이도 일을 한 손 거든다는 표현이다. 가을철 농사일이 매우 바쁘다는 의미를 담고 있다.

ㅣ대구의료원

60 다음 중 작가와 해당 작품의 연결이 올바른 것은?

① 공지영 – 〈외딴방〉
② 조정래 – 〈아리랑〉
③ 신경숙 – 〈우리들의 일그러진 영웅〉
④ 이문열 – 〈봉순이 언니〉

해설

오답분석

〈외딴방〉은 1994년 겨울부터 계간지 〈문학동네〉에 연재된 신경숙의 장편소설이다. 〈우리들의 일그러진 영웅〉은 1987년 발표된 중편소설로 이문열의 대표작이며, 〈봉순이 언니〉는 1998년 동아일보에 연재된 공지영의 장편소설이다.

정답 55 ① 56 ③ 57 ① 58 ④ 59 ① 60 ②

61 다음 중 작가와 소설작품의 연결이 옳지 않은 것은?

① 박경리 - 〈토지〉
② 이청준 - 〈서편제〉
③ 최인훈 - 〈광장〉
④ 김수영 - 〈장마〉

해설

김수영은 1960년대 전후로 활동한 참여문학의 대표적인 시인이다. 활동 초기에는 모더니즘을 바탕으로 현대문명과 도시 생활에 대한 비판을 시에 담았으나, 4·19 혁명을 기점으로 저항적 색채를 물씬 드러내는 작품을 썼다. 대표작으로는 〈달나라의 장난〉(1953), 〈눈〉(1957), 〈어느 날 고궁을 나오면서〉(1965), 〈풀〉(1968) 등이 있다. 〈장마〉(1973)는 윤흥길의 단편소설이다.

62 다음 문장에서 밑줄 친 사자성어가 옳게 쓰인 것은?

① 그는 평생 호위호식하며 살았다.
② 몸을 의지할 데 없는 홀홀단신 신세였다.
③ 아이들은 중구남방 떠들기 시작했다.
④ 당시는 매일이 절체절명의 나날이었다.

해설

'절체절명(絕體絕命)'은 '몸도 목숨도 다 되었다'라는 뜻으로, 어찌할 수 없는 절박한 경우를 비유적으로 이른다.

오답분석

①은 '호의호식(好衣好食)'이 맞는 표기이며, '좋은 옷을 입고 좋은 음식을 먹는다'라는 의미다.
②는 '혈혈단신(孑孑單身)'의 비표준어이며, '의지할 데가 없는 외로운 홀몸'이라는 뜻이다.
③은 '중구난방(衆口難防)'이 맞는 표기이며, '막기 어려울 정도로 여럿이 마구 지껄인다'라는 의미다.

63 다음 중 보통의 평범한 사람들을 일컫는 한자성어는?

① 군계일학
② 장삼이사
③ 반 골
④ 백면서생

해설

'장삼이사(張三李四)'는 '장씨(張氏)의 셋째 아들과 이씨(李氏)의 넷째 아들'이라는 뜻으로, 이름이나 신분이 특별할 것 없는 평범한 사람들을 뜻하는 말이다.

오답분석

① 군계일학(群鷄一鶴) : 평범한 사람들 가운데 뛰어난 한 명의 인물
③ 반골(反骨) : 권력·권위에 저항하는 기질 또는 그런 사람
④ 백면서생(白面書生) : 세상일에 경험이 적은 사람

64 다음 문장의 밑줄 친 단어 중 잘못 표기된 것은?

① 아침으로 북엇국을 먹었다.
② 햇님 달님은 전래동화를 바탕으로 한 그림자 인형극이다.
③ 할머니 제삿날이라 일가친척이 모두 모였다.
④ 밤을 새는 것은 이제 예삿일이 되어 버렸다.

해설

②에서 '햇님'이 아닌 '해님'으로 적어야 옳다. 사이시옷은 명사와 명사의 합성어일 경우 쓰이고, 앞 명사가 모음으로 끝나고 뒷말은 예사소리로 시작해야 한다. 또한 앞뒤 명사 중 하나는 우리말이어야 하는데, 다만 습관적으로 굳어진 한자어인 찻간, 곳간, 툇간, 셋방, 숫자, 횟수는 예외로 한다.

65 다음 시에서 ㉠ ~ ㉣에 대한 설명 중 옳은 것을 고르면?

> 아무도 그에게 수심(水深)을 일러 준 일이 없기에
> 흰 나비는 도무지 ㉠ 바다가 무섭지 않다.
>
> ㉡ 청(靑) 무우밭인가 해서 내려갔다가는
> 어린 날개가 물결에 절어서
> ㉢ 공주(公主)처럼 지쳐서 돌아온다.
>
> 삼월(三月)달 바다가 꽃이 피지 않아서 서글픈
> 나비 허리에 ㉣ 새파란 초생달이 시리다.
>
> – 김기림, 〈바다와 나비〉

① ㉠은 이상세계를 비유한 것으로 시적 대상인 '흰 나비'와 대비되는 대상이다.
② ㉡은 냉혹한 현실을 의미하는 장소다.
③ ㉢은 현실의 냉혹함을 알고 있는 존재로 묘사됐다.
④ ㉣은 시각의 촉각화라는 공감각적 심상을 활용해 좌절된 나비의 꿈을 묘사했다.

해설

㉣에서 '새파란 초생달'은 시각적 이미지를 묘사한 것이고, '시리다'라는 표현은 촉각적 심상이다. 이처럼 어떤 하나의 감각이 다른 영역의 감각을 불러일으키는 것을 공감각적 심상 또는 감각의 전이라고 하며, '새파란 초생달이 시리다'라는 표현은 시각적 심상이 촉각적 심상으로 묘사된 것이므로 이를 시각의 촉각화라고 한다. 이러한 묘사를 통해 냉혹한 현실로 인해 좌절된 나비의 꿈을 나타냈다.

오답분석

① ㉠은 냉혹한 현실을 비유한 것으로 순수하고 연약한 존재인 '나비'와 대비를 이룬다.
② ㉡은 나비가 동경하는 이상적 세계를 뜻하는 장소다.
③ ㉢은 세상 물정을 전혀 알지 못하는 순진한 존재를 묘사한 것이다.

정답 61 ④ 62 ④ 63 ② 64 ② 65 ④

| 부산광역시공공기관통합채용

66 다음 중 소설 구성의 3요소가 아닌 것은?

① 인 물　② 사 건
③ 배 경　④ 주 제

해설

- 소설 구성의 3요소 : 인물, 사건, 배경
- 소설의 3요소 : 주제, 구성, 문체

| 수원시공공기관통합채용

67 24절기 중 12번째로 '몹시 심한 더위'를 뜻하는 것은?

① 하지(夏至)　② 대서(大暑)
③ 망종(芒種)　④ 우수(雨水)

해설

대서(大暑)는 장마가 끝나고 더위가 가장 심해지는 때를 이르며, 시기적으로는 소서(小暑)와 입추(立秋) 사이인 7월 22～23일 무렵(음력 6월경)을 말한다.

24절기 계절 구분

- 봄 : 입춘(立春), 우수(雨水), 경칩(驚蟄), 춘분(春分), 청명(淸明), 곡우(穀雨)
- 여름 : 입하(立夏), 소만(小滿), 망종(芒種), 하지(夏至), 소서(小暑), 대서(大暑)
- 가을 : 입추(立秋), 처서(處暑), 백로(白露), 추분(秋分), 한로(寒露), 상강(霜降)
- 겨울 : 입동(立冬), 소설(小雪), 대설(大雪), 동지(冬至), 소한(小寒), 대한(大寒)

| 수원시공공기관통합채용

68 다음 중 외래어 표기가 잘못된 것은?

① 슈림프　② 리더십
③ 레포트　④ 비즈니스

해설

외래어는 다른 언어로부터 들어와 우리말로 동화되어 쓰이는 어휘를 말한다. 영어를 한글로 표기할 때는 영어의 표기법에 따르며, 이때 영어의 철자가 아니라 발음기호를 기준으로 한글 자모와 대조해 표기한다. 따라서 ③ 레포트는 영어로 'report[rɪ'pɔ：rt]'이므로 한글로는 '리포트'로 표기해야 한다.

외래어 표기법

제1항 외래어는 국어의 현용 24자모만으로 적는다.
제2항 외래어의 1 음운은 원칙적으로 1 기호로 적는다.
제3항 받침에는 'ㄱ, ㄴ, ㄹ, ㅁ, ㅂ, ㅅ, ㅇ'만을 쓴다.
제4항 파열음 표기에는 된소리를 쓰지 않는 것을 원칙으로 한다.
제5항 이미 굳어진 외래어는 관용을 존중하되, 그 범위와 용례는 따로 정한다.

| 광명도시공사

69 태양계에서 여섯 번째 행성은?

① 금 성 ② 목 성
③ 토 성 ④ 천왕성

해설

태양계는 태양을 중심으로 수성, 금성, 지구, 화성, 목성, 토성, 천왕성, 해왕성의 8개 행성이 태양의 주위를 공전하고 있다. 이외에도 세레스, 명왕성, 에리스 등의 왜소행성과 각 행성의 주위를 돌고 있는 위성, 소행성, 혜성 등이 존재한다. 태양계 전체 질량 중 약 99.85%를 태양이 차지하고 있으며, 행성이 차지하는 비율은 약 0.135% 정도로 아주 작다.

| 광명도시공사

70 공기 중에 가장 많은 원소 종류는?

① 산 소 ② 질 소
③ 탄 소 ④ 이산화탄소

해설

지구를 둘러싼 대기 하층을 구성하는 공기는 무색투명한 기체로 생명체가 살아가는 데 꼭 필요한 요소 중 하나다. 공기의 성분은 질소(N_2)가 약 78%, 산소(O_2)가 약 21%, 아르곤(Ar)이 약 0.93%, 이산화탄소(CO_2)가 약 0.04%를 차지하고 있으며, 나머지는 미량의 네온(Ne), 헬륨(He), 크립톤(Kr), 제논(Xe), 오존(O_3) 등으로 이루어져 있다.

| 광주광역시공공기관통합채용

71 정보화 시대에 뒤처져서 사람 사이의 단절과 격차가 발생하는 현상은?

① 사이버 불링 ② 디지털 디바이드
③ 사이버 슬래킹 ④ 내셔널리즘

해설

디지털 디바이드(Digital Divide)는 디지털 기기의 발전과 이를 제대로 활용하는 사람들은 지식축적과 함께 소득까지 증가하는 반면, 경제적 · 사회적 이유로 디지털 기기를 활용하지 못하는 사람은 정보격차를 느끼게 되는 것을 말한다.

정답 66 ④ 67 ② 68 ③ 69 ③ 70 ② 71 ②

| 광주광역시도시공사

72 엘니뇨는 평년보다 해수면 온도가 몇 도 이상 높은 상태가 지속될 때를 말하는가?

① 0.3℃
② 0.5℃
③ 1.0℃
④ 2.0℃

해설

엘니뇨(El Nino)는 평년보다 섭씨 0.5℃ 이상 해수면 온도가 높은 상태가 5개월 이상 지속되는 현상을 말한다. 주로 열대 태평양 적도 부근의 남미 해안이나 중태평양 해상에서 발생한다. 엘니뇨는 대기순환에 영향을 끼쳐 세계 각 지역에 홍수, 무더위, 가뭄 등 이상기후를 일으킨다.

| 대전광역시공공기관통합채용

73 물의 끓는점을 다르게 이르는 말은?

① 인화점
② 임계점
③ 이슬점
④ 비등점

해설

비등점(Boiling Point)은 '끓는점'이라고도 부르며, 액체 물질의 증기압이 외부의 압력과 '비등'해져 끓기 시작하는 온도를 뜻한다. 비등점은 물질마다 고유한 값을 갖고 있다. 아울러 비등점은 외부 압력과 관련이 있으므로 기압이 낮은 산 정상 등에서는 낮아지게 된다.

| 대전도시공사

74 오존층은 대기권 중 어디에 위치해 있는가?

① 대류권
② 성층권
③ 중간권
④ 열 권

해설

오존층은 오존을 많이 포함하고 있는 대기층으로 지상 25 ~ 30km 사이의 성층권에 위치해 있다. 오존은 태양에서 오는 자외선을 흡수해 산소로 바꾸는 역할을 하는데, 최근 환경오염의 영향으로 오존층에 구멍이 생겨 여러 문제가 발생하고 있다.

| 대전도시공사

75 다음 중 데이터 용량이 가장 작은 것은?

① MB
② GB
③ TB
④ PB

해설

컴퓨터의 디지털 정보를 나타내는 최하위 단위는 비트(Bit)이며 8비트가 모이면 1바이트(Byte)가 된다. 바이트는 더 큰 단위로 확장할 때 2의 10승으로 단위를 묶어 1,024배씩 커지는데 이를 단위로 환산하면, 1,024B = 1kB, 1,024kB = 1MB, 1,024MB = 1GB, 1,024GB = 1TB, 1,024TB = 1PB가 되는 것이다.

| 대전도시공사

76 **가시광선보다 파장이 긴 전자기파는?**

① 감마선 ② 엑스선
③ 자외선 ④ 적외선

해설

전자기파란 전기가 흐르며 생기는 전자기장의 주기적 변화로 인한 파동을 의미한다. 전자기파는 저마다 파동이 퍼져나간 거리인 '파장'을 갖게 된다. 이중 사람의 눈에 보이는 범위의 파장을 가진 전자기파를 '가시광선(빛)'이라고 한다. 감마선, 엑스(X)선, 자외선은 가시광선보다 파장이 짧고, 가시광선보다 파장이 긴 전자기파에는 열선이라고도 부르는 적외선이 있다. 한편 적외선보다 파장이 긴 전자기파는 전파다.

| 부산광역시공공기관통합채용

77 **로봇이 인간의 외모와 유사성이 높을수록 호감도가 높아지다 일정 수준이 되면 외려 불쾌감을 느끼는 현상은?**

① 게슈탈트 붕괴
② 타나토스
③ 불쾌한 골짜기
④ 언캐니

해설

불쾌한 골짜기(Uncanny Valley)는 1970년대 일본의 로봇공학자인 모리 마사히로가 소개한 이론으로, 로봇이나 인형처럼 인간이 아닌 존재가 인간의 외형과 닮아갈 때 어느 정도까지는 호감을 느끼지만, 일정 수준에 도달하면 오히려 불쾌감을 느낀다는 것이다. '인간과 거의 흡사한 모습'과 '인간과 거의 똑같은 모습' 사이에서의 불완전함과 이로 인한 거부감을 느끼게 된다.

| 부산광역시공무직통합채용

78 **다음 중 화학물질인 다이옥신에 대한 설명으로 옳은 것은?**

① 무색무취의 맹독성 물질이다.
② 주로 오염된 생활하수에서 발견된다.
③ 과거에는 살충제로서 널리 사용됐다.
④ 인간을 제외한 동식물에는 무해한 물질이다.

해설

다이옥신(Dioxin)은 본래 산소 원자 2개를 포함하고 있는 분자를 총칭하는 용어였지만, 흔히 우리가 다이옥신이라고 부르는 것은 벤젠 고리에 산소 원자와 염소가 결합된 화학물질로 무색무취의 맹독성 물질을 말한다. 주로 플라스틱, 쓰레기 등을 소각할 때 발생하며 건물 등 인공구조물에 화재가 났을 때도 검출된다. 인체에 노출되면 치명적이며 암, 염소성 여드름, 간 손상, 면역・신경체계 변화, 기형아 등을 유발하고 과다노출 시 사망에까지 이를 수 있다.

정답 72 ② 73 ④ 74 ② 75 ① 76 ④ 77 ③ 78 ①

| 부천시공공기관통합채용

79 스마트폰의 문자메시지를 이용한 휴대폰 해킹을 뜻하는 용어는?

① 메모리피싱 ② 스피어피싱

③ 보이스피싱 ④ 스미싱

해설

스미싱(Smishing)은 문자메시지를 뜻하는 'SMS'와 낚시를 뜻하는 '피싱(Phishing)'의 합성어로, 인터넷 접속이 가능한 스마트폰의 문자메시지를 이용해 수신자가 문자메시지에 포함된 웹 사이트의 주소를 클릭하면 자동으로 악성코드가 깔리도록 하는 휴대폰 해킹을 뜻한다.

| 서울메트로환경

80 다음 중 비료의 3요소가 아닌 것은?

① 질 소 ② 인 산

③ 마그네슘 ④ 칼 륨

해설

비료는 작물의 생장을 촉진시키고 토양의 생산성을 높이기 위해 작물이나 토양에 투입하는 영양물질을 말한다. 작물의 생장·생존·번식을 위해 꼭 필요한 16가지 양분(원소) 가운데 작물에 많이 필요한 질소(N)와 인산(P), 칼륨(K)은 일반 농지에서 부족하기 쉽고 시비효과가 높아 '비료의 3요소'라고 한다.

| 서울메트로환경

81 지구의 자전으로 인해 발생하는 현상과 관련이 적은 것은?

① 낮과 밤

② 계절의 변화

③ 인공위성의 궤도 변화

④ 달의 위상 변화

해설

자전이란 천체가 정해진 축을 중심으로 스스로 한 바퀴 회전하는 현상을 말한다. 지구는 남극과 북극을 잇는 가상의 선을 축으로 하여 반시계방향(서 → 동)으로 회전하고 있으며, 24시간에 한 바퀴씩 돌고 있다. 이러한 자전의 영향으로 태양의 빛을 받는 쪽은 낮이 되고, 태양을 등지는 쪽은 밤이 된다. 또한 자전축이 23.5도 기울어진 채 태양 주위를 공전하고 있어서 태양으로부터 받는 에너지의 차이로 인해 봄·여름·가을·겨울의 계절 변화가 나타난다. 인공위성은 지구의 자전 방향과 반대 방향으로 이동하는데, 이 때문에 궤도가 서쪽으로 이동하는 것처럼 보이는 서편현상이 나타난다.

| 수원시공공기관통합채용

82 다음 중 영양소에 대한 설명으로 옳은 것은?

① 5대 영양소에는 알칼리가 포함된다.
② 지용성 비타민은 열과 빛에 약하다.
③ 수용성 비타민은 체내에 저장되지 않는다.
④ 나트륨은 적게 먹을수록 좋다.

해설

오답분석

① 5대 영양소에는 3대 필수 영양소인 탄수화물, 지방, 단백질에 무기질과 비타민이 포함된다.
② 지용성 비타민은 열과 빛에 강해 조리 시 파괴되는 정도가 약하다.
④ 나트륨은 혈압과 관련된 영양소로 너무 적게 먹어도 좋지 않고, 너무 많이 먹어도 좋지 않다.

| 폴리텍

83 핵융합을 통해 스스로 빛과 에너지를 내는 천체는?

① 항 성
② 위 성
③ 혜 성
④ 행 성

해설

태양과 같은 항성(Fixed Star)은 내부의 무수한 수소와 헬륨 원자들의 핵융합을 통해 스스로 고온의 빛을 내고 막대한 에너지를 방출한다. 또 거대질량이 만든 중력으로 고온의 가스구체 형태를 유지한다. 우리은하 안에는 태양과 같은 항성이 약 1,000억 개가 존재할 것으로 추측된다.

| 화성시공공기관통합채용

84 태양의 활발한 활동으로 인해 가끔씩 통신 교란과 인공위성의 고장 등이 일어난다. 또 이 시기에는 북극과 남극 가까운 지방의 공중에서 아름다운 빛을 발하는 현상이 더욱 두드러지는데, 이런 현상을 일컫는 용어는?

① 오로라
② 흑 점
③ 코로나
④ 지자기 폭풍

해설

오로라(Aurora)란 태양에서 방출된 플라스마의 일부가 지구의 자기장에 이끌려 대기에 진입하면서 공기 중에 있는 분자와 접촉·반응해 빛을 내는 현상을 말한다.

정답 79 ④ 80 ③ 81 ④ 82 ③ 83 ① 84 ①

| 광주광역시공무직통합채용

85 물질문화의 급속한 발전을 비물질문화가 따라잡지 못하는 현상은?

① 문화실조　　② 문화접변
③ 문화지체　　④ 문화충격

해설

문화지체(Cultural Lag)는 급속히 발전하는 기술 등의 물질문화를 국가정책이나 개인의 가치관 등의 비물질문화가 따라잡지 못하면서 발생하는 현상을 일컫는다. 미국의 사회학자 'W. F. 오그번'이 주장한 이론이다. 자동차가 발명돼도 교통법규 등의 시민의식은 금방 확립되지 않는 것처럼, 신기술이나 획기적인 발명품이 탄생해도 이와 관련된 윤리의식이나 가치관의 발달은 더디게 일어난다는 것이다.

| 광주광역시공무직통합채용

86 사진을 통해 자신의 정체성을 드러내는 세대를 뜻하는 신조어는?

① 미닝아웃　　② 포토프레스
③ 쓸쓸비용　　④ 나포츠족

해설

포토프레스(Photopress)란 'Photo(사진)'와 'Express(표현)'의 합성어로 사진을 통해 자신의 정체성을 드러내는 세대를 가리키는 용어다. 이들은 사진을 촬영하는 과정 자체를 놀이이자 경험으로 여기기 때문에 단순히 촬영하는 것에서 끝내지 않고 실물사진으로 현상해 소장한다. 또한 이러한 사진을 선별해 소셜네트워크서비스(SNS)에 올려 타인과 공유 · 소통하기도 한다.

| 광주광역시도시공사

87 윌리엄 셰익스피어의 희극작품에 해당하지 않는 것은?

① 〈한여름 밤의 꿈〉
② 〈베니스의 상인〉
③ 〈햄 릿〉
④ 〈십이야〉

해설

영국의 위대한 극작가 윌리엄 셰익스피어의 '5대 희극'으로 꼽히는 작품은 〈한여름 밤의 꿈〉, 〈베니스의 상인〉, 〈십이야〉, 〈말괄량이 길들이기〉, 〈뜻대로 하세요〉다. 반면 〈햄릿〉, 〈오셀로〉, 〈리어왕〉, 〈맥베스〉는 '4대 비극'으로 꼽힌다.

| 대구의료원

88 다음 중 노벨상에서 시상하지 않는 부문은?

① 수학상 ② 생리의학상
③ 화학상 ④ 물리학상

해설
노벨상은 다이너마이트를 발명한 스웨덴 발명가 알프레드 노벨의 유산을 기금으로 하여 해마다 물리학·화학·생리의학·경제학·문학·평화의 6개 부문에서 인류문명의 발달에 공헌한 사람이나 단체를 선정하여 수여하는 상이다. 1901년에 제정되어 매년 12월 10일 스웨덴의 스톡홀름에서 시상식이 열리며, 평화상 시상식만 노르웨이의 오슬로에서 열린다.

| 대구의료원

89 소설 〈젊은 베르테르의 슬픔〉을 쓴 작가의 이름은?

① 토마스 만 ② 프리드리히 니체
③ 요한 볼프강 폰 괴테 ④ 프리드리히 실러

해설
〈젊은 베르테르의 슬픔〉은 독일의 문학가 요한 볼프강 폰 괴테가 쓴 서간체 소설로 당대의 인습적 체제와 귀족사회의 통념에 반대하는 지식인의 우울함과 열정을 그렸다. 베르테르가 다른 사람의 약혼녀인 로테를 사랑하다가 끝내 권총으로 자살한다는 내용으로 당시 이에 공감한 젊은 세대의 자살이 유행하기도 했다.

| 대구의료원

90 예고편의 한 형식으로 영화의 장면을 조금만 보여주거나 전혀 보여주지 않는 것을 뜻하는 용어는?

① 스포일러 ② 틸트업
③ 티저 트레일러 ④ 테일 리더

해설
티저 트레일러(Teaser Trailer)는 예고편의 한 형식으로 영화 또는 방송의 장면을 조금만 보여주거나, 전혀 보여주지 않는 것으로 관객의 호기심과 호감을 자극하는 영상물을 의미한다.

| 대전광역시공공기관통합채용

91 다음 중 국가와 전통의상이 바르게 연결되지 않은 것은?

① 인도 – 사리 ② 베트남 – 아오자이
③ 미얀마 – 론지 ④ 말레이시아 – 쑤타이

해설
쑤타이는 태국의 전통의상으로 우리나라의 한복처럼 남녀노소에 따라 다른 형태로 입는다. 예복으로서 중요한 행사나 결혼식 등 격식 있는 자리에서 많이 입는다고 한다. 말레이시아의 전통의상은 '바주 꾸룽(Baju Kurung)'이라고 하며, 열대기후와 이슬람 문화의 영향을 받았다.

정답 85 ③ 86 ② 87 ③ 88 ① 89 ③ 90 ③ 91 ④

| 대전도시공사

92 우리 전통악기 중 '국악의 바이올린'으로 꼽히는 것은?

① 해 금 ② 아 쟁
③ 양 금 ④ 비 파

해설

해금은 현악기 중 하나로 우리나라에는 고려 예종 때 중국에서 유입됐다고 전해진다. 민간에서는 '깽깽이'나 '깡깡이'라고도 칭한다. 활로 현을 마찰시켜 소리를 내는 찰현악기로 흔히 '국악의 바이올린'이라 불린다. 원통 모양의 울림통에 대나무로 된 기둥을 꽂아 자루로 삼고, 굵은 줄과 가는 줄을 하나씩 기둥 상단의 줄감개에 감아 제작한다. 줄은 명주실로 되어 있다.

| 대전도시공사

93 '배부른 돼지보다 배고픈 소크라테스가 낫다'라는 명언으로 유명한 철학자는?

① 제러미 벤담
② 존 스튜어트 밀
③ 플라톤
④ 아리스토텔레스

해설

영국의 철학자인 존 스튜어트 밀은 스승인 제러미 벤담과 함께 공리주의를 주창한 대표적 인물이다. 18세기 말부터 19세기 전반에 유행한 공리주의는 사회적 공리성(효용)을 가치판단의 기준으로 하는 사상으로, 밀은 쾌락의 질적 차이를 주장하면서 '배부른 돼지보다 불만족스런(배고픈) 소크라테스가 낫다'라고 하며 정신적 · 고차원적 쾌락을 중요시했다.

| 부산광역시공무직통합채용

94 2024년 기준 유네스코 세계유산에 등재되지 않은 것은?

① 조선왕조의궤 ② 가야고분군
③ 국채보상운동 기념물 ④ 반구천의 암각화

해설

울산 '반구천의 암각화'는 선사 시대의 생활상이 생생히 기록된 벽화로, 2023년 문화재청(현 국가유산청)이 세계유산 등재에 도전하겠다고 밝힌 바 있다. 2024년 6월 유네스코의 현장실사가 마무리됐고, 최종결과는 2025년 7월 세계유산위원회의 등재 심사에서 보고될 예정이다.

| 부산광역시공무직통합채용

95 **2028년 하계올림픽을 주최하는 도시는?**

① 토론토　② 로스앤젤레스
③ 함부르크　④ 암스테르담

해설

2028년 하계올림픽을 주최하는 도시는 미국 로스앤젤레스(LA)다. 앞서 프랑스 파리와 LA가 2024년 올림픽 개최를 두고 경쟁을 벌였는데, 결과적으로 2024년 올림픽 개최권은 파리가 가져갔고, 이와 동시에 차기 대회 개최는 LA가 따낸 것으로 알려졌다. LA는 이로써 1984년 올림픽 이후 44년 만에 다시 올림픽을 열게 됐다.

| 부산광역시공무직통합채용

96 **올림픽에 대한 설명으로 옳지 않은 것은?**

① 2026년 동계올림픽은 이탈리아 밀라노, 코르티나담페초에서 열린다.
② 2028년 하계올림픽은 미국 로스엔젤레스에서 열린다.
③ 사격은 근대 5종 경기 중 하나다.
④ 올림픽관리위원회 IOC는 그리스에 본부를 둔다.

해설

국제올림픽위원회(IOC)는 스위스 로잔에 본부를 둔 국제올림픽기구로 올림픽 대회를 주관하고 있다.

| 부천시공공기관통합채용

97 **긴 분량의 영화나 드라마를 요약해 핵심내용만 볼 수 있도록 편집한 콘텐츠는?**

① 스트리밍쇼트　② 쇼트무비
③ 패스트무비　④ 팝콘무비

해설

패스트무비(Fast Movie)는 유튜브 등 영상 콘텐츠 플랫폼에서 영화나 드라마의 내용을 짧게 편집해 주요 핵심내용을 빠르게 볼 수 있도록 만든 콘텐츠를 말한다. 본편을 모두 시청하지 않아도 줄거리를 알 수 있어, 오래 시청해야 하는 콘텐츠를 선호하지 않는 최근 시청자들에게 인기를 끌고 있다. 다만 저작권자에게 허가를 받지 않고 주요 장면을 과도하게 노출하는 경우도 발생하고 있어 저작권 관련 논란도 일고 있다.

정답 92 ① 93 ② 94 ④ 95 ② 96 ④ 97 ③

| 인천시설공단

98 문학에서 진부하고 판에 박힌 표현을 가리키는 표현은?

① 클리셰 ② 플 롯
③ 골 계 ④ 그로테스크

해설

클리셰(Cliché)는 인쇄에서 '연판'을 뜻하는 프랑스어에서 기원했으며, 현재는 문학 · 영화에 등장하는 진부하고 상투적인 표현을 일컫는다. 지나친 클리셰는 극의 전개를 정형화하고 예측 가능하게 만들어 독자와 관객의 흥미를 반감시킨다. 가령 전쟁터에서 수세에 몰린 병사들이 지휘관의 장엄한 연설에 힘을 얻어 승부를 뒤집는다든지, 범죄 현장에서 모든 상황이 끝난 뒤에야 경찰이 도착하는 등의 다양한 클리셰가 존재한다.

| 의정부도시공사

99 2023년 개봉한 영화 〈서울의 봄〉의 배경이 되는 역사적 사건은?

① 5 · 16 군사정변 ② 12 · 12 군사반란
③ 사사오입 개헌 ④ 5 · 18 민주화운동

해설

2023년 개봉한 영화 〈서울의 봄〉은 1979년 육군 사조직 '하나회'의 전두환과 노태우가 신군부를 구성해 일으킨 12 · 12 군사반란의 과정과 결과를 담고 있다. 당시 신군부는 군사반란을 성공시킨 뒤 정권장악을 위해 5 · 17 내란을 일으켰다. 이후 내각을 총사퇴시키고, 최규하 대통령을 하야하게 해 전두환 정부를 수립했다.

| 의정부도시공사

100 이슬람력의 9월에 해당하며, 이슬람교도들이 의무적으로 금식을 하는 신성한 기간은?

① 이드 알 아드하 ② 이 맘
③ 메 카 ④ 라마단

해설

라마단(Ramadan)은 이슬람력에서 9월에 해당하며, 아랍어로는 '더운 달'을 의미한다. 이슬람교에서는 이 절기를 대천사 가브리엘이 선지자 무함마드에게 〈코란〉을 가르친 달로 생각해 신성하게 여긴다. 이 기간에 신자들은 일출부터 일몰까지 해가 떠 있는 동안 금식하고 하루 다섯 번의 기도를 드린다.

07 한국사

| 광주광역시공공기관통합채용

101 다음 중 신석기 시대의 특징이 아닌 것은?

① 귀족과 평민 등의 계급이 뚜렷이 분화됐다.
② 빗살무늬 토기를 사용했다.
③ 농경문화가 나타나기 시작했다.
④ 강가나 평지에 움막을 짓고 모여 살았다.

해설
계급사회의 특징이 나타나는 것은 청동기 시대부터다.

| 부산광역시공공기관통합채용

102 삼한에 대한 설명으로 옳지 않은 것은?

① 신지, 읍차 등의 제사장이 종교를 담당했다.
② 수릿날, 계절제 등의 제천행사를 개최했다.
③ 일부 국가의 경우 철기 문명이 발달해 철을 화폐로 사용하기도 했다.
④ 크게 마한 · 진한 · 변한의 3개 국가로 이뤄졌으며, 각 국가는 수많은 부족국가로 이뤄진 연맹체였다.

해설
삼한은 신지, 읍차 등의 군장이 정치를 담당하고, 소도의 천군이 제사를 담당하는 제정 분리 사회였다. 소도는 신성시되어 범죄자가 소도로 도망올 경우 처벌할 수 없는 풍습이 있었다. 벼농사를 지어 5월에는 수릿날, 10월에는 계절제를 제천행사로 열었다. 변한 등의 경우 철을 생산해 낙랑 · 일본 등에 수출했으며 철을 화폐로 이용하기도 했다.

| 대전광역시공무직통합채용

103 다음 중 고구려의 도읍지가 아닌 것은?

① 졸 본　　② 국내성
③ 위례성　　④ 평양성

해설
주몽이 고구려를 건국할 당시 도읍지는 압록강 중류 만주 지방의 졸본이었다. 졸본은 높은 산과 계곡이 많아 외적의 침입을 막는 데는 유리했지만 정치 · 경제 · 문화 측면에서는 도읍지로 적합하지 않았다. 그래서 2대 왕인 유리왕 시기 온난한 기후와 자원이 풍부한 국내성으로 도읍을 옮기게 됐다. 이후 줄곧 도읍지로서의 역할을 하다가 장수왕 때 중국의 영향력이 커지면서 서북방으로의 영토확장이 사실상 힘들어지자 남진정책을 실시하기 위해 도읍을 평양성으로 다시 옮겼다.

정답 98 ① 99 ② 100 ④ 101 ① 102 ① 103 ③

| 광주광역시도시공사

104 다음 중 백제의 사비 천도 후 신라와의 전투에서 전사한 백제의 왕은?

① 성 왕 ② 고이왕
③ 의자왕 ④ 근초고왕

해설

백제 성왕은 국가의 중흥을 목적으로 538년 도읍을 웅진에서 사비로 재천도했다. 성왕은 사비 천도로 왕권 강화와 지배질서 확립을 시도했고, 동시에 체제 정비를 추진했다. 천도 후 성왕은 신라와 손잡고 고구려를 공격했으나, 신라의 배신으로 한강 유역을 빼앗기고 말았다. 그리고 성왕은 553년 신라와의 관산성 전투에서 전사했다.

| 부산광역시공공기관통합채용

105 다음 중 굴식돌방무덤으로 제작된 것은?

① 천마총 ② 강서대묘
③ 장군총 ④ 무령왕릉

해설

굴식돌방무덤은 고대 무덤 양식 가운데 하나로 무덤방 옆으로 출입할 수 있는 통로가 있다는 점이 특징이다. 이는 부부를 함께 묻는 풍습이 보편화되면서 먼저 사망한 이를 장사지낸 뒤 배우자를 나중에 함께 묻기 위해 생겨난 구조다. 전한 시기 중국에서 출현해 고대 동아시아 전역에 걸쳐 유행했으며, 우리나라에서는 3 ~ 4세기에 고구려와 백제에서, 5세기 말 ~ 6세기에는 신라와 가야에서 시간의 간격을 두고 등장했다. 발해의 정혜공주묘, 고구려의 강서대묘가 대표적이다.

| 대전도시공사

106 신라의 화랑이 지키던 계율 세속오계(世俗五戒)를 지은 대사(大師)는?

① 원 광 ② 원 효
③ 의 상 ④ 자 장

해설

원광은 신라 진평왕 대의 승려다. 〈여래장경사기〉, 〈대방등여래장경소〉 등의 저술을 남겼으며, 세속오계를 지어 화랑에 정신적 지침을 전수했다.

| 수원시공공기관통합채용

107 다음 중 발해의 특징으로 옳지 않은 것은?

① 지배층은 고구려 유민, 피지배층은 말갈족이었다.
② 대조영이 상경용천부를 수도로 삼아 건국했다.
③ 행정구역은 5경 15부 62주가 있었다.
④ 자신들이 고구려의 후예임을 밝혔다.

해설

발해는 고구려가 멸망한 뒤 만주·한반도 북부(현 연해주 일대)에 698년 세워진 국가이다. 건국 당시 수도는 동모산 일대였으며, 상경용천부는 멸망 때의 수도이다.

| 부산광역시공공기관통합채용

108 고려를 건국한 태조 왕건에 대한 설명으로 옳지 않은 것은?

① 춘궁기에 백성에게 곡식을 나누어 주고 추수한 후에 갚게 하는 흑창을 설치했다.
② 호족과 정략결혼을 하거나 호족에 성(姓)을 하사함으로써 호족을 포용하려 했다.
③ 최승로의 시무 28조를 받아들여 유교 정치이념을 바탕으로 통치체제를 정비했다.
④ 북진정책의 걸림돌이자 발해를 멸망시킨 거란을 적대시하고, 청천강까지 영토를 확장했다.

해설

고려 태조(왕건)는 고려를 건국한 시조로 불교를 장려하여 연등회·팔관회 등의 불교 행사를 장려했으며, 흑창을 설치해 민생을 안정시켰다. 또 왕권 강화책으로 정략결혼과 사성 정책, 역분전 정책을 시행했다. 최승로의 시무 28조를 받아들여 유교 정치이념의 통치체제를 정비한 것은 6대 임금인 성종이다.

| 광주광역시공공기관통합채용

109 고려 시대 관료와 군사들에게 복무의 대가로 지급하던 토지제도는?

① 전시과　　② 역분전
③ 공음전　　④ 과 전

해설

역분전은 940년(태조 23년) 고려에서 실시된 토지 분급제도로 후삼국 통일전쟁에 대한 포상이자 관인에게 지급하는 급여로서의 직전(職田)의 성격을 동시에 가지고 있다. 이로 인해 단순히 논공행상을 위해 일회성으로 토지를 지급한 것이 아니라 지속성이 있는 급여제도이자 이후 시행된 전시과 제도의 선행 형태로 이해되기도 한다.

정답 104 ① 105 ② 106 ① 107 ② 108 ③ 109 ②

| 광주광역시공무직통합채용

110 다음 중 고려 광종의 업적이 아닌 것은?

① '광덕, 준풍'이라는 자주적 연호를 사용했다.
② 노비안검법으로 호족세력을 견제했다.
③ 과거제를 시행해 신진세력을 등용했다.
④ 전시과 제도를 마련해 관리에게 지급했다.

해설

고려의 광종은 '광덕, 준풍'이라는 자주적 연호를 사용하며 대외적으로 자주권을 선언했고, 노비안검법을 실시해 불법적으로 노비가 된 자들을 평민으로 해방하고 공신과 호족세력을 약화시켜 국가 조세수입원의 확대를 이루었다. 또한 과거제도를 실시해 유학을 익힌 실력파 신진세력을 등용함으로써 신·구세력의 교체를 도모했다. 관리에게 직역의 대가로 토지를 나눠주는 전시과는 경종 때 처음 시행됐다.

| 광명도시공사

111 고려 시대 문신이었던 이승휴가 지은 역사서는?

① 〈제왕운기(帝王韻紀)〉
② 〈백운소설(白雲小說)〉
③ 〈계원필경(桂苑筆耕)〉
④ 〈동사강목(東史綱目)〉

해설

〈제왕운기(帝王韻紀)〉는 고려 시대 문신이었던 이승휴가 지은 역사서로 상·하권으로 되어 있으며, 칠언고시의 형태로 저술됐다. 상권에는 중국의 신화부터 하나라, 은나라, 주나라, 한나라를 거쳐 원나라의 흥성기까지의 역사가 기록되어 있다. 하권은 우리나라의 역사서로 고조선부터 삼국, 후삼국을 거쳐 고려의 통일까지를 담고 있다.

| 광주광역시공공기관통합채용

112 시험 없이도 관리가 될 수 있던 제도는?

① 기인제도 ② 상수리제도
③ 과거제도 ④ 음서제도

해설

음서제도는 고려와 조선에서 시행하던 관리임용제도로 고위관리의 비속 친인척에게 과거시험을 생략하고 하급 관직을 주던 것을 말한다. 특히 고려 시대에는 5품 이상 관료의 비속(卑屬)에게 관직을 주어 문벌귀족들이 관직의 세습을 통해 정치적 기득권을 유지하는 것을 합법적으로 보장하는 역할을 하기도 했다. 다만 고려와 조선 모두 음서로 관리가 된 자에게는 관직 임명에 제한을 두어 고위관료로 승진하기 위해서는 과거시험을 치러야 했다.

| 광주광역시공공기관통합채용

113 다음 중 조선 세종의 재임기에 발명된 자동 시보장치는?

① 신기전 ② 자격루
③ 혼 상 ④ 병진자

해설

자격루는 1434년 세종의 명으로 장영실, 김조, 이천 등이 제작한 물시계를 말한다. 경복궁 남쪽의 보루각에 설치돼 있던 자격루는 물을 끌어올리는 기관뿐 아니라 정해진 시간이 되면 3개의 인형이 알아서 움직이며 각각 종과 북, 징을 울리도록 개발되어 당시로선 획기적인 자동 시보장치였다. 다만 세종 때 만든 것은 전란과 일제강점기 등을 거치며 사라졌고, 현재 남은 자격루는 장영실이 만든 것을 중종 때 개량한 것이다.

| 폴리텍

114 대동법의 시행 결과로 틀린 것은?

① 방납의 폐단이 경감되어 백성들의 생활이 비교적 안정됐다.
② 국가에 관수품을 조달하는 공인이 생겨났다.
③ 토산물 등 사치품에 대한 교역량이 줄었다.
④ 토지를 많이 보유한 양반층의 반발을 샀다.

해설

대동법은 이원익 등의 주장으로 광해군이 실시한 백성들의 생활안정책이다. 민호(民戶)에 부과하던 토산물을 토지 결수에 따라 쌀, 포목, 돈으로 징수하는 것이다. 이로 인해 국가에 관수품을 조달하는 공인이 나타났고, 상품 수요의 증가와 공인의 활동 때문에 상공업의 발전이 촉진됐다. 효종은 이를 충청·전라 지역까지 확장하여 공납의 폐단을 바로잡으려 했다.

| 광주광역시공무직통합채용

115 다음 중 갑신정변에 대한 내용으로 옳지 않은 것은?

① 임오군란 이후 급진개화파가 일본의 군사적 지원을 받아 일으켰다.
② 우정총국 개국 축하연 자리에서 일으켰다.
③ 구본신참을 기본정신으로 삼았다.
④ 개화당 정부를 수립하고 14개조 개혁정강을 발표했다.

해설

1882년 벌어진 임오군란 이후 청의 내정간섭이 심화되자 김옥균·박영효 등 급진개화파는 근대화 추진과 민씨 세력 축출을 위해 일본의 군사적 지원을 받아 1884년 우정총국 개국 축하연 자리에서 갑신정변을 일으켰다. 이후 개화당 정부를 수립하고 14개조 개혁정강을 발표한 후 입헌군주제, 청과의 사대관계 폐지, 능력에 따른 인재등용 등의 개혁을 추진했다. 그러나 청군의 개입과 일본의 군사지원이 약속대로 이뤄지지 않아 3일 만에 실패했다.

정답 110 ④ 111 ① 112 ④ 113 ② 114 ③ 115 ③

ㅣ부산광역시공공기관통합채용

116 **다음 중 흥선대원군에 대한 설명으로 틀린 것은?**

① 국가운영에 대한 법을 새로 규정하기 위해 〈속대전〉을 편찬했다.
② 왕실의 권위 회복을 위해 임진왜란 때 불탔던 경복궁을 중건했다.
③ 군정의 문란을 해결하기 위해 호포제를 실시했다.
④ 서양과의 통상수교 반대의지를 알리기 위해 전국 각지에 척화비를 세웠다.

해설

흥선대원군은 국가의 재정을 확보하기 위해 양반에게도 군포를 부과하는 호포제를 시행했으며, 사창제를 시행하여 환곡의 폐단을 해결하고자 했다. 또한 왕권 강화를 위해 임진왜란 때 불에 타서 방치된 경복궁을 중건했고, 비변사를 폐지한 후 의정부와 삼군부를 부활시켰다. 대외적으로는 전국에 척화비를 세우고, 외세 열강과의 통상수교 거부 정책을 확고히 했다. 〈속대전〉은 조선 영조 때 국가운영에 대한 법을 새로 규정하기 위해 〈경국대전〉을 바탕으로 새롭게 변화된 조항을 담아 편찬됐다.

ㅣ광주광역시공공기관통합채용

117 **다음 중 독립협회에 대한 설명으로 틀린 것은?**

① 러시아의 부산 절영도 조차 요구를 저지했다.
② 만민공동회와 관민공동회를 개최했다.
③ 고종의 퇴위 반대운동을 전개해 강제 해산됐다.
④ 중추원 개편을 통해 서구식 입헌군주제 실현을 목표로 했다.

해설

갑신정변(1884) 이후 미국에서 돌아온 서재필은 남궁억, 이상재, 윤치호 등과 함께 독립협회를 창립하고 만민공동회와 관민공동회를 개최하여 부산 절영도 조차 요구 반대, 한러은행 개설을 규탄하는 성토, 집회연설 등을 통해 국권·민권신장 운동을 전개했다. 또한 중추원 개편을 통한 의회 설립과 서구식 입헌군주제 실현을 목표로 활동했다. 아울러 청의 사신을 맞던 영은문을 헐고 그 자리 부근에 독립문을 건립하기도 했다. 고종의 퇴위 반대운동을 전개한 단체는 대한자강회다.

ㅣ광주광역시공무직통합채용

118 **일제강점기에 일제의 통치방식이 무단통치에서 문화통치로 바뀌게 된 계기가 된 사건은?**

① 3·1 운동
② 2·8 독립선언
③ 국채보상운동
④ 대한민국 임시정부 설립

해설

일본 도쿄 유학생들이 결성한 조선청년독립단은 1919년 대표 11인을 중심으로 도쿄에서 2·8 독립선언서를 발표했다. 이는 미국 대통령 윌슨이 주창한 민족자결주의의 영향을 받은 것으로, 이후 국내에서도 3·1 운동이 전개돼 민족대표 33인이 독립선언서를 발표하고 국내외에 독립을 선언했다. 3·1운동은 일제가 무단통치를 완화하고 식민지 통치를 문화통치 방식으로 변화시키는 계기가 됐다.

| 대전광역시공무직통합채용

119 일제강점기 당시 독립운동가로 1932년 일왕의 생일날 거사를 일으킨 인물은?

① 윤봉길
② 이봉창
③ 김원봉
④ 조소앙

해설

일제강점기 독립운동가인 윤봉길 의사는 임시정부의 김구가 창설한 한인애국단에 가입해, 1932년 중국 상하이 훙커우 공원에서 열린 일왕의 생일 기념식에 폭탄을 던져 의거했다. 일왕을 사살하지는 못했으나, 일본군 대장과 일본인 거류민단장이 그 자리에서 사망했다. 현장에서 체포된 윤봉길 의사는 사형 선고를 받아 1932년 12월 19일 순국했다.

| 폴리텍

120 다음 (가) ~ (라)를 사건이 일어난 순서대로 옳게 나열한 것은?

> (가) 12・12 군사반란
> (나) 4・19 혁명
> (다) 3・15 부정선거
> (라) 4・3 사건

① (나) – (다) – (가) – (라)
② (다) – (나) – (라) – (가)
③ (다) – (라) – (나) – (가)
④ (라) – (다) – (나) – (가)

해설

(라) 4・3 사건 : 1947년 3월 1일을 기점으로 1948년 4월 3일 발생한 소요사태 및 1954년 9월 21일까지 제주도에서 발생한 민간인 학살사건
(다) 3・15 부정선거 : 1960년 3월 15일 이승만 대통령과 자유당이 권력을 유지하기 위해 실시한 부정선거로 4・19 혁명이 일어난 원인이 됨
(나) 4・19 혁명 : 1960년 4월 19일 이승만 정권의 장기집권에 반발해 학생들이 주도하여 일으킨 민주주의 혁명
(가) 12・12 군사반란 : 1979년 12월 12일 전두환을 중심으로 육군 내 비밀 사조직이었던 하나회가 일으킨 군사 쿠데타

정답 116 ① 117 ③ 118 ① 119 ① 120 ④

아이들이 답이 있는 질문을 하기 시작하면 그들이 성장하고 있음을 알 수 있다.

– 존 J. 플롬프 –

PART 2

최신시사상식

배우기만 하고 생각하지 않으면 얻는 것이 없고,

생각만 하고 배우지 않으면 위태롭다.

– 공자 –

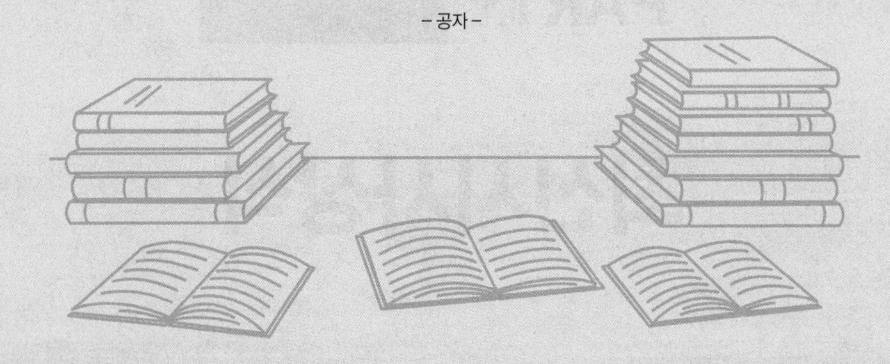

CHAPTER

01 주요 국제 Awards

01 노벨상

수상 부문		생리의학, 물리학, 화학, 경제학, 문학, 평화
주 최		스웨덴 왕립과학아카데미, 노르웨이 노벨위원회
시작연도		1901년
시상식 장소		스웨덴 스톡홀름(단, 평화상은 노르웨이 오슬로)
시상식 일정		매년 12월 10일
심 사	생리의학	카롤린스카 의학연구소
	물리학, 화학, 경제학	스웨덴 왕립과학아카데미
	문 학	스웨덴 아카데미(한림원)
	평 화	노르웨이 노벨위원회

01 노벨생리의학상

빅터 앰브로스

게리 러브컨

2024년 노벨생리의학상 수상자로는 미국 매사추세츠대 의과대학 교수인 빅터 앰브로스와 미국 하버드 의학전문대학원 교수 게리 러브컨이 선정됐다. 이들은 1980년대 후반 2002년 노벨생리의학상 수상자인 생물학자 로버트 호비츠의 연구실에서 '예쁜꼬마선충'을 연구했으며, 이 연구를 통해 유기체에서 이뤄지는 조직의 발달과 성숙 과정을 규명하고자 했다. 특히 다양한 세포들이 적시에 발달하도록 제어하는 유전자에 관심을 두었고, 선충의 lin-4 마이크로RNA가 lin-14 유전자를 조절한다는 사실을 발견했다.

02 노벨물리학상

존 홉필드

제프리 힌턴

노벨물리학상은 미국 프린스턴대 명예교수인 존 홉필드와 캐나다 토론토대 명예교수인 제프리 힌턴이 수상했다. 이들은 인공지능(AI) 머신러닝(기계학습)의 기초를 확립한 공로를 인정받았다. AI 분야에서 노벨상 수상자가 나온 것은 이번이 처음이다. 노벨위원회는 이들이 '인공신경망을 이용한 머신러닝을 가능케 하는 기반 발견 및 발명'과 관련한 공로를 세운 점을 높게 평가했다. 노벨위원회는 이들이 인간 뇌에서 뉴런(신경세포) 간의 상호연결이 강해지고 약해지며 학습이 이뤄지는 메커니즘을 모방해, 기계가 데이터를 학습하는 방법을 개발했다고 전했다.

03 노벨화학상

데이비드 베이커

데미스 허사비스

존 점퍼

노벨화학상은 '컴퓨터를 이용한 단백질 설계'에 기여한 미국 워싱턴대 생화학 교수 데이비드 베이커와 단백질 구조를 파악하는 AI 모델 '알파폴드'를 개발한 구글 딥마인드의 데미스 허사비스, 존 점퍼에게 돌아갔다. 노벨위원회는 "베이커 교수가 단백질의 완전히 새로운 종류를 구축하는 위업을 달성했다"라고 밝혔으며, "허사비스와 점퍼는 단백질의 복잡한 구조를 예측하는 AI 모델을 개발했다"라고 설명했다. 그러면서 단백질은 생명의 바탕이 되는 모든 화학반응을 조절하는 역할을 하며, 수상자들의 발견은 엄청난 잠재력이 있다고 평가했다.

04 노벨경제학상

다론 아제모을루

사이먼 존슨

제임스 A. 로빈슨

노벨경제학상은 국가 간 부의 차이를 연구해온 다론 아제모을루, 사이먼 존슨 미국 매사추세츠공대 교수와 제임스 A. 로빈슨 미국 시카고대 교수가 수상했다. 이들은 국가 간 불평등과 빈부격차에 주목하는 과정에서 한국의 사례에도 눈을 돌리는 등 '지한파'로 꼽힌다. 아제모을루 교수와 로빈슨 교수는 〈국가는 왜 실패하는가〉의 저자로도 국내에 잘 알려져 있다. 이 책은 국가의 성공과 실패를 결정짓는 요인을 사회제도에서 찾고 있다. 부인이 한국계 미국인인 존슨 교수는 처남인 제임스 곽과 함께 미국발 경제위기를 불러온 대형은행들의 악마성을 폭로한 책 〈위험한 은행〉을 펴내기도 했다.

05 노벨문학상

한 강

소설가 한강이 한국 작가로는 최초로 노벨문학상 수상의 영예를 안았다. 한국인이 노벨상을 수상한 것은 지난 2000년 노벨평화상을 수상한 고(故) 김대중 전 대통령에 이어 두 번째다. 심사기관인 스웨덴 한림원은 그의 작품세계를 "역사적 트라우마에 맞서고 인간의 삶의 연약함을 드러낸 강렬한 시적산문"이라고 표현하며 선정 이유를 밝혔다. 한강은 앞서 2016년에도 소설 〈채식주의자〉로 세계적 권위의 부커상 인터내셔널 부문을 수상하면서 국제적으로 이름을 알린 바 있다. 그는 죽음과 폭력 등 보편적인 인간 문제를 시적인 문체로 풀어내는 독창적인 작품세계를 구축했다는 평가를 받는다.

06 노벨평화상

니혼 히단쿄

노벨평화상은 일본의 원자폭탄 생존자 단체이자 핵 무기 근절 운동을 펼쳐 온 원폭피해자단체협의회 '니혼 히단쿄'가 수상했다. 특히 2024년 평화상 선정은 일본 원폭투하 80주년을 한해 앞두고 핵 무기 사용이 도덕적으로 용납될 수 없다는 점이 강조된 것으로 분석됐다. 아울러 우크라이나와 팔레스타인 등에서 전쟁이 지속되고 핵 무기 사용 우려가 커지는 현실에서, 핵 군축과 군비 통제의 필요성을 환기시키려는 노벨위원회의 의도로도 해석됐다.

02 세계 3대 영화제

01 베니스 영화제

개최 장소	이탈리아 베네치아
개최 시기	매년 8월 말 ~ 9월 초
시작 연도	1932년

〈2024 제81회 수상내역〉

• **황금사자상**

〈더 룸 넥스트 도어〉 페드로 알모도바르

스페인 출신 페드로 알모도바르 감독의 첫 영어 장편영화 〈더 룸 넥스트 도어〉가 최고 영예인 황금사자상을 수상했다. 줄리앤 무어와 틸다 스윈튼이 출연한 이 작품은 삶과 죽음, 안락사, 여성의 우정을 다뤘으며, 영화제에서 첫 상영됐을 당시 18분간 기립박수를 받아 화제가 됐다. 알모도바르 감독은 수상소감에서 “깨끗하고 존엄하게 이 세상에 안녕을 고하는 것은 모든 인간의 기본권리라고 믿는다”라고 말했다.

• **심사위원대상/감독상**

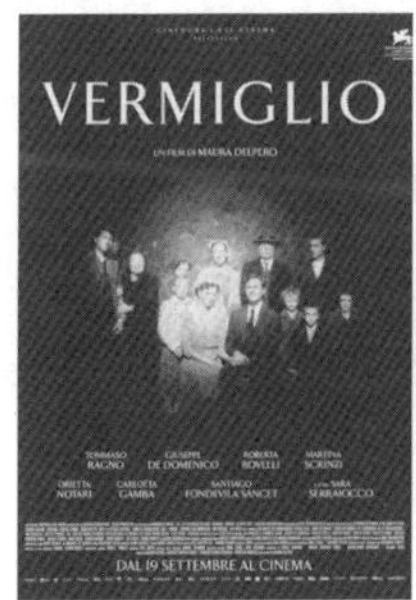

〈베르밀리오〉 브레이디 코베이

심사위원대상은 이탈리아 출신의 마우라 델페로 감독의 〈베르밀리오〉에 돌아갔다. 이탈리아와 프랑스, 벨기에의 합작 영화인 이 작품은 제2차 세계대전의 마지막 해 이탈리아 알프스를 배경으로 일어나는 사건을 그렸다. 감독상은 〈브루탈리스트〉를 연출한 브레이디 코베이가 수상했다. 제2차 세계대전 이후를 배경으로 헝가리 출신의 한 건축가가 미국에 이주하며 자신의 꿈을 위해 분투하는 이야기를 다룬다.

• **남우주연상/여우주연상**

뱅상 랭동 니콜 키드먼

남우주연상은 프랑스의 자매 감독인 델핀·뮈리엘 쿨랭의 〈더 콰이어트 선〉에 출연한 뱅상 랭동이 차지했다. 그는 극단적 극우주의에 빠져드는 10대 아들로 인해 고뇌하는 홀아버지를 연기했다. 여우주연상은 〈베이비걸〉에서 젊은 인턴과 불륜에 빠진 여성 사업가의 이야기로 과감한 연기를 펼친 니콜 키드먼이 받았다.

02 칸 영화제

개최 장소	프랑스 칸
개최 시기	매년 5월
시작 연도	1946년

〈2024 제77회 수상내역〉

• 황금종려상

〈아노라〉 숀 베이커

최고 영예의 황금종려상은 성노동자 여성을 주인공으로 한 숀 베이커 감독의 영화 〈아노라〉가 수상했다. 그간 작품에서 성소수자와 이민자, 위기가정 아동 등 사회의 소수자들을 주인공으로 내세워왔던 숀 베이커 감독의 황금종려상 첫 수상이었다. 〈아노라〉는 스트립 댄서로 일하는 여성이 러시아 신흥재벌의 아들과 결혼한 뒤 시부모로부터 결혼생활을 위협당하면서 벌어지는 사건을 그렸다.

• 심사위원대상/감독상

〈올 위 이매진 애즈 라이트〉 미겔 고메스

심사위원대상은 인도 여성감독 최초로 칸 경쟁부문에 진출한 파얄 카파디아 감독의 〈올 위 이매진 애즈 라이트〉가 수상했고, 감독상은 〈그랜드 투어〉를 감독한 미겔 고메스에게 돌아갔다. 〈올 위 이매진 애즈 라이트〉는 인도 뭄바이에서 간호사로 일하는 세 여성의 삶과 연대를 다뤘다. 〈그랜드 투어〉는 1917년 영국을 배경으로 한 남자가 약혼녀와 결혼하기로 한 날 도망치면서 전개되는 이야기로서 약혼녀가 남자를 찾아 아시아 그랜드 투어를 떠나며 벌어지는 일을 그렸다.

• 남우주연상/여우주연상

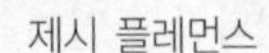

제시 플레먼스 아드리아나 파즈, 조 샐다나, 셀레나 고메즈, 카를라 소피아 가스콘

남우주연상은 요르고스 란티모스 감독의 〈카인즈 오브 카인드니스〉에 출연한 제시 플레먼스가 수상했다. 여우주연상은 심사위원상을 수상한 자크 오디아르 감독의 〈에밀리아 페레즈〉에서 열연한 아드리아나 파즈, 조 샐다나, 셀레나 고메즈, 카를라 소피아 가스콘이 공동 수상해 이례적인 일로 평가되기도 했다.

03 베를린 영화제

개최 장소	독일 베를린
개최 시기	매년 2월 중순
시작 연도	1951년

〈2025 제75회 수상내역〉

• 황금곰상

〈드림스〉

다그 요한 하우거루드

최고작품상인 황금곰상은 〈드림스〉를 연출한 노르웨이 감독 다그 요한 하우거루드에게 돌아갔다. 〈드림스〉는 여교사와 사랑에 빠진 17살 소녀가 자신의 경험과 감정을 기록한 글을 어머니와 할머니가 발견하면서 벌어지는 이야기를 다룬다. 심사위원장을 맡은 토드 헤인스 감독은 “욕망의 원동력과 그 결과물, 욕망에 사로잡힌 사람에게 우리가 느끼는 질투를 탐구한다. 날카로운 관찰과 인내심 있는 카메라, 흠잡을 데 없는 연기로 글 쓰는 행위 자체에 주목하게 만든다”고 평가했다.

• 심사위원대상/감독상

〈더 블루 트레일〉

훠 멍

심사위원대상은 〈더 블루 트레일〉을 연출한 브라질 감독 가브리엘 마스카로가 수상했으며, 감독상은 〈리빙 더 랜드〉를 연출한 중국 감독 훠멍에게 돌아갔다. 한편 2024년 은곰상 심사위원대상을 받으며 베를린 영화제에서만 5차례 수상이라는 기록을 남긴 우리나라 홍상수 감독은 이번 영화제에서도 〈그 자연이 네게 뭐라고 하니〉로 경쟁부문에 이름을 올렸으나 수상은 불발됐다.

• 주연상/조연상

로즈 번

앤드류 스콧

주연상은 메리 브론스타인 감독의 〈이프 아이 해드 레그스 아이드 킥 유〉에서 열연한 로즈 번이 수상했다. 〈이프 아이 해드 레그스 아이드 킥 유〉는 남편이 부재중인 가운데 자녀의 원인불명의 질병과 마주하게 된 주인공이 살인사건과 더불어 치료사와의 갈등을 겪으며 삶의 복잡한 문제를 헤쳐나가는 이야기를 그렸다. 조연상은 리처드 링클레이터 감독의 〈블루 문〉에 출연한 앤드류 스콧이 받았다. 〈블루 문〉은 작사가 로렌츠 하트의 삶을 다룬 작품이다.

CHAPTER

02 최신시사용어

01 정치 · 국제 · 법률

01 계엄령

전시 · 사변 등 국가 비상사태 시 법률이 정하는 바에 따라 선포하는 국가긴급권

전시나 사변 또는 이에 준하는 국가 비상사태가 발생하는 경우 군사상의 필요나 공공의 안녕질서를 유지하기 위해 법률이 정하는 바에 따라 선포하는 국가긴급권으로 대통령의 고유권한이다. 헌법 제77조 및 계엄법에 따라 대통령은 국무회의의 의결을 통해 비상계엄 또는 경비계엄을 선포할 수 있고, 국방부 장관과 행정안전부 장관이 이를 건의할 수 있다. 계엄령이 선포되면 해당 지역 내 행정권 · 사법권이 군에 이관되며, 헌법에 보장된 국민의 기본권을 제한할 수 있다. 다만 계엄을 선포할 때는 지체없이 국회에 통고해야 하며, 국회가 재적의원 과반수 찬성으로 계엄 해제를 요구하면 대통령은 이를 해제해야 한다.

역대 계엄령
1948년 대한민국 정부 수립 이후 17번의 계엄령이 선포됐다. 최초의 비상계엄은 1948년 10월 발생한 여순사건 당시 선포됐으며, 제주 4 · 3 사건, 6 · 25 전쟁 등에도 계엄령이 발동됐다. 1960년대 이후에는 4 · 19 혁명(1960), 5 · 16 군사정변(1961), 6 · 3 항쟁(1964), 10월 유신(1972), 10 · 26 사태(1979) 등 정치적으로 혼란한 상황에서 수차례 선포됐다. 1987년 개정된 현행 헌법에서 계엄 발동요건을 엄격히 제한하고 국회 재적의원 과반 찬성으로 계엄 해제가 가능하도록 하면서 40년 넘게 계엄령 선포가 이루어지지 않았으나, 2024년 12월 3일 윤석열 전 대통령이 비상계엄을 선포하고 국회 무력화를 시도해 큰 파장이 일었다.

02 법률안 재의요구권

대통령이 국회에서 의결한 법률안을 거부할 수 있는 권리

대통령의 고유권한으로 '법률안 거부권'이라고도 불린다. 대통령이 국회에서 의결한 법률안을 거부할 수 있는 권리다. 즉, "국회가 의결한 이 법률안에는 문제가 있으니 다시 논의하라"라는 의미다. 법률안에 대해 국회와 정부 간 대립이 있을 때 정부가 대응할 수 있는 가장 강력한 수단이다. 대통령은 15일 내에 법률안에 이의서를 붙여 국회로 돌려보내야 하는데, 국회로 돌아온 법률안은 재의결해서 재적의원 과반수 출석과 3분의 2 이상이 찬성해야 확정된다. 엄격한 조건 때문에 국회로 돌아온 법안은 결국 폐기되기 쉽다. 다만 대통령은 이 거부권을 법률안이 아닌 예산안에는 행사할 수 없다.

03 출생통보제

의료기관이 아이 출생사실을 의무적으로 지방자치단체에 통보하도록 하는 제도

부모가 고의로 출생신고를 누락해 '유령아동'이 생기지 않도록 의료기관이 출생정보를 건강보험심사평가원(심평원)을 통해 지방자치단체(지자체)에 통보하고, 필요한 경우에 한해 지자체가 출생신고를 할 수 있도록 하는 제도다. 2024년 7월 19일부터 시행됐으며, 의료기관은 모친의 이름과 주민등록번호, 아이의 성별과 출생연월일시 등을 진료기록부에 기재해야 한다. 의료기관장은 출생일로부터 14일 안에 심평원에 출생정보를 통보하고, 심평원은 곧바로 모친의 주소지 시·읍·면장에 이를 전달해야 한다. 한편 정부·국회는 미혼모나 미성년 임산부 등 사회·경제적 위기에 놓인 산모가 신원을 숨기고 출산해도 정부가 출생신고를 할 수 있는 '보호출산제'도 함께 도입하기로 했다.

04 김용균법

산업재해 방지를 위해 산업현장 안전과 기업의 책임을 대폭 강화하는 법안

2018년에 태안화력발전소 비정규직 노동자였던 고 김용균 씨 사망사건 이후 입법 논의가 시작되어 고인의 이름을 따서 발의된 법안이다. 고 김용균 씨 사망은 원청관리자가 하청노동자에게 직접 업무지시를 내린 불법파견 때문에 발생한 것으로 밝혀져 '죽음의 외주화' 논란을 일으켰다. 이 사건의 원인이 안전관련 법안의 한계에서 비롯되었다는 사회적 합의에 따라 산업안전규제 강화를 골자로 하는 산업안전보건법이 2020년에 개정되었고, 이후 산업재해를 발생시킨 기업에 징벌적 책임을 부과하는 중대재해기업처벌법이 2021년에 입법됐다.

산업안전보건법 개정안(산업안전법)

산업현장의 안전규제를 대폭 강화하는 방안을 골자로 발의된 법안으로 2020년 1월 16일부터 시행됐다. 주요 내용은 노동자 안전보건 조치 의무 위반 시 사업주에 대한 처벌을 강화하고 하청 가능한 사업의 종류를 축소시키는 것 등이다. 특히 도급인 산업재해 예방 조치 의무가 확대되고 사업장이 이를 위반할 경우 3년 이하의 징역 또는 3,000만 원 이하의 벌금에 처하도록 처벌수준을 강화해 위험의 외주화를 방지했다.

중대재해기업처벌법(중대재해법)

산업안전법이 산업현장의 안전규제를 대폭 강화했다면 중대재해법은 더 나아가 경영책임자와 기업에 징벌적 손해배상책임을 부과한다. 중대한 인명피해를 주는 산업재해가 발생했을 경우 경영책임자 등 사업주에 대한 형사처벌을 강화하는 내용이 핵심이다. 이에 따라 노동자가 사망하는 산업재해가 발생했을 때 안전조치 의무를 미흡하게 이행한 경영책임자에게 징역 1년 이상, 벌금 10억 원 이하의 처벌을 내릴 수 있으며, 법인이나 기관도 50억 원 이하의 벌금형에 처할 수 있다. 2022년부터 시행됐으며 상시근로자가 50인 미만 사업장에서는 2024년 1월 27일부터 시행됐다. 단, 5인 미만 사업장에는 적용하지 않는다.

05 9·19 남북군사합의

남북이 일체의 군사적 적대행위를 전면 중지하기로 한 합의

2018년 9월 평양 남북정상회담에서 남북이 일체의 군사적 적대행위를 전면 중지하기로 한 합의다. 같은 해 4월 판문점 정상회담에서 발표한 '판문점 선언'의 내용을 이행하기로 한 것이다. 지상과 해상, 공중을 비롯한 모든 공간에서 군사적 긴장과 충돌의 근원이 되는 상대방에 대한 일체의 적대행위를 전면 중지하기로 했다. 그러나 윤석열 정부 들어 북한이 북방한계선(NLL) 이남에 탄도미사일을 발사하는 등 도발수위를 높이고, 우리나라도 이에 군사적으로 맞대응하면서 합의가 무용지물이 되었다는 평가가 나오기 시작했다. 결국 북한이 2023년 11월 합의 전면폐기를 선언한 데 이어 2024년 6월 4일 우리나라 국무회의에서도 군사합의 전체의 효력을 정지하는 안건이 통과하면서 남북 간 긴장 수위가 다시 높아졌다.

06 법인차 전용번호판 제도

법인차에 연두색 전용번호판을 부착하도록 한 제도

국토교통부가 법인승용차 전용번호판 도입을 위한 '자동차 등록번호판 등의 기준에 관한 고시' 개정안을 행정예고함에 따라 2024년부터 시행된 제도다. 이에 따라 공공·민간법인이 신규·변경 등록하는 '8,000만 원 이상의 업무용 승용차'는 연두색 전용번호판을 부착해야 한다. 신차는 출고가, 중고차는 취득가를 기준으로 한다. 전용번호판은 법인차에 일반번호판과 구별되는 색상번호판을 배정해 법인들이 스스로 업무용 차량을 용도에 맞게 운영하도록 유도하기 위해 추진된 것으로 세제혜택 등을 위해 법인명의로 고가의 차량을 구입 또는 리스한 뒤 사적으로 이용하는 문제를 막기 위해 도입됐다.

07 머그샷 Mug shot

범죄자의 현재 인상착의를 기록한 사진

피의자를 식별하기 위해 구치소, 교도소에 구금될 때 촬영하는 얼굴사진이다. '머그(Mug)'는 정식 법률용어는 아니며, 영어에서 얼굴을 속되게 이르는 말이기도 해 이러한 명칭이 생겼다. 피의자의 정면과 측면을 촬영하며, 재판에서 최종 무죄판결이 나더라도 폐기되지 않고 보존된다. 미국은 머그샷을 일반에 공개하는 것이 합법이었으나 우리나라에서는 불법이었다. 그러나 2023년 들어 '부산 돌려차기 사건'과 '또래 살인사건' 등 강력범죄로 사회적 불안감이 높아지면서 중대범죄자에 대한 신상공개제도의 실효성이 도마에 올랐다. 이에 정부와 여당은 머그샷을 공개하는 내용을 포함한 특별법 제정을 추진해 통과시켰고, 2024년부터 특정 중대범죄를 저지른 경우 피의자의 얼굴을 공개할 수 있게 됐다.

08 학교폭력 근절 종합대책

학교폭력 가해학생의 처분결과를 입시에 의무 반영하는 내용을 골자로 한 대책

국가수사본부장에 임명됐다가 낙마한 정순신 변호사 아들의 학교폭력(학폭) 사건 논란을 계기로 2023년 4월 12일 정부가 11년 만에 새롭게 발표한 학폭 근절 종합대책을 말한다. 중대한 학폭 사건에 엄정하게 대처하고 피해학생을 중심으로 한 보호조치 개선을 목적으로 한다. 이에 2025년 기준 고등학교 3학년 학생들이 치르게 될 2026학년도 대입부터 학폭 가해학생에 대한 처분결과가 수시는 물론 수능점수 위주인 정시 전형에도 의무적으로 반영된다. 또 중대한 처분결과는 학교생활기록부(생기부) 보존기간이 졸업 후 2년에서 최대 4년으로 연장돼 대입은 물론 취업에도 영향을 미칠 수 있게 됐다.

09 노란봉투법

노조의 파업으로 발생한 손실에 대한 사측의 손해배상을 제한하는 내용 등을 담은 법안

기업이 노조의 파업으로 발생한 손실에 대해 무분별한 손해배상소송 제기와 가압류 집행을 제한하는 등의 내용을 담은 법안이다. 사용자(기업)가 불법 파업으로 인한 손해배상을 청구할 때 사용자의 입증 책임과 더 엄격한 기준을 두었다. 또 사용자의 범위를 '근로조건에 실질적 지배력 또는 영향력이 있는 자'로 확대했는데, 이로써 대기업과 하청업체 같은 간접고용 관계에서도 교섭과 노동쟁의가 가능해질 것으로 전망됐다. 노란봉투법은 21대 국회에서 정부 · 여당 · 제계와 야당 · 노동계의 첨예한 대립 끝에 국회를 통과했으나, 윤석열 전 대통령이 거부권을 행사하며 국회로 돌아왔고 결국 재심의 끝에 폐기됐다.

10 칩4 Chip4

미국이 한국, 일본, 대만에 제안한 반도체동맹

2022년 3월 조 바이든 미국 대통령이 한국, 일본, 대만과 함께 안정적인 반도체 생산 · 공급망 형성을 목표로 제안한 반도체동맹으로 미국에서는 '팹4(Fab4)'라고 표기한다. '칩'은 반도체를, '4'는 총 동맹국의 수를 의미한다. 이는 미국이 추진한 프렌드쇼어링 전략에 따른 것으로 중국을 배제한 채 반도체 공급망을 구축하겠다는 의도로 풀이됐다. 미국은 반도체 제조공정 중 설계가 전문화된 인텔, 퀄컴, 엔비디아 등 대표적인 팹리스 업체들이 있고, 대만과 한국은 각각 TSMC, 삼성전자가 팹리스 업체가 설계한 반도체를 생산 · 공급하는 파운드리 분야에서 1, 2위를 다투고 있다. 일본 역시 반도체 소재시장에서 큰 비중을 차지한다.

11 디리스킹 De-risking

중국에 대한 외교적·경제적 의존도를 낮춰 위험요소를 줄이겠다는 서방의 전략

종래까지 미국을 비롯한 서방국가들은 대체로 중국과 거리를 두고 공급망에서 배제하는 '디커플링(De-coupling, 탈동조화)' 전략을 택해왔다. 그러나 2023년에 들어서는 중국과의 긴장을 완화하고 조금 더 유연한 관계로 전환하는 디리스킹 전략을 취하려는 움직임을 보였다. 디리스킹은 '위험제거'를 뜻하는 말로, 지난 2023년 3월 우르줄라 폰데어라이엔 유럽연합(EU) 집행위원장이 "세계시장에서 '탈(脫)중국'이란 불가능하고 유럽의 이익에도 부합하지 않는다"면서, "디리스킹으로 전환해야 한다"고 말해 주목받았다. 이는 중국과 경제적 협력관계를 유지하면서도 중국에 대한 과도한 외교·경제적 의존도를 낮춰 위험을 관리하겠다는 의도로 풀이됐다.

12 MSMT Multilateral Sanction Monitoring Team

유엔 안보리 산하 대북제재위원회 전문가패널을 대체할 다국적 제재 모니터링팀

2024년 4월 상임이사국인 러시아의 거부권(비토, Veto) 행사로 해체됐던 유엔(UN, 국제연합) 안전보장이사회(안보리) 산하 대북제재위원회 전문가패널을 대체하기 위해 출범한 다국적 제재 모니터링팀을 말한다. 한국을 비롯해 미국, 일본, 프랑스, 영국, 독일, 이탈리아, 네덜란드, 캐나다, 호주, 뉴질랜드 등 총 11개국이 참여하고 있으며, 북한의 핵·미사일 도발, 러시아와의 무기거래 등 대북제재 위반을 적발해 보고서를 작성하는 역할을 담당한다. 기존 전문가패널과 달리 유사한 입장에 있는 국가들이 단합하여 유엔의 울타리 밖에서 활동한다는 특징이 있다.

13 강제동원해법

일제 강제동원 피해자에 대한 배상을 국내 재단이 대신 하는 것을 골자로 하는 해법

2018년 대법원으로부터 배상 확정판결을 받은 일제 강제동원 피해자들에게 국내의 재단이 대신 판결금을 지급한다는 내용의 해법으로 윤석열 정부가 2023년 3월 발표했다. 그러나 일본 피고기업의 배상 참여가 없는 해법이어서 '반쪽'이라는 비판이 이어졌고 피해자들도 강하게 반발했다. 정부는 강제동원 피해자의 고령화와 한일·한미일 간 전략적 공조강화의 필요성을 명분으로 내세우며 '대승적 결단'을 했다는 입장이지만, 미완의 해결안이라는 점에서 정부가 추진하는 일본과의 미래지향적 관계에도 계속 부담으로 작용할 가능성이 클 것으로 평가됐다.

14 아이언 돔 Iron Dome

이스라엘군이 개발한 이동식 전천후 방공 시스템

이스라엘이 개발하여 2011년부터 운용 중인 이동식 전천후 방공 시스템이다. 단거리 로켓포나 155mm 포탄, 다연장 로켓포 등을 요격한다. 우크라이나가 지난 2022년 6월 이스라엘에 이 아이언 돔 미사일 지원을 요청한 것으로 보도됐다. 이전에도 지원을 요청한 적이 있었으나 공개적으로 이스라엘 당국에 이를 타전한 것은 이때가 처음인데, 이스라엘은 러시아와의 이해관계 때문에 선뜻 응하지 않은 것으로 전해졌다. 한편 2023년 10월 팔레스타인의 무장정파 하마스가 이스라엘에 '카삼 로켓'을 발사해 대대적인 공격을 가했을 당시 아이언 돔이 발동했으나, 수천 발에 달하는 로켓이 한꺼번에 쏟아진 탓에 제 기능을 발휘하지 못하면서 시스템상 허점이 드러나기도 했다.

15 저항의 축 Resistance Axis

이란의 지원을 받는 반이스라엘 단체 및 국가

이란과 이란이 지원하는 하마스와 헤즈볼라, 시리아, 예멘 등을 일컫는 말이다. 원래 미국을 비롯해 이스라엘, 사우디아라비아 등 미국의 동맹국에 반대 · 저항하는 국가들을 뜻하는 용어였으나, 최근 이슬람권 언론이 미국이 만들어낸 '악의 축(Axis of Evil)'에 반감을 드러내는 의미로 자주 사용하고 있다. 1979년 이슬람 혁명 이후 이란에 들어선 이슬람 정부는 레바논의 헤즈볼라와 팔레스타인 가자지구의 하마스를 지원하며 중동정세에 관여하기 시작했으며, 이후 이슬람 시아파 계열의 시리아 정부군과 예멘의 후티 반군까지 지원하며 영향력을 확대해왔다.

16 브릭스 BRICS

브라질 · 러시아 · 인도 · 중국 · 남아공의 신흥경제 5국을 하나의 경제권으로 묶은 용어

브라질(Brazil), 러시아(Russia), 인도(India), 중국(China), 남아프리카공화국(South Africa) 등 5개국의 영문 머리글자를 딴 것이다. 1990년대 말부터 떠오른 신흥경제국으로서 매년 정상회의를 개최하고 있다. 2011년에 남아공이 공식회원국으로 가입하면서, 기존 'BRICs'에서 'BRICS'로 의미가 확대됐다. 또한 2023년에는 사우디아라비아와 이란, 아랍에미리트(UAE), 아르헨티나, 이집트, 에티오피아가 합류함에 따라 정식회원국은 11개국으로 늘어났다. 이에 중국과 러시아가 브릭스의 규모를 키워 주요 선진국 모임인 G7의 대항마로 세우려 한다는 분석이 나왔다.

17 홍색 공급망

중국 중심의 글로벌 공급망

중국이 주요국과 무역갈등을 겪는 과정에서 기존에 수입해서 사용하던 중간재를 자국산으로 대체하는 것을 넘어 기존의 공급망까지 중국산으로 급속하게 대체되는 것을 가리킨다. 중국을 상징하는 '홍색(붉은색)'에서 유래했다. 현재 중국은 자국에서 중간재 투입 자급률을 높여 생산부터 판매까지 전 과정을 중국 기업이 주도하게 만든다는 목표를 가지고 있다. 특히 2015년 제조업 활성화를 목표로 발표한 산업고도화 전략인 '중국 제조 2025'에 따라 핵심부품과 원자재 자급률을 2025년까지 70%로 끌어올리겠다는 계획을 달성하기 위해 홍색 공급망을 구축하고, 이를 아세안(ASEAN)과 남미 국가들로 확장하고 있다.

18 하마스 HAMAS

팔레스타인의 민족주의 정당이자 준군사조직

팔레스타인의 무장단체이자 정당이다. 'HAMAS'라는 명칭은 '이슬람 저항운동'의 아랍어 첫 글자를 따서 지어졌다. '아마드 야신'이 1987년 창설한 이 단체는 이슬람 수니파 원리주의를 표방하고 있으며, 이스라엘에 저항하고 팔레스타인의 독립을 목표로 무장 저항활동을 펼치고 있다. 이들은 팔레스타인 가자지구와 요르단강 서쪽 지역을 실질 지배하고 있다. 하마스는 이스라엘과의 '팔레스타인 분쟁'의 중심에 서 있는 조직으로 2023년 10월에는 이스라엘을 무력으로 침공하면서 전면전이 시작됐다. 이스라엘 정부가 곧 '하마스 섬멸'을 천명하고 가자지구를 공격하면서 수많은 팔레스타인 국민들이 희생됐다.

19 지역의사제

별도로 선발된 의료인이 의대 졸업 후 10년간 공공·필수의료 분야에서 근무하도록 한 제도

지역의대에서 전액 장학금을 받고 졸업한 의료인이 10년간 대학 소재 병원급 이상 의료기관의 공공·필수의료 분야에서 의무적으로 근무하도록 한 제도다. 의사 인력이 부족한 지역·필수의료를 살리기 위해 도입이 논의됐다. 그러나 의사협회를 비롯한 의료계는 직업선택의 자유 등 기본권을 침해할 수 있으며, 지역의료 문제 해결에도 도움이 되지 않는다며 제도 시행 반대에 나섰다.

20 국가자원안보 특별법

에너지·자원 공급망의 안정적 관리를 위해 제정된 법률

국가 차원의 자원안보 체계를 구축하기 위해 제정된 법률로 2024년 1월 9일 국회를 통과했다. 우리나라의 경우 에너지의 90% 이상을 수입에 의존하고 있는데, 주요국의 자원무기화 추세가 심화하는 상황에서 러시아-우크라이나 전쟁, 불안정한 중동 정세 등으로 지정학적 위기가 연이어 발생함에 따라 에너지·자원 공급망의 안정적 관리가 중요하다는 인식하에 마련된 법안이다. 석유, 천연가스, 석탄, 우라늄, 수소, 핵심광물, 신재생에너지 설비 소재·부품 등을 핵심자원으로 지정하고, 정부가 해외 개발자원의 비상반입 명령, 비축자원 방출, 주요 자원의 할당·배급, 수출 제한 등을 할 수 있도록 하는 내용이 담겨 있다.

21 반도체 칩과 과학법 CHIPS and Science Act

미국이 자국의 반도체 산업 육성을 위해 제정한 법률

미국 바이든 행정부가 중국과의 반도체 산업·기술 패권에서 승리하기 위해 제정한 법률로 2022년 8월 시행됐다. 이 법률에 따라 미국 내 반도체 공장 등 관련시설을 건립하는 데 보조금과 세액공제를 지원한다. 미국은 보조금 심사기준으로 경제·국가안보, 재무건전성 등 6가지를 공개했는데, 특히 재무건전성 기준을 충족하기 위한 조건으로 이를 검증할 수 있는 수익성 지표와 예상 현금흐름 전망치를 제출해야 한다. 또 일정 규모 이상의 지원금을 받은 기업의 경우, 현금흐름과 수익이 미국이 제시하는 전망치를 초과하면 초과이익을 미국 정부와 공유해야 한다는 내용이 담겼다. 더 나아가 향후 10년간 중국을 비롯한 우려대상국에 첨단기술 투자를 해서는 안 된다는 '가드레일 조항'도 내세웠다. 여기에 보조금을 받는 기업들은 군사용 반도체를 미국에 안정적으로 공급해야 하며, 미국의 안보이익을 증진시켜야 할 뿐 아니라 첨단 반도체시설에의 접근권도 허용해야 한다는 조항이 담겨 논란을 일으켰다.

22 인플레이션 감축법 IRA

미국의 전기차 세제혜택 등의 내용을 담은 기후변화 대응 법률

2022년 8월 미국에서 통과된 기후변화 대응과 대기업 증세 등을 담은 법률이다. 전기차 보급확대를 위해 세액공제를 해주는 내용이 포함됐다. 오는 2030년까지 온실가스를 40% 감축하기 위해 에너지안보 및 기후변화 대응에 3,750억 달러를 투자하는 내용을 골자로 하는데, 북미산 전기차 가운데 북미에서 제조·조립된 배터리 부품의 비율과 북미나 미국과 자유무역협정(FTA)을 체결한 국가에서 채굴된 핵심광물의 사용비율에 따라 차등해 세액을 공제해준다. 그러나 2024년 11월 치러진 미국 대선에서 재선에 성공한 도널드 트럼프 대통령이 인플레이션 감축법에 근거한 세액공제를 폐지하겠다고 언급하면서 전 세계 자동차·배터리 업계에 비상이 걸렸다.

23 소비기한

식품을 섭취해도 이상이 없을 것으로 판단되는 소비의 최종기한

소비자가 식품을 섭취해도 건강이나 안전에 이상이 없을 것으로 판단되는 소비의 최종기한을 말한다. 식품이 제조된 후 유통과정과 소비자에게 전달되는 기간을 포함한다. 단, 식품의 유통과정에서 문제가 없고 보관방법이 철저하게 지켜졌을 경우에 해당하며, 통상 유통기한보다 길다. 2023년부터 우리나라도 식품에 소비기한을 표시하는 '소비기한 표시제'가 도입됐고, 1년간의 계도기간을 거쳐 2024년 전면 시행됐다. '식품 등의 표시 · 광고에 관한 법률' 개정으로 식품업체는 식품의 날짜표시 부분에 소비기한을 적어야 한다. 단, 우유류의 경우 위생관리와 품질 유지를 위한 냉장보관 기준에 개선이 필요한 점을 고려해 2031년부터 소비기한으로 표시하기로 했다.

24 디큐뮬레이션 Decumulation

축적한 자산을 평생소득으로 바꾸는 전략

은퇴 후에도 경제활동기와 유사한 소비수준을 지속하기 위해 그동안 축적한 자산을 평생소득으로 바꾸는 전략으로서 자산을 알맞게 분배 · 사용하는 과정을 일컫는다. 이와 반대로 직업으로부터 일정한 소득을 얻는 경제활동기에 부를 축적하는 과정은 '어큐뮬레이션(Accumulation)'이라고 한다. 은퇴를 한 후에도 일상생활을 영위하기 위해선 비용이 지속적으로 발생하기 때문에 자신과 가족구성원의 안정적인 노후생활을 보장받기 위해 은퇴를 앞둔 이들에게 특히 중요하게 여겨지고 있다.

25 중립금리 Neutral Rate

인플레이션이나 디플레이션 없이 잠재성장률을 회복할 수 있는 이론적 금리수준

경제 분야에서 인플레이션이나 디플레이션을 유발하지 않고 잠재성장률 수준을 회복할 수 있도록 하는 금리를 의미한다. 여기서 잠재성장률이란 한 나라의 노동력, 자원, 자본 등 동원가능한 생산요소를 모두 투입해 부작용 없이 최대로 달성할 수 있는 성장률을 말하며, '자연금리(Natural Rate)'라고도 한다. 중립금리는 경제상황에 따라 달라지기 때문에 정확한 수치가 나오지 않고 이론상으로만 존재하는 개념이다. 다만 중립금리보다 실제 금리가 높을 경우 물가가 하락하면서 경기가 위축될 가능성이 높고, 중립금리보다 실제 금리가 낮으면 물가가 올라 경기도 함께 상승할 가능성이 높아진다.

26 보편관세

모든 수입품에 일괄적으로 부과하는 관세

도널드 트럼프 미국 대통령이 2024년 대선기간 중 발표한 관세정책 중 하나로 모든 수입품에 일괄적으로 관세를 부과해 기존의 복잡한 관세 체계를 단순화하는 것을 골자로 한다. 즉, 특정 국가나 상품이 아니라 모든 무역국과 상품에 동일한 관세율을 적용하겠다는 것이다. 트럼프 대통령은 대선기간 '새로운 미국 산업주의(New American Industrialism)'라는 공약을 내세우면서 "모든 국가에서 수입하는 모든 상품에 10 ~ 20%의 보편관세를 부과하고, 중국산 제품에는 최소 60%의 관세를 부과하겠다"라고 밝힌 바 있다. 실제로 2025년 4월 2일(현지시간) 거의 모든 국가에 대해 상호관세 부과를 발표해 전 세계의 이목이 쏠린 가운데 상대국들이 이에 상응하는 조치를 취할 경우 무역전쟁이 확산할 것이라는 우려가 커졌다.

27 통화스와프

국가 간에 서로 다른 통화가 필요할 시 상호교환하는 외환거래

서로 다른 통화를 약정된 환율에 따라 어느 한 측이 원할 때 상호교환(Swap)하는 외환거래를 말한다. 우리나라 통화를 맡겨놓고 다른 나라 통화를 빌려오는 것이다. 유동성 위기를 방지하기 위해 두 나라가 자국 통화를 상대국 통화와 맞교환하는 방식으로 이뤄진다. 맞교환 방식이기 때문에 차입 비용이 절감되고, 자금 관리의 효율성도 제고된다. 국제통화기금(IMF)에서 돈을 빌릴 경우에는 통제와 간섭이 따라 경제 주권과 국가 이미지가 훼손되지만, 통화스와프는 이를 피해 외화유동성을 확보하는 장점도 있다. 우리나라는 지난 2023년 6월 일본과 8년 만에 100억 달러 규모의 통화스와프를 복원했다.

28 슈링크플레이션 Shrinkflation

기업이 제품의 가격은 유지하는 대신 수량 · 무게를 줄여 가격을 사실상 올리는 것

기업들이 자사 제품의 가격은 유지하고, 대신 수량과 무게 · 용량만 줄여 사실상 가격을 올리는 전략을 말한다. 영국의 경제학자 '피파 맘그렌'이 제시한 용어로 '줄어들다'라는 뜻의 '슈링크(Shrink)'와 '지속적으로 물가가 상승하는 현상'을 나타내는 '인플레이션(Inflation)'의 합성어다. 최근 슈링크플레이션이 확산하자 식품의약품안전처는 식품의 내용량 변경이 있거나 무당 등을 강조하는 제품의 경우 소비자 정보 제공을 강화하는 내용을 담은 '식품 등의 표시기준'을 개정 · 고시했다. 이에 따라 2025년 1월 1일부터 식품의 내용량 변경이 있거나 무당 등을 강조하는 제품의 경우 소비자가 이를 알 수 있도록 표시해야 한다.

29 배트맨 BATMMAAN

2025년 미국 증시를 주도할 것으로 기대되는 8대 기업

2025년 미국 증시를 이끌 것으로 전망되는 8개의 대형 기술주다. 근 2년간 전 세계 주식시장을 호령한 미국의 7대 기술기업을 일컫는 '매그니피센트-7(Magnificent-7)'에 최근 제2의 엔비디아로 불리며 급부상한 브로드컴이 추가됐다. 'BATMMAAN'은 브로드컴(Broadcom), 애플(Apple), 테슬라(Tesla), 마이크로소프트(Microsoft), 메타(Meta), 아마존(Amazon), 알파벳(Alphabet), 엔비디아(Nvidia) 등 8개 기업의 영문명 첫 글자를 순서대로 조합한 것이다. 이들 기업은 모두 시가총액 1조 달러를 돌파했으며, '서학개미'로 불리는 해외 증시에 투자하는 개인투자자 보유 톱20위 내에 모두 포함돼 있어 관심이 집중됐다.

30 그린플레이션 Greenflation

탄소규제 등의 친환경 정책으로 원자재 가격이 상승하면서 물가가 오르는 현상

친환경을 뜻하는 '그린(Green)'과 화폐가치 하락으로 인한 물가 상승을 뜻하는 '인플레이션(Inflation)'의 합성어다. 친환경 정책으로 탄소를 많이 배출하는 산업을 규제하면 필수원자재 생산이 어려워지고 이것이 생산 감소로 이어져 가격이 상승하는 현상을 가리킨다. 인류가 기후변화에 대응하기 위해 노력할수록 사회 전반적인 비용이 상승하는 역설적인 상황을 일컫는 말이다. 대표적인 예로 재생에너지 발전 장려로 화석연료 발전설비보다 구리가 많이 들어가는 태양광·풍력 발전설비를 구축해야 하는 상황이 해당된다. 이로 인해 금속원자재 수요가 급증했으나 원자재 공급량이 줄어들면서 가격이 치솟았다.

31 에코플레이션 Ecoflation

자연재해나 환경파괴로 인한 원자재 가격 상승으로 물가가 오르는 현상

환경을 뜻하는 'Ecology'와 물가 상승을 의미하는 '인플레이션(Inflation)'의 합성어다. 물가 상승이 환경적인 요인에 의해 발생하는 것을 뜻한다. 지구온난화와 환경파괴로 인한 가뭄과 홍수, 산불 같은 자연재해의 영향을 받아 상품의 원가가 상승하는 것이다. 지구촌에 이상기후가 빈번히 자연재해를 일으키면서 식료품을 중심으로 물가가 급등하는 에코플레이션이 발생하고 있다.

32 슬로플레이션 Slowflation

경기회복 속도가 느린 가운데 물가가 치솟는 현상

경기회복 속도가 둔화되는 상황 속에서도 물가 상승이 나타나는 현상이다. 경기회복이 느려진다는 뜻의 'Slow'와 물가 상승을 의미하는 '인플레이션(Inflation)'의 합성어다. 일반적으로 경기침체 속에서 나타나는 인플레이션인 '스태그플레이션(Stagfaltion)'보다는 경기침체의 강도가 약할 때 사용한다. 슬로플레이션에 대한 우려는 글로벌 공급망 대란에 따른 원자재 가격 폭등에서 비롯된 것으로 스태그플레이션보다는 덜 심각한 상황이지만 경제 전반에는 이 역시 상당한 충격을 미친다.

33 디깅소비 Digging Consumption

소비자가 선호하는 것에 깊이 파고드는 행동이 관련 제품의 소비로 이어지는 현상

'파다'라는 뜻의 '디깅(Digging)'과 '소비'를 합친 신조어로 청년층의 변화된 라이프스타일과 함께 나타난 새로운 소비패턴을 의미한다. 소비자가 선호하는 특정 품목이나 영역에 깊이 파고드는 행위가 소비로 이어짐에 따라 소비자들의 취향을 잘 반영한 제품들에서 나타나는 특별 수요 현상을 설명할 때 주로 사용된다. 특히 가치가 있다고 생각하는 부분에는 비용 지불을 망설이지 않는 MZ세대의 성향과 맞물려 청년층에서 두각을 드러내고 있다. 대표적인 예로 신발수집을 취미로 하는 일부 마니아들이 한정판 운동화 추첨에 당첨되기 위해 줄을 서서 기다리는 등 시간과 재화를 아끼지 않는 현상을 들 수 있다.

34 우주경제

항공우주 산업에 민간기업의 참여를 독려해 경제활동을 촉진하는 것

국가 주도로 이뤄지던 항공우주 산업이 민간으로 이전됨에 따라 기업의 참여를 독려해 경제활동을 촉진하는 것을 말한다. 우주탐사와 활용, 발사체 및 위성의 개발·제작·발사·운용 등 항공우주 기술과 관련한 모든 분야에서 가치를 창출하는 활동을 총칭한다. 특히 '달'은 심우주 탐사의 기반이자 우주경제의 핵심으로 여겨지고 있으며, 향후 달에 매장된 것으로 추정되는 철, 티타늄, 희토류 등 자원에 대한 연구가 진행될 경우 많은 경제적 효과를 낼 수 있을 것으로 기대하고 있다. 과학기술정보통신부는 우주 스타트업에 투자하는 전용펀드 조성을 목표로 2023년 '뉴스페이스 투자지원 사업'을 발표하며 우주경제 시대로 나아가기 위한 신호탄을 쏘았다.

35 환율관찰대상국

국가가 환율에 개입해 미국과 교역조건을 유리하게 만드는지 모니터링해야 하는 국가

미국 재무부가 매년 4월과 10월에 발표하는 '거시경제 및 환율정책보고서'에 명시되는 내용으로 국가가 환율에 개입해 미국과의 교역조건을 유리하게 만드는지 지속적으로 모니터링해야 하는 국가를 지칭하는 용어다. 환율조작국으로 지정되는 경우 미국의 개발자금 지원 및 공공입찰에서 배제되고, 국제통화기금(IMF)의 감시를 받게 된다. 또 환율관찰대상국으로 분류되면 미국 재무부의 모니터링 대상이 된다. 우리나라의 경우 2016년 4월 이후 줄곧 환율관찰대상국에 이름이 오르다가 7년여 만인 2023년 11월 명단에서 제외되기도 했다. 그러나 1년 만인 2024년 11월 미국 재무부가 한국을 다시 환율관찰대상국으로 지정하면서 도널드 트럼프 대통령의 재선 성공 이후 통상 정책의 변화 가능성으로 불안감이 고조하는 가운데 산업계에 부담이 될 것으로 전망됐다.

36 기대 인플레이션

경제주체가 예측하는 미래의 물가상승률

기업, 가계 등의 경제주체가 예측하는 미래 물가상승률을 말한다. 기대 인플레이션은 임금, 투자 등에 영향을 미치는 중요한 지표로 사용되고 있다. 실제로 노동자는 임금을 결정할 때 기대 물가수준을 바탕으로 임금상승률을 협상한다. 또한 인플레이션이 돈의 가치가 떨어지는 현상이기 때문에 기대 인플레이션이 높아질수록 화폐의 가치가 하락해 부동산, 주식과 같은 실물자산에 돈이 몰릴 확률이 높아진다. 우리나라의 경우 한국은행이 2002년 2월부터 매월 전국 56개 도시 2,200가구를 대상으로, 매 분기 첫째 달에는 약 50명의 경제전문가를 대상으로 소비자물가를 예측하고 있다.

37 옴니보어 Omnivoeres

다양한 취향을 보유한 잡식성 소비자

김난도 서울대 소비자학과 교수가 〈2025 트렌드 코리아〉에서 소개한 개념으로 집단보다는 개인의 취향이나 개성에 따라 자유롭게 소비하는 '잡식성 소비자'를 일컫는 말이다. 여러 세대가 공존하며 변화한 사회구조의 영향으로 연령이나 소득, 성별 등으로 구분되어 있던 소비의 전형성이 무너지면서 집단 간 차이는 줄어든 반면 개인 간 차이가 늘어난 현 세태가 반영된 것이다. 옴니보어 소비자들은 특정 브랜드나 상품 유형에 국한되지 않고 자신만의 취향에 따라 폭넓은 소비를 한다는 특징이 있다.

38 듀프 Dupe

가성비 좋은 대체품

복제품을 뜻하는 영단어 'Duplication'의 약자로 고급브랜드의 제품과 비교해 디자인이나 효능 면에서는 큰 차이가 없으나 가격은 훨씬 저렴한 대안제품을 말한다. 단순히 고급브랜드의 제품을 모방한 복제품이 아니라 유사한 품질과 기능을 갖추되 훨씬 합리적인 가격에 판매되는 대체품이다. 고물가 시대에 실용적인 가성비를 앞세운 '요노(YONO ; You Only Need One)'가 젊은 세대 사이에서 새로운 소비 트렌드로 자리잡으면서 주목받기 시작했고, 최근 다양한 연령층으로 확산하는 추세다.

39 파멸소비 Doom Spending

미래에 대한 부정적 감정으로 필요하지 않은 곳에 과도하게 소비하는 경향

젊은 세대들이 경제적인 불안과 미래에 대한 부정적인 감정으로 인해 저축 대신 여행이나 명품 등 비필수 항목에 과도하게 지출하는 경향을 일컫는다. 자신이 노력해도 미래가 바뀌지 않을 것이라는 좌절감과 스트레스를 일시적으로 해소하기 위해 당장 자신이 기쁨을 느낄 수 있는 소비를 하는 것이다. 그러나 전문가들은 이러한 소비행위가 장기적인 재정상황을 위협하는 요인이 될 수 있으며, 통제 불가능한 현실에서 통제권을 가진 듯한 착각을 불러일으킬 수 있다고 우려하고 있다.

40 K-택소노미 K-Taxonomy

한국형 산업 녹색분류체계

어떤 경제활동이 친환경적이고 탄소중립에 이바지하는지 규정한 한국형 녹색분류체계로 2021년 12월 환경부가 발표했다. 환경개선을 위한 재화·서비스를 생산하는 산업에 투자하는 녹색금융의 '투자기준'으로서의 역할을 한다. 환경에 악영향을 끼치면서도 '친환경인 척'하는 위장행위를 막는 데 도움이 된다. 녹색분류체계에 포함됐다는 것은 온실가스 감축, 기후변화 적응, 물의 지속가능한 보전, 자원순환, 오염방지 및 관리, 생물다양성 보전 등 '6대 환경목표'에 기여하는 경제활동이라는 의미다. 그러나 윤석열 정부 들어 애초 제외됐던 원자력발전을 포함시키면서 원전에 대한 논쟁이 다시 불거지기도 했다.

41 ESG

기업의 비재무적인 요소인 환경과 사회적 책무, 지배구조를 일컫는 용어

'Environmental', 'Social', 'Governance'의 앞 글자를 딴 용어로 기업의 비재무적인 요소인 환경과 사회적 책무, 지배구조를 뜻한다. '지속가능한 경영방식'이라고도 하는데, 기업을 운영하면서 사회에 미칠 영향을 먼저 생각하는 것을 말한다. ESG는 지역사회 문제와 기후변화에 대처하며 지배구조의 윤리적 개선을 통해 지속적인 성과를 얻으려는 방식이다. 기업들은 자사의 상품을 개발하며 재활용 재료 등 친환경적 요소를 배합하거나, 환경 캠페인을 벌이는 식으로 기후변화 대처에 일조한다. 또한 이사회에서 대표이사와 이사회 의장을 분리하여 서로 견제하도록 해 지배구조 개선에 힘쓰기도 한다. 아울러 직원들의 복지를 강화하고, 지역사회에 보탬이 되는 봉사활동을 기획하는 등 사회와의 따뜻한 동행에도 노력하게 된다.

42 바이콧 Buycott

소비자들이 특정 제품이나 서비스를 적극적으로 구매하는 행동

불매를 뜻하는 '보이콧(Boycott)'에 대비되는 말로 소비자들이 자신이 지지하는 기업이나 업체의 상품을 적극적으로 구매하는 행동을 가리킨다. 사회적으로 선한 영향력을 행사하는 등 사회적 가치를 구현하고자 하는 기업의 상품을 구매함으로써 이를 지지한다는 의사를 표현하는 것이다. 젊은 세대를 중심으로 소비를 통해 자신의 신념이나 가치관을 드러내는 '미닝아웃(Meaning Out)' 트렌드가 형성되면서 더 적극적으로 나타나고 있으며, 관련 정보가 실시간으로 공유돼 대중에게 빠르게 전파된다.

43 파운드리 Foundry

반도체 위탁생산 시설

반도체 생산 기술과 설비를 보유해 반도체 상품을 위탁생산해주는 시설을 말한다. 제조과정만 담당하며 외주 업체가 전달한 설계 디자인을 바탕으로 반도체를 생산한다. 주조 공장이라는 뜻을 가진 영단어 'Foundry(파운드리)'에서 유래했다. 대만 TSMC가 대표적인 파운드리 기업이다. 반면 팹리스(Fabless)는 파운드리와 달리 설계만 전문으로 한다. 반도체 설계 기술은 있지만 공정 비용에 부담을 느껴 위탁을 주거나 비메모리에 주력하는 기업으로 애플, 퀄컴이 대표적인 팹리스 기업이다.

44 퍼레니얼 Perennial

특정 세대의 특성에 얽매이지 않고 다양한 세대의 특성을 보유한 사람

자신이 속한 세대의 생활방식이나 특성에 얽매이지 않고 다른 세대와 끊임없이 상호작용을 하며 세대를 뛰어넘은 사람을 일컫는다. 원래는 '다년생 식물' 또는 '지속적인'이라는 뜻이었으나 마우로 기엔 미국 펜실베이니아대 와튼스쿨 국제경영학 교수가 이 같은 의미로 다시 정의하면서 확산했다. 기엔 교수에 따르면 퍼레니얼은 여러 세대에 걸친 기술과 문화, 환경 등을 공유하기 때문에 여러 세대의 특성을 동시에 보유하게 된다. 이는 출생연도나 연령에 근거하여 세대를 구분하던 기존의 방식과 다르게 유사한 사고방식과 생활방식을 공유하는 사람들을 모두 아우를 수 있다는 특징이 있다. 여러 세대가 뒤섞여 살아가는 '멀티 제너레이션(Multi Generation)' 시대에 진입한 현대사회에서 퍼레니얼들은 세대 간 고정관념이나 경계를 부정하고, 다양한 세대의 융합을 중시하는 태도를 보인다.

45 인구절벽

생산가능인구(만 15 ~ 64세)의 비율이 급속도로 줄어드는 사회경제 현상

한 국가의 미래성장을 예측하게 하는 인구지표에서 생산가능인구인 만 15세 ~ 64세 비율이 줄어들어 경기가 둔화하는 현상을 가리킨다. 이는 경제 예측 전문가인 해리 덴트가 자신의 저서 〈인구절벽(Demographic Cliff)〉에서 처음 사용한 용어로 청장년층의 인구 그래프가 절벽과 같이 떨어지는 것에 비유했다. 그에 따르면 한국 경제에도 이미 인구절벽이 시작돼 2024년부터 '취업자 마이너스 시대'가 도래할 것으로 전망됐다. 취업자 감소는 저출산 · 고령화 현상으로 인한 인구구조의 변화 때문으로, 이러한 전망이 현실화되면 인구 데드크로스로 인해 중소기업은 물론 대기업까지 구인난을 겪게 된다.

인구 데드크로스

저출산 · 고령화 현상으로 출생자 수보다 사망자 수가 많아지며 인구가 자연 감소하는 현상이다. 우리나라는 2020년 출생자 수가 27만 명, 사망자 수는 30만 명으로 인구 데드크로스 현상이 인구통계상에서 처음 나타났다. 인구 데드크로스가 발생하면 의료 서비스와 연금에 대한 수요가 늘어나며 개인의 공공지출 부담이 증가하게 된다. 또한 국가 입장에서는 노동력 감소, 소비 위축, 생산 감소 등의 현상이 동반되어 경제에 큰 타격을 받는다.

46 합계출산율

한 여성이 가임기간 동안 낳을 것으로 기대되는 평균 출생아 수

인구동향조사에서 15 ~ 49세의 가임여성 1명이 평생 동안 낳을 것으로 추정되는 출생아 명수를 통계화한 것이다. 한 나라의 인구증감과 출산수준을 비교하기 위해 대표적으로 활용되는 지표로서 일반적으로 연령별 출산율의 합으로 계산된다. 2023년 4분기 우리나라의 합계출산율은 0.65명으로 역대 최저를 기록한 바 있다. 2024년 12월 기준 경제협력개발기구(OECD) 회원국 중 합계출산율이 1.00명 미만인 국가는 우리나라가 유일하다.

47 계속고용제도

정년을 채운 뒤에도 계속 일할 수 있도록 한 제도

정년을 연장·폐지하거나 정년이 된 근로자를 재고용하는 방식으로 계속 일할 수 있도록 한 제도다. 최근 한국사회가 직면한 저출생·고령화에 따른 노동공급 부족에 대비하기 위해 필요성이 대두되고 있다. 현재 법적 정년은 2013년 5월 22일 개정된 '정년 60세 연장법'에 따라 60세로 규정돼 있으며, 국가 및 지방자치단체 관할 기관과 정년이 있는 사업장에 적용되고 있다. 계속고용제도를 시행하면 근로자들은 정년 후에도 일을 할 수 있어 국민연금 수령까지 소득공백 우려를 해소할 수 있고, 기업은 업무경험이 풍부한 근로자를 계속 고용함으로써 생산성 향상과 인력 채용비용을 절감하는 효과를 누릴 수 있다.

48 그린워싱 Green Washing

친환경 제품이 아닌 것을 친환경 제품인 척 홍보하는 것

친환경 제품이 아닌 것을 친환경 제품으로 속여 홍보하는 것이다. 초록을 뜻하는 '그린(Green)'과 영화 등의 작품에서 백인 배우가 유색인종 캐릭터를 맡을 때 사용하는 '화이트 워싱(White Washing)'의 합성어로 '위장 환경주의'라고도 한다. 기업이 제품을 만드는 과정에서 환경오염을 유발하지만 친환경 재질을 이용한 제품 포장 등만을 부각해 마케팅하는 것이 그린워싱의 사례다. 2007년 미국 테라초이스가 발표한 그린워싱의 7가지 유형을 보면 ▲ 상충효과 감추기 ▲ 증거 불충분 ▲ 애매모호한 주장 ▲ 관련성 없는 주장 ▲ 거짓말 ▲ 유행상품 정당화 ▲ 부적절한 인증라벨이 있다.

49 킬러문항

대학수학능력시험의 변별력을 따지기 위해 의도적으로 출제하는 초고난도 문항

대학수학능력시험(수능)의 변별력을 갖추기 위해 출제기관이 최상위권 수험생들을 겨냥해 의도적으로 출제하는 초고난도 문항을 말한다. 2023년 6월 당시 윤석열 대통령이 이른바 '공정수능'을 언급하면서 같은 달 치러진 모의평가에 킬러문항이 사전 지시대로 배제되지 않았다고 해 파장이 일었다. 이에 서둘러 정부는 2024학년도 수능에서 사교육을 받아야만 풀 수 있는 킬러문항을 배제하겠다고 발표했고, 이 때문에 수능을 불과 5개월여 앞둔 학생과 학부모, 교육현장은 혼란에 빠졌다. 앞서 2022년 사교육비가 26조 원으로 역대 최대를 기록했다는 통계 발표에 이어 킬러문항 논란까지 터지면서 2023년 6월 말 정부는 '사교육비 경감 종합대책'을 내놨다. 여기엔 킬러문항 배제와 함께 수능 출제위원들의 사교육 영리활동을 금지하고 유아를 대상으로 한 영어유치원 편법운영을 단속하겠다는 등의 방침이 담겼다. 그러나 수능의 변별력을 어떻게 갖출 것인가에 대한 구체적인 대안은 없었고, 사교육 문제는 교육열과 학벌주의·노동임금 격차 등이 복합적으로 얽힌 문제라 정부의 대책이 근본적인 해결방안이 될 수 없다는 비판도 나왔다.

50 고교학점제

고등학생도 진로에 따라 과목을 골라 수강할 수 있는 제도

고등학생도 대학생처럼 진로와 적성에 맞는 과목을 골라 듣고 일정 수준 이상의 학점을 채우면 졸업할 수 있도록 한 제도다. 일부 공통과목은 필수로 이수해야 하고, 3년간 총 192학점을 이수하면 졸업할 수 있다. 교육부는 고교학점제를 2025년에 전면적으로 시행하기 위해 2023년부터 부분적으로 도입해 왔다. 고교학점제에서는 다양한 선택과목들을 개설함으로써 자율성을 살리고 진로를 감안하여 수업을 선택할 수 있다. 고교학점제가 전면 실시되는 2025년부터는 1~3학년 전 과목에 기존 9등급으로 산출되던 상대평가제가 5등급 상대평가제로 개편된다. 학교생활기록부에는 과목별 절대평가(성취평가)와 상대평가 성적을 함께 기재하지만, 대입에서는 상대평가 성적이 활용되므로 사실상 상대평가에 해당한다.

51 워케이션 Worcation

휴가지에서의 업무를 근무로 인정하는 형태

'Work(일)'과 'Vacation(휴가)'의 합성어로, 휴가지에서의 업무를 급여가 발생하는 일로 인정해주는 근무형태이다. 시간과 장소에 구애받지 않고 회사 이외의 장소에서 근무하는 텔레워크(Telework) 이후에 새롭게 등장한 근무방식으로 재택근무의 확산과 함께 나타났다. 미국에서 시작됐으며 일본에서 노동력 부족과 장시간 노동을 해결하기 위한 방안으로 점차 확산되고 있다.

52 실업급여

고용보험에 가입한 근로자가 비자발적으로 실직 후 재취업 기간 동안 지급되는 지원금

고용보험에 가입한 근로자가 실직하고 재취업활동을 하는 동안 생계안정과 재취업 의지를 고양하기 위해 국가가 지급하는 지원금이다. 보통 실업급여라고 칭하는 '구직급여'와 '취직촉진수당'으로 나뉜다. 실업급여는 실직한 날을 기준으로 18개월 중 180일 이상 근무하다가, 직장이 문을 닫거나 구조조정(해고) 등 자의와는 상관없이 실직한 사람에게 지급된다. 그러나 최근 실업급여를 악용하거나 부정수급하는 사례가 증가하면서 윤석열 정부는 실업급여 수급조건을 강화하고 반복적으로 수급하는 경우 지급액을 줄이는 것을 골자로 한 개정안을 추진했다.

53 영케어러 Young carer

중증질환이나 장애를 앓는 가족을 돌보는 아동·청소년·청년

질병, 정신건강, 알코올·약물중독 등의 중증질환 또는 장애를 가진 가족구성원을 돌보며 생계를 책임지는 13 ~ 34세의 아동·청소년·청년을 일컫는다. '가족돌봄청년'이라고도 한다. 이들은 학업과 가족돌봄을 병행하고 있어 미래를 계획하기 힘들 뿐만 아니라 신체적 고통은 물론 심리·정서적 고통, 경제적 어려움 등의 삼중고를 겪는 경우가 많다. 이는 곧 혼인율 감소와 저출산 문제와도 연결돼 있어 영케어러를 조기에 발굴하고 지원하기 위한 대책 마련이 시급하다. 정부는 2025년 실시되는 인구주택총조사(인구센서스)에서 국가 차원으로는 처음으로 영케어러에 대한 대규모 조사에 나설 것이라고 밝혔다.

54 알파세대 Generation Alpha

2010년대 초 ~ 2020년대 중반에 출생한 세대

2010년 이후에 태어난 이들을 지칭하는 용어로 다른 세대와 달리 순수하게 디지털 세계에서 나고 자란 최초의 세대로도 분류된다. 어릴 때부터 기술적 진보를 경험했기 때문에 스마트폰이나 인공지능(AI), 로봇 등을 사용하는 것에 익숙하다. 그러나 사람과의 소통보다 기계와의 일방적 소통에 익숙해 정서나 사회성 발달에 부정적인 영향이 나타날 수 있다는 우려도 있다. 알파세대는 2025년 약 22억 명에 달할 것으로 예측되고 있으며, 소비시장에서도 영향력을 확대하는 추세다.

55 넷제로 Net Zero

순 탄소배출량을 0으로 만드는 탄소중립 의제

배출하는 탄소량과 흡수·제거하는 탄소량을 같게 함으로써 실질적인 탄소배출량을 '0'으로 만드는 것을 말한다. 즉, 온실가스 배출량(+)과 흡수량(-)을 같게 만들어 더 이상 온실가스가 늘지 않는 상태를 말한다. 기후학자들은 넷제로가 달성된다면 20년 안에 지구 표면온도가 더 상승하지 않을 것이라고 보고 있다. 지금까지 100개 이상의 국가가 2050년까지 넷제로에 도달하겠다고 약속했으며, 우리나라 역시 장기저탄소발전전략(LEDS)을 위한 '넷제로2050'을 발표하고 2050년까지 온실가스 순배출을 '0'으로 만드는 탄소중립 의제를 세웠다.

56 소득 크레바스

은퇴 후 국민연금을 받을 때까지 일정 소득이 없는 기간

'크레바스(Crevasse)'란 빙하가 흘러내리면서 얼음에 생기는 틈을 의미하는 것으로, 소득 크레바스는 은퇴 당시부터 국민연금을 수령하는 때까지 소득에 공백이 생기는 기간을 말한다. '생애 주된 직장'의 은퇴시기를 맞은 5060세대의 큰 고민거리라 할 수 있다. 소득 크레바스에 빠진 5060세대들은 소득 공백을 메우기 위해 기본적인 생활비를 줄이고 창업이나 재취업, 맞벌이 같은 수익활동에 다시금 뛰어들고 있다.

57 조용한 해고 Quiet Cutting

기업이 직원에게 간접적으로 해고의 신호를 주면서 퇴사하도록 유도하는 것

기업이 직원을 직접 해고하는 대신 간접적으로 해고의 신호를 주는 조치를 말한다. 기업은 장기간 봉급인상 거부, 승진기회 박탈, 피드백 거부 등의 방식으로 조용히 불이익을 주면서 직원들이 스스로 퇴사하도록 유도한다. 이는 팬데믹 이후 확산했던 정해진 시간과 범위 내에서만 일하고 초과근무를 거부하는 노동방식을 뜻하는 '조용한 퇴사(Quiet Quitting)'에 대응하는 기업들의 새로운 움직임이다. 또 새로운 직무가 생기면 신규직원을 채용하지 않고 기존 근로자의 역할을 전환하거나 단기계약직을 고용하는 '조용한 고용'도 확산하고 있다.

58 지방소멸

고령화·인구 감소로 지방의 지역공동체가 기능하기 어려워져 소멸되는 상태

저출산과 고령화, 수도권의 인구집중이 초래하는 사회문제로서 지방의 인구 감소로 경제생활·인프라, 공동체가 소멸되는 현상을 말한다. 최근 지방인구소멸이 더욱 가속화되고 있는데, 2023년 말 기준 전국 228개 시·군·구 중 121곳이 인구소멸위험지역으로 분류됐다. 소멸위험지역은 소멸위험지수를 통해 한국고용정보원이 산출하고 있다. 소멸위험지수는 한 지역의 20 ~ 39세 여성 인구를 65세 이상 인구로 나눈 값이다. 이 지수값이 1.5 이상이면 저위험, 1.0 ~ 1.5인 경우 보통, 0.5 ~ 1.0인 경우 주의, 0.2 ~ 0.5는 위험, 0.2 미만은 고위험으로 분류된다. 2023년 말 고위험지역으로 분류된 지역은 시·군·구 52개다.

59 그린래시 Greenlash

기후위기에 대응하는 녹색정책에 대한 반발

전 세계적으로 기후변화에 대한 우려가 커지면서 다양한 대책이 나오는 가운데 대두되고 있는 녹색정책에 대한 반발(Backlash, 백래시)을 의미한다. 지난 2023년 7월 안토니우 구테흐스 유엔 사무총장이 '지구온난화 시대가 끝나고 지구열대화 시대가 도래했다'라고 경고할 만큼 심각해진 기후위기 상황에서 주요 선진국을 중심으로 녹색정책에 반대하는 움직임이 확산하고 있다. 이는 친환경 정책이 도입되는 경우 화석연료 기반 사업에 종사하는 근로자들이 일자리를 잃을 가능성이 크고, 기후대응을 위해 소요되는 비용이 증가하는 등 향후 예상되는 경제적 타격에 대한 우려가 가장 큰 원인으로 꼽힌다.

60 의도적 언보싱 Conscious Unbossing

직장인들이 조직에서 승진을 꺼리는 경향

어느 정도 연차가 쌓인 직장인들이 조직에서 중간관리자로 승진하는 것을 꺼리는 경향을 일컫는 신조어다. 승진할 경우 상사와 부하직원 사이에서 업무조율을 하며 받는 스트레스와 업무부담이 큰 데 비해 그로 인한 보상은 적다는 인식에서 기인한 것이다. 직장 내에서의 업무적 성과보다 개인의 성장과 자유를 중시하는 사람들이 많아졌고, 직장 외에도 수익을 창출할 수 있는 방안이 다양해진 데다 젊은 층일수록 일과 삶의 영역을 분리된 것으로 생각하는 경향이 짙어지면서 확산하고 있다. 그러나 의도적 언보싱이 확산할 경우 장기적인 관점에서 조직 전체의 생산성에 악영향을 끼칠 수 있어 조직 측면에서 이에 대처하기 위한 방안을 마련하는 것이 요구되고 있다.

61 AIDT AI Digital Textbook

인공지능 기술을 활용한 디지털교과서

인공지능(AI) 등 지능정보화 기술을 활용해 학습자의 능력과 수준에 맞는 맞춤형 학습자료를 제공하는 디지털교과서다. 개인별 학습기록을 데이터로 수집 · 분석하여 학습패턴을 파악한 후 퀴즈나 시각자료 등 다양한 상호작용형 콘텐츠를 제공해 학생이 능동적으로 학습에 참여하도록 유도하며, 즉각적인 피드백 제공으로 학습개선을 도모한다. 이를 통해 학생은 자기주도적 학습이 가능해지고, 교사는 학생의 학습상황을 더 효과적으로 관리 · 지도할 수 있게 될 것으로 기대된다. 교육부는 2025년 3월부터 초등학교 3 · 4학년, 중 · 고등학교 1학년을 대상으로 AIDT를 우선 도입한다고 밝혔다.

62 누리호 KSLV-Ⅱ

국내 독자 기술로 개발된 한국형 발사체

한국항공우주연구원(항우연) 등이 국내 독자 기술로 개발한 한국형 발사체다. 탑재 중량 1,500kg, 길이 47.2m의 3단형 로켓으로 설계부터 제작, 시험, 발사운용 등 모든 과정이 국내 기술로 진행됐다. 2022년 6월 21일 진행된 2차 발사에서 발사부터 목표궤도 안착까지의 모든 과정을 완벽히 수행한 뒤 성능검증위성과의 교신에도 성공하면서 마침내 우리나라는 전 세계에서 7번째로 1톤(t)급 실용위성을 우주발사체에 실어 자체기술로 쏘아 올리는 데 성공한 나라가 됐다. 또 2023년 5월 25일에 진행된 첫 실전 발사에서는 주탑재위성인 '차세대소형위성 2호'를 정상분리한 데 이어 부탑재위성인 큐브위성 7기 중 6기도 정상분리한 것으로 확인돼 이륙부터 위성 작동까지 성공적으로 마쳤다는 평가가 나왔다.

63 다누리 KPLO

우리나라의 첫 달 탐사궤도선

2022년 8월 발사된 우리나라의 첫 달 탐사궤도선으로 태양과 지구 등 천체의 중력을 이용해 항행하는 궤적에 따라 이동하도록 설계됐다. 달로 곧장 가지 않고 태양 쪽의 먼 우주로 가서 최대 156만km까지 거리를 벌렸다가 다시 지구 쪽으로 돌아와 달에 접근했다. 다누리는 145일 만인 12월 27일 달 상공의 임무궤도에 성공적으로 안착했으며, 현재 약 2시간 주기로 달을 공전하고 있다. 다누리의 고해상도카메라는 달 표면 관측영상을 찍어 달 착륙 후보지를 고르고, 광시야편광카메라 등은 달에 매장된 자원을 탐색한다.

64 청정수소

전기를 발생시키는 과정에서 이산화탄소를 적게 배출하는 수소

신재생에너지 가운데 하나로 전기를 생산할 때 이산화탄소를 적게 혹은 전혀 배출하지 않는 수소를 말한다. 수소발전은 보통 산소와 수소의 화학반응을 이용하는데 이 과정에서 이산화탄소가 발생하게 된다. 그러나 청정수소는 이산화탄소 대신 순수한 물만을 부산물로 배출한다. 청정수소는 그 생산방식에 따라 재생에너지 전력을 활용해 물을 전기분해하여 생산하는 그린수소, 천연가스를 이용해 생산하는 부생수소·추출수소 등의 그레이수소, 그레이수소 생산과정에서 발생하는 탄소를 포집해 저장·활용하는 블루수소, 원전을 활용한 핑크수소 등으로 분류된다.

65 챗GPT

대화 전문 인공지능 챗봇

인공지능(AI) 연구재단 오픈AI(Open AI)가 개발한 대화 전문 인공지능 챗봇이다. 사용자가 대화창에 텍스트를 입력하면 그에 맞춰 대화를 나누는 서비스로 오픈AI에서 개발한 대규모 AI 모델 'GPT-3.5' 언어기술을 기반으로 한다. 챗GPT는 인간과 자연스럽게 대화를 나누기 위해 수백만 개의 웹페이지로 구성된 방대한 데이터베이스에서 사전 훈련된 대량생성 변환기를 사용하고 있으며, 사용자가 대화 초반에 말한 내용을 기억해 답변하기도 한다. 한편 오픈AI는 2023년 3월 더 향상된 AI 언어모델인 'GPT-4'를 공개했다. GPT-4의 가장 큰 특징은 텍스트만 입력 가능했던 기존 GPT-3.5와 달리 이미지를 인식하고 해석할 수 있는 '멀티모달(Multimodal)' 모델이라는 점이다.

66 사물배터리 BoT ; Battery of Things

배터리가 에너지원이 되어 모든 사물을 연결하는 것

모든 사물에 배터리가 동력원으로 활용돼 배터리가 미래 에너지 산업의 핵심이 되는 것을 일컫는 말이다. 〈에너지 혁명 2030〉의 저자인 미국 스탠퍼드 대학교의 토니 세바 교수가 "모든 사물이 배터리로 구동하는 시대가 올 것"이라고 말한 데서 유래했다. 인터넷을 통해 여러 기기를 연결하는 것을 '사물인터넷(IoT)'이라고 부르듯이 배터리를 중심으로 세상에 존재하는 모든 사물들이 연결돼 일상생활 곳곳에 배터리가 사용되는 환경을 말한다. 스마트폰, 태블릿PC, 각종 웨어러블 기기 등의 IT 제품들이 사물배터리 시대를 열었으며, 최근에는 Non-IT 기기인 전기자전거, 전동공구 등에도 배터리가 사용되고 있다.

67 다크 패턴 Dark Pattern

사람을 속이기 위해 디자인된 온라인 인터페이스

애플리케이션이나 웹사이트 등 온라인에서 사용자를 기만해 이득을 취하는 인터페이스를 말한다. 영국의 UX 전문가인 해리 브링널이 만든 용어로 온라인 업체들이 이용자의 심리나 행동패턴을 이용해 물건을 구매하거나 서비스에 가입하게 하는 것이다. 가령 웹사이트에서 프로그램을 다운받아 설치할 때 설치 인터페이스에 눈에 잘 띄지 않는 확인란을 숨겨 추가로 다른 프로그램이 설치되게 만든다든지, 서비스의 자동결제를 은근슬쩍 유도하기도 한다. 또 서비스에 가입하면서 이용자는 꼭 알아야 하고 업체에겐 불리한 조항을 숨기는 등의 사례가 있다. 우리나라에서는 이 같은 다크 패턴의 폐해를 방지하기 위해 전자상거래법, 개인정보보호법 등 관련 법률개정안을 마련하고 있다.

68 엘니뇨 El Nino

평년보다 0.5℃ 이상 해수면 온도가 높은 상태가 5개월 이상 지속되는 현상

전 지구적으로 벌어지는 대양-대기 간의 기후 현상으로, 해수면 온도가 평년보다 0.5℃ 이상 높은 상태가 5개월 이상 지속되는 이상해류 현상이다. 크리스마스 즈음에 발생하기 때문에 '작은 예수' 혹은 '남자아이'라는 뜻에서 이러한 이름이 붙었다. 엘니뇨가 발생하면 해수가 따뜻해져 증발량이 많아지고, 태평양 동부쪽의 강수량이 증가한다. 엘니뇨가 강할 경우 지역에 따라 대규모의 홍수가 발생하기도 하고, 극심한 건조현상을 겪기도 한다. 반면 해수면 온도가 평년보다 0.5℃ 이상 낮은 저수온 현상이 5개월 이상 지속되고, 보통 엘니뇨 현상의 시작 전이나 끝, 평균보다 강한 적도 무역풍이 지속될 때 발생하는 현상은 '라니냐(La Nina, 여자아이)'라고 한다.

69 NFT(대체불가토큰) Non Fungible Token

다른 토큰과 대체·교환될 수 없는 가상화폐

하나의 토큰을 다른 토큰과 대체하거나 서로 교환할 수 없는 가상화폐다. 2017년 처음 시장이 만들어진 이래 미술품과 게임아이템 거래를 중심으로 빠르게 성장했다. NFT가 폭발적으로 성장한 이유는 희소성 때문이다. 기존 토큰의 경우 같은 종류의 코인은 한 코인당 가치가 똑같았고, 종류가 달라도 똑같은 가치를 갖고 있다면 등가교환이 가능했다. 하지만 NFT는 토큰 하나마다 고유의 가치와 특성을 갖고 있어 가격이 천차만별이다. 또한 어디서, 언제, 누구에게 거래가 됐는지 모두 기록되어서 위조가 쉽지 않다는 것이 장점 중 하나다.

70 할루시네이션 Hallucination

인공지능이 정보를 생산하는 과정에서 발생하는 오류

원래 '환청'이나 '환각'을 뜻하는 단어였으나 최근에는 인공지능(AI)이 잘못된 정보나 허위정보를 생성하는 오류가 발생하는 것을 일컫는다. 실제로 생성형 AI의 사용이 증가하면서 이를 이용해 정보를 검색·활용하는 과정에서 AI가 질문의 맥락에 맞지 않는 내용으로 답변하거나 사실이 아닌 내용을 마치 사실인 것처럼 답변해 논란이 된 바 있다. 이러한 오류는 데이터학습을 통해 이용자의 질문에 맞는 답변을 제공하는 AI가 해당 데이터값의 진위 여부를 매번 정확하게 확인하지는 못해 나타나는 현상이라고 알려져 있다.

71 AI 워터마크

인공지능 기술을 활용해 제작된 이미지나 문서에 삽입되는 표식

인공지능(AI) 기술을 적용해 만들어진 디지털 이미지나 문서에 삽입되는 로고 및 텍스트를 가리킨다. 이를 통해 소비자는 이용하려는 이미지나 정보가 AI를 활용해 제작된 콘텐츠라는 사실을 인지할 수 있고, 해당 콘텐츠가 가짜뉴스처럼 악의적인 의도로 제작된 것인지도 식별할 수 있다. 또 콘텐츠 제작자 및 소유자의 입장에서는 표식을 통해 불법복제나 무단사용을 방지할 수 있다. 최근 AI 기술이 급속도로 발전함에 따라 각국에서는 생성형 AI를 악용해 만들어진 가짜정보가 무분별하게 유통되는 것을 우려하여 AI 콘텐츠에 대한 워터마크 규제를 도입하거나 관련 규제를 도입하기 위해 준비하고 있다.

72 스텔스 장마

예상하지 못한 장마로 인해 많은 양의 비가 갑자기 쏟아지는 현상

레이더망을 피해 숨어 있다가 갑자기 나타나 공격하는 스텔스(Stealth) 전투기처럼 미처 예상하지 못했던 장마가 갑자기 튀어나와 '물폭탄'을 퍼붓는 상황을 가리킨다. 국내외 기상관측기관의 슈퍼컴퓨터마저 예측하기 어려울 만큼 기습적이고 변덕스러운 장마라는 뜻에서 붙여진 이름이다. 언제 어디서 어떻게 폭우가 쏟아질지 알 수 없고, 폭우 구름이 옮겨 다니면서 단시간 좁은 지역에 많은 비를 퍼붓는다는 특징이 있다. 전문가들은 이러한 스텔스 장마가 나타나는 이유로 '지구온난화'를 꼽는다.

73 데이터 주권

데이터의 사용범위나 방법, 목적 등에 관해 결정할 수 있는 권리

개인 또는 국가가 소유하고 있는 데이터의 사용범위나 방법, 목적 등에 관해 결정할 수 있는 권리를 의미한다. 인터넷 기술이 발전하면서 소수의 인터넷서비스 기업이 데이터를 독점하게 됐는데, 해당 기업들의 무분별한 데이터 수집으로 인한 개인정보 침해 및 정보 독과점 등의 문제가 파생하면서 대두된 개념이다. 크게 ▲ 자신이 데이터에 접근할 수 있는 권리 ▲ 데이터를 수정·삭제할 권리 ▲ 데이터가 특정 목적으로 사용되는 데 동의하거나 이전의 동의를 철회할 수 있는 권리 등을 핵심으로 한다. 특히 최근 인공지능(AI)의 발달로 데이터의 중요성이 커지면서 국가의 핵심경쟁력 중 하나로 급부상하고 있다.

74 디지털라이제이션 Digitalization

디지털화된 데이터를 이용해 효율적인 업무환경을 만드는 것

단순히 데이터를 기록하는 것을 넘어서 디지털 데이터를 활용하여 업무 단축과 업무 흐름 최적화를 달성해 생산성을 높이는 업무적 과정을 의미한다. 즉, 디지털화된 데이터를 저장·활용하는 것뿐만 아니라 발전된 정보통신기술(ICT)을 통해 각종 데이터와 정보에 쉽게 접근하고 활용함으로써 효율적인 업무환경을 만드는 것을 말한다.

75 버추얼 프로덕션 Virtual Production

가상의 이미지와 실제 촬영 이미지를 실시간으로 결합하는 기술

크로마키의 발전된 버전으로 가상의 이미지와 실제 촬영한 이미지를 실시간으로 결합하는 것을 말한다. 최첨단 스튜디오에서 초대형 발광다이오드 벽(LED Wall)에 3차원(3D) 배경을 실시간으로 투사해 배우와 컴퓨터그래픽(CG) 요소를 바로 확인할 수 있어 원하는 장면을 비교적 정확하게 만들어낼 수 있다. 특히 CG 합성절차가 생략된다는 점에서 제작시간 및 비용 절감 효과가 있고, 현실감 있는 영상구현이 가능해 배우의 연기 몰입도가 상승하는 효과가 있다. 또한 혁신기술을 활용해 수정을 여러 번 거치지 않아도 즉각적이고 창의적인 작업이 가능하다.

76 데이터마이닝 Datamining

데이터에서 유용한 정보를 도출하는 기술

'데이터(Data)'와 채굴을 뜻하는 '마이닝(Mining)'이 합쳐진 단어로 방대한 양의 데이터로부터 유용한 정보를 추출하는 것을 말한다. 기업활동 과정에서 축적된 대량의 데이터를 분석해 경영활동에 필요한 다양한 의사결정에 활용하기 위해 사용된다. 데이터마이닝은 통계학의 분석방법론은 물론 기계학습, 인공지능, 컴퓨터과학 등을 결합해 사용한다. 데이터의 형태와 범위가 다양해지고 그 규모가 방대해지는 빅데이터의 등장으로 데이터마이닝의 중요성이 부각되고 있다.

77 소형모듈원전 SMR

발전용량 300MW급의 소형원전

발전용량 300MW급의 소형원전으로 현재 차세대 원전으로 떠오르고 있다. 일반적인 대형원전은 발전을 위해서 원자로와 증기발생장치, 냉각제 펌프 등 갖가지 장치가 각각의 설비로서 설치돼야 한다. 그러나 소형모듈원전(SMR)은 이 장치들을 한 공간에 몰아넣어 원전의 크기를 대폭 줄일 수 있다. 대형원전에 비해 방사능 유출 위험이 적다는 장점도 있는데, 배관을 쓰지 않는 SMR은 노심이 과열되면 아예 냉각수에 담가버려 식힐 수 있다. 과열될 만한 설비의 수 자체도 적고, 나아가 원전 크기가 작은 만큼 노심에서 발생하는 열도 낮아 대형원전에 비해 식히기도 쉽다. 또 냉각수로 쓸 강물이나 바닷물을 굳이 끌어올 필요가 없기 때문에 입지를 자유롭게 고를 수 있다.

78 알프스 ALPS

일본 후쿠시마 제1원전의 오염수에서 방사성 물질을 걸러내는 장치

ALPS는 'Advanced Liquid Processing System'의 약자로 일본 후쿠시마 제1원전 오염수의 방사성 물질을 제거하기 위해 운용하는 장치다. '다핵종제거설비'라고도 한다. 2011년 동일본대지진 당시 후쿠시마 제1원전 폭발사고로 원자로의 핵연료가 녹아내리면서 이를 식히기 위해 냉각수를 투입했다. 그러나 점차 시간이 흐를수록 지하수, 빗물 등이 유입되면서 방사성 물질이 섞인 냉각수, 즉 오염수가 일본 정부가 감당하기 어려울 만큼 늘어났다. 이에 일본 정부는 ALPS로 오염수를 정화시켜 해양에 방류하기로 결정했다. ALPS로 세슘, 스트론튬 등을 배출기준 이하로 제거해 방류하는 것인데, ALPS 처리과정을 거쳐도 삼중수소(트리튬)는 제거할 수 없어 안전성에 대한 우려를 낳았다. 그러나 세계 각국의 우려 표명에도 일본 정부가 방류를 강행하기로 결정해 2023년 8월부터 방류가 이뤄지고 있다.

79 제임스 웹 우주망원경 JWST

허블 우주망원경을 대체할 우주 관측용 망원경

1990년 우주로 쏘아 올린 허블 우주망원경을 대체할 망원경으로 2021년 12월 25일 발사됐다. 미국 항공우주국(NASA)의 제2대 국장인 제임스 웹의 업적을 기리기 위해 '제임스 웹 우주망원경(JWST ; James E. Webb Space Telescope)'이라고 명명됐으며 '차세대 우주망원경(NGST ; Next Generation Space Telescope)'이라고도 한다. 허블 우주망원경보다 반사경의 크기가 더 커지고 무게는 더 가벼워진 한 단계 발전된 우주망원경이다. 미국 NASA와 유럽우주국(ESA), 캐나다우주국(CSA)이 함께 제작했다. 우주 먼 곳의 천체를 관측하기 위한 것으로 허블 우주망원경과 달리 적외선 영역만 관측할 수 있지만, 더 먼 거리까지 관측할 수 있도록 제작됐다.

80 온디바이스 AI

외부 서버나 클라우드에 연결되지 않아도 서비스를 제공할 수 있는 인공지능

기기에 탑재돼 외부 서버나 클라우드에 연결돼 있지 않아도 서비스를 제공할 수 있는 인공지능(AI)을 말한다. 기존에는 기기에서 수집한 정보를 중앙클라우드 서버로 전송해 데이터와 연산을 지원받아야 했는데, 불안정한 통신상황에서는 서비스 이용이 제한적이라는 한계가 있었다. 온디바이스 AI는 자체적으로 정보를 처리해 인터넷 연결이나 통신상태로부터 자유롭고, 개인정보를 담은 데이터를 외부 서버로 전송하지 않아도 된다는 점에서 차세대 기술로 주목받고 있다.

81 도심항공교통 UAM

전동 수직이착륙기를 활용한 도심교통 시스템

기체, 운항, 서비스 등을 총칭하는 개념으로 전동 수직이착륙기(eVTOL)를 활용하여 지상에서 450m 정도의 저고도 공중에서 이동하는 도심교통 시스템을 말한다. '도심항공모빌리티'라고도 부르는 도심항공교통(UAM ; Urban Air Mobility)은 도심의 인구 집중화로 교통체증이 한계에 다다르면서 이를 극복하기 위해 추진되고 있다. UAM의 핵심인 eVTOL은 옥상 등에서 수직이착륙이 가능해 활주로가 필요하지 않으며, 내장된 연료전지와 배터리로 전기모터를 구동해 탄소배출이 거의 없다. 또한 소음이 적고 자율주행도 수월한 편이라는 점 때문에 도심형 친환경 항공 교통수단으로 각광받고 있다.

82 부커상 Booker Prize

세계 3대 문학상 중 하나

1969년 영국의 부커사가 제정한 문학상이다. 노벨문학상, 프랑스의 공쿠르 문학상과 함께 세계 3대 문학상 중 하나로, 해마다 영국 연방국가에서 출판된 영어소설들을 대상으로 시상해왔다. 그러다 2005년에 영어로 출간하거나 영어로 번역한 소설을 대상으로 상을 수여하는 인터내셔널 부문을 신설했다. 신설된 후 격년으로 진행되다가 2016년부터 영어번역 소설을 출간한 작가와 번역가에 대해 매년 시상하는 것으로 변경했다. 국내작품 중에서는 한강의 〈채식주의자〉가 2016년 인터내셔널 수상작으로 선정되면서 화제를 모았다. 2024년에는 황석영 작가가 〈철도원 삼대〉로 인터내셔널 최종후보에 올랐으나 아쉽게도 수상에 이르지는 못했다.

83 패스트무비 Fast Movie

영화나 드라마의 내용을 압축해서 짧게 편집한 영상콘텐츠

긴 분량의 영화나 드라마의 내용을 압축해서 짧은 시간 내에 소비할 수 있도록 요약 편집한 영상콘텐츠를 말한다. 자막과 해석을 통해 줄거리를 간략하게 설명하여 본편을 전부 시청하지 않고도 내용을 파악할 수 있고 취향에 맞는 작품인지 확인할 수 있다는 점에서 인기를 끌고 있다. 재화를 효율적으로 소비하는 것을 선호하는 젊은 세대가 콘텐츠의 주요 소비자로 자리잡은 데다 바쁜 일상을 사는 현대인들이 짧은 길이의 영상에 익숙해지면서 이러한 콘텐츠가 증가한 것으로 분석됐다. 그러나 최근 주요 장면을 과도하게 노출하거나 결말을 포함한 콘텐츠가 업로드되는 사례가 증가하면서 저작권 침해라는 비판이 나오고 있다.

84 스텔스 럭셔리 Stealth Luxury

브랜드 로고가 드러나지 않는 소박한 디자인의 명품

'살며시'라는 뜻의 'Stealth'와 '명품'을 뜻하는 'Luxury'의 합성어로 '조용한 명품'을 의미한다. 브랜드 로고가 없거나 매우 작게 표시돼 있고 디자인이 소박한 명품을 말한다. 눈에 띄는 디자인으로 브랜드의 존재감을 부각하고자 했던 기존의 트렌드에서 벗어나 단조로운 색상과 수수한 디자인으로 고전적인 감성을 살리는 것이 특징이다. 코로나19 이후 불확실한 경제상황과 혼란스러운 분위기가 지속되면서 패션업계에서는 본인의 경제력을 감추기 위해 스텔스 럭셔리가 유행하고 있다.

85 사도광산

일본 니가타현에 소재한 일제강점기 조선인 강제노역 현장

일본 니가타현에 있는 에도시대 금광으로 일제강점기 당시 조선인 강제노역이 자행된 곳이다. 일본은 사도광산을 세계유산으로 지정하기 위한 잠정 추천서를 유네스코에 다시 제출했는데, 대상 기간을 16 ~ 19세기 후반으로 한정해 일제강점기 조선인 강제노동 내용을 배제했다. 2024년 6월 유네스코 자문기구인 국제기념물유적협의회는 에도시기(16 ~ 19세기) 이후 유산이 대부분인 지역을 제외하고, '강제노역을 설명하라'라고 요청했다. 이에 일본 정부는 해당 요청을 수용하고 미비한 부분을 보완하는 한편 한국 정부와 협의를 진행하여 마침내 같은 해 7월 세계유산에 등재 시키는 데 성공했다. 그러나 일본 정부와 협상하는 과정에서 우리 정부가 조선인 동원 과정의 억압성을 보여주는 '강제'라는 표현을 명시해달라는 핵심 요구사항이 받아들여지지 않았는데도 등재에 동의한 사실이 알려져 '굴욕외교'라는 비판이 제기됐다.

86 버튜버 Vtuber

가상의 아바타를 대신 내세워 활동하는 유튜버

사람이 직접 출연하는 대신 표정과 행동을 따라 하는 가상의 아바타를 내세워 시청자와 소통하는 '버추얼 유튜버(버튜버)'가 콘텐츠 업계를 달구고 있다. 버튜버는 초창기에는 소수의 마니아층만 즐기던 콘텐츠였으나, 시청자 층이 코로나19를 계기로 대폭 늘어나면서 버튜버들의 활동영역이 확장되고 있다. 버튜버는 콘텐츠 제작자가 얼굴을 직접 드러내지 않아도 되기 때문에 부담 없이 다양한 시도를 해볼 수 있고, 시청자 입장에서도 사람이 아닌 캐릭터를 상대하는 느낌을 줘 더 편하게 받아들일 수 있다는 점이 강점으로 꼽힌다.

87 제로웨이스트 Zero Waste

일상생활에서 쓰레기를 줄이기 위한 환경운동

일상생활에서 쓰레기가 나오지 않도록 하는(Zero Waste) 생활습관을 이른다. 재활용 가능한 재료를 사용하거나 포장을 최소화해 쓰레기를 줄이거나 그것을 넘어 아예 썩지 않는 생활 쓰레기를 없애는 것을 의미한다. 비닐을 쓰지 않고 장을 보거나 포장 용기를 재활용하고, 대나무 칫솔과 천연 수세미를 사용하는 등의 방법으로 이뤄진다. 친환경 제품을 사는 것도 좋지만 무엇보다 소비를 줄이는 일이 중요하다는 의견도 공감을 얻고 있다. 환경보호가 중요시되면서 관련 캠페인에 참여하는 사람들이 증가하고 있다.

88 구독경제 Subscription Economy

구독료를 내고 필요한 물건이나 서비스를 이용하는 것

일정 기간마다 비용(구독료)을 지불하고 필요한 물건이나 서비스를 이용하는 경제활동을 뜻한다. 영화나 드라마, 음악은 물론이고 책이나 게임에 이르기까지 다양한 품목에서 이뤄지고 있다. 특히 스마트폰의 대중화로 빠르게 성장하고 있는 미래 유망 산업군에 속하며, 구독자에게 동영상 스트리밍 서비스를 제공하는 넷플릭스의 성공으로 탄력을 받았다. 특정 신문이나 잡지 구독과 달리 동종의 물품이나 서비스를 소비자의 취향에 맞춰 취사선택해 이용할 수 있다는 점에서 효율적이다.

89 그린카드 Green Card

배구에서 비디오판독 요청이 있을 때 먼저 반칙을 인정한 선수에게 주어지는 카드

배구에서 터치아웃이나 네트터치 등이 의심되는 상황에서 주심이나 팀의 비디오판독 요청이 있을 경우 주심이 판정을 내리기 전 먼저 반칙을 인정하고 손을 든 선수에게 제시하는 카드를 말한다. 국제배구연맹(FIVB)이 선수들의 페어플레이 정신을 높이고 불필요한 비디오판독 시간을 줄여 경기시간을 단축하는 것을 목표로 2023년부터 국제대회에 도입한 제도다. 도입 첫해에는 가장 많은 그린카드를 받은 팀에 상금을 지급하는 등 금전보상이 이뤄지기도 했다. 한국배구연맹(KOVO) 역시 2024년부터 그린카드를 새롭게 도입해 그린카드 누적점수를 정규리그 시상 부문 내 페어플레이상의 선정기준으로 활용하기로 했다.

90 로컬힙 Local Hip

특정 지역만의 색깔이 담긴 상품이나 공간, 축제 등을 트렌디하다고 여기는 현상

지역을 뜻하는 'Local'과 고유한 개성을 지니면서도 최신 유행에 밝다는 뜻의 'Hip'이 합쳐진 단어로 지역만의 감성이 담긴 상품이나 공간, 관광, 축제 등을 포괄하는 개념이다. 지역특색을 활용해 사람들의 관심을 끌 수 있어 점차 심각해지고 있는 지역소멸을 막을 수 있는 대안으로 떠오르고 있다. 특히 소비에서도 개성을 중시하는 젊은 세대를 중심으로 로컬힙이 확산하고 있으며, 문화체육관광부도 지역문화의 가치를 알리기 위해 명소, 콘텐츠 등을 선정하는 '로컬 100' 사업을 추진하고 있다.

91 그라데이션 K

다문화국가로 변화하고 있는 한국의 현황을 반영한 용어

우리나라가 단일민족·단일문화라는 고정관념에서 벗어나 다양한 배경과 문화를 가진 사람들이 함께 어우러지면서 다문화국가로 진화하고 있다는 시대적 흐름이 반영된 용어다. 김난도 서울대 소비자학과 교수가 2025년 트렌드를 전망하며 발표한 10개 소비 키워드(스네이크 센스) 중 하나로 '그라데이션(Gradation)'은 다양한 문화와 정체성이 경계 없이 융합하는 과정을 비유한 것이다. 행정안전부가 2024년 10월 발표한 자료에 따르면 국내 외국인 인구는 총인구수 대비 약 5%에 달한다.

92 힙트래디션 Hiptradition

전통과 젊은 세대 특유의 감성이 만나 만들어진 새로운 트렌드를 뜻하는 신조어

고유한 개성을 지니면서도 최신 유행에 밝고 신선하다는 뜻의 'Hip'과 전통을 뜻하는 'Tradition'을 합친 신조어로 우리 전통문화를 재해석해 즐기는 것을 의미한다. 한국의 전통문화를 MZ세대 특유의 감성으로 해석해 새로운 트렌드를 만드는 것으로서 최근 소셜네트워크서비스(SNS)를 중심으로 인기를 끌고 있다. 대표적으로 반가사유상 미니어처, 자개소반 모양의 무선충전기, 고려청자의 문양을 본떠 만든 스마트폰 케이스 등 박물관에서 소장 중인 유물이나 작품을 토대로 제작된 박물관 굿즈인 '뮷즈'의 판매율이 급증하면서 그 인기를 입증하고 있다.

93 인포데믹 Infodemic

거짓정보, 가짜뉴스 등이 미디어, 인터넷 등을 통해 매우 빠르게 확산되는 현상

'정보'를 뜻하는 'Information'과 '유행병'을 뜻하는 'Epidemic'의 합성어로, 잘못된 정보나 악성루머 등이 미디어, 인터넷 등을 통해 무분별하게 퍼지면서 전염병처럼 매우 빠르게 확산되는 현상을 일컫는다. 미국의 전략분석기관 '인텔리브리지' 데이비드 로스코프 회장이 2003년 워싱턴포스트에 기고한 글에서 잘못된 정보가 경제위기와 금융시장 혼란을 불러올 수 있다는 의미로 처음 사용했다. 허위정보가 범람하면 신뢰성 있는 정보를 찾아내기 어려워지고, 이 때문에 사회 구성원 사이에 합리적인 대응이 어려워지게 된다. 인포데믹의 범람에 따라 정보방역의 중요성도 강조되고 있다.

94 멀티 페르소나 Multi-persona

상황에 따라 다양한 형태의 자아를 갖는 것

페르소나는 고대 그리스의 연극에서 배우들이 쓰던 가면을 의미하고, 멀티 페르소나는 '여러 개의 가면'으로 직역할 수 있다. 현대인들이 직장이나 학교, 가정이나 동호회, 친구들과 만나는 자리 등에서 각기 다른 성격을 보인다는 것을 뜻한다. 일과 후 여유와 취미를 즐기는 '워라밸'이 일상화되고, SNS에 감정과 일상, 흥미를 공유하는 사람들이 늘어나면서 때마다 자신의 정체성을 바꾸어 드러내는 경우가 많아지고 있다.

95 퍼블리시티권 Right of Publicity

유명인이 자신의 이름이나 초상을 상품 등의 선전에 이용하는 것을 허락하는 권리

배우, 가수 등 연예인이나 운동선수 등과 같은 유명인들이 자신의 이름이나 초상 등을 상업적으로 이용하거나 제3자에게 상업적 이용을 허락할 수 있도록 한 배타적 권리를 말한다. 초상사용권이라고도 하며, 당사자의 동의 없이는 이름이나 얼굴을 상업적으로 이용할 수 없다. 인격권에 기초한 권리지만 그 권리를 양도하거나 사고팔 수 있는 상업적 이용의 요소를 핵심으로 하기 때문에 인격권과는 구별되는 개념이다. 미국은 판례와 각 주의 성문법에 의거해 퍼블리시티권을 보호하고 있지만, 우리나라는 명확한 법적 규정이 없어 퍼블리시티권을 둘러싼 논란이 지속적으로 발생해왔다.

96 소프트파워 Soft Power

인간의 이성 및 감성적 능력을 포함하는 문화적 영향력

교육·학문·예술 등 인간의 이성 및 감성적 능력을 포함하는 문화적 영향력을 말한다. 21세기에 들어서며 세계가 군사력 또는 경제력을 바탕으로 한 하드파워(Hard Power), 즉 경성국가의 시대에서 소프트파워를 중심으로 한 연성국가의 시대로 접어들고 있다. 대중문화의 전파, 특정 표준의 국제적 채택, 도덕적 우위의 확산 등을 통해 영향력이 커질 수 있으며, 우리나라를 비롯한 세계 여러 나라에서 자국의 소프트파워를 키우고 활용하기 위한 노력을 계속하고 있다.

97 토끼굴 효과

SNS 이용자가 온라인 피드와 주제에 점점 중독되는 현상

소셜미디어(SNS) 이용자가 특정 알고리즘으로 인해 자신도 모르게 온라인 피드와 주제에 점점 중독돼 더 자극적인 콘텐츠를 시청하게 되는 현상을 일컫는다. SNS는 알고리즘을 통해 사용자가 선호하는 콘텐츠에 관한 정보를 광범위하게 수집해 맞춤형 콘텐츠를 추천한다. 그런데 일부 플랫폼 사업자가 알고리즘을 조작해 자사의 상품이나 서비스를 우선 노출시키거나 자극적인 콘텐츠를 추천함으로써 SNS 중독을 유발하는 등의 문제가 있어 디지털 콘텐츠 검열에 관한 논란이 불거졌다. 대표적으로 유럽연합(EU) 집행위원회는 2024년 5월 알고리즘을 포함한 페이스북과 인스타그램의 시스템이 아동들에게 '토끼굴 효과'와 같은 행동 장애를 유발할 가능성이 우려된다는 점을 들어 모기업 메타를 상대로 디지털 서비스법(DSA) 위반 조사에 착수했다.

98 사이버 레커 Cyber Wrecker

온라인상에서 화제가 되는 이슈를 자극적으로 포장해 공론화하는 매체

온라인상에서 화제가 되는 이슈를 자극적으로 포장해 공론화하는 매체를 말한다. 빠르게 소식을 옮기는 모습이 마치 사고현장에 신속히 도착해 자동차를 옮기는 견인차의 모습과 닮았다고 해서 생겨난 신조어다. 이들은 유튜브와 인터넷 커뮤니티에서 활동하는데 유튜브의 경우 자극적인 섬네일로 조회수를 유도한다. 사이버 레커의 가장 큰 문제점은 정보의 정확한 사실 확인을 거치지 않고 무분별하게 다른 사람에게 퍼트린다는 것이다.

99 디지털 유산

개인이 생전 온라인상에 남긴 디지털 흔적

SNS, 블로그 등에 남아 있는 사진, 일기, 댓글 등 개인이 온라인상에 남긴 디지털 흔적을 말한다. 온라인 활동량이 증가하면서 고인이 생전 온라인에 게시한 데이터에 대한 유가족의 상속 관련 쟁점이 제기됐으나, 국내에서는 살아 있는 개인에 한해 개인정보보호법이 적용되고 디지털 유산을 재산권과 구별되는 인격권으로 규정해 상속규정에 대한 정확한 법적 근거가 마련되어 있지 않다. 유가족의 상속권을 주장하는 이들은 데이터의 상속이 고인의 일기장이나 편지 등을 전달받는 것과 동일하다고 주장하고 있으며, 반대하는 이들은 사후 사생활 침해에 대한 우려를 표하며 잊힐 권리를 보장받아야 한다고 주장한다.

100 스낵컬처 Snack Culture

어디서든 즐길 수 있는 문화

어디서든 과자를 먹을 수 있듯이 장소를 가리지 않고 가볍고 간단하게 즐길 수 있는 문화스타일이다. 과자를 의미하는 '스낵(Snack)'과 문화를 의미하는 '컬처(Culture)'의 합성어다. 출퇴근시간, 점심시간은 물론 잠들기 직전에도 향유할 수 있는 콘텐츠로 시간과 장소에 구애받지 않는 것이 스낵컬처의 가장 큰 장점이다. 방영시간이 1시간 이상인 일반 드라마와 달리 10 ~ 15분 분량으로 구성된 웹드라마, 한 회차씩 올라오는 웹툰, 웹소설 등이 대표적인 스낵컬처로 꼽힌다. 스마트폰의 발달로 스낵컬처 시장이 확대됐고 현대인에게 시간·비용적으로 부담스럽지 않기 때문에 지속적으로 성장하고 있다.

101 안티투어리즘 Antitourism

외국인 관광객을 기피하는 현상

특정 지역에 관광객이 지나치게 몰리면서 해당 지역의 물가가 급등하고 환경파괴와 더불어 각종 소음 등으로 주민들의 일상이 침해당하자 나타나게 된 외국인 관광객 기피 현상이다. 2010년대 후반까지만 해도 일부 유럽의 유명 관광지에서만 주로 나타나던 현상이었으나, 코로나19 팬데믹 이후 해외여행객이 크게 증가하면서 전 세계로 확산하는 추세다. 이에 관광객을 대상으로 도시 입장료를 받거나 숙박요금에 세금을 부과하는 등 관광세를 도입하는 지역들도 속속 등장하고 있다.

102 FOOH Fake Out of Home

실사 배경에 컴퓨터그래픽 이미지로 구현한 이미지를 씌운 가상 옥외광고

실제로 존재하는 장소에 컴퓨터그래픽 이미지(CGI)로 구현한 이미지를 씌워서 만든 '페이크 옥외광고'다. '가짜'를 뜻하는 'Fake'와 '옥외광고'를 뜻하는 'OOH(Out of Home)'의 합성어로 미국의 디지털 아티스트이자 필름메이커인 이안 패덤이 처음 사용했다. 증강현실(AR)과 CGI 기술을 결합해 만든 초현실적인 이미지를 활용하여 단기간에 효과적으로 브랜드와 제품을 소비자에게 각인시킬 수 있고, 일반적인 옥외광고와 달리 장소 대여부터 설치·유지 비용이 들지 않으면서 쓰레기도 발생하지 않아 친환경적이라는 점이 가장 큰 특징이다. 이는 숏폼(Short-form) 형식에도 부합해 새로운 마케팅 트렌드로 활용되고 있다.

PART 3

분야별 일반상식 적중예상문제

우리가 해야 할 일은 끊임없이 호기심을 갖고
새로운 생각을 시험해보고 새로운 인상을 받는 것이다.

– 월터 페이터 –

CHAPTER

01 정치 · 국제 · 법률

01 선거에 출마한 후보가 내놓은 공약을 검증하는 운동을 무엇이라 하는가?

① 아그레망　　② 로그롤링
③ 플리바게닝　　④ 매니페스토

해설

매니페스토(Manifesto)는 선거와 관련하여 유권자에게 확고한 정치적 의도와 견해를 밝히는 것으로, 연설이나 문서의 형태로 구체적인 공약을 제시한다.

02 전당대회 후에 정당의 지지율이 상승하는 현상을 뜻하는 용어는?

① 빨대 효과　　② 컨벤션 효과
③ 메기 효과　　④ 헤일로 효과

해설

컨벤션 효과(Convention Effect)는 대규모 정치 행사 직후 행사 주체의 정치적 지지율이 상승하는 현상을 뜻한다.

오답분석

① 빨대 효과(Straw Effect) : 고속도로와 같은 교통수단의 개통으로 인해, 대도시가 빨대로 흡입하듯 주변 도시의 인구와 경제력을 흡수하는 현상을 가리키는 말이다.
③ 메기 효과(Catfish Effect) : 노르웨이의 한 어부가 청어를 싱싱한 상태로 육지로 데리고 오기 위해 수조에 메기를 넣었다는 데서 유래한 용어다. 시장에 강력한 경쟁자가 등장했을 때 기존의 기업들이 경쟁력을 잃지 않기 위해 끊임없이 분투하며 업계 전체가 성장하게 되는 것을 가리킨다.
④ 헤일로 효과(Halo Effect) : 후광 효과로, 어떤 대상(사람)에 대한 일반적인 생각이 그 대상(사람)의 구체적인 특성을 평가하는 데 영향을 미치는 현상을 말한다.

03 국가가 선거운동을 관리해 자유방임의 폐해를 막고 공명선거를 실현하는 선거제도는?

① 선거공영제　　② 선거법정제
③ 선거관리제　　④ 선거보전제

해설

선거공영제는 국가가 나서서 선거 전반을 관리하고, 비용이 부족해 선거운동에 나서지 못하는 일이 없도록 기회의 균등을 확립하기 위해 마련된 제도다. 우리나라는 선거공영제를 헌법으로서 선거운동의 기본원칙으로 삼고 있다.

정답 01 ④ 02 ② 03 ①

04 다음 중 우리나라가 채택하고 있는 의원내각제적 요소는?

① 대통령의 법률안 거부권
② 의원의 각료 겸직
③ 정부의 의회해산권
④ 의회의 내각 불신임 결의권

해설

우리나라가 채택하고 있는 의원내각제적 요소
행정부(대통령)의 법률안 제안권, 의원의 각료 겸직 가능, 국무총리제, 국무회의의 국정 심의, 대통령의 국회 출석 및 의사표시권, 국회의 국무총리·국무위원에 대한 해임건의권 및 국회 출석 요구·질문권

05 '인 두비오 프로 레오(In Dubio Pro Reo)'는 무슨 뜻인가?

① 의심스러울 때는 피고인에게 유리하게 판결해야 한다.
② 위법하게 수집된 증거는 증거능력을 배제해야 한다.
③ 범죄용의자를 연행할 때 그 이유와 권리가 있음을 미리 알려 주어야 한다.
④ 재판에서 최종적으로 유죄 판정된 자만이 범죄인이다.

해설

오답분석

② 독수독과 이론
③ 미란다 원칙
④ 형사 피고인의 무죄추정

06 다음 중 재선거와 보궐선거에 대한 설명으로 옳지 않은 것은?

① 재선거는 임기 개시 전에 당선 무효가 된 경우 실시한다.
② 보궐선거는 궐위를 메우기 위해 실시된다.
③ 지역구 국회의원의 궐원시에는 보궐선거를 실시한다.
④ 전국구 국회의원의 궐원시에는 중앙선거관리위원회가 궐원통지를 받은 후 15일 이내에 궐원된 국회의원의 의석을 승계할 자를 결정해야 한다.

해설

전국구 국회의원의 궐원시에는 중앙선거관리위원회가 궐원통지를 받은 후 10일 이내에 의석을 승계할 자를 결정해야 한다.

07 선거에서 약세 후보가 유권자들의 동정을 받아 지지도가 올라가는 현상을 무엇이라 하는가?

① 밴드왜건 효과
② 언더독 효과
③ 스케이프고트 현상
④ 레임덕 현상

해설

언더독(Under Dog) 효과는 절대 강자가 지배하는 세상에서 약자에게 연민을 느끼며 이들이 언젠가는 강자를 이겨주기를 바라는 현상을 말한다.

08 헌법재판소에서 위헌법률심판권, 위헌명령심판권, 위헌규칙심판권은 무엇을 근거로 하는가?

① 신법우선의 원칙
② 특별법우선의 원칙
③ 법률불소급의 원칙
④ 상위법우선의 원칙

해설

법률보다는 헌법이 상위법이므로, 법률은 헌법에 위배되어서는 안 된다. 이는 상위법우선의 원칙에 근거한다.

09 다음 중 국정조사에 대한 설명으로 틀린 것은?

① 비공개로 진행하는 것이 원칙이다.
② 재적의원 4분의 1 이상의 요구가 있는 때에 조사를 시행하게 한다.
③ 특정한 국정사안을 대상으로 한다.
④ 부정기적이며, 수시로 조사할 수 있다.

해설

국정조사는 공개를 원칙으로 하고, 비공개를 요할 경우에는 위원회의 의결을 얻도록 하고 있다.

10 다음 직위 중 임기제가 아닌 것은?

① 감사원장
② 한국은행 총재
③ 검찰총장
④ 국무총리

해설

① 감사원장 4년, ② 한국은행 총재 4년, ③ 검찰총장 임기는 2년이다. 국무총리는 대통령이 지명하나 국회 임기종료나 국회의 불신임 결의에 의하지 않고는 대통령이 임의로 해임할 수 없도록 규정하고 있을 뿐 임기는 명시하고 있지 않다.

정답 04 ② 05 ① 06 ④ 07 ② 08 ④ 09 ① 10 ④

11 다음 내용과 관련 있는 용어는?

> 영국 정부가 의회에 제출하는 보고서의 표지가 흰색인 데서 비롯된 속성이다. 이런 관습을 각국이 모방하여 공식 문서의 명칭으로 삼고 있다.

① 백 서 ② 필리버스터
③ 캐스팅보트 ④ 레임덕

해설

백서(White Paper)는 정부의 소관 사항에 대한 공식 문서로, 영국 정부가 의회에 제출하는 보고서의 표지가 흰색인 데서 비롯된 속성이다. 이런 관습을 각국이 모방하여 공식 문서의 명칭으로 삼고 있다.

12 정부의 부당한 행정 조치를 감시하고 조사하는 일종의 행정통제제도는?

① 코커스 ② 스핀닥터
③ 란츠게마인데 ④ 옴부즈맨

해설

옴부즈맨(Ombudsman)은 스웨덴을 비롯한 북유럽에서 발전된 제도로서, 정부의 부당한 행정 조치를 감시하고 조사하는 일종의 행정통제제도다.

13 범죄피해자의 고소나 고발이 있어야만 공소를 제기할 수 있는 범죄는?

① 친고죄 ② 무고죄
③ 협박죄 ④ 폭행죄

해설

형법상 친고죄에는 비밀침해죄, 업무상 비밀누설죄, 친족 간 권리행사방해죄, 사자명예훼손죄, 모욕죄 등이 있다.

14 선거승리로 정권을 잡은 사람 · 정당이 관직을 지배하는 정치적 관행을 뜻하는 용어는?

① 데탕트
② 독트린
③ 미란다
④ 엽관제

해설

엽관제(Spoils System)는 19세기 중반 미국에서 성행한 공무원 임용제도에서 유래한 것으로 정당에 대한 충성도와 기여도에 따라 공무원을 임용하는 인사관행을 말한다. 실적을 고려하지 않고 정치성 · 혈연 · 지연 등에 의하여 공직의 임용을 행하는 정실주의와 유사한 맥락이다.

15 다음이 설명하는 원칙은?

범죄가 성립되고 처벌을 하기 위해서는 미리 성문의 법률에 규정되어 있어야 한다는 원칙

① 불고불리의 원칙 ② 책임의 원칙
③ 죄형법정주의 ④ 기소독점주의

해설

죄형법정주의는 범죄와 형벌이 법률에 규정되어 있어야 한다는 원칙이다.

16 우리나라 대통령과 국회의원의 임기를 더한 합은?

① 8 ② 9
③ 10 ④ 11

해설

대통령의 임기는 5년으로 하며 중임할 수 없고(헌법 제70조), 국회의원의 임기는 4년으로 한다(헌법 제42조). 따라서 5와 4를 더한 합은 9이다.

정답 11 ① 12 ④ 13 ① 14 ④ 15 ③ 16 ②

17 일정 기간이 지나면 법률의 효력이 자동으로 사라지는 제도는?

① 종료제
② 일몰제
③ 순환제
④ 실효제

해설

일몰제는 시간이 흐르고 해가 지듯이 일정 시간이 지나면 법률이나 규제·조항의 효력이 자동으로 종료되는 제도를 말한다. 1976년 미국의 콜로라도주 의회에서 최초로 제정됐으며 해당 법률에 대한 행정부의 감독과 책임의식을 증대하기 위해 시작됐다.

18 다음과 관련 있는 것은?

> 이 용어는 독일의 사회주의자 F. 라살이 그의 저서 〈노동자 강령〉에서 당시 영국 부르주아의 국가관을 비판하는 뜻에서 쓴 것으로 국가는 외적의 침입을 막고 국내 치안을 확보하며 개인의 사유재산을 지키는 최소한의 임무만을 행하며, 나머지는 자유방임에 맡길 것을 주장하는 국가관을 말한다.

① 법치국가
② 사회국가
③ 복지국가
④ 야경국가

해설

야경국가는 국가가 시장에 대한 개입을 최소화하고 국방과 외교, 치안 등의 질서 유지 임무만 맡아야 한다고 보았던 자유방임주의 국가관이다.

19 대통령이 국회의 동의를 사전에 얻어야 할 경우를 모두 고른 것은?

> ㉠ 헌법재판소장 임명
> ㉡ 국군의 외국 파견
> ㉢ 대법관 임명
> ㉣ 예비비 지출
> ㉤ 대법원장 임명
> ㉥ 감사원장 임명

① ㉠, ㉡, ㉢, ㉤, ㉥
② ㉡, ㉢, ㉣, ㉤
③ ㉠, ㉣, ㉤, ㉥
④ ㉡, ㉢, ㉤, ㉥

해설

국회의 사전 동의 사항

조약의 체결·비준, 선전 포고와 강화, 일반사면, 국군의 외국 파견과 외국 군대의 국내 주류, 대법원장·국무총리·헌법재판소장·감사원장·대법관 임명, 국채 모집, 예비비 설치, 예산 외의 국가 부담이 될 계약 체결 등

20 다음 빈칸 안에 공통으로 들어갈 말로 적당한 것은?

- (　　)은/는 주로 소수파가 다수파의 독주를 저지하거나 의사진행을 막기 위해 합법적인 방법을 이용해 고의적으로 방해하는 것이다.
- (　　)은/는 정국을 불안정하게 만드는 요인이 되기도 하기 때문에 우리나라 등 많은 나라들은 발언시간 제한 등의 규정을 강화하고 있다.

① 필리버스터　② 로그롤링
③ 캐스팅보트　④ 치킨게임

해설

필리버스터(Filibuster)는 의회 안에서 합법적·계획적으로 수행되는 의사진행 방해 행위를 말한다.

21 우리나라 국회가 채택하고 있는 제도를 모두 고른 것은?

㉠ 일사부재의의 원칙　㉡ 일사부재리의 원칙
㉢ 회의공개의 원칙　㉣ 회기계속의 원칙

① ㉠, ㉢, ㉣　② ㉠, ㉡, ㉣
③ ㉡, ㉢, ㉣　④ ㉠, ㉡, ㉢, ㉣

해설

오답분석

㉡ 일사부재리의 원칙은 확정 판결이 내려진 사건에 대해 두 번 이상 심리·재판을 하지 않는다는 형사상의 원칙으로, 국회가 채택하고 있는 제도나 원칙과는 상관이 없다.

22 원래는 의안을 의결하는 데 있어 가부동수인 경우의 투표권을 말한다. 의회에서 2대 정당의 세력이 거의 비등할 때 그 승부 또는 가부가 제3당의 동향에 따라 결정됨을 뜻하기도 하는 용어는 무엇인가?

① 캐스팅보트　② 필리버스터
③ 게리맨더링　④ 프레임 업

해설

캐스팅보트(Casting Vote)는 합의체의 의결에서 가부(可否)동수인 경우 의장이 가지는 결정권을 뜻한다. 우리나라에서는 의장의 결정권은 인정되지 않으며, 가부동수일 경우 부결된 것으로 본다.

정답 17 ② 18 ④ 19 ① 20 ① 21 ① 22 ①

23 다음 중 선거에서 누구에게 투표할지 결정하지 못한 유권자를 가리키는 말은?

① 로그롤링
② 매니페스토
③ 캐스팅보트
④ 스윙보터

해설

오답분석

① 로그롤링(Log-rolling) : 정치세력들이 상호지원을 합의하여 투표거래나 투표담합을 하는 행위
② 매니페스토(Manifesto) : 예산과 실천방안 등 선거와 관련한 구체적 방안을 유권자에게 제시하는 공약
③ 캐스팅보트(Casting Vote) : 양대 당파의 세력이 비슷하게 양분화된 상황에서 결정적인 역할을 수행하는 사람

24 대통령의 법률안 거부권에 대한 설명으로 맞는 것은?

① 법률안 재의요구권이라고도 한다.
② 대통령은 국회가 의결한 법률안에 의의가 있을 때 7일 내에 국회에 돌려보내야 한다.
③ 거부된 법률안을 재의결해 재적의원 과반수 출석과 과반수 찬성하면 법률이 확정된다.
④ 법률안 외에도 예산안 또한 대통령이 거부권을 행사할 수 있다.

해설

법률안 거부권은 '법률안 재의요구권'이라고도 불리며, 대통령이 국회에서 의결한 법률안을 거부할 수 있는 권리를 말한다. 법률안에 대해 국회와 정부 간 대립이 있을 때 정부가 대응할 수 있는 강력한 수단이다. 대통령은 15일 내에 법률안에 이의서를 붙여 국회로 돌려보내야 한다. 국회로 돌아온 법률안은 재의결해 재적의원 과반수 출석과 3분의 2 이상이 찬성해야 확정된다. 그러나 대통령은 이러한 거부권을 법률안이 아닌 예산안에는 행사할 수 없다.

25 다음 중 헌법에 명문화되어 있는 선거의 4대 원칙이 아닌 것은?

① 보통선거의 원칙
② 자유선거의 원칙
③ 직접선거의 원칙
④ 비밀선거의 원칙

해설

선거의 4대 원칙은 대부분의 현대 민주주의 국가에서 채택한 것으로 민주주의 하에서 선거제도가 마땅히 지켜야 할 기준점을 제시한 것이다. 우리 헌법에는 보통선거, 평등선거, 직접선거, 비밀선거의 원칙이 4대 원칙으로 명문화되어 있다. 자유선거의 원칙의 경우 명문화되어 있지는 않으나 자유민주주의 체제에서 내재적으로 당연히 요청되는 권리라 할 수 있다.

26 다음 중 UN 산하 전문기구가 아닌 것은?

① 국제노동기구(ILO)
② 국제연합식량농업기구(FAO)
③ 세계기상기구(WMO)
④ 세계무역기구(WTO)

해설

1995년 출범한 세계무역기구(WTO)는 1947년 이래 국제 무역질서를 규율해오던 GATT(관세 및 무역에 관한 일반협정) 체제를 대신한다. WTO는 GATT에 없었던 세계 무역분쟁 조정, 관세 인하 요구, 반덤핑규제 등 막강한 법적 권한과 구속력을 행사할 수 있다. WTO의 최고의결기구는 총회이며 그 아래 상품교역위원회 등을 설치해 분쟁처리를 담당한다. 본부는 스위스 제네바에 있다.

27 다음 괄호 안에 공통으로 들어갈 말로 적당한 것은?

- (   )은/는 1970년대 미국 청년들 사이에서 유행한 자동차 게임이론에서 유래되었다.
- (   )의 예로는 한 국가 안의 정치나 노사 협상, 국제외교 등에서 상대의 양보를 기다리다가 파국으로 끝나는 것 등이 있다.

① 필리버스터 ② 로그롤링
③ 캐스팅보트 ④ 치킨게임

해설

치킨게임(Chicken Game)이란 어느 한쪽이 양보하지 않을 경우 양쪽 모두 파국으로 치닫게 되는 극단적인 게임이론을 말한다. 1950 ~ 1970년대 미국과 소련 사이의 극심한 군비경쟁을 꼬집는 용어로 사용되면서 국제정치학 용어로 정착되었다.

28 대통령이 선출되나, 입법부가 내각을 신임할 권한이 있는 정부 형태를 무엇이라 하는가?

① 입헌군주제 ② 의원내각제
③ 대통령중심제 ④ 이원집정부제

해설

이원집정부제는 국민투표로 선출된 대통령과 의회를 통해 신임되는 내각이 동시에 존재하는 정부 형태이다. 주로 대통령은 외치와 국방을 맡고 내치는 내각이 맡는다. 반(半)대통령제, 준(準)대통령제, 분권형 대통령제, 이원정부제, 혼합 정부 형태라고도 부른다.

정답 23 ④ 24 ① 25 ② 26 ④ 27 ④ 28 ④

29 다음 방공식별구역에 대한 설명으로 옳지 않은 것은?

① 타국의 항공기에 대한 방위 목적으로 각 나라마다 독자적으로 설정한 지역이다.
② 영공과 같은 개념으로 국제법적 기준이 엄격하다.
③ 한국의 구역임을 명시할 때는 한국방공식별구역(KADIZ)이라고 부른다.
④ 방공식별구역 확대 문제로 현재 한·중·일 국가 간의 갈등이 일고 있다.

해설

방공식별구역(ADIZ)은 영공과 별개의 개념으로, 국제법적인 근거가 약하다. 따라서 우리나라는 구역 내 군용기의 진입으로 인한 충돌을 방지하기 위해 1995년 한·일 간 군용기 우발사고방지 합의서한을 체결한 바 있다.

30 다음 중 일본·중국·대만 간의 영유권 분쟁이 일고 있는 곳은?

① 조어도 ② 대마도
③ 남사군도 ④ 북방열도

해설

- 남사군도 : 동으로 필리핀, 남으로 말레이시아와 브루나이, 서로 베트남, 북으로 중국과 타이완을 마주하고 있어 6개국이 서로 영유권을 주장하고 있다.
- 북방열도(쿠릴열도) : 러시아연방 동부 사할린과 일본 홋카이도 사이에 위치한 화산열도로 30개 이상의 도서로 이루어져 있다. 러시아와 일본 간의 영유권 분쟁이 일고 있는 곳은 쿠릴열도 최남단의 4개 섬이다.

31 근거 없는 사실을 조작해 상대를 공격하는 정치 용어는?

① 도그마 ② 사보타주
③ 마타도어 ④ 헤게모니

해설

마타도어(Matador)는 정치권의 흑색선전을 뜻하는 용어로 근거 없는 사실을 조작해 상대 정당·후보 등을 공격하는 공세를 말한다. 스페인의 투우에서 투우사가 마지막에 소의 정수리에 칼을 꽂아 죽이는 것을 뜻하는 스페인어 '마타도르'에서 유래한 것이다.

32 UN의 193번째 가입 국가는?

① 동티모르 ② 몬테네그로
③ 세르비아 ④ 남수단

해설

남수단은 아프리카 동북부에 있는 나라로 2011년 7월 9일 수단으로부터 분리 독립하였고 193번째 유엔 회원국으로 등록되었다.

33 UN 상임이사국에 속하지 않는 나라는?

① 중 국 ② 러시아
③ 프랑스 ④ 스웨덴

해설

유엔 안전보장이사회(안보리)는 5개 상임이사국(미국, 영국, 프랑스, 중국, 러시아) 및 10개 비상임이사국으로 구성되어 있다. 비상임이사국은 평화유지에 대한 회원국의 공헌과 지역적 배분을 고려하여 총회에서 2/3 다수결로 매년 5개국이 새로 선출되고, 임기는 2년이며, 중임은 가능하지만 연임은 불가하다.

34 다음 중 4대 공적연금에 해당하지 않는 것은?

① 기초연금
② 사학연금
③ 공무원연금
④ 국민연금

해설

공적연금은 국민이 소득상실 또는 저하로 생활의 위기에 빠질 가능성을 해소하기 위해 국가가 지급하는 연금이다. 우리나라의 공적연금으로는 국민연금, 공무원연금, 군인연금, 사립학교교직원연금(사학연금)이 운영되고 있다.

35 다음 중 레임덕에 관한 설명으로 옳지 않은 것은?

① 대통령의 임기 만료를 앞두고 나타나는 권력누수 현상이다.
② 대통령의 통치력 저하로 국정 수행에 차질이 생긴다.
③ 임기 만료가 얼마 남지 않은 경우나 여당이 다수당일 때 잘 나타난다.
④ '절름발이 오리'라는 뜻에서 유래된 용어이다.

해설

대통령의 임기 말 권력누수 현상을 나타내는 레임덕(Lame Duck)은 집권당이 의회에서 다수 의석을 얻지 못한 경우에 발생하기 쉽다.

정답 29 ② 30 ① 31 ③ 32 ④ 33 ④ 34 ① 35 ③

36 국제형사재판소에 대한 설명으로 옳지 않은 것은?

① 집단학살, 전쟁범죄 등을 저지른 개인을 처벌한다.
② 세계 최초의 상설 전쟁범죄 재판소다.
③ 본부는 네덜란드 헤이그에 있다.
④ 제2차 세계대전 직후 1945년에 발족했다.

해설

국제형사재판소(International Criminal Court)는 국제사회가 집단학살, 전쟁범죄 등을 저지른 개인을 신속하게 처벌하기 위한 재판소다. 세계 최초로 발족한 상설 재판소로 반인도적 범죄를 저지른 개인을 개별국가가 기소하기를 주저할 때에 국제형사재판소의 독립검사가 나서서 기소할 수 있도록 했다. 본부는 네덜란드 헤이그에 있으며 2002년 7월에 정식 출범했다.

37 국회의원의 불체포특권에 대한 설명으로 옳은 것은?

① 현행범인 경우에도 체포되지 않을 권리로 인정된다.
② 국회 회기 중이 아니어도 인정된다.
③ 국회의원의 체포동의안은 국회에서 표결로 붙여진다.
④ 재적의원의 과반수 출석에 과반수가 체포동의안에 찬성하면 해당 의원은 즉시 구속된다.

해설

불체포특권이란 국회의원이 현행범인 경우를 제외하고는 회기 중에 국회의 동의 없이 체포 또는 구금되지 않으며, 회기 전에 체포 또는 구금된 때에는 현행범이 아닌 한, 국회의 요구가 있으면 회기 중 석방되는 특권을 말한다. 법원에서 현역 국회의원의 구속이나 체포가 필요하다고 인정할 경우, 체포동의요구서를 정부에 제출하고 정부는 다시 국회에 이를 넘긴다. 국회가 체포동의안을 표결에 붙이고 재적의원 과반수가 참석해 과반수가 찬성하게 되면 구속 전 피의자심문을 위해 해당 의원을 체포하게 된다. 체포동의안이 가결돼 체포되어도 즉시 구속되는 것이 아닌 일단 법원의 판단을 구하는 것이다.

38 다음의 용어 설명 중 틀린 것은?

① JSA – 공동경비구역
② NLL – 북방한계선
③ MDL – 남방한계선
④ DMZ – 비무장지대

해설

MDL(Military Demarcation Line, 군사분계선)은 두 교전국 간 휴전협정에 의해 그어지는 군사활동의 경계선으로 한국의 경우 1953년 7월 유엔군 측과 공산군 측이 합의한 정전협정에 따라 규정된 휴전의 경계선을 말한다.

39 구속적부심사 제도에 대한 설명으로 옳지 않은 것은?

① 심사의 청구권자는 구속된 피의자, 변호인, 친족, 동거인, 고용주 등이 있다.
② 구속적부심사가 기각으로 결정될 경우 구속된 피의자는 항고할 수 있다.
③ 법원은 구속된 피의자에 대하여 출석을 보증할 만한 보증금 납입을 조건으로 석방을 명할 수 있다.
④ 검사 또는 경찰관은 체포 또는 구속된 피의자에게 체포·구속적부심사를 청구할 수 있음을 알려야 한다.

해설

구속적부심사는 처음 기각을 당한 뒤 재청구할 경우 법원은 심문 없이 결정으로 청구를 기각할 수 있다. 또한 공범 또는 공동피의자의 순차 청구로 수사를 방해하려는 목적이 보일 때 심문 없이 청구를 기각할 수 있다. 이러한 기각에 대하여 피의자는 항고하지 못한다(형사소송법 제214조의2).

40 다음 중 국가공무원법상의 징계의 종류가 아닌 것은?

① 감 봉　② 견 책
③ 좌 천　④ 정 직

해설

국가공무원법은 감봉, 견책(경고), 정직, 해임 등의 징계 방법을 제시하고 있다. 좌천은 징계로 규정되지 않는다.

41 전쟁으로 인한 희생자를 보호하기 위해 1864 ~ 1949년에 체결된 국제조약은?

① 비엔나 협약
② 제네바 협약
③ 베를린 협약
④ 헤이그 협약

해설

제네바 협약은 전쟁으로 인한 부상자·병자·포로 등을 보호하기 위해 제네바에서 체결한 국제조약이다. 80여 년의 시차를 두고 맺어졌으며, 협약의 목적은 전쟁이나 무력분쟁이 발생했을 때 부상자·병자·포로·피억류자 등을 전쟁의 위험과 재해로부터 보호하여 가능한 한 전쟁의 참화를 경감하려는 것으로 '적십자조약'이라고도 한다.

정답 36 ④ 37 ③ 38 ③ 39 ② 40 ③ 41 ②

42 다음 중 우리나라 최초의 이지스함은?

① 서애류성룡함　　② 세종대왕함
③ 율곡이이함　　④ 권율함

해설

우리나라는 2007년 5월 국내 최초의 이지스함인 '세종대왕함'을 진수한 데 이어 2008년 두 번째 이지스함인 '율곡이이함'을 진수했고, 2012년 '서애류성룡함', 2022년 '정조대왕함'까지 총 4척의 이지스함을 보유하고 있다.

43 세계 주요 석유 운송로로 페르시아만과 오만만을 잇는 중동의 해협은?

① 말라카 해협　　② 비글 해협
③ 보스포러스 해협　　④ 호르무즈 해협

해설

호르무즈 해협(Hormuz Strait)은 페르시아만과 오만만을 잇는 좁은 해협으로, 북쪽으로는 이란과 접하며, 남쪽으로는 아랍에미리트에 둘러싸인 오만의 월경지이다. 이 해협은 페르시아만에서 생산되는 석유의 주요 운송로로 세계 원유 공급량의 30% 정도가 영향을 받는 곳이기도 하다.

44 다음 중 대한민국 국회의 권한이 아닌 것은?

① 긴급명령권　　② 불체포특권
③ 예산안 수정권　　④ 대통령 탄핵 소추권

해설

긴급명령권은 대통령의 권한이며, 대통령은 내우·외환·천재·지변 또는 중요한 재정·경제상의 위기에 있어서 국가의 안전보장 또는 공공의 안녕질서를 유지하기 위한 조치가 필요하고 국회의 집회를 기다릴 여유가 없을 때에 한하여 최소한으로 필요한 재정·경제상의 처분을 하거나 이에 관하여 법률의 효력을 가지는 명령을 발할 수 있다(대한민국 헌법 제76조).

45 다음 중 입헌군주제 국가에 해당하는 나라가 아닌 것은?

① 네덜란드 ② 덴마크
③ 태 국 ④ 네 팔

해설

현대의 입헌군주제는 '군림하되 통치하지 않는다'는 것을 기조로 국왕과 왕실은 상징적인 존재로 남고 헌법에 따르며, 실질적인 통치는 주로 내각의 수반인 총리가 맡는 정부 형태를 말한다. 현존하는 입헌군주국에는 네덜란드와 덴마크, 노르웨이, 영국, 스페인, 일본, 태국, 캄보디아 등이 있다. 네팔은 1990년에 입헌군주정을 수립했으며 2008년 다시 절대 왕정으로 회귀하려다 왕정을 폐지했다.

46 일사부재리의 원칙에 대한 설명으로 옳은 것은?

① 국회에서 일단 부결된 안건을 같은 회기 중에 다시 발의 또는 제출하지 못한다는 것을 의미한다.
② 판결이 내려진 어떤 사건(확정판결)에 대해 두 번 이상 심리·재판을 하지 않는다는 형사상의 원칙이다.
③ 일사부재리의 원칙은 민사사건에도 적용된다.
④ 로마시민법에서 처음 등장했으며 라틴어로 '인 두비오 프로 레오(In Dubio Pro Leo)'라고 한다.

해설

오답분석

① 일사부재의의 원칙을 설명한 지문이다.
③ 일사부재리의 원칙은 형사사건에만 적용된다.
④ '인 두비오 프로 레오(In Dubio Pro Leo)'는 '의심스러울 때는 피고인에게 유리하게 판결하라'라는 무죄추정의 원칙을 뜻한다.

47 다음 보기에 나온 사람들의 임기를 모두 더한 것은?

국회의원, 대통령, 감사원장, 대법원장, 국회의장

① 18년 ② 19년
③ 20년 ④ 21년

해설

주요 공직자 임기

- 국회의원 4년
- 대통령 5년
- 감사원장 4년
- 대법원장 6년
- 국회의장 2년

정답 42 ② 43 ④ 44 ① 45 ④ 46 ② 47 ④

48 국회의원의 헌법상 의무가 아닌 것은?

① 청렴의 의무
② 국익 우선의 의무
③ 품위유지의 의무
④ 겸직금지의 의무

해설

국회의원의 헌법상 의무에는 재물에 욕심을 내거나 부정을 해서는 안 된다는 청렴의 의무, 개인의 이익보다 나라의 이익을 먼저 생각하는 국익 우선의 의무, 국회의원의 신분을 함부로 남용하면 안 된다는 지위 남용금지의 의무, 법에서 금지하는 직업을 가져서는 안 되는 겸직금지의 의무 등이 있다. 품위유지의 의무는 국회법상 국회의원의 의무에 해당한다.

49 헌법 개정 절차로 올바른 것은?

① 공고 → 제안 → 국회의결 → 국민투표 → 공포
② 제안 → 공고 → 국회의결 → 국민투표 → 공포
③ 제안 → 국회의결 → 공고 → 국민투표 → 공포
④ 제안 → 공고 → 국무회의 → 국회의결 → 국민투표 → 공포

해설

헌법 개정 절차는 '제안 → 공고 → 국회의결 → 국민투표 → 공포' 순이다.

50 다음 중 반의사불벌죄가 아닌 것은?

① 존속폭행죄
② 협박죄
③ 명예훼손죄
④ 모욕죄

해설

반의사불벌죄는 처벌을 원하는 피해자의 의사표시 없이도 공소할 수 있다는 점에서 고소·고발이 있어야만 공소를 제기할 수 있는 친고죄(親告罪)와 구별된다. 폭행죄, 협박죄, 명예훼손죄, 과실치상죄 등이 이에 해당한다. 모욕죄는 친고죄이다.

51 다음 중 불문법이 아닌 것은?

① 판례법
② 관습법
③ 조 리
④ 조 례

해설

조례는 지방자치단체가 지방의회 의결에 의하여 법령의 범위 내에서 자기의 사무에 관하여 규정한 것으로 성문법이다.

52 정당해산심판에 대한 설명으로 옳지 않은 것은?

① 정당해산심판은 헌법재판소의 관장사항 중 하나이다.
② 민주적 기본질서에 위배되는 경우 정부는 국무회의를 거쳐 해산심판을 청구할 수 있다.
③ 일반 국민도 헌법재판소에 정당해산심판을 청구할 수 있다.
④ 해산된 정당의 대표자와 간부는 해산된 정당과 비슷한 정당을 만들 수 없다.

해설

정당해산심판은 정부만이 제소할 수 있기 때문에 일반 국민은 헌법재판소에 정당해산심판을 청구할 수 없다. 다만, 정부에 정당해산심판을 청구해달라는 청원을 할 수 있다.

53 다음 중 헌법재판소의 관장사항이 아닌 것은?

① 법률에 저촉되지 아니하는 범위 안에서 소송에 관한 절차 제정
② 탄핵의 심판
③ 정당의 해산심판
④ 헌법소원에 관한 심판

해설

대법원은 법률에서 저촉되지 아니하는 범위 안에서 소송에 관한 절차, 법원의 내부규율과 사무처리에 관한 규칙을 제정할 수 있다(헌법 제108조).

헌법재판소법 제2조(관장사항)
- 법원 제청에 의한 법률의 위헌 여부 심판
- 탄핵의 심판
- 정당의 해산심판
- 국가기관 상호 간, 국가기관과 지방자치단체 간 및 지방자치단체 상호 간의 권한쟁의에 관한 심판
- 헌법소원에 관한 심판

54 다음 우리나라의 배심제에 대한 설명 중 바르지 못한 것은?

① 미국의 배심제를 참조했지만 미국처럼 배심원단이 직접 유・무죄를 결정하지 않는다.
② 판사는 배심원의 유・무죄 판단과 양형 의견과 다르게 독자적으로 결정할 수 있다.
③ 시행 초기에는 민사사건에만 시범적으로 시행되었다.
④ 피고인이 원하지 않을 경우 배심제를 시행할 수 없다.

해설

배심제는 시행 초기에는 살인죄, 강도와 강간이 결합된 범죄, 3,000만 원 이상의 뇌물죄 등 중형이 예상되는 사건에만 시범적으로 시행되었다.

정답 48 ③ 49 ② 50 ④ 51 ④ 52 ③ 53 ① 54 ③

55 다음 중 국회에서 원내 교섭단체를 이룰 수 있는 최소 의석수는?

① 20석　② 30석
③ 40석　④ 50석

해설

국회에서 단체교섭회에 참가하여 의사진행에 관한 중요한 안건을 협의하기 위하여 의원들이 구성하는 단체를 교섭단체라고 한다. 국회법 제33조에 따르면 국회에 20명 이상의 소속의원을 가진 정당은 하나의 교섭단체가 된다. 다만 다른 교섭단체에 속하지 않는 20명 이상의 의원으로 따로 교섭단체를 구성할 수도 있다.

56 다음 중 국제기구인 APEC에 대한 설명으로 옳은 것은?

① 우리나라는 가입돼 있지 않다.
② 1989년에 호주 캔버라에서 출범했다.
③ 아시아·태평양 지역 12개국 간의 자유무역협정이다.
④ 동남아시아 국가를 중심으로 한 정치·경제·문화 공동체다.

해설

아시아태평양경제협력체(APEC)는 태평양 주변 국가들의 정치·경제적 결속을 다지는 기구로 지속적인 경제 성장과 공동의 번영을 위해 1989년 호주 캔버라에서 12개국 간의 각료회의로 출범했다. 회원국은 한국, 미국, 일본, 호주, 뉴질랜드, 캐나다, ASEAN 6개국(말레이시아, 인도네시아, 태국, 싱가포르, 필리핀, 브루나이) 등 총 21개국이 가입해 있다. ③은 CPTPP, ④는 ASEAN에 대한 설명이다.

57 형벌의 종류 중 무거운 것부터 차례로 나열한 것은?

① 사형 – 자격상실 – 구류 – 몰수
② 사형 – 자격상실 – 몰수 – 구류
③ 사형 – 몰수 – 자격상실 – 구류
④ 사형 – 구류 – 자격상실 – 몰수

해설

형벌의 경중 순서
사형 → 징역 → 금고 → 자격상실 → 자격정지 → 벌금 → 구류 → 과료 → 몰수

CHAPTER

02 경제 · 경영 · 금융

01 마케팅 분석기법 중 하나인 3C에 해당하지 않는 것은?

① Company
② Competitor
③ Coworker
④ Customer

해설

'3C'는 마케팅 전략을 수립하면서 분석해야 할 요소들을 말하는 것으로 'Customer(고객)', 'Competitor(경쟁사)', 'Company(자사)'가 해당한다. 자사의 강점과 약점, 경쟁사의 상황, 고객의 니즈 등을 종합적으로 판단해 마케팅 전략을 수립하는 데 활용한다.

02 전세가와 매매가의 차액만으로 전세를 안고 주택을 매입한 후 부동산 가격이 오르면 이득을 보는 '갭 투자'와 관련된 경제 용어는 무엇인가?

① 코픽스
② 트라이슈머
③ 레버리지
④ 회색 코뿔소

해설

- 갭(Gap) 투자 : 전세를 안고 하는 부동산 투자이다. 부동산 경기가 호황일 때 수익을 낼 수 있으나 부동산 가격이 위축돼 손해를 보면 전세 보증금조차 갚지 못할 수 있는 위험한 투자이다.
- 레버리지(Leverage) : 대출을 받아 적은 자산으로 높은 이익을 내는 투자 방법이다. '지렛대 효과'를 낸다 하여 레버리지라는 이름이 붙었다.

03 경기상황이 디플레이션일 때 나타나는 현상으로 옳은 것은?

① 통화량 감소, 물가 하락, 경기침체
② 통화량 증가, 물가 상승, 경기상승
③ 통화량 감소, 물가 하락, 경기상승
④ 통화량 증가, 물가 하락, 경기침체

해설

디플레이션은 통화량 감소와 물가 하락 등으로 인하여 경제활동이 침체되는 현상을 말한다.

정답 55 ① 56 ② 57 ① / 01 ③ 02 ③ 03 ①

04 **어떤 증권에 대한 공포감 때문에 투자자들이 급격하게 매도하는 현상을 뜻하는 용어는?**

① 패닉셀링　　② 반대매매
③ 페이밴드　　④ 손절매

해설

패닉셀링(Panic Selling)은 투자자들이 어떤 증권에 대해서 공포감과 혼란을 느껴 급격하게 매도하는 현상을 뜻한다. '공황매도'라고도 한다. 증권시장이 악재로 인해 대폭락이 예상되거나, 대폭락 중일 때 투자자들이 보유한 증권을 팔아버리는 것이다. 패닉셀링이 시작되면 시장은 이에 힘입어 더욱 침체를 겪게 된다.

05 **특정 품목의 수입이 급증할 때, 수입국이 관세를 조정함으로써 국내 산업의 침체를 예방하는 조치는 무엇인가?**

① 세이프가드　　② 선샤인액트
③ 리쇼어링　　④ 테이퍼링

해설

특정 상품의 수입 급증이 수입국의 경제 또는 국내 산업에 심각한 타격을 줄 우려가 있는 경우 세이프가드(Safeguard)를 발동한다.

오답분석

② 선샤인액트(Sunshine Act) : 제약사와 의료기기 제조업체가 의료인에게 경제적 이익을 제공할 경우 해당 내역에 대한 지출보고서 작성을 의무화한 제도
③ 리쇼어링(Reshoring) : 해외로 진출했던 기업들이 본국으로 회귀하는 현상
④ 테이퍼링(Tapering) : 양적완화 정책의 규모를 점차 축소해가는 출구전략

06 **다음 중 유로존 가입국이 아닌 나라는?**

① 오스트리아　　② 프랑스
③ 아일랜드　　④ 스위스

해설

유로존(Eurozone)은 유럽연합의 단일화폐인 유로를 국가통화로 도입하여 사용하는 국가나 지역을 가리키는 말로 오스트리아, 핀란드, 독일, 포르투갈, 프랑스, 아일랜드, 스페인 등 총 20개국이 가입(2024년 기준)되어 있다. 스위스는 유로존에 포함되어 있지 않기 때문에 자국 통화인 스위스프랑을 사용한다.

07 물가 상승이 통제를 벗어난 상태로, 수백 퍼센트의 인플레이션율을 기록하는 상황을 말하는 경제 용어는?

① 보틀넥 인플레이션
② 하이퍼 인플레이션
③ 디맨드 풀 인플레이션
④ 디스인플레이션

해설

오답분석

① 보틀넥 인플레이션(Bottleneck Inflation) : 생산능력의 증가속도가 수요의 증가속도를 따르지 못함으로써 발생하는 물가 상승
③ 디맨드 풀 인플레이션(Demand-pull Inflation) : 초과수요로 인하여 일어나는 인플레이션
④ 디스인플레이션(Disinflation) : 인플레이션을 극복하기 위해 통화증발을 억제하고 재정·금융긴축을 주축으로 하는 경제조정 정책

08 다음 중 리디노미네이션(Redenomination)에 대한 설명으로 옳지 않은 것은?

① 나라의 화폐를 가치의 변동 없이 모든 지폐와 은행권의 액면을 동일한 비율의 낮은 숫자로 표현하는 것을 말한다.
② 리디노미네이션의 목적은 화폐의 숫자가 너무 커서 발생하는 국민들의 계산이나 회계 기장의 불편, 지급상의 불편 등의 해소에 있다.
③ 리디노미네이션은 인플레이션 기대심리를 유발할 수 있다는 문제점이 있다.
④ 화폐단위가 변경되면서 새로운 화폐를 만들어야 하기 때문에 화폐 제조비용이 늘어난다.

해설

리디노미네이션은 인플레이션의 기대심리를 억제시키고, 국민들의 거래 편의와 회계장부의 편리화 등의 장점을 갖고 있다.

09 GDP에 대한 설명으로 적절하지 않은 것은?

① 비거주자가 제공한 노동도 포함된다.
② 국가의 경제성장률을 분석할 때 사용된다.
③ 명목GDP와 실질GDP가 있다.
④ 한 나라의 국민이 일정 기간 동안 생산한 재화와 서비스이다.

해설

GDP(Gross Domestic Product, 국내총생산)는 한 나라의 영역 내에서 가계, 기업, 정부 등 모든 경제주체가 일정 기간 생산한 재화·서비스의 부가가치를 시장 가격으로 평가한 것이다. 비거주자가 제공한 생산요소에 의해 창출된 것도 포함된다. 물가상승분이 반영된 명목GDP와 생산량 변동만을 반영한 실질GDP가 있다. 한 국가의 국민이 일정 기간 동안 생산한 재화와 서비스를 모두 합한 것은 GNP(국민총생산)이다.

정답 04 ① 05 ① 06 ④ 07 ② 08 ③ 09 ④

10 국제통상에서 한 나라가 다른 외국에 부여한 조건보다 불리하지 않은 조건을 상대국에도 부여하는 것은?

① 인코텀스 ② 출혈 수주
③ 호혜 무역 ④ 최혜국 대우

해설

최혜국 대우는 국제통상・항해조약에서 한 나라가 외국에 부여한 조건보다 불리하지 않은 대우를 상대국에도 부여하는 것을 말한다. 모든 국가들이 서로 국제통상을 할 때 차별하지 않고 동등하게 대한다는 원칙이다. 세계무역기구(WTO)에 가입된 조약국에는 기본적으로 적용된다.

11 복잡한 경제활동 전체를 '경기'로서 파악하기 위해 제품, 자금, 노동 등에 관한 통계를 통합・정리해서 작성한 지수는?

① 기업경기실사지수 ② 엔젤지수
③ GPI ④ 경기동향지수

해설

경기동향지수는 경기의 변화방향만을 지수화한 것으로 경기확산지수라고도 한다. 즉, 경기국면의 판단 및 예측, 경기전환점을 식별하기 위한 지표이다.

12 다음 중 경상수지에 해당하지 않는 것은?

① 상품수지 ② 서비스수지
③ 국제수지 ④ 소득수지

해설

경상수지는 자본수지와 함께 국제수지를 이루는 요소로서 상품수지, 서비스수지, 소득수지, 경상이전수지로 구성된다. 국가 간의 상품과 서비스의 수출입 결과를 종합한 것으로 외국과의 교역을 통해 상품과 서비스가 얼마나 오갔으며, 자본・노동 등의 생산요소가 이동하면서 이에 따른 수입과 지급은 얼마나 이루어졌는지 총체적으로 나타낸 것이다.

13 자원을 재활용하는 방식으로 친환경을 추구하는 경제모델을 뜻하는 용어는?

① 중립경제 ② 공유경제
③ 순환경제 ④ 선형경제

해설

순환경제는 자원을 아껴 쓰고 재활용하는 방식으로 지속가능한 경제활동을 추구하는 친환경 경제모델을 일컫는 용어다. 채취하고 생산하고 소비하며 폐기하는 기존의 선형경제와 대치되는 경제모델이다. 재활용이 가능한 원자재를 사용하고, 썩지 않는 플라스틱 등의 폐기물을 없애는 방식으로 나타난다.

14 돈을 풀고 금리를 낮춰도 투자와 소비가 늘지 않는 현상을 무엇이라 하는가?

① 유동성 함정
② 스태그플레이션
③ 디맨드 풀 인플레이션
④ 애그플레이션

해설

유동성 함정(Liquidity Trap)은 금리를 낮추고 통화량을 늘려도 경기가 부양되지 않는 상태를 말한다.

15 다음 〈보기〉에서 설명하고 있는 효과는?

보기

• 가격이 오르는데도 일부 계층의 과시욕이나 허영심 등으로 인해 수요가 줄어들지 않는 현상
• 상류층 소비자들의 소비 행태를 가리키는 말

① 바넘 효과 ② 크레스피 효과
③ 스놉 효과 ④ 베블런 효과

해설

베블런 효과는 미국의 경제학자이자 사회학자인 소스타인 베블런(Thorstein Bunde Veblen)이 자신의 저서 〈유한계급론〉(1899)에서 "상류층 계급의 두드러진 소비는 사회적 지위를 과시하기 위하여 자각 없이 행해진다"고 지적한 데서 유래했다.

정답 10 ④ 11 ④ 12 ③ 13 ③ 14 ① 15 ④

16 다음 글이 설명하고 있는 시장의 유형으로 적절한 것은?

- 주변에서 가장 많이 볼 수 있는 시장의 유형이다.
- 공급자의 수는 많지만, 상품의 질은 조금씩 다르다.
- 소비자들은 상품의 차별성을 보고 기호에 따라 재화나 서비스를 소비하게 된다. 미용실, 약국 등이 속한다.

① 과점시장
② 독점적 경쟁시장
③ 생산요소시장
④ 완전경쟁시장

해설

다수의 공급자, 상품 차별화, 어느 정도의 시장 지배력 등의 특징을 갖고 있는 시장은 독점적 경쟁시장이다. 과점시장은 소수의 기업이나 생산자가 시장을 장악하고 비슷한 상품을 제조하며 동일한 시장에서 경쟁하는 시장형태이다. 우리나라 이동통신회사가 대표적인 예이다.

17 기업들이 자발적으로 필요 전력을 재생에너지로 충당한다는 캠페인은?

① CF100
② RE100
③ ESG
④ 볼트온

해설

RE100은 2050년까지 필요한 전력의 100%를 태양광, 풍력 등 재생에너지로만 충당하겠다는 기업들의 자발적인 약속이다. 2014년 영국의 비영리단체인 기후그룹과 탄소공개프로젝트가 처음 제시했다.

18 총가계지출액 중에서 식료품비가 차지하는 비율, 즉 엥겔(Engel)계수에 대한 설명과 가장 거리가 먼 것은?

① 농산물 가격이 상승하면 엥겔계수가 올라간다.
② 엥겔계수를 구하는 식은 식료품비/총가계지출액×100이다.
③ 엥겔계수는 소득 수준이 높아짐에 따라 점차 증가하는 경향이 있다.
④ 엥겔계수 상승에 따른 부담은 저소득층이 상대적으로 더 커진다.

해설

식료품은 필수품이기 때문에 소득 수준과 관계없이 반드시 일정한 비율을 소비해야 하며 동시에 어느 수준 이상은 소비할 필요가 없는 재화이다. 따라서 엥겔계수는 소득 수준이 높아짐에 따라 점차 감소하는 경향이 있다.

19 경기침체 속에서 물가 상승이 동시에 발생하는 상태를 가리키는 용어는?

① 디플레이션(Deflation)
② 하이퍼 인플레이션(Hyper Inflation)
③ 스태그플레이션(Stagflation)
④ 애그플레이션(Agflation)

해설

오답분석

① 디플레이션 : 경제 전반적으로 상품과 서비스의 가격이 지속적으로 하락하고 경제활동이 침체되는 현상
② 하이퍼 인플레이션 : 물가 상승 현상이 통제를 벗어난 초인플레이션 상태
④ 애그플레이션 : 곡물 가격이 상승하면서 일반 물가도 오르는 현상

20 주요 선진 7개국 정상회담(G7)은 1975년 프랑스가 G6 정상회의를 창설하고 그 다음해 캐나다가 추가·확정되면서 매년 개최된 회담이다. 다음 중 G7 회원국이 아닌 나라는?

① 미 국
② 영 국
③ 이탈리아
④ 중 국

해설

1975년 프랑스가 G6 정상회의를 창설했다. 미국, 프랑스, 독일, 영국, 이탈리아, 일본 등 주요 선진 6개국의 모임으로 출범하였으며, 그 다음해 캐나다가 추가되어 주요 선진 7개국 정상회담(G7)으로 매년 개최되었다. 1990년대 이후 냉전 구도 해체로 러시아가 옵서버 형식으로 참가하였으나, 2014년 이후 제외됐다.

21 다음 중 지니계수에 대한 설명으로 옳지 않은 것은?

① 0과 1 사이의 값을 가지며 1에 가까울수록 불평등 정도가 낮다.
② 로렌츠곡선에서 구해지는 면적 비율로 계산한다.
③ 계층 간 소득분포의 불균형 정도를 나타내는 수치로 나타낸 것이다.
④ 소득이 어느 정도 균등하게 분배되는지 평가하는 데 이용된다.

해설

지니계수는 계층 간 소득분포의 불균형 정도를 나타내는 수치로, 소득이 어느 정도 균등하게 분배돼 있는지를 평가하는 데 주로 이용된다. 지니계수는 0과 1 사이의 값을 가지며 1에 가까울수록 불평등 정도가 높은 것을 뜻한다.

정답 16 ② 17 ② 18 ③ 19 ③ 20 ④ 21 ①

22 세계경제포럼의 회장이며 제4차 산업혁명 시대 전환을 최초로 주장한 인물은?

① 폴 크루그먼
② 제러미 리프킨
③ 클라우스 슈밥
④ 폴 밀그럼

해설

경제학자이자 세계경제포럼(WEP)의 회장인 클라우스 슈밥은 '제4차 산업혁명'이라는 개념을 최초로 주창한 인물로 알려져 있다. 2016년 1월 열린 다보스 포럼에서 제4차 산업혁명을 글로벌 의제로 삼은 슈밥은 이 새로운 물결로 인해 빈부격차가 심해지고 사회적 긴장이 높아질 것으로 전망했다.

23 다음 중 임금상승률과 실업률 사이의 상충관계를 나타낸 것은?

① 로렌츠곡선 ② 필립스곡선
③ 지니계수 ④ 래퍼곡선

해설

실업률과 임금·물가상승률의 반비례 관계를 나타낸 곡선은 필립스곡선(Phillips Curve)이다. 실업률이 낮으면 임금이나 물가의 상승률이 높고, 실업률이 높으면 임금이나 물가의 상승률이 낮다는 것이다.

24 다음 중 경기가 회복되는 국면에서 일시적인 어려움을 겪는 상황을 나타내는 것은?

① 스크루플레이션(Screwflation)
② 소프트 패치(Soft Patch)
③ 러프 패치(Rough Patch)
④ 그린 슈트(Green Shoots)

해설

경기가 상승하는 국면에서 본격적으로 침체되거나 후퇴하는 것은 아니지만 일시적으로 성장세가 주춤하면서 어려움을 겪는 현상을 소프트 패치(Soft Patch)라 한다.

오답분석

① 스크루플레이션 : 쥐어짤 만큼 어려운 경제상황에서 체감 물가가 올라가는 상태
③ 러프 패치 : 소프트 패치보다 더 나쁜 경제상황으로, 소프트 패치 국면이 상당기간 길어질 수 있음을 의미
④ 그린 슈트 : 경제가 침체에서 벗어나 조금씩 회복되면서 발전할 조짐을 보이는 것

25 미국 보스턴 컨설팅 그룹이 개발한 BCG 매트릭스에서 기존 투자에 의해 수익이 계속적으로 실현되는 자금 공급 원천에 해당하는 사업은?

① 스타(Star) 사업
② 도그(Dog) 사업
③ 캐시카우(Cash Cow) 사업
④ 물음표(Question Mark) 사업

해설

캐시카우 사업은 시장점유율이 높아 안정적으로 수익을 창출하지만 성장 가능성은 낮은 사업이다. 스타 사업은 수익성과 성장성이 모두 큰 사업이며, 그 반대가 도그 사업이다. 물음표 사업은 앞으로 어떻게 될 지 알 수 없는 사업이다.

26 친환경 정책을 바탕으로 새로운 부가가치를 창출하는 시장을 일컫는 말은?

① 그린오션
② 블루오션
③ 레드오션
④ 퍼플오션

해설

그린오션(Green Ocean)은 경제·사회·환경 분야에서 '지속 가능한 성장'을 달성하기 위한 핵심 개념으로, 친환경 정책을 바탕으로 새로운 경제적 부가가치를 창출하는 경영 전략이나 시장을 말한다.

27 다음 중 기업이 공익을 추구하면서도 실질적인 이익을 얻을 수 있도록 공익과의 접점을 찾는 마케팅은?

① 바이럴 마케팅
② 코즈 마케팅
③ 니치 마케팅
④ 헤리티지 마케팅

해설

기업이 일방적으로 기부나 봉사활동을 하는 것에서 나아가 기업이 공익을 추구하면서도 이를 통해 실질적인 이익을 얻을 수 있도록 공익과의 접점을 찾는 것을 코즈(Cause) 마케팅이라 한다.

28 다음 중 BCG 매트릭스에서 원의 크기가 의미하는 것은?

① 시장성장률
② 상대적 시장점유율
③ 기업의 규모
④ 매출액의 크기

해설

BCG 매트릭스에서 원의 크기는 매출액의 크기를 의미한다.

BCG 매트릭스
미국의 보스턴컨설팅그룹이 개발한 사업 전략의 평가기법으로 '성장–점유율 분석'이라고도 한다. 상대적 시장점유율과 시장성장률이라는 2가지를 각각 X, Y축으로 하여 매트릭스(2차원 공간)에 해당 사업을 위치시켜 사업 전략을 위한 분석과 판단에 이용한다.

정답 22 ③ 23 ② 24 ② 25 ③ 26 ① 27 ② 28 ④

29 제품 생산부터 판매에 이르기까지 소비자를 관여시키는 마케팅 기법을 무엇이라고 하는가?

① 프로슈머 마케팅 ② 풀 마케팅
③ 앰부시 마케팅 ④ 노이즈 마케팅

해설

프로슈머 마케팅(Prosumer Marketing)은 소비자의 아이디어를 제품 개발 및 유통에 활용하는 마케팅 기법이다.

오답분석

② 풀 마케팅(Pull Marketing) : 광고·홍보활동에 고객들을 직접 주인공으로 참여시켜 벌이는 마케팅 기법
③ 앰부시 마케팅(Ambush Marketing) : 스폰서의 권리가 없는 자가 마치 자신이 스폰서인 것처럼 하는 마케팅 기법
④ 노이즈 마케팅(Noise Marketing) : 상품의 품질과는 상관없이 오로지 상품을 판매할 목적으로 각종 이슈를 요란스럽게 치장해 구설에 오르도록 하거나, 화젯거리로 소비자들의 이목을 현혹시켜 판매를 늘리는 마케팅 기법

30 다음 중 재벌의 황제경영을 바로잡아 보려는 직접적 조처에 해당하는 것은?

① 사외이사제도 ② 부채비율의 인하
③ 채무보증의 금지 ④ 지주회사제도

해설

사외이사제도는 1997년 외환위기를 계기로 우리 스스로가 기업 경영의 투명성을 높이고자 도입한 제도이다. 경영감시를 통한 공정한 경쟁과 기업 이미지 쇄신은 물론 전문가를 경영에 참여시킴으로써 기업경영에 전문지식을 활용하려는 데 목적이 있다.

31 다음 중 주주총회에 대한 설명으로 틀린 것은?

① 주주총회에서 행하는 일반적인 결의방법은 보통 결의이다.
② 특별결의는 출석한 주주의 의결권의 3분의 1 이상의 수와 발행주식 총수의 3분의 1 이상의 수로써 정해야 한다.
③ 총회의 결의에 관하여 특별한 이해관계가 있는 자는 의결권을 행사할 수 없다.
④ 주주총회의 의사의 경과요령과 그 결과를 기재한 서면을 의사록이라고 한다.

해설

특별결의는 출석한 주주의 의결권의 3분의 2 이상의 수와 발행주식 총수의 3분의 1 이상의 수로써 정해야 한다.

32 다음 중 중앙은행이 발행한 화폐의 액면가에서 제조·유통 비용을 제한 차익을 일컫는 용어는?

① 오버슈팅
② 페그제
③ 그레샴
④ 시뇨리지

해설

시뇨리지(Seigniorage)는 중앙은행이 발행한 화폐의 실질가치에서 제조와 유통 등의 발행비용을 뺀 차익을 말한다. 이는 곧 정부의 이익이 되는데, 가령 1,000원권 화폐의 제조비용이 100원이 든다면, 나머지 900원은 정부의 시뇨리지가 되는 것이다. 시뇨리지라는 용어는 유럽의 중세 봉건제 시절 영주였던 시뇨르(Seigneur)가 화폐 주조를 통해 이득을 얻었던 데서 따왔다.

33 전 세계 1 ~ 3% 안에 드는 최상류 부유층의 소비자를 겨냥해 따로 프리미엄 제품을 내놓는 마케팅을 무엇이라고 하는가?

① 하이엔드 마케팅(High-end Marketing)
② 임페리얼 마케팅(Imperial Marketing)
③ 카니발라이제이션(Cannibalization)
④ 하이브리드 마케팅(Hybrid Marketing)

해설

하이엔드 마케팅은 고소득층 및 상류층과 중상류층을 겨냥한 판매활동으로, 럭셔리(Luxury) 마케팅, 프레스티지(Prestige) 마케팅, VIP 마케팅이라고도 한다.

34 IPO에 대한 설명 중 옳지 않은 것은?

① 주식공개나 기업공개를 의미한다.
② IPO 가격이 낮아지면 투자자의 투자수익이 줄어 자본조달 여건이 나빠진다.
③ 소유권 분산으로 경영에 주주들의 압력이 가해질 수 있다.
④ 발행회사는 주식 발행가격이 높을수록 IPO 가격도 높아진다.

해설

IPO(Initial Public Offering, 주식공개제도)는 기업이 일정 목적을 가지고 주식과 경영상의 내용을 공개하는 것을 의미한다. 발행회사는 주식 발행가격이 높을수록 IPO 가격이 낮아지므로 투자자의 투자수익은 줄어 추가 공모 등을 통한 자본조달 여건이 나빠진다. 성공적인 IPO를 위해서는 적정 수준에서 기업을 공개하는 것이 중요하며 투자자들의 관심을 모으는 것이 필요하다.

정답 29 ① 30 ① 31 ② 32 ④ 33 ① 34 ④

35 기업 M&A에 대한 방어 전략의 일종으로 적대적 M&A가 시도될 경우 기존 주주들에게 시가보다 싼 값에 신주를 발행해 기업인수에 드는 비용을 증가시키는 방법은?

① 황금낙하산
② 유상증자
③ 신주발행
④ 포이즌 필

해설

포이즌 필(Poison Pill)은 적대적 M&A 등 특정 사건이 발생하였을 때 기존 주주들에게 회사 신주(新株)를 시가보다 훨씬 싼 가격으로 매입할 수 있도록 함으로써 적대적 M&A 시도자로 하여금 지분확보를 어렵게 하여 경영권을 방어할 수 있도록 하는 것이다.

36 기업이 임직원에게 자기회사의 주식을 일정 수량, 일정 가격으로 매수할 수 있는 권리를 부여하는 제도는?

① 사이드카(Side Car)
② 스톡옵션(Stock Option)
③ 트레이딩칼라(Trading Collar)
④ 서킷브레이커(Circuit Breaker)

해설

오답분석

① 사이드카(Side Car) : 선물시장이 급변할 경우 현물시장에 대한 영향을 최소화함으로써 현물시장을 안정적으로 운용하기 위한 관리제도
③ 트레이딩칼라(Trading Collar) : 주식시장 급변에 따른 지수 변동성 확대로 시장의 불안 정도가 높아질 때 발효되는 시장 조치
④ 서킷브레이커(Circuit Breaker) : 주식시장에서 주가가 급등 또는 급락하는 경우 주식매매를 일시정지하는 제도

37 기업이 담합행위를 자진으로 신고한 경우 처벌을 경감하거나 면제해주는 제도는?

① 신디케이트
② 엠네스티 플러스
③ 리니언시
④ 플리바게닝

해설

리니언시(Leniency)는 담합행위를 한 기업이 자진신고를 할 경우 처벌을 경감하거나 면제하는 제도로 기업들 간의 불신을 자극하여 담합을 방지하는 효과를 얻을 수 있다.

38 금융기관의 재무건전성을 나타내는 기준으로, 위험가중자산(총 자산)에서 자기자본이 차지하는 비율을 말하는 것은?

① DTI ② LTV
③ BIS 비율 ④ 지급준비율

해설

국제결제은행(Bank for International Settlement)에서는 BIS 비율로써 국제금융시장에서 금융기관이 자기자본비율을 8% 이상 유지하도록 권고하고 있다.

39 제품의 가격을 인하하면 수요가 줄어들고 오히려 가격이 비싼 제품의 수요가 늘어나는 것을 무엇이라고 하는가?

① 세이의 법칙
② 파레토최적의 법칙
③ 쿠즈네츠의 U자 가설
④ 기펜의 역설

해설

기펜의 역설(Giffen's Paradox)은 한 재화의 가격 하락(상승)이 도리어 그 수요의 감퇴(증가)를 가져오는 현상이다. 예를 들어 쌀과 보리는 서로 대체적인 관계에 있는데, 소비자가 빈곤할 때는 보리를 많이 소비하나, 부유해짐에 따라 보리의 수요를 줄이고 쌀을 더 많이 소비하는 경향이 있다.

40 다음 중 '네 마녀의 날'에 대한 설명으로 틀린 것은?

① 쿼드러플 위칭 데이라고도 불린다.
② 네 가지 파생상품의 만기일이 겹치는 날이다.
③ 우리나라는 2008년에 처음 맞았다.
④ 이 날에는 주가의 움직임이 안정을 띠게 된다.

해설

네 마녀의 날은 쿼드러플 위칭 데이(Quadruple Witching Day)라고도 하며 우리나라의 경우 매년 3, 6, 9, 12월 둘째 주 목요일은 주가지수 선물·옵션과 주식 선물·옵션 만기일이 겹쳐 '네 마녀의 날'로 불린다. 해당 일에는 막판에 주가가 요동칠 때가 많아서 '마녀(파생상품)가 심술을 부린다'는 의미로 이 용어가 만들어졌다. 네 마녀의 날에는 파생상품과 관련된 숨어 있었던 현물주식 매매가 정리매물로 시장에 쏟아져 나오며 예상하기 어려운 주가의 움직임을 보인다. 우리나라는 2008년 개별주식선물이 도입돼 그해 6월 12일에 첫 번째 네 마녀의 날을 맞았다.

정답 35 ④ 36 ② 37 ③ 38 ③ 39 ④ 40 ④

41 선물시장이 급변할 경우 현물시장에 들어오는 프로그램 매매주문의 처리를 5분 동안 보류하여 현물시장의 타격을 최소화하는 프로그램 매매호가 관리제도를 무엇이라고 하는가?

① 코스피
② 트레이딩칼라
③ 사이드카
④ 서킷브레이커

해설

오답분석

① 코스피(KOSPI) : 한국증권거래소에 상장된 종목들의 주식 가격을 종합적으로 표시한 수치
② 트레이딩칼라(Trading Collar) : 주식시장 급변에 따른 지수 변동성 확대로 시장의 불안 정도가 높아질 때 발효되는 시장 조치
④ 서킷브레이커(Circuit Breaker) : 주식시장에서 주가가 급등 또는 급락하는 경우 주식매매를 일시정지하는 제도

42 지주회사에 대한 설명으로 옳지 않은 것은?

① 카르텔형 복합기업의 대표적인 형태이다.
② 한 회사가 타사의 주식 전부 또는 일부를 보유함으로써 다수기업을 지배하려는 목적으로 이루어지는 기업집중 형태이다.
③ 자사의 주식 또는 사채를 매각하여 타 회사의 주식을 취득하는 증권대위의 방식에 의한다.
④ 콘체른형 복합기업의 전형적인 기업집중 형태이다.

해설

지주회사는 콘체른형 복합기업의 대표적인 형태로서 모자회사 간의 지배관계를 형성할 목적으로 자회사의 주식총수에서 과반수 또는 지배에 필요한 비율을 소유・취득하여 해당 자회사의 지배권을 갖고 자본적으로나 관리기술적인 차원에서 지배관계를 형성하는 기업을 말한다.

43 주가가 떨어질 것을 예측해 주식을 빌려 파는 공매도를 했지만 반등이 예상되자 빌린 주식을 되갚으면서 주가가 오르는 현상은?

① 사이드카
② 디노미네이션
③ 서킷브레이커
④ 숏커버링

해설

없는 주식이나 채권을 판 후 보다 싼 값으로 주식이나 그 채권을 구해 매입자에게 넘기는데, 예상을 깨고 강세장이 되어 해당 주식이 오를 것 같으면 손해를 보기 전에 빌린 주식을 되갚게 된다. 이때 주가가 오르는 현상을 숏커버링(Short Covering)이라 한다.

44 다음 중 금융기관의 부실자산이나 채권만을 사들여 전문적으로 처리하는 기관을 무엇이라고 하는가?

① 굿뱅크　　② 배드뱅크
③ 다크뱅크　　④ 캔디뱅크

해설
배드뱅크(Bad Bank)는 금융기관의 방만한 운영으로 발생한 부실자산이나 채권만을 사들여 별도로 관리하면서 전문적으로 처리하는 구조조정 전문기관이다.

45 국가의 중앙은행이 0.75%포인트 금리를 인상하는 것을 의미하는 용어는?

① 자이언트스텝　　② 빅스텝
③ 리디노미네이션　　④ 트리플딥

해설
빅스텝(Big Step)은 한 번에 0.50%포인트, 자이언트스텝(Giant Step)은 0.75%포인트의 금리를 조정하는 것을 의미한다.

46 해외로 나가 있는 자국 기업들을 각종 세제혜택과 규제완화 등을 통해 자국으로 다시 불러들이는 정책을 가리키는 말은?

① 리쇼어링(Reshoring)
② 아웃소싱(Outsourcing)
③ 오프쇼어링(Off-shoring)
④ 앵커링 효과(Anchoring Effect)

해설
미국을 비롯한 각국 정부는 경기침체와 실업난의 해소, 경제활성화와 일자리 창출 등을 위해 리쇼어링 정책을 추진한다.

47 주식과 채권의 중간적 성격을 지닌 신종자본증권은?

① 하이브리드 채권　　② 금융 채권
③ 연대 채권　　④ 농어촌지역개발 채권

해설
하이브리드 채권은 채권처럼 매년 확정이자를 받을 수 있고, 주식처럼 만기가 없으면서도 매매가 가능한 신종자본증권이다.

정답 41 ③ 42 ① 43 ④ 44 ② 45 ① 46 ① 47 ①

48 다음 중 환율 인상의 영향이 아닌 것은?

① 국제수지 개선 효과
② 외채 상환시 원화부담 가중
③ 수입 증가
④ 국내물가 상승

해설

환율 인상의 영향
• 수출 증가, 수입 감소로 국제수지 개선 효과
• 수입품의 가격 상승에 따른 국내물가 상승
• 외채 상환시 원화부담 가중

49 지급준비율에 대한 설명으로 틀린 것은?

① 지급준비율 정책은 통화량 공급을 조절하는 수단 중 하나로 금융감독원에서 지급준비율을 결정한다.
② 지급준비율을 낮추면 자금 유동성을 커지게 하여 경기부양의 효과를 준다.
③ 지급준비율은 통화조절 수단으로 중요한 의미를 가진다.
④ 부동산 가격의 안정화를 위해 지급준비율을 인상하는 정책을 내놓기도 한다.

해설

지급준비율이란 시중은행이 고객이 예치한 금액 중 일부를 인출에 대비해 중앙은행에 의무적으로 적립해야 하는 지급준비금의 비율이다. 지급준비율의 결정은 중앙은행이 하는데 우리나라의 경우 한국은행이 이에 해당한다.

50 다음 중 환매조건부채권에 대한 설명으로 틀린 것은?

① 금융기관이 일정 기간 후 확정금리를 보태어 되사는 조건으로 발행하는 채권이다.
② 발행 목적에 따라 여러 가지 형태가 있는데, 흔히 중앙은행과 시중은행 사이의 유동성을 조절하는 수단으로 활용된다.
③ 한국은행에서도 시중에 풀린 통화량을 조절하거나 예금은행의 유동성 과부족을 막기 위해 수시로 발행하고 있다.
④ 은행이나 증권회사 등의 금융기관이 수신 금융상품으로는 판매할 수 없다.

해설

환매조건부채권은 은행이나 증권회사 등의 금융기관이 수신 금융상품의 하나로 고객에게 직접 판매할 수도 있다.

51 고객의 투자금을 모아 금리가 높은 CD, CP 등 단기 금융상품에 투자해 고수익을 내는 펀드를 무엇이라 하는가?

① ELS ② ETF
③ MMF ④ CMA

해설

CD(양도성예금증서), CP(기업어음) 등 단기 금융상품에 투자해 수익을 되돌려주는 실적배당상품을 MMF(Money Market Fund)라고 한다.

52 다음 중 분수 효과에 대한 설명으로 옳지 않은 것은?

① 영국의 경제학자인 존 케인스가 처음 주장했다.
② 저소득층의 소득 · 소비 증대가 고소득층의 소득도 높이게 된다는 이론이다.
③ 고소득층보다 저소득층의 한계소비성향이 크다는 것을 고려한 이론이다.
④ 저소득층에 대한 복지는 축소한다.

해설

분수 효과(Trickle-Up effect)는 저소득층의 소득 증대와 이에 따른 민간소비 증대가 총 수요를 진작하고 투자 · 경기활성화를 불러와 고소득층의 소득까지 상승시킨다는 이론이다. 영국의 경제학자인 존 케인스(John Maynard Keynes)가 주장했으며, 낙수 효과와 반대되는 개념이다. 저소득층에 대한 복지를 늘리고, 세금을 인하하는 등의 직접 지원이 경기부양에 도움이 된다고 본다. 저소득층의 한계소비성향이 고소득층보다 더 크다는 것을 바탕으로 한 이론이다.

53 신흥국 시장이 강대국의 금리 정책 때문에 크게 타격을 입는 것을 무엇이라 하는가?

① 긴축발작 ② 옥토버 서프라이즈
③ 어닝 쇼크 ④ 덤벨 이코노미

해설

2013년 당시 벤 버냉키 미국 연방준비제도(Fed) 의장이 처음으로 양적완화 종료를 시사한 뒤 신흥국의 통화가치와 증시가 급락하는 현상이 발생했는데, 이를 가리켜 강대국의 금리 정책에 대한 신흥국의 '긴축발작'이라고 부르게 되었다. 미국의 금리인상 정책 여부에 따라 신흥국이 타격을 입으면서 관심이 집중되는 용어이다.

정답 48 ③ 49 ① 50 ④ 51 ③ 52 ④ 53 ①

54 국내 시장에서 외국기업이 자국기업보다 더 활발히 활동하거나 외국계 자금이 국내 금융시장을 장악하는 현상을 지칭하는 용어는?

① 피셔 효과(Fisher Effect)

② 윔블던 효과(Wimbledon Effect)

③ 베블런 효과(Veblen Effect)

④ 디드로 효과(Diderot Effect)

해설

오답분석

① 피셔 효과 : 1920년대 미국의 경제학자 어빙 피셔의 주장. 인플레이션이 심해지면 금리 역시 따라서 올라간다는 이론

③ 베블런 효과 : 가격이 오르는데도 오히려 수요가 증가하는 현상(가격은 가치를 반영)

④ 디드로 효과 : 새로운 물건을 갖게 되면 그것과 어울리는 다른 물건도 원하는 효과

55 소수의 투자자에게 비공개로 자금을 조성해 주식 · 채권을 운용하는 펀드는?

① 공모펀드

② 벌처펀드

③ 인덱스펀드

④ 사모펀드

해설

사모펀드는 금융기관이 관리하는 일반 펀드와는 달리 '사인(私人) 간 계약'의 형태이므로 금융감독기관의 감시를 받지 않으며, 공모펀드와는 달리 운용에 제한이 없는 만큼 자유로운 운용이 가능하다.

56 기업의 실적이 시장 예상보다 훨씬 뛰어넘는 경우가 나왔을 때를 일컫는 용어는?

① 어닝 쇼크

② 어닝 시즌

③ 어닝 서프라이즈

④ 커버링

해설

시장 예상보다 훨씬 나은 실적이 나왔을 때를 '어닝 서프라이즈(Earning Surprise)'라고 하고 실적이 나쁠 경우를 '어닝 쇼크(Earning Shock)'라고 한다. 어닝 서프라이즈가 있으면 주가가 오를 가능성이, 어닝 쇼크가 발생하면 주가가 떨어질 가능성이 높다.

CHAPTER

03 사회 · 노동 · 환경

01 **부자의 부의 독식을 부정적으로 보고 사회적 책임을 강조하는 용어로 월가 시위에서 1대 99라는 슬로건이 등장하며 1%의 탐욕과 부의 집중을 공격하는 이 용어는 무엇인가?**

① 뉴비즘 ② 노블레스 오블리주
③ 뉴리치현상 ④ 리세스 오블리주

해설

노블레스 오블리주(Noblesse Oblige)가 지도자층의 도덕의식과 책임감을 요구하는 것이라면, 리세스 오블리주(Richesse Oblige)는 부자들의 부의 독식을 부정적으로 보며 사회적 책임을 강조하는 것을 말한다.

02 **다음 중 노동3권에 포함되지 않는 것은?**

① 단체설립권 ② 단결권
③ 단체교섭권 ④ 단체행동권

해설

노동3권은 근로자의 권익과 근로조건의 향상을 위해 헌법상 보장되는 기본권으로, 단결권 · 단체교섭권 · 단체행동권이 이에 해당한다.

03 **일과 여가의 조화를 추구하는 노동자를 지칭하는 용어는 무엇인가?**

① 골드칼라 ② 화이트칼라
③ 퍼플칼라 ④ 논칼라

해설

오답분석

① 골드칼라(Gold Collar)는 높은 정보와 지식으로 정보화시대를 이끌어가는 전문직 종사자, ② 화이트칼라(White Collar)는 사무직 노동자, ④ 논칼라(Non Collar)는 컴퓨터작업 세대를 일컫는다.

정답 54 ② 55 ④ 56 ③ / 01 ④ 02 ① 03 ③

04 우리나라 생산가능인구의 연령기준은?

① 14 ~ 60세
② 15 ~ 64세
③ 17 ~ 65세
④ 20 ~ 67세

해설

생산가능인구는 노동가능인구라고도 불리며, 우리나라의 생산가능인구의 연령기준은 15세에서 64세이다.

05 공직자가 자신의 재임 기간 중에 주민들의 민원이 발생할 소지가 있는 혐오시설들을 설치하지 않고 임기를 마치려고 하는 현상은?

① 핌투 현상
② 님투 현상
③ 님비 현상
④ 핌피 현상

해설

오답분석

① 핌투 현상(PIMTOO Syndrome) : 공직자가 사업을 무리하게 추진하며 자신의 임기 중에 반드시 가시적인 성과를 이뤄내려고 하는 업무 형태로, 님투 현상과는 반대개념이다.
③ 님비 현상(NIMBY Syndrome) : 사회적으로 필요한 혐오시설이 자기 집 주변에 설치되는 것을 강력히 반대하는 주민들의 이기심이 반영된 현상이다.
④ 핌피 현상(PIMFY Syndrome) : 지역발전에 도움이 되는 시설이나 기업들을 적극적으로 자기 지역에 유치하려는 현상으로 님비 현상과는 반대개념이다.

06 자신과는 다른 타인종과 외국인에 대한 혐오를 나타내는 정신의학 용어는?

① 호모포비아
② 케미포비아
③ 노모포비아
④ 제노포비아

해설

제노포비아(Xenophobia)란 국가, 민족, 문화 등의 공동체 요소가 다른 외부인에 대한 공포감・혐오를 보이는 것을 가리킨다. 현대에는 이주 노동자로 인해 경제권과 주거권을 위협받는 하류층에게서 자주 관찰된다.

오답분석

① 호모포비아(Homophobia) : 동성애나 동성애자에게 갖는 부정적인 태도와 감정을 말하며, 각종 혐오・편견 등으로 표출된다.
② 케미포비아(Chemiphobia) : 가습기 살균제, 계란, 생리대 등과 관련하여 불법적 화학 성분으로 인한 사회문제가 연이어 일어나면서 생활 주변의 화학제품에 대한 공포감을 느끼는 소비자 심리를 가리킨다.

07 처음 접한 정보가 나중에 접한 정보보다 기억에 더 큰 영향을 끼치는 효과는?

① 초두 효과
② 맥락 효과
③ 후광 효과
④ 최신 효과

해설

초두 효과(Primacy Effect)는 '첫인상 효과'라고도 부르며 대상 사람・사물에 대해 처음 접하게 된 인상이 굳어지게 되는 심리현상을 말한다. 첫인상으로 그 대상을 기억하게 되고 이미지를 각인하게 된다. 초두 효과의 반대개념으로는 '빈발 효과'가 있는데, 이는 좋지 않았던 첫인상이 상대의 지속적인 개선 노력으로 좋은 인상으로 바뀌게 되는 것을 의미한다.

08 일에 몰두하여 온 힘을 쏟다가 갑자기 극도의 신체・정신적 피로를 느끼며 무력해지는 현상은?

① 리플리 증후군
② 번아웃 증후군
③ 스탕달 증후군
④ 파랑새 증후군

해설

번아웃 증후군은 'Burn out(불타서 없어진다)'에 증후군을 합성한 말로, 힘이 다 소진됐다고 하여 소진 증후군이라고도 한다.

오답분석

① 리플리 증후군(Ripley Syndrom) : 거짓된 말과 행동을 일삼으며 거짓을 진실로 착각하는 증상
③ 스탕달 증후군(Stendhal Syndrome) : 뛰어난 예술 작품을 감상한 후 나타나는 호흡 곤란, 환각 등의 증상
④ 파랑새 증후군(Bluebird Syndrome) : 현실에 만족하지 못하고 이상만을 추구하는 병적 증상

09 외부 세상으로부터 인연을 끊고 자신만의 안전한 공간에 머물려는 칩거 증후군의 사람들을 일컫는 용어는?

① 딩크족
② 패라싱글족
③ 코쿤족
④ 니트족

해설

오답분석

① 딩크족(DINK族) : 자녀 없이 부부만의 생활을 즐기는 사람들
② 패라싱글족(Parasite Single族) : 결혼하지 않고 부모집에 얹혀사는 사람들
④ 니트족(NEET族) : 교육을 받거나 구직활동을 하지 않고, 일할 의지도 없는 사람들

정답 04 ② 05 ② 06 ④ 07 ① 08 ② 09 ③

10 1964년 미국 뉴욕 한 주택가에서 한 여성이 강도에게 살해되는 35분 동안 이웃 주민 38명이 아무도 신고하지 않은 사건과 관련된 것으로, 방관자 효과라고도 불리는 이것은?

① 라이 증후군 ② 리마 증후군
③ 아키바 증후군 ④ 제노비스 증후군

해설

제노비스 증후군(Genovese Syndrome)은 주위에 사람들이 많을수록 어려움에 처한 사람을 돕지 않게 되는 현상을 뜻하는 심리학 용어이다. 대중적 무관심, 방관자 효과, 구경꾼 효과라고도 한다.

11 다음 내용 중 밑줄 친 비경제활동인구에 포함되지 않는 사람은?

> 대졸 이상 <u>비경제활동인구</u>는 2000년 159만 2,000명(전문대졸 48만 6,000명, 일반대졸 이상 110만 7,000명)이었으나, 2004년 200만 명 선을 넘어섰다. 지난해 300만 명을 돌파했으므로 9년 사이에 100만 명이 늘었다.

① 가정주부 ② 학 생
③ 심신장애자 ④ 실업자

해설

'경제활동인구'는 일정 기간 동안 제품 또는 서비스 생산을 담당하여 노동활동에 기여한 인구로, 취업자와 실업자를 합한 수를 말한다. '비경제활동인구'는 만 15세 이상 인구에서 취업자와 실업자를 뺀 것으로, 일자리 없이 구직활동도 하지 않는 사람을 말한다.

12 우리나라 근로기준법상 근로가 가능한 최저근로 나이는 만 몇 세인가?

① 13세 ② 15세
③ 16세 ④ 18세

해설

근로기준법에 따르면 만 15세 미만인 자(초·중등교육법에 따른 중학교에 재학 중인 18세 미만인 자를 포함한다)는 근로자로 채용할 수 없다.

13 큰 사고가 일어나기 전에 반드시 유사한 작은 사고와 사전징후가 나타난다는 법칙은?

① 샐리의 법칙
② 하인리히 법칙
③ 이케아 효과
④ 깨진 유리창 이론

해설

하인리히 법칙(Heinrich's Law)은 큰 사고가 일어나기 전에 반드시 유사한 작은 사고와 사전징후가 나타난다는 법칙이다. 1930년대 초 미국 보험회사의 관리감독자였던 허버트 W. 하인리히가 주장한 것으로 그는 수천 건의 산업재해를 분석한 결과를 토대로 '1대 29대 300'이라는 법칙을 정립했다. 이는 심각한 안전사고 1건이 발생하기 전 동일한 요인으로 인해 경미한 사고가 29건, 위험에 노출되는 경험이 300건이나 있었다는 것이다. 다시 말하면 이러한 징후를 제대로 파악해 대비를 철저히 한다면 대형사고를 막을 수 있다는 논리이기도 하다.

14 다음 중 직장폐쇄와 관련된 설명으로 맞지 않는 것은?

① 직장폐쇄기간 동안에는 임금을 지급하지 않아도 된다.
② 직장폐쇄를 금지하는 단체협약은 무효이다.
③ 사용자의 적극적인 권리행사 방법이다.
④ 노동쟁의를 사전에 막기 위해 직장폐쇄를 실시하는 경우에는 사전에 해당관청과 노동위원회에 신고해야 한다.

해설

사용자는 노동조합이 쟁의행위를 개시한 이후에만 직장폐쇄를 할 수 있고, 직장폐쇄를 할 경우에는 미리 행정관청 및 노동위원회에 각각 신고해야 한다(노동조합 및 노동관계조정법 제46조).

15 잘못된 것을 알고 있지만 이를 이야기할 경우 닥칠 위험 때문에 누구도 말하지 못하는 큰 문제를 가리키는 말은?

① 하얀 코끼리
② 검은 백조
③ 방 안의 코끼리
④ 샐리의 법칙

해설

방 안의 코끼리란 누구나 인식하고 있지만, 이를 지적하거나 이야기했을 때 초래될 위험이 두려워 아무도 선뜻 먼저 이야기를 꺼내지 못하는 큰 문제를 비유적으로 이르는 말이다. 방 안에 코끼리가 있는 상황처럼 누구나 알 수 있고 위험한 상황에서도 모르는 척하며 문제 삼지 않는 것이다.

정답 10 ④ 11 ④ 12 ② 13 ② 14 ④ 15 ③

16 기업이 사회적 역할과 책임을 다한다는 신념에 따라 실천하는 나눔 경영의 일종으로, 기업 임직원들이 모금한 후원금 금액에 비례해서 회사에서도 후원금을 내는 제도는?

① 매칭그랜트(Matching Grant)

② 위스타트(We Start)

③ 배리어프리(Barrier Free)

④ 유리천장(Glass Ceiling)

해설

오답분석

② 위스타트(We Start) : 저소득층 아이들이 가난의 대물림에서 벗어나도록 복지와 교육의 기회를 제공하는 운동
③ 배리어프리(Barrier Free) : 장애인들의 사회적응을 막는 물리적 · 제도적 · 심리적 장벽을 제거해 나가자는 운동
④ 유리천장(Glass Ceiling) : 직장 내에서 사회적 약자들의 승진 등 고위직 진출을 막는 보이지 않는 장벽

17 노동쟁의 방식 중 하나로, 직장을 이탈하지 않는 대신에 원료 · 재료를 필요 이상으로 소모함으로써 사용자를 괴롭히는 방식은 무엇인가?

① 사보타주　　② 스트라이크

③ 보이콧　　④ 피케팅

해설

오답분석

② 스트라이크(Strike) : 근로자가 집단적으로 노동 제공을 거부하는 쟁의행위로 '동맹파업'이라고 한다.
③ 보이콧(Boycott) : 부당 행위에 대항하기 위해 집단적 · 조직적으로 벌이는 거부 운동이다.
④ 피케팅(Picketing) : 플래카드, 피켓, 확성기 등을 사용하여 근로자들이 파업에 동참할 것을 요구하는 행위이다.

18 중대재해처벌법에 따라 근로현장에서 사망사고 발생시 사업주에게 행해지는 처벌기준은?

① 1년 이하의 징역 또는 5억 원 이하의 벌금

② 1년 이상의 징역 또는 10억 원 이하의 벌금

③ 7년 이하의 징역 또는 5억 원 이하의 벌금

④ 7년 이상의 징역 또는 10억 원 이하의 벌금

해설

2022년부터 시행된 중대재해처벌법에 따르면 사업주 · 경영책임자 등이 작업장 내의 안전보건확보 의무를 위반하여 사망사고가 발생한 경우, 1년 이상의 징역 또는 10억 원 이하의 벌금에 처하도록 했다. 사망 외 사고가 발생했을 때에는 7년 이하의 징역 또는 1억 원 이하의 벌금에 처한다.

19 다음 중 유니언숍(Union Shop) 제도에 대한 설명으로 틀린 것은?

① 노동자들이 노동조합에 의무적으로 가입해야 하는 제도이다.
② 조합원이 그 노동조합을 탈퇴하는 경우 사용자의 해고의무는 없다.
③ 채용할 때에는 조합원·비조합원을 따지지 않는다.
④ 목적은 노동자의 권리를 강화하기 위한 것이다.

해설

유니언숍 제도에 따르면 조합원이 그 노동조합을 탈퇴하는 경우 사용자는 해고의무를 가진다.

20 수입은 많지만 서로 시간이 없어 소비를 못하는 신세대 맞벌이 부부를 이르는 말은?

① 여피족 ② 네스팅족
③ 딘트족 ④ 욘 족

해설

딘트족(DINT族)은 'Double Income, No Time'의 약어로 맞벌이를 해서 수입은 두 배이지만 업무가 바쁘고, 서로 시간이 없어 소비를 못하는 신세대 맞벌이 부부를 지칭하는 용어다.

21 다음의 예시 사례는 어떤 현상에 대한 해결방법인가?

• 해방촌 신흥시장 – 소유주·상인 자율협약 체결, 향후 6년간 임대료 동결
• 성수동 – 구청, 리모델링 인센티브로 임대료 인상 억제 추진
• 서촌 – 프랜차이즈 개업 금지

① 스프롤 현상 ② 젠트리피케이션
③ 스테이케이션 ④ 투어리스티피케이션

해설

젠트리피케이션(Gentrification)은 도심 변두리 낙후된 지역에 중산층 이상 계층이 유입됨으로써 지가나 임대료가 상승하고, 기존 주민들은 비용을 감당하지 못하여 살던 곳에서 쫓겨나면서 지역 전체의 구성과 성격이 변하는 것이다. 지역공동체 붕괴나 영세상인의 몰락을 가져온다는 문제가 제기되면서 젠트리피케이션에 대한 대책 마련이 시급한 상황이다.

정답 16 ① 17 ① 18 ② 19 ② 20 ③ 21 ②

22 만 10세 ~ 14세 미만으로 형벌에 처할 범법행위를 한 미성년자를 뜻하는 말은?

① 위법소년 ② 소년범
③ 촉법소년 ④ 우범소년

해설

촉법소년은 형법에 저촉되는 행위를 한 만 10세 이상 만 14세 미만인 소년, 소녀를 말한다.

23 자기에게 손해가 가지 않는다면 사회나 이웃의 일에는 무관심한 개인이기주의 현상은?

① 노비즘 ② 루키즘
③ 프리거니즘 ④ 맨해트니즘

해설

노비즘(Nobyism)은 이웃사회에 피해가 가더라도 자기에게 손해가 아니라면 무관심한 현상을 말한다.

24 어른이 마치 아이처럼 젊고 개성 있게 생활하려고 하는 개인적 풍조를 뜻하는 말은?

① 피터팬 신드롬 ② 파랑새 신드롬
③ 아도니스 신드롬 ④ 네버랜드 신드롬

해설

네버랜드 신드롬(Neverland Syndrome)은 나이 든 어른이 실제 나이보다 젊고 개성 있게 살아가는 것을 미덕으로 여기는 개인적 풍조를 뜻한다. 성인인데도 아이의 행동양식을 가지려 하는 피터팬 신드롬과는 다르다. 삶의 질 향상과 정보화로 인터넷에서 다양한 유행을 접할 수 있게 되면서, 자신의 개성을 자유롭게 표현하려는 풍조가 만든 현상이라고 볼 수 있다.

25 재활용품에 디자인 또는 활용도를 더해 그 가치를 더 높은 제품으로 만드는 것은?

① 업사이클링(Up-cycling) ② 리사이클링(Recycling)
③ 리뉴얼(Renewal) ④ 리자인(Resign)

해설

업사이클링(Up-cycling)은 쓸모없어진 것을 재사용하는 리사이클링의 상위 개념이다. 즉 자원을 재이용할 때 디자인 또는 활용도를 더해 전혀 다른 제품으로 생산하는 것을 말한다.

26 대도시 지역에서 나타나는 열섬 현상의 원인으로 적절하지 않은 것은?

① 인구의 도시 집중　② 콘크리트 피복의 증가
③ 인공열의 방출　④ 옥상 녹화

해설
옥상 녹화는 건물의 옥상이나 지붕에 식물을 심는 것으로, 주변 온도를 낮추어 도시의 열섬 현상을 완화시킨다.

27 2007년 환경부가 도입한 제도로서 온실가스를 줄이는 활동에 국민들을 참여시키기 위해 온실가스를 줄이는 활동에 대해 각종 인센티브를 제공하는 제도는?

① 프리덤 푸드　② 탄소발자국
③ 그린워싱　④ 탄소포인트제

해설
오답분석
① 프리덤 푸드(Freedom Food) : 동물학대방지협회가 심사・평가하여 동물복지를 실현하는 농장에서 생산된 축산제품임을 인증하는 제도
② 탄소발자국(Carbon Footprint) : 개인 또는 단체가 직・간접적으로 발생시키는 온실기체의 총량
③ 그린워싱(Green Washing) : 실제로는 환경에 유해한 활동을 하면서 마치 친환경적인 것처럼 광고하는 행위

28 다음 중 바이오에너지에 대한 설명으로 적절하지 않은 것은?

① 직접연소, 메테인 발효, 알코올 발효 등을 통해 얻을 수 있다.
② 산업폐기물도 바이오에너지의 자원이 될 수 있다.
③ 재생 가능한 무한의 자원이다.
④ 브라질이나 캐나다 등의 국가에서 바이오에너지가 도입 단계에 있다.

해설
브라질, 캐나다, 미국 등에서는 알코올을 이용한 바이오에너지 공급량이 이미 원자력에 맞먹는 수준에 도달해 있다.

정답 22 ③ 23 ① 24 ④ 25 ① 26 ④ 27 ④ 28 ④

29 오존층 파괴물질의 규제와 관련된 국제협약은?

① 리우 선언
② 교토 의정서
③ 몬트리올 의정서
④ 런던 협약

해설

오답분석

① 리우 선언 : 환경보전과 개발에 관한 기본원칙을 담은 선언문
② 교토 의정서 : 기후변화협약(UNFCCC)에 따른 온실가스 감축을 이행하기 위한 의정서
④ 런던 협약 : 바다를 오염시킬 수 있는 각종 산업폐기물의 해양투기나 해상소각을 규제하는 협약

30 다음 중 탄소배출권에 대한 설명으로 옳은 것은?

① 유엔 기후변화협약에서 발급한다.
② 상품처럼 시장에서 거래할 수 없다.
③ 일산화탄소, 메탄, 아산화질소 배출권은 제외된다.
④ 온실가스 배출에 대한 영구적 권리를 의미한다.

해설

탄소배출권(CERs)은 지구온난화를 일으키는 일산화탄소, 메탄, 아산화질소와 3종의 프레온가스, 6개 온실가스를 일정 기간 배출할 수 있는 권리를 의미한다. 유엔 기후변화협약에서 발급하며, 발급된 탄소배출권은 시장에서 상품처럼 거래할 수 있다. 주로 온실가스 배출을 줄여야 하는 의무를 지는 국가와 기업이 거래한다.

31 다음 〈보기〉에서 설명하는 협약은 무엇인가?

> **보기**
>
> 정식 명칭은 '물새 서식지로서 특히 국제적으로 중요한 습지에 관한 협약'으로, 환경올림픽이라고도 불린다. 가맹국은 철새의 번식지가 되는 습지를 보호할 의무가 있으며 국제적으로 중요한 습지를 1개소 이상 보호지로 지정해야 한다.

① 런던 협약
② 몬트리올 의정서
③ 람사르 협약
④ 바젤 협약

해설

오답분석

① 런던 협약 : 선박이나 항공기, 해양시설로부터의 폐기물 해양투기나 해상소각을 규제하는 국제협약
② 몬트리올 의정서 : 지구의 오존층을 보호하기 위해 오존층 파괴물질의 사용을 규제하는 국제협약
④ 바젤 협약 : 유해폐기물의 국가 간 교역을 규제하는 국제협약

32 다음에서 설명하고 있는 것은 무엇인가?

> 이것은 유기물이 분해되어 형성되는 바이오 가스에서 메탄만을 정제하여 추출한 연료로, 천연가스 수요처에서 에너지로 활용할 수 있다.

① 질 소　　② 이산화탄소
③ 바이오-메탄 가스　　④ LNG

해설

생물자원인 쓰레기, 배설물, 식물 등이 분해되면서 만들어지는 바이오 가스에서 메탄을 추출한 바이오-메탄 가스는 발전이나 열에너지원으로 이용할 수 있다.

33 다음 중 온실 효과를 일으키는 물질로만 짝지어진 것은?

① 이산화탄소(CO_2), 메탄(CH_4)
② 질소(N), 아산화질소(N_2O)
③ 프레온(CFC), 산소(O_2)
④ 질소(N), 이산화탄소(CO_2)

해설

질소(N), 산소(O_2) 등의 기체는 가시광선이나 적외선을 모두 통과시키기 때문에 온실 효과를 일으키지 않는다. 교토 의정서에서 정한 대표적 온실가스에는 이산화탄소(CO_2), 메탄(CH_4), 아산화질소(N_2O), 과불화탄소(PFCs), 수소불화탄소(HFCs), 육불화유황(SF_6) 등이 있다.

34 핵가족화로 인해 노인들이 고독과 소외로 우울증에 빠지게 되는 것을 무엇이라 하는가?

① LID 증후군　　② 쿠바드 증후군
③ 펫로스 증후군　　④ 빈둥지 증후군

해설

오답분석

② 쿠바드 증후군 : 아내가 임신했을 경우 남편도 육체적·심리적 증상을 아내와 똑같이 겪는 현상
③ 펫로스 증후군 : 가족처럼 사랑하는 반려동물이 죽은 뒤에 경험하는 상실감과 우울 증상
④ 빈둥지 증후군 : 자녀가 독립하여 집을 떠난 뒤에 부모나 양육자가 경험하는 외로움과 상실감

정답 29 ③ 30 ① 31 ③ 32 ③ 33 ① 34 ①

35 다음 중 요소수에 대한 설명으로 옳은 것은?

① 가솔린 차량에서 발생하는 질소산화물을 정화시키기 위한 물질이다.
② 유럽의 배출가스 규제인 유로6의 도입으로 사용이 의무화되었다.
③ 질소산화물을 물과 이산화탄소로 환원시킨다.
④ 요소수가 소모되어도 차량운행에는 문제가 없다.

해설

요소수는 디젤 차량에서 발생하는 질소산화물(NOx)를 정화하기 위한 물질로, 차량에 설치된 정화장치인 SCR에 사용된다. 배기가스가 지나는 통로에 요소수를 뿌리면 질소산화물이 물과 질소로 환원된다. 2015년에 유럽의 배기가스 규제인 유로6가 국내에 도입되면서, 디젤 차량에 반드시 SCR을 탑재하고 요소수 소모 시 보충해야 한다. SCR이 설치된 디젤 차량은 요소수가 없으면 시동이 걸리지 않는 등 운행할 수 없다.

36 호기성 미생물이 일정 기간 동안 물속에 있는 유기물을 분해할 때 사용하는 산소의 양을 말하며, 물의 오염된 정도를 표시하는 지표로 사용되는 것은?

① pH ② DO
③ COD ④ BOD

해설

생화학적 산소요구량(Biochemical Oxygen Demand)은 일반적으로 BOD로 부르며, 생물분해가 가능한 유기물질의 강도를 뜻한다. BOD 값이 클수록 오염 정도가 심한 물이고, BOD 값이 작을수록 깨끗한 물이다.

37 '생물자원에 대한 이익 공유'와 관련된 국제협약은?

① 리우 선언 ② 교토 의정서
③ 나고야 의정서 ④ 파리 기후협약

해설

나고야 의정서는 다양한 생물자원을 활용해 생기는 이익을 공유하기 위한 지침을 담은 국제협약이다.

38 환경영향평가에 대한 설명으로 옳은 것은?

① 환경보존 운동의 효과를 평가하는 것
② 환경보전법, 해상환경관리법, 공해방지법 등을 총칭하는 것
③ 공해지역 주변에 특별감시반을 설치하여 환경보전에 만전을 기하는 것
④ 건설이나 개발 전에 주변 환경에 미치는 영향을 미리 측정하여 대책을 세우는 것

해설

환경영향평가란 건설이나 개발 전에 주변 환경에 미치는 영향을 미리 측정하여 해로운 환경영향을 측정해보는 것이다. 정부나 기업이 환경에 끼칠 영향이 있는 사업을 수행하고자 할 경우 시행하게 되어 있다.

39 핵 폐기물의 국가 간 교역을 규제하는 내용의 국제 환경협약은?

① 람사르 협약
② 런던 협약
③ 생물다양성협약
④ 바젤 협약

해설

오답분석

① 람사르 협약 : 물새 서식지로서 특히 국제적으로 중요한 습지에 관한 협약
② 런던 협약 : 해양오염 방지를 위한 국제협약
③ 생물다양성협약(CBD) : 지구상의 동·식물을 보호하고 천연자원을 보존하기 위한 국제협약

40 지구상의 동·식물을 보호하고 천연자원을 보존하기 위한 국제협약으로 멸종 위기의 동식물을 보존하려는 것이 목적인 협약은?

① 생물다양성협약
② 람사르 협약
③ 세계물포럼
④ 교토 의정서

해설

오답분석

③ 세계물포럼(WWF) : 세계 물 문제 해결을 논의하기 위해 3년마다 개최되는 국제회의
④ 교토 의정서 : 기후변화협약(UNFCCC)에 따른 온실가스 감축을 이행하기 위한 의정서

정답 35 ② 36 ④ 37 ③ 38 ④ 39 ④ 40 ①

CHAPTER

04 과학 · 컴퓨터 · IT · 우주

01 다음 중 건조주의보는 실효습도가 몇 % 이하로 지속될 것이 예상될 때 발효되는가?

① 25%　　② 30%

③ 35%　　④ 40%

해설

기상청에서는 산불발생의 가능성을 경고하기 위해 실효습도를 관측 · 예측하여 건조주의보와 건조경보를 발표하고 있다. 건조주의보는 실효습도 35% 이하가 2일 이상 지속될 것이라 예상될 때, 건조경보는 실효습도 25% 이하가 2일 이상 지속되리라 예상될 때 발효된다.

02 다음 중 방사능과 관련 있는 에너지(량) 단위는?

① Bq　　② J

③ eV　　④ cal

해설

Bq(베크렐)은 방사능 물질이 방사능을 방출하는 능력을 측정하기 위한 방사능의 국제단위이다.

03 석회암이 물속의 탄산가스에 의해 녹거나 침전되어 생성되는 지형은?

① 드럼린 지형　　② 카르스트 지형

③ 모레인 지형　　④ 바르한 지형

해설

카르스트 지형은 석회암이 물속에 함유된 탄산가스에 의해 용해되고 침전되어 만들어지는 지형으로 석회암 지역에서 나타나는 독특한 지형이다. 석회암 지반에서 빗물에 의해 용식작용이 일어나면서 구멍이 생기는데, 이 구멍으로 빗물이 침투하여 공간이 더욱 확장된다. 이렇게 공간이 확장된 석회암 지대는 석회동굴로 발전한다.

04 다음 중 우주밀도의 약 70%를 차지한다고 알려진 물질은?

① 암흑에너지
② 은하단
③ 중성자
④ 페르미 거품

해설

암흑에너지(Dark Energy)는 우주 공간의 약 70%를 차지하고 있다고 알려진 에너지의 한 형태로, 우주 전체에 고르게 퍼져 있으며 그 실체는 아직 명확히 밝혀지지 않았다. 빅뱅으로 탄생한 우주는 점점 빠르게 팽창하고 있는데 이 팽창의 가속이 이뤄지는 원동력이 암흑에너지라고 추측되고 있다.

05 다음 중 밑줄 친 '이것'이 가리키는 것은?

> 탄수화물을 섭취하면 혈당이 올라가는데, 우리 몸은 이 혈당을 낮추기 위해 인슐린을 분비하고, 인슐린은 당을 지방으로 만들어 체내에 축적하게 된다. 하지만 모든 탄수화물이 혈당을 동일하게 올리지는 않는다. 칼로리가 같은 식품이어도 이것이 낮은 음식을 먹으면 인슐린이 천천히 분비되어 혈당 수치가 정상적으로 조절되고 포만감 또한 오래 유지할 수 있어 다이어트에 도움이 되는 것으로 알려졌다.

① GMO
② 글루텐
③ GI
④ 젖 산

해설

GI, 즉 혈당지수는 어떤 식품이 혈당을 얼마나 빨리, 많이 올리느냐를 나타내는 수치이다. 예를 들어 혈당지수가 85인 감자는 혈당지수가 40인 사과보다 혈당을 더 빨리 더 많이 올린다. 일반적으로 혈당지수 55 이하는 저혈당지수 식품, 70 이상은 고혈당지수 식품으로 분류한다.

06 다음 중 OLED에 대한 설명으로 옳지 않은 것은?

① 스스로 빛을 내는 현상을 이용한다.
② 휴대전화, PDA 등 전자제품의 액정 소재로 사용된다.
③ 화질 반응속도가 빠르고 높은 화질을 자랑한다.
④ 에너지 소비량이 크고 가격이 비싸다.

해설

OLED(Organic Light-Emitting Diode)는 형광성 유기화합물질에 전류를 흐르게 하면 자체적으로 빛을 내는 발광현상을 이용하는 디스플레이를 말한다. LCD보다 선명하고 보는 방향과 무관하게 잘 보이는 장점을 가진다. 화질의 반응속도 역시 LCD에 비해 1,000배 이상 빠르다. 또한 단순한 제조공정으로 인해 가격 경쟁면에서 유리하다.

정답 01 ③ 02 ① 03 ② 04 ① 05 ③ 06 ④

07 버스가 갑자기 서면 몸이 앞으로 쏠리는 현상은 무엇과 관련이 있는가?

① 관성의 법칙 ② 작용·반작용의 법칙
③ 가속도의 법칙 ④ 원심력

해설

관성의 법칙은 물체가 원래 운동 상태를 유지하고자 하는 법칙이다. 달리던 버스가 갑자기 서면서 몸이 앞으로 쏠리는 것은 관성 때문이다.

08 대기 중에 이산화탄소가 늘어나는 것이 원인이 되어 발생하는 온도상승 효과는?

① 엘니뇨 현상 ② 터널 효과
③ 온실 효과 ④ 오존층파괴 현상

해설

온실 효과는 대기 중에 탄산가스, 아황산가스 등이 증가하면서 대기의 온도가 상승하는 현상으로 생태계의 균형을 위협한다.

09 다음 중 아폴로 11호를 타고 인류 최초로 달에 첫 발걸음을 내디딘 인물은 누구인가?

① 에드윈 올드린 ② 닐 암스트롱
③ 알렉세이 레오노프 ④ 이소연

해설

닐 암스트롱은 1969년 7월 20일 아폴로 11호에 탑승해 인류 역사상 최초로 달에 착륙했다.

10 다음 중 뉴턴의 운동법칙이 아닌 것은?

① 만유인력의 법칙
② 관성의 법칙
③ 작용·반작용의 법칙
④ 가속도의 법칙

해설

뉴턴의 운동법칙으로는 관성의 법칙, 가속도의 법칙, 작용·반작용의 법칙이 있다. 만유인력은 뉴턴의 운동법칙이 아니다.

11 다음 중 희토류가 아닌 것은?

① 우라늄 ② 망 간
③ 니 켈 ④ 구 리

해설

구리는 금속물질이며, 희토류가 아니다.

12 전 세계의 모든 문자를 다룰 수 있도록 설계된 표준 문자전산처리 방식은?

① 아스키코드 ② 유니코드
③ BCD코드 ④ EBCDIC코드

해설

유니코드(Unicode)는 전 세계 모든 국가의 언어를 모두 표현하기 위한 코드로서, 운영체제나 프로그램과 상관없이 문자마다 고유한 값을 부여함으로써 모든 언어를 16진수로 표현할 수 있다. 각 언어를 통일된 방식으로 컴퓨터상에 나타내며, 1995년 9월에 국제표준으로 지정되었다.

13 다음 중 리튬폴리머 전지에 대한 설명으로 옳지 않은 것은?

① 안정성이 높고, 에너지 효율이 높은 2차 전지이다.
② 외부 전원을 이용해 충전하여 반영구적으로 사용한다.
③ 전해질이 액체 또는 젤 형태이므로 안정적이다.
④ 제조공정이 간단해 대량생산이 가능하다.

해설

리튬폴리머 전지(Lithium Polymer Battery)는 외부 전원을 이용해 충전하여 반영구적으로 사용하는 고체 전해질 전지로, 안정성이 높고 에너지 효율이 높은 2차 전지이다. 전해질이 고체 또는 젤 형태이기 때문에 사고로 인해 전지가 파손되어도 발화하거나 폭발할 위험이 없어 안정적이다. 또한 제조공정이 간단해 대량생산이 가능하며 대용량도 만들 수 있다.

14 특허가 만료된 바이오의약품과 비슷한 효능을 내게 만든 복제의약품을 무엇이라 하는가?

① 바이오시밀러 ② 개량신약
③ 바이오베터 ④ 램시마

해설

바이오시밀러(Biosimilar)란 바이오의약품을 복제한 약을 말한다. 오리지널 바이오의약품과 비슷한 효능을 갖도록 만들지만 바이오의약품의 경우처럼 동물세포나 효모, 대장균 등을 이용해 만든 고분자의 단백질 제품이 아니라 화학 합성으로 만들기 때문에 기존의 특허받은 바이오의약품에 비해 약값이 저렴하다.

정답 07 ① 08 ③ 09 ② 10 ① 11 ④ 12 ② 13 ③ 14 ①

15 매우 무질서하고 불규칙적으로 보이는 현상 속에 내재된 일정 규칙이나 법칙을 밝혀내는 이론은?

① 카오스 이론 ② 빅뱅 이론
③ 엔트로피 ④ 퍼지 이론

해설
카오스 이론은 무질서하고 불규칙적으로 보이는 현상에 숨어 있는 질서와 규칙을 설명하려는 이론이다.

16 방사성 원소란 원자핵이 불안정하여 방사선을 방출하여 붕괴하는 원소이다. 다음 중 방사성 원소가 아닌 것은?

① 헬 륨 ② 우라늄
③ 라 듐 ④ 토 륨

해설
방사성 원소는 천연 방사성 원소와 인공 방사성 원소로 나눌 수 있다. 방사성 원소는 방사선을 방출하고 붕괴하면서 안정한 원소로 변하는데, 안정한 원소가 되기 위해 여러 번의 붕괴를 거친다. 천연적인 것으로는 우라늄, 악티늄, 라듐, 토륨 등이 있고, 인공적인 것으로는 넵투늄 등이 있다. 헬륨은 방사성 원소가 아니라 비활성 기체이다.

17 장보고기지에 대한 설명으로 옳지 않은 것은?

① 남극의 미생물, 천연물질을 기반으로 한 의약품 연구 등 다양한 응용 분야 연구가 이뤄진다.
② 대한민국의 두 번째 과학기지이며 한국해양연구원 부설기관인 극지연구소에서 운영한다.
③ 남극 최북단 킹조지섬에 위치한다.
④ 생명과학, 토목공학과 같은 응용 분야 연구에도 확장되고 있다.

해설
세종과학기지가 킹조지섬에 위치해 있다. 장보고기지는 테라노바만에 있다.

18 여러 금융회사에 흩어진 개인의 금융정보를 통합관리하는 산업은?

① 데이터경제 산업 ② 오픈뱅킹 산업
③ 빅데이터 산업 ④ 마이데이터 산업

해설
마이데이터(Mydata) 산업은 일명 신용정보관리업으로 금융데이터의 주인을 금융회사가 아니라 개인으로 정의해, 각종 기관과 기업에 산재하는 신용정보 등 개인정보를 직접 관리하고 활용할 수 있는 서비스다.

19 기술의 발전으로 인해 제품의 라이프 사이클이 점점 빨라지는 현상을 이르는 법칙은 무엇인가?

① 스마트 법칙
② 구글 법칙
③ 안드로이드 법칙
④ 애플 법칙

해설

안드로이드 법칙은 구글의 안드로이드 운영체제를 장착한 스마트폰을 중심으로 계속해서 향상된 성능의 스마트폰이 출시돼 출시 주기도 짧아질 수밖에 없다는 법칙이다. 구글이 안드로이드를 무료로 이용할 수 있게 하면서 제품의 출시가 쉬워진 것이 큰 요인이다.

20 다음 중 딥러닝에 대한 설명으로 틀린 것은?

① 인공지능이 스스로 문제를 해결하도록 한다.
② 인공신경망을 기반으로 한다.
③ 머신러닝 이전에 먼저 개발되었다.
④ 인공지능의 획기적 도약을 이끌었다.

해설

딥러닝(Deep Learning)은 컴퓨터가 다양한 데이터를 이용해 마치 사람처럼 스스로 학습할 수 있게 하기 위해 만든 인공신경망을 기반으로 하는 기계학습 기술이다. 이는 컴퓨터가 이미지, 소리, 텍스트 등의 방대한 데이터를 이해하고 스스로 학습할 수 있게 돕는다. 딥러닝의 고안으로 인공지능이 획기적으로 도약하게 되었다. 딥러닝은 기존 머신러닝(기계학습)의 한계를 넘어선 것으로 평가된다.

21 다음에 나타난 게임에 적용된 기술은 무엇인가?

> 유저들이 직접 현실세계를 돌아다니며 스마트폰 화면 속 캐릭터를 찾는 모바일 게임 열풍에 평소 사람들이 찾지 않던 장소들이 붐비는 모습을 보였다.

① MR
② BR
③ AV
④ AR

해설

현실에 3차원의 가상물체를 겹쳐서 보여주는 기술을 활용해 현실과 가상환경을 융합하는 복합형 가상현실을 증강현실(AR ; Augmented Reality)이라 한다.

22 컴퓨터 전원을 끊어도 데이터가 없어지지 않고 기억되며 정보의 입출력도 자유로운 기억장치는?

① 램
② 캐시메모리
③ 플래시메모리
④ CPU

해설

플래시메모리(Flash Memory)는 전원이 끊겨도 저장된 정보가 지워지지 않는 비휘발성 기억장치이다. 내부 방식에 따라 저장용량이 큰 낸드(NAND)형과 처리속도가 빠른 노어(NOR)형의 2가지로 나뉜다.

정답 15 ① 16 ① 17 ③ 18 ④ 19 ③ 20 ③ 21 ④ 22 ③

23 클라우드를 기반으로 하는 이 서비스는 하나의 콘텐츠를 여러 플랫폼을 통해 이용할 수 있다. 이 서비스는 무엇인가?

① N스크린 ② DMB
③ IPTV ④ OTT

해설

N스크린은 하나의 콘텐츠를 여러 개의 디지털 기기들을 넘나들며 시간과 장소에 구애받지 않고 이용할 수 있도록 해주는 기술이다. 'N'은 수학에서 아직 결정되지 않은 미지수를 뜻하는데, 하나의 콘텐츠를 이용할 수 있는 스크린의 숫자를 한정짓지 않는다는 의미에서 N스크린이라고 부른다.

24 이용자의 특정 콘텐츠에 대한 데이터 비용을 이동통신사가 대신 부담하는 것을 무엇이라 하는가?

① 펌웨어 ② 플러그 앤 플레이
③ 제로레이팅 ④ 웹2.0

해설

제로레이팅(Zero-rating)은 특정한 콘텐츠에 대한 데이터 비용을 이동통신사가 대신 지불하거나 콘텐츠 사업자가 부담하도록 하여 서비스 이용자는 무료로 이용할 수 있게 하는 것을 말한다.

25 다음은 무엇에 대한 설명인가?

> 악성코드에 감염된 다수의 좀비PC를 이용하여 대량의 트래픽을 특정 시스템에 전송함으로써 장애를 일으키는 사이버공격이다.

① 해 킹 ② 스푸핑
③ 크래킹 ④ 디도스

해설

디도스(DDoS)는 여러 대의 컴퓨터가 일제히 공격해 대량접속이 일어나게 함으로써 해당 컴퓨터의 기능이 마비되게 하는 것이다. 자신도 모르는 사이에 악성코드에 감염돼 특정 사이트를 공격하는 PC로 쓰일 수 있는데, 이러한 컴퓨터를 좀비PC라고 한다.

26 다음 중 RAM에 대한 설명으로 옳은 것은?

① 컴퓨터의 보조기억장치로 이용된다.
② 크게 SRAM, DRAM, ROM으로 분류할 수 있다.
③ 'Read Access Memory'의 약어이다.
④ SRAM이 DRAM보다 성능이 우수하나 고가이다.

해설

SRAM은 DRAM보다 몇 배나 더 빠르긴 하지만 가격이 고가이기 때문에 소량만 사용한다.

오답분석

① 컴퓨터의 주기억장치로 이용된다.
② 크게 SRAM, DRAM으로 분류할 수 있다.
③ 'Random Access Memory'의 약어이다.

27 악성코드에 감염된 PC를 조작해 이용자를 허위로 만든 가짜 사이트로 유도하여 개인정보를 빼가는 수법은 무엇인가?

① 스미싱
② 스피어피싱
③ 파 밍
④ 메모리해킹

해설

파밍(Pharming)은 해커가 특정 사이트의 도메인 자체를 중간에서 탈취해 개인정보를 훔치는 인터넷 사기이다. 진짜 사이트 주소를 입력해도 가짜 사이트로 연결되도록 하기 때문에, 사용자들은 가짜 사이트를 진짜 사이트로 착각하고 자신의 개인정보를 입력하여 피해를 입는다.

오답분석

① 스미싱(Smishing) : SMS(문자메시지)와 Phishing(피싱)의 합성어로, 인터넷 접속이 가능한 스마트폰의 문자메시지를 이용한 휴대폰 해킹
② 스피어피싱(Spear Phishing) : 대상의 신상을 파악하고 그것에 맞게 낚시성 정보를 흘리는 사기수법으로 주로 회사의 고위 간부들이나 국가에 중요한 업무를 담당하고 있는 사람들이 공격 대상이 됨
④ 메모리해킹(Memory Hacking) : 컴퓨터 메모리에 있는 수취인의 계좌번호, 송금액을 변조하는 등으로 돈을 빼돌리는 해킹

28 넷플릭스를 통해 많은 사람들이 인터넷으로 TV드라마나 영화를 본다. 이렇듯 인터넷으로 TV 프로그램 등을 볼 수 있는 서비스를 무엇이라 하는가?

① NFC
② OTT
③ MCN
④ VOD

해설

OTT는 'Top(셋톱박스)를 통해 제공됨'을 의미하는 것으로, 범용 인터넷을 통해 미디어 콘텐츠를 이용할 수 있는 서비스를 말한다. 넷플릭스는 세계적으로 유명한 OTT 서비스 제공업체이다.

정답 23 ① 24 ③ 25 ④ 26 ④ 27 ③ 28 ②

29 어떤 문제를 해결하기 위한 절차, 방법, 명령어들의 집합을 뜻하는 말은?

① 프로세스　　② 프로그래밍
③ 코 딩　　④ 알고리즘

해설

알고리즘(Algorithm)은 어떤 문제를 해결하기 위한 명령들로 구성된 일련의 순서화된 절차를 의미한다. 문제를 논리적으로 해결하기 위해 필요한 절차, 방법, 명령어들을 모아놓은 것과 이를 적용해 문제를 해결하는 과정을 모두 알고리즘이라고 한다.

30 인터넷 사용자가 접속한 웹사이트 정보를 저장하는 정보 기록 파일을 의미하며, 웹사이트에서 사용자의 하드디스크에 저장되는 특별한 텍스트 파일을 무엇이라 하는가?

① 쿠 키　　② 피 싱
③ 캐 시　　④ 텔 넷

해설

쿠키(Cookie)에는 PC 사용자의 ID와 비밀번호, 방문한 사이트 정보 등이 담겨 하드디스크에 저장된다. 이용자들의 홈페이지 접속을 도우려는 목적에서 만들어졌기 때문에 해당 사이트를 한 번 방문하고 이후에 다시 방문했을 때에는 별다른 절차를 거치지 않고 빠르게 접속할 수 있다는 장점이 있다.

31 인터넷 주소창에 사용하는 'HTTP'의 의미는?

① 인터넷 네트워크망　　② 인터넷 데이터 통신규약
③ 인터넷 사용경로 규제　　④ 인터넷 포털서비스

해설

HTTP(Hyper Text Transfer Protocol)는 WWW상에서 클라이언트와 서버 사이에 정보를 주고 받는 요청·응답 프로토콜로 인터넷 데이터 통신규약을 뜻한다.

32 기업이나 조직의 모든 정보가 컴퓨터에 저장되면서, 컴퓨터의 정보보안을 위해 외부에서 내부 또는 내부에서 외부의 정보통신망에 불법으로 접근하는 것을 차단하는 시스템은?

① 쿠 키　　② DNS
③ 방화벽　　④ 아이핀

해설

화재가 발생했을 때 불이 번지지 않게 하기 위해서 차단막을 만드는 것처럼, 네트워크 환경에서도 기업의 네트워크를 보호해주는 하드웨어·소프트웨어 체제를 방화벽이라 한다.

33 하나의 디지털 통신망에서 문자, 동영상, 음성 등 각종 서비스를 일원화해 통신 · 방송 서비스의 통합, 효율성 극대화, 저렴화를 추구하는 종합 통신 네트워크는 무엇인가?

① VAN ② UTP케이블
③ ISDN ④ RAM

해설

ISDN(Integrated Service Digital Network)은 종합 디지털 서비스망이라고도 하며, 각종 서비스를 일원화해 통신 · 방송 서비스의 통합, 효율성 극대화, 저렴화를 추구하는 종합 통신 네트워크이다.

34 다음 중 증강현실에 대한 설명으로 옳지 않은 것은?

① 현실세계에 3차원 가상물체를 겹쳐 보여준다.
② 스마트폰의 활성화와 함께 주목받기 시작했다.
③ 실제 환경은 볼 수 없다.
④ 위치기반 서비스, 모바일 게임 등으로 활용 범위가 확장되고 있다.

해설

가상현실(VR) 기술은 가상환경에 사용자를 몰입하게 하여 실제 환경은 볼 수 없지만, 증강현실(AR) 기술은 실제 환경을 볼 수 있게 하여 현실감을 제공한다.

35 스마트TV와 인터넷TV 각각의 기기는 서버에 연결되는 방식이 서로 달라 인터넷망 사용의 과부하가 발생할 수밖에 없다. 한때 이와 관련해 통신사와 기기회사 사이에 갈등이 빚어지기도 했는데 무엇 때문인가?

① 프로그램 편성 ② 요금징수 체계
③ 수익모델 ④ 망 중립성

해설

망 중립성은 네트워크 사업자가 관리하는 망이 공익을 위한 목적으로 사용돼야 한다는 원칙이다. 통신 사업자는 막대한 비용을 들여 망을 설치해 과부하로 인한 망의 다운을 막으려고 하는 반면, 스마트TV 생산회사들이나 콘텐츠 제공업체들은 망 중립성을 이유로 이에 대한 고려 없이 제품 생산에만 그쳐, 망 중립성을 둘러싼 갈등이 불거졌다.

정답 29 ④ 30 ① 31 ② 32 ③ 33 ③ 34 ③ 35 ④

36 다음 인터넷 용어 중 허가된 사용자만 디지털 콘텐츠에 접근할 수 있도록 제한해 비용을 지불한 사람만 콘텐츠를 사용할 수 있도록 하는 서비스는?

① DRM(Digital Rights Management)
② WWW(World Wide Web)
③ IRC(Internet Relay Chatting)
④ SNS(Social Networking Service)

해설

DRM은 우리말로 디지털 저작권 관리라고 부른다. 허가된 사용자만 디지털 콘텐츠에 접근할 수 있도록 제한해 비용을 지불한 사람만 콘텐츠를 사용할 수 있도록 하는 서비스 또는 정보보호 기술을 통틀어 가리킨다.

오답분석

② WWW : 인터넷에서 그래픽, 음악, 영화 등 다양한 정보를 통일된 방법으로 찾아볼 수 있는 서비스를 의미한다.
③ IRC : 인터넷에 접속된 수많은 사용자와 대화하는 서비스이다.
④ SNS : 온라인 인맥구축 서비스로 1인 미디어, 1인 커뮤니티, 정보 공유 등을 포괄하는 개념이다.

37 다음 내용에서 밑줄 친 이것에 해당하는 용어는?

> • 이것은 웹2.0, SaaS(Software as a Service)와 같이 최근 잘 알려진 기술 경향들과 연관성을 가지는 일반화된 개념이다.
> • 이것은 네트워크에 서버를 두고 데이터를 저장하거나 관리하는 서비스이다.

① 클라우드 컴퓨팅 ② 디버깅
③ 스 풀 ④ 멀티태스킹

해설

오답분석

② 디버깅(Debugging) : 원시프로그램에서 목적프로그램으로 번역하는 과정에서 발생하는 오류를 찾아 수정하는 것
③ 스풀(SPOOL) : 데이터를 주고받는 과정에서 중앙처리장치와 주변장치의 처리속도가 달라 발생하는 속도 차이를 극복해 지체 현상 없이 프로그램을 처리하는 기술
④ 멀티태스킹(Multitasking) : 한 사람의 사용자가 한 대의 컴퓨터로 2가지 이상의 작업을 동시에 처리하거나, 2가지 이상의 프로그램들을 동시에 실행시키는 것

38 우리나라 최초의 인공위성은 무엇인가?

① 무궁화 1호 ② 우리별 1호
③ 온누리호 ④ 스푸트니크 1호

해설

우리나라 최초의 인공위성은 우리별 1호(1992)이고, 세계 최초의 인공위성은 구소련의 스푸트니크 1호(1957)이다.

CHAPTER

05 문화 · 미디어 · 스포츠

01 미국 브로드웨이에서 연극과 뮤지컬에 대해 수여하는 상은 무엇인가?

① 토니상
② 에미상
③ 오스카상
④ 골든글로브상

해설

토니상은 연극의 아카데미상이라고 불리며 브로드웨이에서 상연된 연극과 뮤지컬 부문에 대해 상을 수여한다.

02 다음 중 판소리 5마당이 아닌 것은?

① 〈춘향가〉
② 〈수궁가〉
③ 〈흥보가〉
④ 〈배비장전〉

해설

판소리 5마당은 〈춘향가〉, 〈심청가〉, 〈흥보가〉, 〈적벽가〉, 〈수궁가〉이다.

03 다음 중 유네스코 세계문화유산이 아닌 것은?

① 석굴암 · 불국사
② 종 묘
③ 경복궁
④ 수원화성

해설

유네스코 세계문화유산

석굴암 · 불국사, 해인사 장경판전, 종묘, 창덕궁, 수원화성, 경주역사유적지구, 고창 · 화순 · 강화 고인돌 유적, 조선왕릉, 안동하회 · 경주양동마을, 남한산성, 백제역사유적지구, 산사 · 한국의 산지승원, 한국의 서원, 한국의 갯벌, 가야고분군

정답 36 ① 37 ① 38 ② / 01 ① 02 ④ 03 ③

04 다음 중 성격이 다른 음악 장르는?

① 위령곡 ② 광상곡
③ 레퀴엠 ④ 진혼곡

해설
레퀴엠(Requiem)과 위령곡, 진혼곡은 모두 같은 의미를 가지고 있으며 가톨릭에서 죽은 이를 기리기 위한 위령 미사에서 사용되는 곡을 뜻한다. 광상곡은 '카프리치오(Capriccio)'라고도 불리며, 일정한 형식에 구속되지 않는 자유로운 요소가 강한 기악곡을 말한다.

05 다음 중 3대 영화제가 아닌 것은?

① 베니스 영화제 ② 베를린 영화제
③ 몬트리올 영화제 ④ 칸 영화제

해설
세계 3대 영화제는 베니스 영화제, 베를린 영화제, 칸 영화제이다.

06 '새로운 물결'이라는 뜻을 지닌 프랑스의 영화운동으로, 기존의 영화 산업의 틀에서 벗어나 개인적・창조적인 방식이 담긴 영화를 만드는 것은 무엇인가?

① 네오리얼리즘 ② 누벨바그
③ 맥거핀 ④ 인디즈

해설
누벨바그(Nouvelle Vague)는 '새로운 물결'이라는 뜻의 프랑스어로, 1958년경부터 프랑스 영화계에서 젊은 영화인들이 주축이 되어 펼친 영화운동이다. 대표적인 작품으로는 고다르의 〈네 멋대로 해라〉, 트뤼포의 〈어른들은 알아주지 않는다〉 등이 있다.

07 음악의 빠르기에 대한 설명이 잘못된 것은?

① 아다지오(Adagio) : 아주 느리고 침착하게
② 모데라토(Moderato) : 보통 빠르게
③ 알레그레토(Allegretto) : 빠르고 경쾌하게
④ 프레스토(Presto) : 빠르고 성급하게

해설
알레그레토(Allegretto)는 '조금 빠르게'라는 의미다.

08 국보 1호와 주요 무형문화재 1호를 각각 바르게 연결한 것은?

① 숭례문 – 남사당놀이
② 숭례문 – 종묘제례악
③ 흥인지문 – 종묘제례악
④ 흥인지문 – 양주별산대놀이

해설

오답분석

흥인지문은 보물 1호, 양주별산대놀이와 남사당놀이는 각각 무형문화재 2호와 3호이다.

09 다음 중 유네스코 지정 세계기록유산이 아닌 것은?

① 삼국사기
② 훈민정음
③ 직지심체요절
④ 5・18 민주화운동 기록물

해설

유네스코 세계기록유산

훈민정음, 조선왕조실록, 직지심체요절, 승정원일기, 해인사 대장경판 및 제경판, 조선왕조의궤, 동의보감, 일성록, 5・18 민주화운동 기록물, 난중일기, 새마을운동 기록물, 한국의 유교책판, KBS 특별 생방송 〈이산가족을 찾습니다〉 기록물, 조선왕실 어보와 어책, 국채보상운동 기록물, 조선통신사 기록물, 4・19 혁명 기록물, 동학농민혁명 기록물, 제주 4・3 기록물, 산림녹화 기록물

10 2년마다 주기적으로 열리는 국제 미술 전시회를 가리키는 용어는?

① 트리엔날레
② 콰드리엔날레
③ 비엔날레
④ 아르누보

해설

비엔날레(Biennale)는 이탈리아어로 '2년마다'라는 뜻으로, 미술 분야에서 2년마다 열리는 전시행사를 일컫는다. 가장 역사가 길며 그 권위를 인정받고 있는 것은 베니스 비엔날레이다.

11 다음 중 사물놀이에 쓰이는 악기로 해당하지 않는 것은?

① 꽹과리
② 장 구
③ 징
④ 소 고

해설

사물놀이는 꽹과리, 징, 장구, 북을 연주하는 음악 또는 놀이이다.

정답 04 ② 05 ③ 06 ② 07 ③ 08 ② 09 ① 10 ③ 11 ④

12 국악의 빠르기 중 가장 느린 장단은?

① 휘모리 ② 중모리
③ 진양조 ④ 자진모리

해설

국악의 빠르기(느린 순서) : 진양조 → 중모리 → 중중모리 → 자진모리 → 휘모리

13 미국 하버드대학교의 과학잡지사에서 수여하는 상으로 기발한 연구나 업적을 대상으로 하는 상은?

① 이그노벨상 ② 프리츠커상
③ 뉴베리상 ④ 콜더컷상

해설

이그노벨상은 1991년 미국 하버드대학교의 유머과학잡지인 〈기발한 연구 연보(The Annals of Improbable Research)〉가 제정한 상으로 '흉내 낼 수 없거나 흉내 내면 안 되는 업적'에 수여되며 매년 진짜 노벨상 수상자가 발표되기 1~2주 전에 시상식이 열린다. 이그노벨상은 상금이 주어지지 않으며 실제 논문으로 발표된 과학업적 가운데 재미있거나 기발한 연구에 수여한다.

14 다음 중 르네상스 3대 화가가 아닌 사람은?

① 레오나르도 다빈치 ② 미켈란젤로
③ 피카소 ④ 라파엘로

해설

피카소는 20세기 초 입체파의 대표 화가이다.

15 베른 조약에 따르면 저작권의 보호기간은 저작자의 사후 몇 년인가?

① 30년 ② 50년
③ 80년 ④ 100년

해설

베른 조약은 1886년 스위스의 수도 베른에서 체결된 조약으로, 외국인의 저작물을 무단 출판하는 것을 막고 다른 가맹국의 저작물을 자국민의 저작물과 동등하게 대우하도록 한다. 보호기간은 저작자의 생존 및 사후 50년을 원칙으로 한다.

16 저작권에 반대되는 개념으로 지적 창작물에 대한 권리를 모든 사람이 공유할 수 있도록 하는 것은?

① 베른 조약
② WIPO
③ 실용신안권
④ 카피레프트

해설

카피레프트(Copyleft)는 저작권(Copyright)에 반대되는 개념이며 정보의 공유를 위한 조치이다.

17 조선 시대 국가의 주요 행사를 그림 등으로 상세하게 기록한 책은 무엇인가?

① 외규장각
② 조선왕조의궤
③ 종묘제례
④ 직지심체요절

해설

조선왕조의궤는 조선 시대 국가나 왕실의 주요 행사를 그림 등으로 상세하게 기록한 책이다. '의궤'는 의식과 궤범을 결합한 말로 '의식의 모범이 되는 책'이라는 뜻이다.

18 오페라 등 극적인 음악에서 나오는 기악 반주의 독창곡은?

① 아리아
② 칸타타
③ 오라토리오
④ 세레나데

해설

오답분석

② 칸타타(Cantata) : 아리아 · 중창 · 합창 등으로 이루어진 대규모 성악곡
③ 오라토리오(Oratorio) : 성경에 나오는 이야기를 극화한 대규모의 종교적 악극
④ 세레나데(Serenade) : 17 ~ 18세기 이탈리아에서 발생한 가벼운 연주곡

19 영화의 한 화면 속에 소품 등 모든 시각적 요소를 동원해 주제를 드러내는 방법은?

① 몽타주
② 인디즈
③ 미장센
④ 옴니버스

해설

오답분석

① 몽타주(Montage) : 미장센과 상대적인 개념으로 따로 촬영된 짧은 장면들을 연결해서 의미를 창조하는 기법
② 인디즈(Indies) : 독립영화의 약칭으로 대형 영화사가 아닌 규모가 작은 독립 프로덕션에 의해 제작된 영화 또는 독립 영화 예술가를 일컫는 용어
④ 옴니버스(Omnibus) : 독립된 콩트들이 모여 하나의 주제를 나타내는 것

정답 12 ③ 13 ① 14 ③ 15 ② 16 ④ 17 ② 18 ① 19 ③

20 다음 중 올림픽에 관한 설명으로 옳지 않은 것은?

① 한국은 1948년에 최초로 올림픽에 출전했다.
② 국제올림픽위원회 본부는 스위스 로잔에 있다.
③ 한국 대표팀이 최초로 메달을 획득한 구기 종목은 핸드볼이다.
④ 근대 5종 경기 종목은 펜싱, 수영, 승마, 사격, 크로스컨트리 등이다.

해설

1976년 몬트리올 올림픽에서 여자 배구가 첫 메달(동메달)을 획득했으며, 1984년 로스앤젤레스 대회에서는 여자 농구와 핸드볼이 은메달을 획득했다. 또한 1988년 서울 대회에서 여자 핸드볼이 단체 구기 종목 사상 최초로 올림픽 금메달을 획득했다.

21 독립영화만을 다루는 세계 최고의 권위 있는 국제영화제는?

① 선댄스영화제
② 부산 독립영화제
③ 로테르담 국제영화제
④ 제라르메 국제판타스틱영화제

해설

선댄스영화제(The Sundance Film Festival)는 세계 최고의 독립영화제로 독립영화를 다루는 권위 있는 국제영화제이다. 할리우드식 상업주의에 반발한 미국 영화배우 로버트 레드포드가 독립영화제를 후원하면서 시작됐다.

22 내용은 보도해도 되지만 취재원을 밝혀서는 안 되는 것을 뜻하는 취재 용어는?

① 백그라운드브리핑　　② 딥백그라운드
③ 오프더레코드　　④ 엠바고

해설

딥백그라운드(Deep Background)는 취재원을 인터뷰한 내용을 쓸 때 특별한 경우를 제외하고 취재원 정보를 보도하지 않거나 익명으로 보도하는 관례이다. 딥백그라운드는 익명의 제보자를 뜻하는 딥스로트(Deep Throat)의 신변보호를 위해 취재원의 정보를 공개하지 않는다.

23 매스커뮤니케이션의 효과 이론 중 지배적인 여론과 일치되면 의사를 적극 표출하지만 그렇지 않으면 침묵하는 경향을 보이는 이론은 무엇인가?

① 탄환 이론
② 미디어 의존 이론
③ 모델링 이론
④ 침묵의 나선 이론

해설

침묵의 나선 이론은 매스미디어가 지배적인 여론 형성에 큰 영향력을 행사한다는 것을 설명하는 이론이다.

오답분석

① 탄환 이론 : 매스미디어는 고립된 대중들에게 즉각적·획일적으로 강력한 영향을 미친다는 이론이다.
② 미디어 의존 이론 : 매스미디어에 대한 수용자의 의존도가 점점 높아지는 현대사회에서 매스미디어가 수용자나 사회에 미치는 효과가 매우 크다는 것을 설명하는 이론이다.
③ 모델링 이론 : 수용자들은 매스미디어의 행동양식을 모델로 삼아서 행동하므로 매스미디어의 영향력이 매우 강력하다고 주장한다.

24 다음 중 미국의 4대 방송사가 아닌 것은?

① CNN
② ABC
③ CBS
④ NBC

해설

미국의 4대 방송사는 NBC, CBS, ABC, FOX이다.

25 광고의 종류에 관한 설명이 잘못 연결된 것은?

① 인포머셜 – 상품의 정보를 상세하게 제공하는 광고
② 애드버토리얼 – 언뜻 보아서는 무슨 내용인지 알 수 없는 광고
③ 레트로 광고 – 과거에 대한 향수를 느끼게 하는 회고 광고
④ PPL 광고 – 영화나 드라마 등에 특정 제품을 노출시키는 간접 광고

해설

애드버토리얼(Advertorial)은 신문·잡지에 기사 형태로 실리는 논설식 광고다. 신세대의 취향을 만족시키는 것으로 언뜻 보아서는 무슨 내용인지 알 수 없는 광고는 '키치 광고(Kitsch Advertisement)'이다.

정답 20 ③ 21 ① 22 ② 23 ④ 24 ① 25 ②

26 언론을 통해 뉴스가 전해지기 전에 뉴스 결정권자가 뉴스를 취사선택하는 것을 무엇이라고 하는가?

① 바이라인
② 발롱데세
③ 게이트키핑
④ 방송심의위원회

해설

게이트키핑(Gate Keeping)은 뉴스 결정권자 등의 게이트키퍼가 뉴스를 취사선택하여 전달하는 것으로, 이 과정에서 게이트키퍼의 가치관이 작용할 수 있다.

27 처음에는 상품명을 감췄다가 서서히 공개하면서 궁금증을 유발하는 광고 전략을 무엇이라 하는가?

① PPL 광고
② 비넷 광고
③ 트레일러 광고
④ 티저 광고

해설

오답분석

① PPL 광고(Product PLacement Advertisement) : 영화나 드라마의 장면에 상품이나 브랜드 이미지를 노출시키는 광고 기법
② 비넷 광고(Vignet Advertisement) : 한 주제에 맞춰 다양한 장면을 짧게 보여주면서 강렬한 이미지를 주는 기법
③ 트레일러 광고(Trailer Advertising) : 메인 광고 뒷부분에 다른 제품을 알리는 맛보기 광고로 '자매품'이라고도 함

28 오락거리만 있고 정보는 전혀 없는 새로운 유형의 뉴스를 가리키는 용어는?

① 블랙 저널리즘(Black Journalism)
② 옐로 저널리즘(Yellow Journalism)
③ 하이프 저널리즘(Hype Journalism)
④ 팩 저널리즘(Pack Journalism)

해설

오답분석

① 블랙 저널리즘 : 감추어진 이면적 사실을 드러내는 취재활동
② 옐로 저널리즘 : 독자들의 관심을 유도하기 위해 범죄, 성적 추문 등의 선정적인 사건들 위주로 취재하여 보도하는 것
④ 팩 저널리즘 : 취재방법이나 취재시각 등이 획일적이어서 개성이나 독창성이 없는 저널리즘

29 선거 보도 형태의 하나로 후보자의 여론조사 결과 및 득표상황만을 집중적으로 보도하는 저널리즘은 무엇인가?

① 가차 저널리즘(Gotcha Journalism)
② 경마 저널리즘(Horse Race Journalism)
③ 센세이셔널리즘(Sensationalism)
④ 제록스 저널리즘(Xerox Journalism)

해설

오답분석

① 가차 저널리즘 : 유명 인사의 사소한 해프닝을 집중 보도하는 저널리즘
③ 센세이셔널리즘 : 스캔들 기사 등을 보도하여 호기심을 자극하는 저널리즘
④ 제록스 저널리즘 : 극비문서를 몰래 복사하여 발표하는 것

30 다음 중 IPTV에 관한 설명으로 잘못된 것은 무엇인가?

① 방송·통신 융합 서비스이다.
② 영화·드라마 등 원하는 콘텐츠를 제공받을 수 있다.
③ 양방향 서비스이다.
④ 별도의 셋톱박스를 설치할 필요가 없다.

해설

IPTV를 시청하기 위해서는 TV 수상기에 셋톱박스를 설치해야 한다.

31 미국 콜롬비아대 언론대학원에서 선정하는 미국 최고 권위의 보도·문학·음악상은?

① 토니상 ② 그래미상
③ 퓰리처상 ④ 템플턴상

해설

퓰리처상은 미국의 언론인 퓰리처의 유산으로 제정된 언론·문학상이다. 1917년에 시작되어 매년 저널리즘 및 문학계의 업적이 우수한 사람을 선정하여 20여 개 부문에 걸쳐 시상한다.

정답 26 ③ 27 ④ 28 ③ 29 ② 30 ④ 31 ③

32 **언론의 사실적 주장에 관한 보도로 피해를 입었을 때 자신이 작성한 반론문을 보도해줄 것을 요구할 수 있는 권리는 무엇인가?**

① 액세스권 ② 정정보도 청구권
③ 반론보도 청구권 ④ 퍼블릭액세스

해설

오답분석

① 액세스권 : 언론 매체에 자유롭게 접근·이용할 수 있는 권리
② 정정보도 청구권 : 언론에 대해 정정을 요구할 수 있는 권리로 사실 보도에 한정되며 비판·논평은 해당하지 않음
④ 퍼블릭액세스 : 일반인이 직접 제작한 영상물을 그대로 반영하는 것

33 **다음 뉴스의 종류와 그에 대한 설명이 바르게 연결되지 않은 것은?**

① 디스코 뉴스 – 뉴스의 본질에 치중하기보다 스타일을 더 중요시하는 형태
② 스폿 뉴스 – 사건 현장에서 얻어진 생생한 뉴스로, 핫 뉴스라고도 함
③ 패스트 뉴스 – 논평·해설 등을 통해 잘 정리되고 오보가 적은 뉴스
④ 스트레이트 뉴스 – 사건·사고의 내용을 객관적 입장에서 보도하는 것

해설

패스트 뉴스는 긴 해설이나 설명 없이 최신 뉴스를 보도하는 형태이다. 자세한 논평과 해설을 통해 잘 정리된 기사를 보도하는 형태의 뉴스는 '슬로 뉴스'이다.

34 **숨겨진 사실을 드러내는 것으로 약점을 보도하겠다고 위협하거나 특정 이익을 위해 보도하는 저널리즘은 무엇인가?**

① 블랙 저널리즘(Black Journalism)
② 뉴 저널리즘(New Journalism)
③ 팩 저널리즘(Pack Journalism)
④ 하이에나 저널리즘(Hyena Journalism)

해설

오답분석

② 뉴 저널리즘 : 속보성과 단편성을 거부하고 소설의 기법을 이용해 심층적인 보도 스타일을 보이는 저널리즘
③ 팩 저널리즘 : 취재방법 및 시각이 획일적인 저널리즘으로, 신문의 신뢰도 하락을 불러옴
④ 하이에나 저널리즘 : 권력 없고 힘없는 사람에 대해서 집중적인 매도와 공격을 퍼붓는 저널리즘

35 다음 중 미디어렙에 관한 설명으로 옳지 않은 것은?

① 'Media'와 'Representative'의 합성어이다.

② 방송사의 위탁을 받아 광고주에게 광고를 판매하는 대행사이다.

③ 판매대행시 수수료는 따로 받지 않는다.

④ 광고주가 광고를 빌미로 방송사에 영향을 끼치는 것을 막아준다.

해설

미디어렙(Media Rep)은 방송광고 판매대행사로, 판매대행 수수료를 받는 회사이다.

36 매스컴 관련 권익 보호와 자유를 위해 설립된 기구 중 워싱턴에 위치하고 외국 수뇌 인물들의 연설을 듣고 질의·응답하는 것을 주 행사로 삼는 기구는?

① 내셔널프레스클럽

② 세계신문협회

③ 국제언론인협회

④ 국제기자연맹

해설

오답분석

② 세계신문협회 : 1948년 국제신문발행인협회로 발족한 세계 최대의 언론단체이다.

③ 국제언론인협회 : 1951년 결성된 단체로 언론인 상호 간의 교류와 협조를 통해 언론의 자유를 보장하는 것을 목적으로 매년 1회씩 대회가 열린다.

④ 국제기자연맹 : 본부는 브뤼셀에 있으며 3년마다 '기자 올림픽'이라 불리는 대규모 총회가 열린다.

37 신제품 또는 기업에 대하여 언론이 일반 보도로 다루도록 함으로써 결과적으로 무료로 광고 효과를 얻게 하는 PR의 한 방법은?

① 콩로머천드(Conglomerchant)

② 애드버커시(Advocacy)

③ 퍼블리시티(Publicity)

④ 멀티스폿(Multispot)

해설

퍼블리시티는 광고주가 회사·제품·서비스 등과 관련된 뉴스를 신문·잡지 등의 기사나 라디오·방송 등에 제공하여 무료로 보도하도록 하는 PR방법이다.

정답 32 ③ 33 ③ 34 ① 35 ③ 36 ① 37 ③

38 **다음 중 건물의 외벽에 LED 조명을 이용하여 영상을 표현하는 미술 기법은?**

① 데포르마숑 ② 미디어 파사드

③ 실크스크린 ④ 옵티컬아트

해설

미디어 파사드(Media Facade)에서 파사드는 건물의 외벽을 의미하는 말로, 건물 외벽을 스크린처럼 이용해 영상을 표시하는 미술 기법을 말한다. LED 조명을 건물의 외벽에 설치하여 디스플레이를 구현한다. 옥외 광고로도 이용될 수 있어, 통신망을 통해 실시간으로 광고판에 정보를 전달하는 디지털 사이니지(Digital Signage)의 한 종류로 분류된다.

39 **다음 중 국경 없는 기자회에 대한 설명으로 틀린 것은?**

① 프랑스 파리에 본부를 두고 있다.

② 중동을 제외한 4개 대륙에 지부를 두고 있다.

③ 살해당하거나 체포된 언론인의 현황을 공개하고 있다.

④ 세계 언론인들의 인권보호를 위해 설립되었다.

해설

국경 없는 기자회(Reporters Sans Frontières)는 1985년에 설립된 세계 언론단체로 본부는 프랑스 파리에 있다. 언론인들의 인권보호와 언론자유의 신장을 위해 설립되었다. 아프리카・아메리카・아시아・중동・유럽 등 5개 대륙에 9개의 지부를 두고 있다. 부당하게 살해당하거나 체포된 언론인들의 현황을 조사하고, 각국의 언론자유지수를 발표하고 있다.

40 **시청자가 원하는 콘텐츠를 양방향으로 제공하는 방송・통신 융합 서비스로 시청자가 편리한 시간에 원하는 프로그램을 선택해 볼 수 있는 방송 서비스는?**

① CATV ② Ustream

③ Podcasting ④ IPTV

해설

오답분석

① CATV : 동축케이블을 이용해 프로그램을 송신하는 유선 TV

② Ustream : 실시간 동영상 중계 사이트

③ Podcasting : 사용자들이 인터넷을 통해 새로운 방송을 자동으로 구독할 수 있게 하는 미디어

41 스위스에 있는 올림픽 관리 기구는 무엇인가?

① IOC ② IBF
③ ITF ④ FINA

해설

IOC(International Olympic Committee) : 국제올림픽위원회

오답분석

② IBF(International Boxing Federation) : 국제복싱연맹
③ ITF(International Tennis Federation) : 국제테니스연맹
④ FINA(Federation Internationale de Natation) : 국제수영연맹

42 골프의 일반적인 경기 조건에서 각 홀에 정해진 기준 타수를 'Par'라고 한다. 다음 중 Par보다 2타수 적은 스코어로 홀인하는 것을 뜻하는 용어는 무엇인가?

① 버디(Birdie) ② 이글(Eagle)
③ 보기(Bogey) ④ 알바트로스(Albatross)

해설

기준 타수보다 2타수 적은 스코어로 홀인하는 것을 이글이라 한다.

오답분석

① 버디 : 기준 타수보다 1타수 적은 스코어로 홀인하는 것
③ 보기 : 기준 타수보다 1타수 많은 스코어로 홀인하는 것
④ 알바트로스 : 기준 타수보다 3타수 적은 스코어로 홀인하는 것

43 다음 육상 경기 중 필드경기에 해당하지 않는 것은?

① 높이뛰기 ② 창던지기
③ 장애물 경기 ④ 멀리뛰기

해설

필드경기는 크게 도약경기와 투척경기로 나뉜다. 도약경기에는 멀리뛰기, 높이뛰기, 장대높이뛰기, 세단뛰기 등이 있으며, 투척경기에는 창던지기, 원반던지기, 포환던지기, 해머던지기 등의 종목이 있다.

정답 38 ② 39 ② 40 ④ 41 ① 42 ② 43 ③

44 다음 중 야구에서 타자가 2스트라이크 이후 아웃이 되는 상황이 아닌 것은?

① 번트파울　　② 헛스윙
③ 파울팁　　④ 베이스 온 볼스

해설

2스트라이크 이후 번트는 3번트라고 하여 성공하지 못하고 파울이 되면 아웃이며, 파울팁은 타자가 스윙을 하여 배트에 살짝 스친 뒤 포수에게 잡히는 공이다. 베이스 온 볼스(Base On Balls)는 볼넷을 의미한다.

45 다음 중 야구를 통계 · 수학적 방법으로 분석하는 방식을 뜻하는 말은?

① 핫코너　　② 피타고리안 기대 승률
③ 세이버매트릭스　　④ 머니볼

해설

세이버매트릭스(Sabermetrics)는 야구를 통계적 · 수학적 방법으로 분석하는 방법론을 말한다. 기록의 스포츠인 야구를 객관적으로 분석하기 위한 기법이다. 선수 개개인의 기록과 경기의 통계 수치를 종합해 다음 혹은 향후 선수와 경기흐름에 대해 분석하고 예측하는 것을 말한다.

46 골프의 18홀에서 파 5개, 버디 2개, 보기 4개, 더블보기 4개, 트리플보기 3개를 기록했다면 최종 스코어는 어떻게 되는가?

① 이븐파　　② 3언더파
③ 9오버파　　④ 19오버파

해설

파 5개(0) + 버디 2개(−2) + 보기 4개(+4) + 더블보기 4개(+8) + 트리플보기 3개(+9) = 19오버파

47 남자부 4대 골프 대회에 속하지 않는 것은?

① 마스터스　　② 브리티시 오픈
③ 맥도널드 오픈　　④ US 오픈

해설

- 남자부 4대 골프 대회 : 마스터스, 브리티시 오픈(영국 오픈), PGA 챔피언십, US 오픈
- 여자부 4대 골프 대회 : AIG 브리티시 여자오픈, US 여자오픈, KPMG 위민스 PGA 챔피언십, ANA 인스퍼레이션

48 농구에서 스타팅 멤버를 제외한 벤치 멤버 중 가장 기량이 뛰어나 언제든지 경기에 투입할 수 있는 투입 1순위 후보는?

① 포스트맨　　② 스윙맨
③ 식스맨　　④ 세컨드맨

해설

벤치 멤버 중 투입 1순위 후보는 식스맨(Six Man)이라고 한다. 포스트맨은 공을 등지고 골 밑 근처에서 패스를 연결하거나 스스로 공격하는 선수이고, 스윙맨은 가드・포워드 역할을 모두 수행할 수 있는 선수이다.

49 축구 경기에서 해트트릭이란 무엇인가?

① 1경기에서 1명의 선수가 1골을 넣는 것
② 1경기에서 1명의 선수가 2골을 넣는 것
③ 1경기에서 1명의 선수가 3골을 넣는 것
④ 1경기에서 3명의 선수가 1골씩 넣는 것

해설

해트트릭(Hat Trick)이란 크리켓에서 3명의 타자를 삼진 아웃시킨 투수에게 명예를 기리는 뜻으로 선물한 모자(Hat)에서 유래했으며, 축구 경기에서는 1명의 선수가 3골을 넣는 것을 말한다. 또 한 팀이 3년 연속 대회 타이틀을 석권했을 때도 해트트릭이라고 한다.

50 다음 중 유럽의 국가와 국가별 프로축구 리그의 연결로 옳은 것은?

① 스페인 – 세리에 A
② 독일 – 분데스리가
③ 이탈리아 – 프리미어리그
④ 잉글랜드 – 라리가

해설

오답분석

① 스페인 – 라리가
③ 이탈리아 – 세리에 A
④ 잉글랜드 – 프리미어리그

정답 44 ④ 45 ③ 46 ④ 47 ③ 48 ③ 49 ③ 50 ②

51 다음 중 골프 용어가 아닌 것은?

① 로진백 ② 이 글
③ 어프로치샷 ④ 언더파

해설

로진백(Rosin Bag)은 야구 경기에서 투수나 타자가 공이 미끄러지지 않게 하기 위해 묻히는 송진 가루나 로진이 들어있는 작은 주머니이다. 손에 묻힐 수는 있어도 배트, 공, 글러브 등에 묻히는 것은 금지되어 있다. 그밖에 역도나 체조 선수들도 사용한다.

52 월드컵 본선에서 골을 넣은 뒤 파울로 퇴장당한 선수들을 일컫는 용어는?

① 가린샤 클럽 ② 블랙슈즈 클럽
③ 170 클럽 ④ 벤치맙 클럽

해설

가린샤 클럽(Garrincha Club)은 1962년 칠레 월드컵에서 브라질의 공격수 가린샤가 골을 넣은 뒤 상대팀 수비수를 걷어차 퇴장을 당하면서 생긴 용어이다.

53 세계 5대 모터쇼에 포함되지 않는 모터쇼는?

① 토리노 모터쇼 ② 도쿄 모터쇼
③ 제네바 모터쇼 ④ 북미 국제 오토쇼

해설

세계 5대 모터쇼
파리 모터쇼, 프랑크푸르트 모터쇼, 제네바 모터쇼, 북미 국제 오토쇼(디트로이트 모터쇼), 도쿄 모터쇼

54 미국과 유럽을 오가며 2년마다 개최되는 미국과 유럽의 남자 골프 대회는?

① 데이비스컵　　② 라이더컵
③ 프레지던츠컵　　④ 스탠리컵

해설

라이더컵은 영국인 사업가 새뮤얼 라이더(Samuel Ryder)가 순금제 트로피를 기증함으로써 그 이름을 따서 붙인, 미국과 유럽의 남자 골프 대회이다.

오답분석

① 데이비스컵 : 테니스 월드컵이라고도 불리는 세계 최고 권위의 국가 대항 남자 테니스 대회이다.
③ 프레지던츠컵 : 미국과 유럽을 제외한 인터내셔널팀 사이의 남자 프로골프 대항전이다.
④ 스탠리컵 : 북아메리카에서 프로아이스하키 리그의 플레이오프 우승팀에게 수여되는 트로피를 가리킨다.

55 다음 중 2스트라이크 이후에 추가로 스트라이크 판정을 받았으나 포수가 이 공을 놓칠 경우(잡기 전에 그라운드에 닿은 경우도 포함)를 가리키는 말은 무엇인가?

① 트리플 더블　　② 낫아웃
③ 퍼펙트 게임　　④ 노히트노런

해설

오답분석

① 트리플 더블(Triple Double) : 한 선수가 득점, 어시스트, 리바운드, 스틸, 블록슛 중 세 부문에서 2자리 수 이상을 기록하는 것을 가리키는 농구 용어
③ 퍼펙트 게임(Perfect Game) : 야구에서 투수가 상대팀에게 한 개의 진루도 허용하지 않고 승리로 이끈 게임
④ 노히트노런(No Hit No Run) : 야구에서 투수가 상대팀에게 한 개의 안타도 허용하지 않고 승리로 이끈 게임

56 근대 5종 경기는 기원전 708년에 실시된 고대 5종 경기를 현대에 맞게 발전시킨 것으로 근대 올림픽을 창설한 쿠베르탱의 실시로 시작하게 되었다. 이와 관련된 근대 5종 경기가 아닌 것은?

① 마라톤　　② 사 격
③ 펜 싱　　④ 승 마

해설

근대 5종 경기는 한 경기자가 사격, 펜싱, 수영, 승마, 크로스컨트리(육상) 5종목을 겨루어 종합 점수로 순위를 매기는 경기이다.

정답 51 ① 52 ① 53 ① 54 ② 55 ② 56 ①

CHAPTER

06 한국사 · 세계사

01 다음 유물이 처음 사용된 시대의 생활 모습으로 옳은 것은?

① 거친무늬 거울을 사용하였다.
② 주로 동굴이나 막집에서 살았다.
③ 빗살무늬 토기에 식량을 저장하였다.
④ 철제 농기구를 이용하여 농사를 지었다.

해설

제시된 유물은 가락바퀴로 신석기 시대의 유물이다. 가락바퀴는 실을 뽑는 도구로 신석기 시대에 원시적 형태의 수공예가 이루어졌음을 알 수 있는 증거이다. 빗살무늬 토기는 신석기 시대를 대표하는 토기로, 서울 암사동 유적지에서 출토된 밑이 뾰족한 모양의 토기가 대표적이다.

02 한서지리지에 다음의 법 조항을 가진 나라로 소개되는 국가는?

- 사람을 죽인 자는 즉시 사형에 처한다.
- 남에게 상처를 입힌 자는 곡물로써 배상한다.
- 남의 재산을 훔친 사람은 노비로 삼고, 용서받으려면 한 사람당 50만 전을 내야 한다.

① 고구려 ② 고조선
③ 발 해 ④ 신 라

해설

제시된 조항은 고조선의 '8조법'의 내용이다. 현재 3개의 조목만 전해지는 8조금법을 통해 고조선은 사유재산제의 사회로서 개인의 생명 보호를 중시했으며 계급사회였음을 알 수 있다.

03 다음 자료에 해당하는 나라에 대한 설명으로 옳은 것은?

> 혼인할 때는 말로 미리 정하고, 여자 집에서는 본채 뒤편에 작은 별채를 짓는데, 그 집을 서옥이라 부른다. 해가 저물 무렵에 신랑이 신부의 집 문 밖에 도착하여 자기 이름을 밝히고 절하면서, 신부의 집에서 머물기를 청한다. … (중략) … 자식을 낳아 장성하면 아내를 데리고 집으로 돌아간다.
>
> – 〈삼국지〉 동이전

① 12월에 영고라는 제천 행사를 열었다.
② 제가회의에서 국가의 중대사를 결정하였다.
③ 특산물로 단궁, 과하마, 반어피 등이 있었다.
④ 제사장인 천군과 신성 지역인 소도가 있었다.

해설

제시된 사료는 고구려의 서옥제라는 혼인풍습에 대한 것이다. 남녀가 혼인을 하면 신부집 뒤곁에 서옥이라는 집을 짓고 살다가, 자식을 낳아 장성하면 신부를 데리고 자기 집으로 가는 풍습이다. 제가회의는 고구려의 귀족회의로 유력 부족의 우두머리들이 모여 국가의 중대사와 주요 정책을 논의하고 결정하였다.

04 다음 연표에 활동했던 백제의 왕을 소재로 영화를 제작하려고 한다. 등장할 수 있는 장면으로 옳은 것은?

> 346 백제 제13대 왕위 등극
> 369 왜 왕에게 칠지도 하사
> 황해도 치양성 전투에서 태자 근구수의 활약으로 고구려군을 상대하여 승리함
> 371 평양성 전투에서 고구려 고국원왕을 전사시킴

① 중앙집권을 위해 율령을 반포하는 장면
② 동맹국인 신라의 왕에게 배신당하여 고민하고 있는 장면
③ 사상의 통합을 위해 불교를 공인하는 장면
④ 〈서기〉라는 역사책을 편찬하는 고흥

해설

제시된 연표의 칠지도, 고국원왕 전사 등을 통해 연표의 왕이 근초고왕임을 알 수 있다. 근초고왕은 4세기 백제의 왕으로 고구려, 신라보다 앞서 국가를 흥성시켰다. 또 다른 업적으로는 요서・산둥・규슈 진출, 왕위 부자 상속, 고흥의 역사서 〈서기〉 편찬 등이 있다.

정답 01 ③ 02 ② 03 ② 04 ④

05 (가), (나)에 대한 설명으로 옳지 않은 것은?

> • 임금과 신하들이 인재를 어떻게 뽑을까 의논하였다. 그래서 여러 사람들을 모아 함께 다니게 하고 그 행실과 뜻을 살펴 등용하였다. 그러므로 김대문이 쓴 책에서 "우리나라의 현명한 재상과 충성스러운 신하, 훌륭한 장수와 용감한 병졸은 모두 [(가)]에서 나왔다"라고 하였다.
> • [(나)]는(은) 예부에 속한다. 경덕왕이 태학으로 이름을 고쳤다. 박사와 조교가 예기 · 주역 · 논어 · 효경을 가르친다. 9년이 되도록 학업에 진척이 없는 자는 퇴학시킨다.

① (가)는 원시 사회의 청소년 집단에서 기원하였다.
② (가)에서는 전통적 사회 규범과 전쟁에 관한 교육을 하였다.
③ (나)는 유학 교육을 위하여 신문왕 때 설치하였다.
④ (나)에는 7품 이상 문무 관리의 자제가 입학하였다.

해설

(가)는 화랑도, (나)는 국학이다. 화랑도는 원시 사회의 청소년 집단 수련에 기원을 두고 있다. 귀족자제 중에서 선발된 화랑을 지도자로 삼고, 낭도는 귀족은 물론 평민까지 망라하였다. 국학은 신문왕 때 설립하였으며 관등이 없는 자부터 대사(12관등) 이하인 자들이 입학할 수 있었고, 〈논어〉, 〈효경〉 등의 유학을 가르쳤다.

06 다음 밑줄 친 제도와 같은 성격의 정책은?

> 고구려의 고국천왕이 을파소 등을 기용하여 왕 16년(194)에 실시한 진대법은 춘궁기에 가난한 백성에게 관곡을 빌려주었다가 추수인 10월에 관(官)에 환납케 하는 제도이다. 이것은 귀족의 고리 대금업으로 인한 폐단을 막고, 양민들의 노비화를 막으려는 목적으로 실시한 제도였다. 이러한 제도는 신라나 백제에도 있었을 것이며 고려의 의창 제도, 조선의 환곡 제도의 선구가 되었다.

① 실업자를 위한 일자리 창출 대책
② 출산율 상승을 위한 출산장려금 정책
③ 생활무능력자를 대상으로 한 공공부조
④ 초등학생을 대상으로 한 무상급식 제도

해설

고구려의 진대법, 고려의 의창 제도, 조선의 환곡 제도는 흉년이나 춘궁기에 곡식을 빈민에게 대여하고 추수기에 이를 환수하던 제도이다. 이와 같은 성격을 지닌 오늘날의 제도는 어려운 사람들의 의식주를 돕기 위한 공공부조라고 할 수 있다.

07 다음 자료와 관련된 설명으로 옳지 않은 것은?

> 진평왕 30년, 왕은 ㉠ 고구려가 빈번하게 강역을 침범하는 것을 근심하다가 수나라에 병사를 청하여 고구려를 정벌하고자 하였다. 이에 ㉡ 원광에게 군사를 청하는 글을 짓도록 명하니, 원광이 "자기가 살려고 남을 죽이도록 하는 것은 승려로서 할 일이 아니나, 제가 대왕의 토지에서 살고 대왕의 물과 풀을 먹으면서, 어찌 감히 명령을 좇지 않겠습니까?"라고 하며, 곧 글을 지어 바쳤다. … (중략) … 33년에 왕이 수나라에 사신을 보내어 표문을 바치고 출병을 청하니, ㉢ 수나라 양제가 이를 받아들이고 군사를 일으켰다.
>
> – 〈삼국사기〉 신라본기

① 당시 신라는 백제와 동맹을 맺어 고구려의 남진에 대처하고 있었다.
② ㉠ – 고구려는 한강 유역을 되찾기 위해 신라를 자주 공격하였다.
③ ㉡ – 원광은 세속오계를 지어 화랑도의 행동 규범을 제시하였다.
④ ㉢ – 고구려는 살수에서 대승을 거두고, 수나라의 침략을 격퇴하였다.

해설

고구려가 빈번하게 신라를 공격했던 시기는 신라가 진흥왕 이후 한강 하류 지역을 차지하고 팽창한 6세기 후반이다. 이때 고구려의 남하 정책에 대항하여 체결되었던 나제 동맹이 결렬되고 여제 동맹이 체결되었으며 신라는 고립을 피하기 위해 중국의 수·당과 동맹을 체결하였다. 고구려는 7세기에 중국의 혼란을 통일한 수의 침입을 살수 대첩으로 물리쳤고, 신라는 진흥왕 때 화랑도를 국가 차원에서 장려하고 조직을 확대하였으며 원광의 세속오계를 행동 규범으로 삼았다. 원광이 수에 군사를 청원하는 글을 쓴 것으로 보아 당시 불교는 호국불교적 성격이 강함을 알 수 있다.

08 다음 중 발해에 관한 설명으로 옳지 않은 것은?

① 대조영이 고구려 유민과 말갈족을 연합하여 건국했다.
② 당나라의 제도를 받아들여 독자적인 3성 6부 체제를 갖췄다.
③ 독자적인 연호를 사용하고 '해동성국'이라는 칭호를 얻었다.
④ 여진족의 세력 확대로 인해 여진족에게 멸망당하였다.

해설

발해는 거란족의 세력 확대와 내분 때문에 국력이 약해져 926년 거란족(요나라)에 의해 멸망당하였다.

정답 05 ④ 06 ③ 07 ① 08 ④

09 다음에서 설명하고 있는 삼국시대의 왕은?

> • 한반도의 한강 이남까지 영토를 늘렸다.
> • 신라의 요청으로 원군을 보내 왜구를 격퇴하였다.
> • 후연과 전쟁에서 승리하여 요동 지역을 확보하였다.

① 미천왕 ② 소수림왕
③ 장수왕 ④ 광개토대왕

해설

광개토대왕은 후연, 동부여, 백제 등과의 전쟁에서 승리하고 남으로는 한강이남 지역, 북으로는 요동 등으로 영토를 넓혔다.

오답분석

① 미천왕 : 낙랑군, 대방군 등을 정복하였다.
② 소수림왕 : 율령반포, 불교공인 등 내부체제를 정비하였다.
③ 장수왕 : 도읍을 평양으로 옮기는 등 남하 정책을 펼쳤다.

10 고려 태조 왕건이 실시한 정책으로 옳지 않은 것은?

① 사심관제도와 기인제도 등의 호족 견제 정책을 실시했다.
② 연등회와 팔관회를 중요하게 다룰 것을 강조했다.
③ 과거제도를 실시하여 신진 세력을 등용했다.
④ '훈요십조'를 통해 후대의 왕들에게 유언을 남겼다.

해설

광종(재위 949 ~ 975)은 과거제도를 시행하여 신진 세력을 등용하고 신·구세력의 교체를 꾀하는 한편 노비안검법 실시, 호족과 귀족세력 견제 등 개혁적인 정치를 단행하여 강력한 왕권을 확립하였다.

11 음서제도와 공음전이 고려 사회에 끼친 영향은?

① 농민층의 몰락을 방지하였다.
② 문벌귀족 세력을 강화시켰다.
③ 국가 재정의 확보에 공헌하였다.
④ 개방적인 사회 분위기를 가져왔다.

해설

문벌귀족은 고위 관직을 독점하고 음서의 특권으로 승진하였으며, 공음전 등의 경제적 특권을 누리기도 했다.

12 (가), (나) 역사서에 대한 설명으로 옳지 않은 것은?

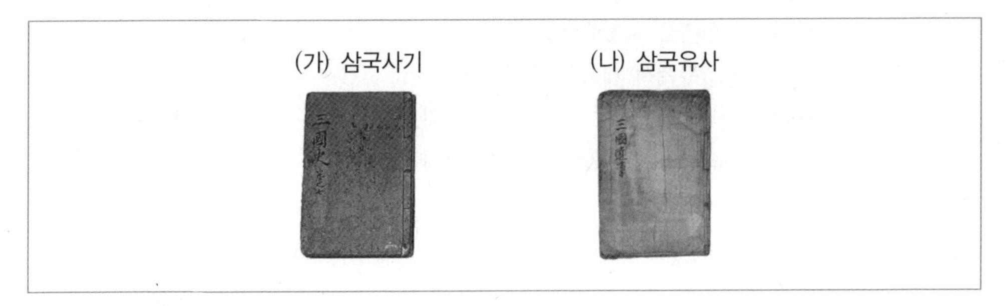

① (가) – 김부식이 주도하여 편찬하였다.
② (가) – 유교적 합리주의 사관에 기초하였다.
③ (나) – 신라와 발해를 남북국이라 하였다.
④ (나) – 단군의 건국 이야기가 수록되어 있다.

해설

③은 조선 후기 실학자 유득공이 발해에 관해 쓴 역사서인 〈발해고〉의 내용으로 발해의 역사・문화・풍습 등을 9부문으로 나누어 서술했고, 신라와 발해를 남북국이라고 칭하였다.

13 다음은 고려 무신집권기의 기구명과 그에 대한 특징이다. (가)에 들어갈 내용으로 옳은 것은?

기구명	특 징
중 방	고위 무신들의 회의 기구
교정도감	국정을 총괄하는 최고 권력 기구
정 방	(가)

① 법률과 소송을 관장한 기구
② 곡식의 출납 및 회계 담당 기구
③ 최우가 설치한 인사 행정 담당 기구
④ 역사서의 편찬과 보관을 담당한 기구

해설

무신정권의 실질적인 권력자였던 최우는 교정도감을 통하여 정치권력을 행사하였고, 독자적인 인사 기구인 정방을 설치하여 인사권을 장악하였다.

정답 09 ④ 10 ③ 11 ② 12 ③ 13 ③

14 공민왕의 개혁 정치에 대한 설명으로 옳지 않은 것은?

① 친원파와 기씨 일족을 숙청했다.
② 원・명 교체의 상황에서 개혁을 추진했다.
③ 신진사대부를 견제하기 위해 정방을 설치했다.
④ 관제를 복구하고 몽골식 생활풍습을 금지했다.

해설

정방은 고려 무신집권기 최우가 설치한 인사 담당 기관인데, 공민왕은 정방을 폐지했다.

15 다음에서 설명하고 있는 고려의 기구는 무엇인가?

> 고려 시대 변경의 군사 문제를 의논하던 국방회의 기구로 중서문하성과 중추원의 고위 관료들이 모여 국가의 군기 및 국방상 중요한 일을 의정하던 합의 기관이다. 무신정변 이후에는 군사적 문제뿐 아니라 민사적 문제까지 관장하는 등 권한이 강화되었으며, 왕권을 제한하는 역할도 하였다.

① 도병마사　　② 식목도감
③ 중서문하성　　④ 비변사

해설

제시된 지문은 고려의 독자적인 기구인 도병마사에 대한 내용이다. 도병마사의 역할은 변경의 군사 문제를 의논해 결정하는 것이었으나 무신정변 이후 도당이라 불리며 국사 전반에 걸쳐 권한이 확대되었다. 원 간섭기에는 도평의사사로 개칭되고 국가의 모든 중대사를 회의해 결정하는 기관으로 변질되었다.

16 다음 중 고려 시대에 '정혜쌍수(定慧雙修)', '돈오점수(頓悟漸修)'를 주장하고, 수선사 결사 운동을 주도한 승려는?

① 지 눌　　② 원 효
③ 의 천　　④ 도 선

해설

보조국사 지눌대사는 조계종을 중심으로 한 선종과 교종의 통합운동을 전개하였으며 수선사 결사 제창, 정혜쌍수・돈오점수를 통해 선교일치 사상의 완성을 이루었다.

17 다음 시의 내용에 나타난 폐단을 개혁하기 위해 실시했던 제도에 대한 설명으로 가장 적절한 것은?

> 우리라고 좋아서 이 짓 하나요?
> 간밤에도 관가에서 문서가 날아 왔죠.
> 내일 아침 높은 손님 맞아서 연희를 성대히 벌인다고
> 물고기 회치고 굽고 모두 다 이 강에서 나갑니다.
> 자가사비 문절망둑 쏘가리 잉어 어느 것 없이 거둬 가지요.
> 물고기 잡아다 바치라 한 달에도 너덧 차례
> 한 번 바치는데 적기나 한가요. 걸핏하면 스무 마리 서른 마리
> 정해진 마릿수 채우지 못하면 장터에 나가 사다가 바치고
> 혹시 잡다가 남으면 팔아서 양식에 보태지요.
>
> – 송명흠, 〈작살질〉

① 군적의 문란이 심해지면서 농민의 부담이 다시 가중되었다.
② 지주는 결작이라고 하여 토지 1결당 미곡 2두를 납부하게 되었다.
③ 농민은 1년에 베 1필씩만 부담하면 과중한 납부량에서 벗어날 수 있었다.
④ 토지가 없거나 적은 농민에게 과중하게 부과되었던 부담이 다소 경감되었다.

해설

①·②·③은 균역법과 관련된 내용이다. 제시된 시의 내용은 공납의 폐단에 관한 것으로, 관가에서 공납을 바치라면 양과 내용에 관계없이 따라야 하는 어민들의 어려움을 얘기하고 있다. 공납은 정해진 양을 채우지 못하면 시장에서 사서 납부해야 하는 등 백성들에게 많은 부담을 주었다. 이러한 공납의 폐단을 개선하기 위해 특산물을 현물로 내는 대신 쌀이나 돈으로 납부하게 하고, 공납을 토지에 부과하도록 하는 대동법을 시행하였다. 대동법은 토지가 없거나 적은 농민들의 부담을 다소 경감시키는 효과가 있었다.

18 다음 중 조선 시대의 신분제도에 대한 설명으로 옳은 것은?

① 서얼은 양반으로 진출하는 데 제한을 받지 않았다.
② 노비의 신분은 세습되지 않았다.
③ 서리, 향리, 기술관은 직역 세습이 불가능했다.
④ 양인 이상이면 과거에 응시할 수 있었다.

해설

오답분석

① 서얼은 관직 진출이 제한되었고, ② 노비의 신분은 세습됐을 뿐만 아니라 매매·양도·상속의 대상이었으며, ③ 직역 세습과 신분 안에서 혼인이 가능했다.

정답 14 ③ 15 ① 16 ① 17 ④ 18 ④

19 다음 그림과 관련하여 당시 대외관계에 대해 옳게 설명한 것은?

① 이종무의 쓰시마 섬 정벌로 인하여 우리나라 사신을 맞는 일본의 태도가 정중하였다.
② 왜구의 소란으로 조선에서는 3포 개항을 불허하고 일본 사신의 파견만을 허용하였다.
③ 왜란 이후 끌려간 도공과 백성들을 돌려받기 위하여 조선 정부는 매년 통신사를 파견하였다.
④ 일본은 조선의 문화를 받아들이고 에도 막부의 권위를 인정받기 위해 통신사 파견을 요청하였다.

해설

제시된 그림은 임진왜란 이후 우리나라에서 일본에 파견한 통신사 그림이다. 일본은 조선의 선진 문화를 받아들이고, 도쿠가와 막부의 쇼군이 바뀔 때마다 권위를 인정받기 위하여 조선의 사절 파견을 요청하였다. 이에 따라 조선은 1607년부터 1811년까지 12회에 걸쳐 많을 때는 400 ~ 500명에 달하는 인원의 통신사를 파견하였다.

20 조선 시대 기본법전인 〈경국대전〉에 관한 설명으로 옳지 않은 것은?

① 세조가 편찬을 시작하여 성종 대에 완성되었다.
② 조선 초의 법전인 〈경제육전〉의 원전과 속전 및 그 뒤의 법령을 종합해 만들었다.
③ 〈형전〉을 완성한 뒤, 재정·경제의 기본이 되는 〈호전〉을 완성했다.
④ 〈이전〉·〈호전〉·〈예전〉·〈병전〉·〈형전〉·〈공전〉 등 6전으로 이루어졌다.

해설

1460년(세조 6년) 7월에 먼저 재정·경제의 기본이 되는 〈호전〉을 완성했고, 이듬해 7월에는 〈형전〉을 완성하여 공포·시행하였다.

21 조선 시대 4대 사화를 시대 순으로 바르게 연결한 것은?

① 무오사화 → 기묘사화 → 갑자사화 → 을사사화
② 무오사화 → 갑자사화 → 기묘사화 → 을사사화
③ 갑자사화 → 무오사화 → 을사사화 → 기묘사화
④ 갑자사화 → 기묘사화 → 갑자사화 → 을사사화

해설

무오사화	1498년 (연산군)	• 훈구파와 사림파의 대립 • 연산군의 실정, 세조의 왕위 찬탈을 비판한 김종직의 조의제문 • 유자광, 이극돈
갑자사화	1504년 (연산군)	• 폐비 윤씨 사건이 배경 • 무오사화 때 피해를 면한 일부 훈구세력까지 피해
기묘사화	1519년 (중 종)	• 조광조의 개혁 정치 • 위훈 삭제로 인한 훈구세력의 반발 • 주초위왕 사건
을사사화	1545년 (명 종)	• 인종의 외척 윤임(대윤파)과 명종의 외척 윤원형(소윤파)의 대립 • 명종의 즉위로 문정왕후 수렴청정 • 집권한 소윤파가 대윤파를 공격

22 다음의 설명에 해당하는 조선 후기의 실학자는 누구인가?

> • 농민을 위한 제도 개혁을 주장한 중농학파
> • 〈목민심서〉, 〈경세유표〉 편찬
> • 과학 기술의 발전을 주장하고 실학을 집대성

① 유형원　　② 이 익
③ 정약용　　④ 박지원

해설

• 〈목민심서〉 : 정약용이 관리들의 폭정을 비판하며 수령이 지켜야 할 지침을 밝힌 책
• 〈경세유표〉 : 정약용이 행정기구의 개편과 토지 제도와 조세 제도 등 제도의 개혁 원리를 제시한 책

23 조선 후기에 발생한 사건들을 시대 순으로 바르게 나열한 것은?

① 임오군란 → 갑신정변 → 동학농민운동 → 아관파천
② 임오군란 → 아관파천 → 동학농민운동 → 갑신정변
③ 갑신정변 → 임오군란 → 아관파천 → 동학농민운동
④ 갑신정변 → 아관파천 → 임오군란 → 동학농민운동

정답 19 ④ 20 ③ 21 ② 22 ③ 23 ①

해설

임오군란(1882년)	별기군 창설에 대한 구식 군인의 반발, 청의 내정간섭 초래
갑신정변(1884년)	급진적 개혁 추진, 청의 내정간섭 강화
동학농민운동(1894년)	반봉건 · 반침략적 민족운동, 우금치 전투에서 패배
아관파천(1896년)	명성황후가 시해당한 뒤 고종과 왕세자가 러시아 공관으로 대피

24 다음과 같은 내용이 발표된 배경으로 가장 적절한 것은?

> 옛날에는 군대를 가지고 나라를 멸망시켰으나 지금은 빚으로 나라를 멸망시킨다. 옛날에 나라를 멸망케 하면 그 명호를 지우고 그 종사와 정부를 폐지하고, 나아가 그 인민으로 하여금 새로운 변화를 받아들여 복종케 할 따름이다. 지금 나라를 멸망케 하면 그 종교를 없애고 그 종족을 끊어버린다. 옛날에 나라를 잃은 백성들은 나라가 없을 뿐이었으나, 지금 나라를 잃은 백성은 아울러 그 집안도 잃게 된다. … 국채는 나라를 멸망케 하는 원본이며, 그 결과 망국에 이르게 되어 모든 사람이 화를 입지 않을 수 없게 된다.

① 우리나라 최초의 은행인 조선은행이 설립되면서 자금 조달이 어려워졌다.
② 외국 상인의 활동 범위가 넓어지면서 서울을 비롯한 전국의 상권을 차지하였다.
③ 정부의 상공업 진흥 정책으로 회사 설립이 늘어나면서 차관 도입이 확대되었다.
④ 일제는 화폐 정리와 시설 개선 등의 명목으로 거액의 차관을 대한제국에 제공하였다.

해설

자료는 국채보상운동에 관한 내용이다. 국채보상운동은 일본이 조선에 빌려준 국채를 갚아 경제적으로 독립하자는 운동으로 1907년 2월 서상돈 등에 의해 대구에서 시작되었다. 대한매일신보, 황성신문 등 언론기관이 자금 모집에 적극 참여했으며, 남자들은 금연운동을 하였고 부녀자들은 비녀와 가락지를 팔아서 이에 호응하였다. 일제는 친일단체인 일진회를 내세워 국채보상운동을 방해하였고, 통감부에서 국채보상회의 간사인 양기탁을 횡령이라는 누명을 씌워 구속하는 등 적극적으로 탄압했다. 결국 양기탁은 무죄로 석방되었지만 국채보상운동은 좌절되고 말았다.

25 다음 개화기 언론에 대한 설명으로 옳지 않은 것은?

① 황성신문은 국 · 한문 혼용으로 발간되었고, '시일야방성대곡'을 게재하였다.
② 순한글로 간행된 제국신문은 창간 이듬해 이인직이 인수하여 친일지로 개편되었다.
③ 독립신문은 한글과 영문을 사용하였으며, 근대적 지식 보급과 국권 · 민권 사상을 고취하였다.
④ 우리나라 최초의 신문인 한성순보는 관보의 성격을 띠고 10일에 한 번 한문으로 발행되었다.

해설

제국신문은 1898년부터 1910년까지 순한글로 발행한 신문으로 여성과 일반 대중을 독자로 언론활동을 전개하였다. 이인직이 인수하여 친일지로 개편한 신문은 천도교계의 만세보로서 1907년부터 '대한신문'으로 제호를 바꾸어 발간하였다.

26 다음과 같은 활동을 한 '이 단체'는 어디인가?

> '이 단체'의 깃발 밑에 공고한 단결을 이루기가 뼈저리게 힘들다고 고민할망정 결국 분산을 재촉한 것은 중대한 과오가 아닌가. 계급운동을 무시한 민족 당일당 운동이 문제가 있는 것과 같이 민족을 도외시하고 계급운동만 추구하며 민족주의 진영을 철폐하자는 것도 중대한 과오이다. … (중략) … 조선의 운동은 두 진영의 협동을 지속적으로 추구해야 할 정세에 놓여 있고, 서로 대립할 때가 아니다. 두 진영의 본질적 차이를 발견하기 어려운 만큼 긴밀히 동지적 관계를 기할 수 있는 것이다.

① 신민회 ② 정우회
③ 신간회 ④ 근우회

해설

신간회는 좌우익 세력이 합작하여 결성된 대표적 항일단체로, 민족적・정치적・경제적 예속을 탈피하고, 언론 및 출판의 자유를 쟁취하였으며, 동양척식회사 반대, 근검절약운동 전개 등을 활동목표로 전국에 지회와 분회를 조직하여 활동하였다.

27 3・1 운동 이후 1920년대 일제의 식민통치 내용으로 옳지 않은 것은?

① 회사령 폐지 ② 산미증식계획
③ 경성제국대학 설립 ④ 헌병경찰제 실시

해설

1910년대에 무단통치(헌병경찰통치)를 하던 일제는 3・1 운동(1919) 이후 1920년대부터 통치방법을 변화해 문화통치(보통경찰통치)를 실시했다. 경성제국대학은 1924년에 설립됐으며, 회사령은 1910년 12월에 조선총독부가 공포했다가 1920년에 폐지했다.

28 다음 중 홍범 14조에 관한 설명으로 옳지 않은 것은?

① 갑오개혁 이후 정치적 근대화와 개혁을 위해 제정된 국가기본법이다.
② 왜에 의존하는 생각을 끊고 자주독립의 기초를 세울 것을 선포했다.
③ 납세를 법으로 정하고 함부로 세금을 거두어 들이지 못하도록 했다.
④ 종실・외척의 정치관여를 용납하지 않음으로써 대원군과 명성황후의 정치개입을 배제했다.

해설

홍범 14조는 갑오개혁 후 선포된 우리나라 최초의 근대적 헌법으로 청에 의존하는 것을 끊음으로써 청에 대한 종주권을 부인했고, 종실・외척의 정치개입 배제 및 조세법정주의 등의 내용을 담고 있다.

정답 24 ④ 25 ② 26 ③ 27 ④ 28 ②

29 시일야방성대곡이 최초로 실린 신문은 무엇인가?

① 한성순보 ② 황성신문
③ 독립신문 ④ 대한매일신보

해설
시일야방성대곡은 을사늑약의 부당함을 알리고 을사오적을 규탄하기 위해 장지연이 쓴 논설로, 황성신문에 게재되었다. 이 논설로 황성신문은 일제에 의해 정간이 되기도 했다.

30 다음 중 3·1 운동에 대한 설명으로 옳지 않은 것은?

① 33인의 민족대표가 탑골공원에서 독립선언서를 발표하는 것으로 시작됐다.
② 비폭력 투쟁에서 점차 폭력 투쟁으로 발전하였다.
③ 기미독립운동이라고도 불린다.
④ 대한민국 임시정부 수립의 영향을 받아 일어났다.

해설
3·1 운동을 계기로 1919년 4월 11일 중국 상해에서 대한민국 임시정부가 수립됐다.

31 다음 법이 공포된 이후 나타난 일제의 지배 정책에 대한 설명으로 옳지 않은 것은?

> 제4조 정부는 전시에 국가총동원상 필요할 때는 칙령이 정하는 바에 따라 제국 신민을 징용하여 총동원 업무에 종사하게 할 수 있다.

① 마을에 애국반을 편성하여 일상생활을 통제하였다.
② 일본식 성과 이름으로 고치는 창씨개명을 시행하였다.
③ 여성에게 작업복인 '몸빼'라는 바지의 착용을 강요하였다.
④ 토지 현황 파악을 위해 전국적으로 토지 소유권을 조사하였다.

해설
제시된 자료는 국가총동원법(1938)이다. ④는 1910년대 토지조사 사업에 대한 설명이다.

32 다음이 설명하는 운동에 대한 내용을 〈보기〉에서 고른 것은?

- 광화문 광장 : 경무대와 국회의사당, 중앙청 등 국가 주요 기관이 광장 주변에 몰려있어 가장 격렬한 시위가 벌어졌다.
- 마로니에 공원(옛 서울대학교 교수회관 터) : 대학 교수단이 시국 선언을 한 뒤 '학생의 피에 보답하라'라는 현수막을 들고 가두 시위에 나섰다.
- 이화장 : 대통령이 하야 성명을 발표하고 경무대를 떠나 사저인 이화장에 도착하였다.

보기

ㄱ. 4·13 호헌 조치의 철폐를 요구하였다.
ㄴ. 신군부 세력의 집권이 배경이 되었다.
ㄷ. 3·15 부정선거에 항의하는 시위에서 시작되었다.
ㄹ. 대통령 중심제에서 의원 내각제로 변화되는 계기가 되었다.

① ㄱ, ㄴ ② ㄱ, ㄷ
③ ㄴ, ㄷ ④ ㄷ, ㄹ

해설

제시된 내용은 1960년에 일어난 4·19 혁명에 대한 설명이다.

오답분석

ㄱ. 전두환 정부의 4·13 호헌 조치에 반대하여 1987년 6월 민주항쟁이 전개되었다.
ㄴ. 1980년 신군부가 비상계엄을 전국으로 확대하였고, 이에 반대하여 5·18 광주 민주화 운동이 전개되었다.

33 (가) ~ (라)를 일어난 순서대로 옳게 나열한 것은?

(가) 경부고속도로 준공
(나) 100억 달러 수출 달성
(다) IMF 구제 금융 지원 요청
(라) 고속철도 개통

① (가) – (나) – (다) – (라)
② (가) – (나) – (라) – (다)
③ (나) – (가) – (다) – (라)
④ (나) – (가) – (라) – (다)

해설

(가) 경부고속도로 준공(1970년, 박정희 정부)
(나) 수출 100억 달러 달성(1977년, 박정희 정부)
(다) IMF 구제 금융 지원 요청(1997년, 김영삼 정부)
(라) 고속철도 개통(2004년, 노무현 정부)

정답 29 ② 30 ④ 31 ④ 32 ④ 33 ①

34 (가)에 들어갈 내용으로 옳은 것은?

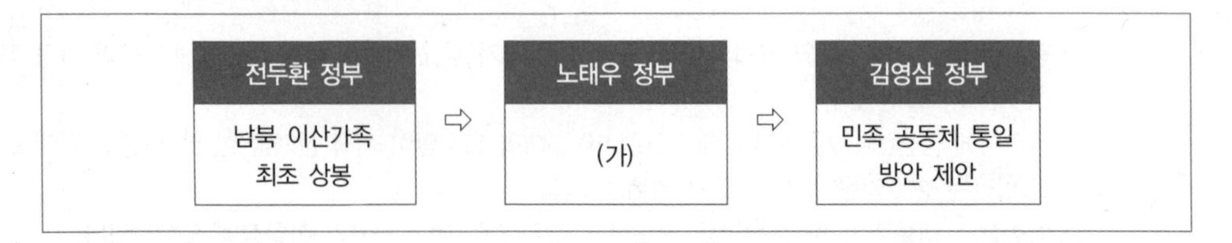

① 남북 조절 위원회 구성
② 경의선 복구 사업 시작
③ 남북 기본 합의서 채택
④ 7·4 남북 공동 성명 발표

해설

1991년 노태우 정부는 남북 기본 합의서를 채택하였다.

- 남북한 당국자 간의 통일 논의의 재개를 추진함으로써 남북 이산가족 고향 방문단 및 예술 공연단의 교환방문이 전두환 정부 때 성사되었다(1985).
- 민족 공동체 통일 방안(1994)은 한민족 공동체 통일 방안(1989)과 3단계 3대 기조 통일 정책(1993)의 내용을 종합한 것으로 공동체 통일 방안이라고도 한다. 김영삼 정부가 이를 북한에 제안하였고, 자주, 평화, 민주의 3대 원칙과 화해 협력, 남북 연합, 통일 국가 완성의 3단계 통일 방안을 발표하였다.

35 청동기 문화를 배경으로 기원전 3000년을 전후해 큰 강 유역에서 발생한 4대 문명에 해당하지 않는 것은?

① 메소포타미아 문명
② 잉카 문명
③ 황하 문명
④ 인더스 문명

해설

메소포타미아 문명(기원전 3500년)	티그리스강, 유프라테스강
이집트 문명(기원전 3000년)	나일강
황하 문명(기원전 3000년)	황하강
인더스 문명(기원전 2500년)	인더스강

36 세계 4대 문명 발상지 중 다음에서 설명하는 것과 관계가 깊은 것은?

쐐기문자, 60진법, 태음력 제정

① 황하 문명
② 마야 문명
③ 이집트 문명
④ 메소포타미아 문명

해설

티그리스강, 유프라테스강 유역을 중심으로 발전한 메소포타미아 문명은 기원전 3500년경에 발전하였다. 쐐기문자와 60진법을 사용하였고 함무라비 법전을 편찬하였으며 태음력을 제정하였다.

37 다음 중 헬레니즘 문화에 대한 설명으로 옳지 않은 것은?

① 실용적인 자연과학이 발전하였다.
② 알렉산드리아 지방을 중심으로 크게 융성하였다.
③ 신 중심의 기독교적 사고방식을 사상적 기초로 하였다.
④ 인도의 간다라 미술에 상당한 영향을 미쳤다.

해설

헬레니즘 문화는 그리스 문화가 오리엔트 문명과 융합되어 형성한 유럽 문화의 2대 조류로, 로마 문화를 일으키고 인도의 간다라 미술을 탄생시켰던 인간 중심의 문화였다.

38 십자군 원정의 결과로 옳지 않은 것은?

① 교황권과 영주의 세력이 강화되었다.
② 동방 무역이 활발해지며 동양에 대한 관심이 높아졌다.
③ 상공업도시가 성장하면서 장원이 해체되었다.
④ 이슬람 문화가 유입되면서 유럽인들의 시야가 확대되었다.

해설

십자군 원정의 결과 교황권이 쇠퇴하였고, 영주의 세력이 약화된 반면 국왕의 권위가 강화되었다.

정답 34 ③ 35 ② 36 ④ 37 ③ 38 ①

39 다음 〈보기〉의 전쟁들을 시대 순으로 바르게 나열한 것은?

보기

㉠ 크림 전쟁	㉡ 십자군 전쟁
㉢ 장미 전쟁	㉣ 종교 전쟁
㉤ 백년 전쟁	

① ㉠ - ㉡ - ㉢ - ㉣ - ㉤
② ㉡ - ㉤ - ㉢ - ㉣ - ㉠
③ ㉢ - ㉣ - ㉤ - ㉡ - ㉠
④ ㉣ - ㉠ - ㉡ - ㉢ - ㉤

해설

㉡ 십자군 전쟁 : 11 ~ 13세기 중세 서유럽의 그리스도교 국가들이 이슬람교도들로부터 성지를 탈환하기 위해 벌인 전쟁이다.
㉤ 백년 전쟁 : 1337 ~ 1453년 영국과 프랑스 사이에 벌어진 전쟁으로 봉건제후와 귀족들이 몰락하고 중앙집권적 국가로 발전하는 계기가 되었다.
㉢ 장미 전쟁 : 1455 ~ 1485년 영국의 왕위 계승을 둘러싸고 요크 가문과 랭커스터 가문이 대립하며 발생한 내란이다.
㉣ 종교 전쟁 : 종교개혁(16 ~ 17세기) 이후 낭트칙령으로 신앙의 자유를 얻기 전까지 구교와 신교 간의 대립으로 일어난 전쟁이다.
㉠ 크림 전쟁 : 1853~1856년 러시아와 오스만튀르크, 영국, 프랑스, 프로이센, 사르데냐 연합군이 크림반도와 흑해를 둘러싸고 벌인 전쟁이다.

40 다음 밑줄 친 사상의 영향으로 일어난 사건은?

몽테스키외, 볼테르, 루소, 디드로 등에 의해 약 반세기에 걸쳐 배양되었고 특히 루소의 문명에 대한 격렬한 비판과 인민주권론이 혁명사상의 기초가 되었다. 기독교의 전통적인 권위와 낡은 사상을 비판하고 합리적인 이성의 계발로 인간생활의 진보와 개선을 꾀하였다.

① 영국에서 권리장전이 승인되었다.
② 칼뱅을 중심으로 종교개혁이 진행되었다.
③ 레닌이 소비에트 정권을 무너뜨렸다.
④ 시민들이 혁명을 통해 새로운 헌법을 정하고 프랑스 공화정이 성립되었다.

해설

이성과 진보를 강조하는 계몽주의는 프랑스 혁명의 사상적 배경이 되었다. 1789 ~ 1794년 프랑스에서 일어난 프랑스 혁명은 정치권력이 왕족과 귀족에서 시민으로 옮겨진 역사적 전환점이 되었다.

41 종교개혁의 발생 배경으로 적절하지 않은 것은?

① 왕권의 약화
② 교황권의 쇠퇴
③ 교회의 지나친 세속화와 극심한 타락
④ 개인의 신앙과 이성을 중시하는 사상의 확대

해설

종교개혁은 16세기 교회의 세속화와 타락에 반발하여 출현한 그리스도교 개혁운동으로 1517년 독일의 마틴 루터가 이를 비판하는 95개조의 반박문을 발표한 것을 시작으로 이후 스위스의 츠빙글리, 프랑스의 칼뱅 등에 의해 전 유럽에 퍼졌고 그 결과 가톨릭으로부터 이탈한 프로테스탄트라는 신교가 성립되었다.

42 미국의 독립혁명에 대한 설명으로 옳지 않은 것은?

① 보스턴 차 사건을 계기로 시작되었다.
② 프랑스・스페인・네덜란드 등의 지원을 받아 요크타운 전투에서 승리했다.
③ 1783년 파리 조약으로 평화 협정을 맺고 영국이 독립을 인정했다.
④ 프랑스 혁명과 달리 영국으로부터 독립하는 것만을 목적으로 하였다.

해설

미국의 독립혁명(1775년)은 영국으로부터 독립하는 것이 주된 목적이었으나 절대군주제에 대항하며 자연적 평등과 권리를 주장했고, 민주적인 정치형태를 수립하고자 한 점에서 프랑스 혁명과 유사하다.

43 다음 중 청 말기 서양 기술의 도입으로 부국강병을 이루고자 한 근대화 운동은 무엇인가?

① 양무운동 ② 태평천국 운동
③ 의화단 운동 ④ 인클로저 운동

해설

당시 아편 전쟁과 애로호 사건을 겪으며 서양의 군사적 위력을 알게 된 청조는 서양 문물을 도입하고 군사・과학・통신 등을 개혁(양무운동)함으로써 부국강병을 이루고자 했으나 1894년 청일 전쟁의 패배로 좌절되었다.

정답 39 ② 40 ④ 41 ① 42 ④ 43 ①

44 다음 중 시기적으로 가장 먼저 일어난 사건은 무엇인가?

① 청교도 혁명
② 갑오개혁
③ 프랑스 혁명
④ 신해혁명

해설

① 청교도 혁명(1640 ~ 1660년)
③ 프랑스 혁명(1789 ~ 1794년)
② 갑오개혁(1894 ~ 1896년)
④ 신해혁명(1911년)

45 다음의 사상을 바탕으로 전개된 중국의 민족운동으로 옳은 것은?

- 만주족을 몰아내고 우리 한족 국가를 회복한다.
- 이제는 평민혁명에 의해 국민 정부를 세운다. 무릇 국민은 평등하게 참정권을 갖는다.
- 사회・경제 조직을 개량하고 천하의 땅값을 조사하여 결정해야 한다.

① 양무운동
② 신해혁명
③ 의화단 운동
④ 태평천국 운동

해설

제시된 내용은 쑨원이 제창하였던 민족주의, 민권주의, 민생주의의 삼민주의를 설명한 것이다. 이 사상을 바탕으로 한 신해혁명은 1911년에 청나라를 멸망시키고 중화민국을 세운 민주주의 혁명이다.

46 다음 중 제1차 세계대전 이후의 세계 정세에 대한 설명으로 옳지 않은 것은?

① 얄타 회담에서 전후 국제기구 설립에 합의하였다.
② 독일과 연합국 사이의 강화 조약으로 베르사유 조약이 체결되었다.
③ 세계 평화를 유지하기 위한 최초의 국제평화기구인 국제연맹이 만들어졌다.
④ 전후 문제 처리를 위하여 파리 강화 회의가 개최되었다.

해설

제2차 세계대전 이후 얄타 회담에서 전후 국제기구 설립에 합의하면서 국제연합이 창설되었다.

47 제2차 세계대전과 관련된 다음의 사건들 중 가장 먼저 일어난 것은?

① 얄타 회담　　② 나가사키 원폭 투하
③ UN 창설　　④ 카이로 회담

해설

카이로 회담은 제2차 세계대전 때 이집트의 카이로에서 개최된 것으로 1943년 11월에 제1차 카이로 회담이, 그해 12월에 제2차 카이로 회담이 열렸다.

오답분석

① 얄타 회담 : 1945년 2월 4 ~ 11일
② 나가사키 원폭 투하 : 1945년 8월 9일
③ UN 창설 : 1945년 10월 24일

48 국제연합에 대한 설명으로 옳지 않은 것은?

① 미국과 영국의 대서양 헌장을 기초로 결성되었다.
② 안전보장이사회의 상임이사국은 거부권을 행사할 수 있다.
③ 소련과 미국이 참여함으로써 세계 중심 기구로 자리 잡았다.
④ 독일과 일본은 제2차 세계대전을 일으킨 국가로서 가입하지 못하였다.

해설

국제연합(UN)은 미국의 루스벨트 대통령과 영국의 처칠 총리가 발표한 대서양 헌장(1941년)을 기초로 결성되었다. 제1차 세계대전 후 결성된 국제연맹에 소련과 미국이 불참한 것과 달리 국제연합에는 소련과 미국이 참여함으로써 현재까지 세계 중심 기구의 역할을 하고 있다. 독일, 일본은 제2차 세계대전을 일으킨 국가였지만 국제연합에 가입되어 있다.

49 제1 · 2차 세계대전과 관련하여 열린 국제회담을 순서대로 바르게 나열한 것은?

① 베르사유 조약 – 카이로 회담 – 얄타 회담 – 포츠담 선언
② 카이로 회담 – 얄타 회담 – 포츠담 선언 – 베르사유 조약
③ 얄타 회담 – 포츠담 선언 – 베르사유 조약 – 카이로 회담
④ 포츠담 선언 – 베르사유 조약 – 카이로 회담 – 얄타 회담

해설

베르사유 조약(1919) → 카이로 회담(1943) → 얄타 회담(1945.2) → 포츠담 선언(1945.7)

정답 44 ① 45 ② 46 ① 47 ④ 48 ④ 49 ①

CHAPTER

07 국 어

01 '앵두꽃이 핀 울타리 밑에서 삽살개가 졸고 있다.'의 문장은 몇 개의 단어로 구성되어 있는가?

① 10　　② 8

③ 15　　④ 7

해설

앵두꽃/이/핀/울타리/밑/에서/삽살개/가/졸고/있다.

02 단어는 갈래로 보아 단일어, 파생어, 합성어의 세 가지 종류가 있다. 다음 중 파생어로만 짝지어진 것은?

① 숫눈, 늙다리, 맨손

② 맨손, 부삽, 치솟다

③ 갓스물, 초하루, 부삽

④ 덧신, 애당초, 돌아가다

해설

- 파생어 : 숫눈, 늙다리, 맨손, 치솟다, 덧신, 애당초
- 합성어 : 들꽃, 부삽, 돌아가다

03 다음 중 독립성이 강한 품사는?

① 명 사　　② 대명사

③ 감탄사　　④ 동 사

해설

감탄사는 독립적으로 쓰이며 다른 성분과의 관계가 적다. 각 품사의 자립성의 정도는 감탄사 > 체언 > 부사 > 관형사의 순이다.

04 다음 중 이어진 문장이 아닌 것은?

① 영희가 예쁜 꽃 한 송이를 주었다.
② 그가 물어보기에 그냥 대답했을 뿐입니다.
③ 눈은 내리지만 갈 길을 가야 해.
④ 이번 대회는 서울과 인천에서 열린다.

해설

이어진 문장은 두 개 이상의 홑문장이 연결어미에 의해 결합된 것으로 대등하게 이어진 것과 종속적으로 이어진 것이 있다.

예 철수는 서울로 갔고, 철호는 부산으로 갔다. (대등적)
서리가 내리면 나뭇잎이 빨갛게 물든다. (종속적)

- 문장의 이어짐 : 두 문장으로 분리할 수 있다.
  예 서울과 부산은 인구가 많다. – 서울은 인구가 많다. 부산은 인구가 많다.
- 단어의 이어짐 : 두 문장으로 분리할 수 없다.
  예 철수와 영철이는 닮았다.

05 다음 중 '안긴문장'에 해당하지 않는 것은?

① 누군가가 부르짖는 소리가 들린다.
② 아무도 그가 사장임을 믿지 않는다.
③ 저 차는 소리도 없이 굴러가는구나.
④ 서울과 부산에서 사람들이 왔습니다.

해설

안긴문장의 유형

- 명사절로 안긴문장 → 철수가 축구에 소질이 있음이 밝혀졌다.
- 관형절로 안긴문장 → 그 분이 노벨상을 타게 되었다는 소문이 있다.
- 서술절로 안긴문장 → 이 책은 글씨가 너무 잘다.
- 부사절로 안긴문장 → 산 그림자가 소리도 없이 다가온다.
- 인용절로 안긴문장 → 나는 철수의 말이 옳다고 생각했다.

06 다음에서 '안'부정문만이 이룰 수 있는 용언은?

① 견디다 ② 보다
③ 알다 ④ 슬프다

해설

④는 형용사로서 '못'부정문에 쓰이지 않는다.

오답분석

②는 동사로서 '안'부정문과 '못'부정문 모두 가능하며 ①·③은 '못'부정문만 가능하다.

정답 01 ① 02 ① 03 ③ 04 ① 05 ④ 06 ④

07 음운에 대한 설명으로 올바른 것은?

① 말의 뜻을 구별해 주는 소리
② 실제로 발음되는 구체적인 소리
③ 물리적 · 개별적인 소리
④ 문자로 일일이 기록할 수 없을 만큼 그 수가 다양한 소리

해설

음운은 말의 뜻을 구별해 주는 소리의 단위로서 심리적 · 관념적 · 추상적이며 변별적인 말소리이다.

오답분석

②·③·④는 음성에 대한 설명이다.

08 다음 중 구개음화에 대해 잘못 설명한 것은?

① 동화를 일으키는 것은 'ㅣ'나 반모음 'ㅣ'다.
② 모음의 영향을 받아 자음이 변한다.
③ 역행동화이며 불완전동화이다.
④ 맞춤법으로는 음운 변화 후의 형태를 적는다.

해설

구개음화(口蓋音化)는 끝소리가 'ㄷ, ㅌ'인 형태소가 'ㅣ'나 반모음 'ㅣ'로 시작되는 형식 형태소와 만나서 구개음 'ㅈ, ㅊ'으로 발음되는 현상이다.

표준 발음으로 인정되는 구개음화

ㄷ, ㅌ + 이 → ㅈ, ㅊ ⇒ 해돋이[해도지], 같이[가치]

방언에서의 구개음화

- ㄱ → ㅈ : 길 → 질
- ㄲ → ㅉ : 끼다 → 찌다
- ㅋ → ㅊ : 키 → 치
- ㅎ → ㅅ : 힘 → 심, 형님 → 셩님 → 성님

09 다음 중 사이시옷 표기가 틀린 것은?

① 곳간(庫間)
② 셋방(貰房)
③ 찻간(車間)
④ 갓법(加法)

해설

현행 맞춤법 규정상, 두 음절로 된 한자어 중에서는 다음 6개의 단어에만 사잇소리를 인정한다.

예 곳간(庫間), 찻간(車間), 셋방(貰房), 툇간(退間), 숫자(數字), 횟수(回數)

10 다음 괄호 안에 들어갈 알맞은 단어는?

용기 : 투사 = 지혜 : (　　)

① 철학자　② 소설가
③ 조련사　④ 점술가

해설

오답분석

② 상상력 – 소설가
③ 기술 – 조련사
④ 예언 – 점술가

11 다음 중 '반박하다'의 반의어는?

① 부정하다　② 수긍하다
③ 거부하다　④ 비판하다

해설

• 반박하다 : 어떤 의견, 주장, 논설 따위에 반대하여 말하다.
• 수긍하다 : 옳다고 인정하다.

12 다음 중 어문 규정에 관한 내용으로 바르지 않은 것은?

① 표준어는 교양 있는 사람들이 두루 쓰는 현대 서울말로 정함을 원칙으로 한다.
② 표준 발음법은 표준어의 실제 발음을 따른다.
③ 외래어 표기의 받침은 'ㄱ, ㄴ, ㄹ, ㅁ, ㅂ, ㅅ, ㅇ'만을 쓴다.
④ 국어의 로마자 표기는 한글 맞춤법에 따라 적는다.

해설

국어의 로마자 표기는 국어의 표준 발음법에 따라 적는 것이 원칙이다.

정답 07 ① 08 ④ 09 ④ 10 ① 11 ② 12 ④

13 다음 중 한글 맞춤법 규정에 맞는 것은?

① 한글 맞춤법은 서울 지역어를 소리대로 적되 어순에 맞도록 함을 원칙으로 한다.
② 한글 맞춤법은 표준어를 소리대로 적되 실용성에 맞도록 함을 원칙으로 한다.
③ 한글 맞춤법은 서울 지역어를 소리대로 적되 어법에 맞도록 함을 원칙으로 한다.
④ 한글 맞춤법은 표준어를 소리대로 적되 어법에 맞도록 함을 원칙으로 한다.

해설

한글 맞춤법 제1장 총칙
제1항 한글 맞춤법은 표준어를 소리대로 적되, 어법에 맞도록 함을 원칙으로 한다.
제2항 문장의 각 단어는 띄어 씀을 원칙으로 한다.
제3항 외래어는 '외래어 표기법'에 따라 적는다.

14 다음 중 어문 규정에 맞게 쓰인 것은?

① 맞춤법 - 얼룩이, 빼꾸기
② 표준 발음 - 결단력[결딴력]
③ 띄어쓰기 - 그녀는 이제 스물일곱 살을 막 넘겼다.
④ 외래어 표기 - flash → 플래쉬

해설

수를 적을 때에는 '만(萬)'단위로 띄어 쓰므로[한글 맞춤법 제44항] '스물일곱'은 붙여 쓰고, 단위를 나타내는 명사 '살'은 띄어 쓴다[제43항]. 따라서 '스물일곱 살'로 쓰는 것이 옳다.

오답분석

① '하다'나 '-거리다'가 붙을 수 없는 어근에 '-이'나 또는 다른 모음으로 시작되는 접미사가 붙어서 명사가 된 것은 그 원형을 밝히어 적지 않으므로, '얼루기'가 옳은 표기이다. → 한글 맞춤법 제23항
② 결단력[결딴녁]이 옳은 발음이다. 'ㄴ'은 'ㄹ'의 앞이나 뒤에서 [ㄹ]로 발음하지만, 다음과 같은 단어들은 'ㄹ'을 [ㄴ]으로 발음한다. → 표준 발음법 제20항
예 결단력[결딴녁], 의견란[의견난], 임진란[임진난], 생산량[생산냥], 상견례[상견녜], 입원료[이붠뇨] 등
④ 어말의 [ʃ]는 '시'로 적어야 하므로, '플래시'로 적어야 한다. → 외래어 표기법 제3항

15 다음 중 띄어쓰기가 바르게 쓰인 것은?

① 천 원밖에
② 사과는 커녕
③ 철수 뿐이었다.
④ 떠난지

해설

단위를 나타내는 의존 명사는 띄어 쓰며 '밖에'는 조사이므로 앞말과 붙여 쓴다.

오답분석

②·③ '커녕'과 '뿐'은 조사로 쓰였으므로 앞말에 붙여 써야 한다.
④ 의존 명사는 띄어 써야 하므로 '떠난 지'가 옳다.

16 다음은 한글 맞춤법의 총칙이다. 이 규정에 맞게 사용된 것은?

> 제1항 한글 맞춤법은 표준어를 소리대로 적되 어법에 맞도록 함을 원칙으로 한다.
> 제2항 문장의 각 단어는 띄어 씀을 원칙으로 한다.
> 제3항 외래어는 '외래어 표기법'에 따라 적는다.

① '너 마저'는 '너마저'로 붙여 써야 한다.

② '입원료'는 [이뭔뇨]로 발음한다.

③ '구경만 할뿐'에서의 '뿐'은 앞말과 붙여 써야 한다.

④ 'Juice'는 '쥬스'로 표기한다.

해설

'마저'는 '이미 어떤 것이 포함되고 그 위에 더함의 뜻을 나타내는, 즉 하나 남은 마지막'이라는 뜻의 보조사이다. 조사는 그 앞말에 붙여 쓰는 것이 원칙이므로 '너마저'로 쓰는 것이 맞다. → 제41항

오답분석

② 'ㄹ'은 [ㄴ]으로 발음하므로 [이뭔뇨]가 옳은 발음이다. → 표준 발음법 제20항 붙임
③ '뿐'이 의존 명사로 쓰일 때에는 띄어 써야 하므로 '할 뿐'으로 띄어 써야 한다. → 제42항
④ 'ㅈ' 다음에는 이중모음을 쓰지 않는 것이 원칙이므로 '주스'로 표기해야 한다.

17 다음 중 혼동하기 쉬운 단어를 구별하여 사용한 예로 잘못된 것은?

① 파도가 뱃전에 부딪쳤다.
한눈을 팔다가 전봇대에 머리를 부딪혔다.

② 영화를 보면서 시간을 보냈다.
약속한 시각에 맞추어 모임 장소에 나갔다.

③ 소에 받혀 크게 다쳤다.
젓국을 밭쳐 놓았다.

④ 이 안은 수차례의 협의 끝에 마련한 것이다.
예상 밖으로 노사 간의 합의가 쉽게 이루어졌다.

해설

'부딪히다'는 '예상하지 못한 일이나 상황 따위에 직면하다' 또는 '부딪다'의 피동으로 쓰이는 말이다. '부딪치다'는 '무엇과 무엇이 힘 있게 마주 닿거나 마주 대다'를 의미하는 '부딪다'의 강조형이다. 따라서 '파도가 뱃전에 부딪혔다.', '한눈을 팔다가 전봇대에 머리를 부딪쳤다.'로 써야 한다.

오답분석

② • 시간(時間) : 어떤 시각에서 다른 시각까지의 동안, 또는 그 길이
• 시각(時刻) : 시간의 어느 한 시점, 또는 짧은 시간
③ • 받히다 : '뿔이나 머리 따위로 세차게 부딪치다'의 의미인 '받다'의 피동
• 밭치다 : '건더기와 액체가 섞인 것을 체나 거르기 장치에 따라서 액체만을 따로 받아 내다'의 의미인 '밭다'의 강조형
④ • 협의(協議) : 여러 사람이 모여 서로 의논함
• 합의(合意) : 서로 의견이 일치함, 또는 그 의견

정답 13 ④ 14 ③ 15 ① 16 ① 17 ①

18 다음 중 표준 발음인 것은?

① 밟고[발꼬]　　② 밟지[발찌]
③ 넓죽하다[널쭈카다]　　④ 떫다[떨 : 따]

해설

겹받침 'ㄼ'은 어말 또는 자음 앞에서 [ㄹ]로 발음하므로 [떨 : 따]는 옳은 발음이다. → 표준 발음법 제10항

오답분석

①·② '밟-'은 자음 앞에서 [밥]으로 발음하므로 [밥 : 꼬], [밥 : 찌]가 옳은 발음이다. → 표준 발음법 제10항
③ [넙쭈카다]가 옳은 발음이다. → 표준 발음법 제10항

19 다음 중 밑줄 친 외래어 표기가 바르게 쓰인 것은?

① 서류가 캐비닛에 들어 있다.
② 그는 노래를 잘 불러 앵콜 신청을 받았다.
③ 북한 사람들은 김일성 뱃지를 달고 다닌다.
④ 그는 닝겔을 맞고 기력을 되찾았다.

해설

외래어는 외래어 원음을 최대한 고려하여 본래 발음에 가깝게 표기하므로 '캐비닛(Cabinet)'은 옳은 표기이다.

오답분석

② 앵콜 → 앙코르, ③ 뱃지 → 배지, ④ 닝겔 → 링거

20 다음 중 로마자 표기가 바르게 쓰인 것은?

① 강원도 – Kangwon–do
② 경상북도 – Gyungsangbuk–do
③ 충청남도 – Chungcheongnam–do
④ 전라북도 – Jeonlabuk–do

해설

오답분석

① 첫 음절 'ㄱ'은 모음 앞에서는 'g'로 표기해야 하므로, 'Gangwon–do'가 옳은 표기이다. → 로마자 표기법 제2장 제2항 붙임1
② '경'의 'ㅕ'는 'yeo'이므로 'Gyeongsangbuk–do'로 표기해야 한다.
④ 로마자는 국어의 표준 발음법에 따라 적어야 하므로 유음화되어 [절라북도]로 발음되는 것을 고려해 'Jeollabuk–do'로 쓴다.

21 '죽은 뒤에도 은혜를 갚는다'는 뜻의 사자성어는?

① 犬馬之勞 ② 刮目相對
③ 管鮑之交 ④ 結草報恩

해설
결초보은(結草報恩) : '풀을 맺어 은혜를 갚는다'는 뜻으로 죽어 혼령이 되어서도 은혜를 잊지 않고 갚는다는 뜻

오답분석
① 犬馬之勞(견마지로) : 자기의 노력을 낮추어 일컫는 말
② 刮目相對(괄목상대) : 남의 학식이나 재주가 갑자기 늘어난 것에 놀라는 것을 일컫는 말
③ 管鮑之交(관포지교) : 지극히 친밀한 교제 관계를 뜻함

22 '작은 일에 치중하다가 큰일을 망친다'는 뜻의 사자성어는?

① 矯角殺牛 ② 牽强附會
③ 緣木求魚 ④ 寸鐵殺人

해설
교각살우(矯角殺牛) : 소뿔 고치려다 소를 잡는다는 뜻으로, 잘못된 점을 고치려다가 그 방법이 지나쳐 오히려 일을 그르침

오답분석
② 견강부회(牽强附會) : 말을 억지로 끌어다가 이치에 맞추어 댐
③ 연목구어(緣木求魚) : 나무에 올라가 고기를 구하듯 불가능한 일을 하고자 할 때를 비유
④ 촌철살인(寸鐵殺人) : 말 한마디로 어떤 일의 급소를 찔러 사람을 감동시킴

23 망국(亡國)에 대한 한탄을 가리키는 사자성어는?

① 亡羊之歎 ② 風樹之嘆
③ 髀肉之歎 ④ 麥秀之歎

해설
맥수지탄(麥秀之歎) : 나라의 멸망을 한탄함

오답분석
① 망양지탄(亡羊之歎) : 학문의 길이 다방면으로 갈려 진리를 얻기 어려움을 한탄함
② 풍수지탄(風樹之嘆) : 부모가 이미 세상을 떠나 효도를 할 수 없음을 한탄함
③ 비육지탄(髀肉之歎) : 실력을 발휘하여 공을 세울 기회를 잃고 허송세월 하는 것을 탄식함

정답 18 ④ 19 ① 20 ③ 21 ④ 22 ① 23 ④

24 '금상첨화(錦上添花)'와 상대적 의미로 쓰이는 사자성어는?

① 錦衣還鄕　　② 身言書判
③ 群鷄一鶴　　④ 雪上加霜

해설

• 금상첨화(錦上添花) : 좋고 아름다운 것에 더 좋고 아름다운 일이 더하여짐 ↔ 설상가상
• 설상가상(雪上加霜) : 눈 위에 서리가 덮인다는 뜻, 난처한 일이나 불행이 잇달아 일어남

오답분석

① 금의환향(錦衣還鄕) : 벼슬하여 혹은 성공하여 고향에 돌아옴
② 신언서판(身言書判) : 인물을 선택하는 표준으로 삼던 네 가지 → 신수・말씨・글씨・판단력
③ 군계일학(群鷄一鶴) : 닭 무리의 한 마리 학이란 뜻으로 여럿 가운데서 가장 뛰어난 사람

25 새로운 변화에 따를 줄 모르고 옛날 생각만으로 어리석게 행동하는 것은?

① 곡학아세(曲學阿世)　　② 각주구검(刻舟求劍)
③ 어부지리(漁父之利)　　④ 온고지신(溫故知新)

해설

각주구검(刻舟求劍) : 배를 타고 나루를 건너다가 물속에 칼을 떨어뜨리고 배가 움직이고 있는 것은 생각하지도 않고 뱃전에 칼자국을 내어 표시해 두었다가 뒤에 칼을 찾을 정도로 시세의 추이에 융통성이 없음을 비유한 말

오답분석

① 곡학아세(曲學阿世) : 옳지 못한 학문을 하여 세속의 인기(人氣)를 끌려함
③ 어부지리(漁父之利) : 황새가 조개를 먹으려다 그 주둥이를 조개껍질에 잡혀 서로 다투는 중 어부가 지나다가 보고 둘 다 잡았다는 이야기에서 나온 말로 양자(兩者)가 다투는 통에 제삼자가 이익을 보게 됨을 이름
④ 온고지신(溫故知新) : 옛 것을 익혀 새로운 것을 앎

26 다음 속담 (가)와 사자성어 (나)의 뜻이 잘못 연결된 것은?

	(가)	(나)
①	낫 놓고 기역자 모른다	目不識丁
②	소잃고 외양간 고친다	死後藥方文
③	열 번 찍어 안 넘어가는 나무가 없다	磨斧爲針
④	하룻강아지 범 모른다	養虎遺患

해설

양호유환(養虎遺患)은 '범을 길러 후환을 남긴다'라는 뜻으로 화근을 길러 근심을 남김을 비유한 말이다.

27 다음 중 가을을 나타내는 한자표현이 아닌 것은?

① 처서(處暑)　② 경칩(驚蟄)
③ 한로(寒露)　④ 상강(霜降)

해설

경칩(驚蟄)은 '동물이 겨울잠에서 깨어난다(3월 5일경)'는 뜻으로 봄을 나타내는 표현이다.

28 나이 '77세'를 지칭하는 한자표현은?

① 고희(古稀)　② 산수(傘壽)
③ 희수(喜壽)　④ 미수(米壽)

해설

희수(喜壽) : 77세, '喜'자의 초서체가 '七十七'과 비슷한 데서 유래

오답분석

① 고희(古稀) : 70세, 두보의 시에서 유래, 사람의 나이 70세는 예부터 드문 일
② 산수(傘壽) : 80세, '傘'자를 풀면 '八十'이 되는 데서 유래
④ 미수(米壽) : 88세, '米'자를 풀면 '八十八'이 되는 데서 유래

29 '돌아가신 아버지'를 지칭하는 한자표현이 아닌 것은?

① 선친(先親)　② 선고(先考)
③ 선부군(先父君)　④ 선비(先妣)

해설

'선비(先妣)'는 돌아가신 어머니를 지칭하는 표현이다. 돌아가신 아버지를 지칭할 때는 '선친(先親)', '선고(先考)', '선부군(先父君)'이라는 표현을 쓴다.

30 다음 중 문학의 4대 갈래에 속하지 않는 것은?

① 시　② 수 필
③ 소 설　④ 평 론

해설

문학의 4대 갈래는 시, 소설, 희곡, 수필이다.

정답　24 ④　25 ②　26 ④　27 ②　28 ③　29 ④　30 ④

※ 다음 글을 읽고 물음에 답하시오. [31~34]

장인님이 일어나라고 해도 내가 안 일어나니까 눈에 독이 올라서 저 편으로 힝하게 가더니 지게막대기를 들고 왔다. 그리고 그걸로 내 허리를 마치 들떠 넘기듯이 쿡 찍어서 넘기고 넘기고 했다. 밥을 잔뜩 먹어 딱딱한 배가 그럴 적마다 퉁겨지면서 ⓐ 밸창이 꼿꼿한 것이 여간 켕기지 않았다. 그래도 안 일어나니까 이번에는 배를 지게막대기로 위에서 쿡쿡 찌르고 발길로 옆구리를 차고 했다. 장인님은 원체 ⓑ 심청이 궂어서 그러지만 나도 저만 못하지 않게 배를 채었다. 아픈 것을 눈을 꽉 감고 넌 해라 난 재밌단 듯이 있었으나 볼기짝을 후려갈길 적에는 나도 모르는 결에 벌떡 일어나서 그 수염을 잡아챘다. 마는 내 골이 난 것이 아니라 정말은 아까부터 벽 뒤 울타리 구멍으로 점순이가 우리들의 꼴을 몰래 엿보고 있었기 때문이다. 가뜩이나 말 한 마디 톡톡히 못 한다고 바라보는데 매까지 잠자코 맞는 걸 보면 ⓒ 짜장 바보로 알 게 아닌가. 또 점순이도 미워하는 이까짓 놈의 장인님하곤 아무것도 안 되니까 막 때려도 좋지만 사정 보아서 수염만 채고 (제 원대로 했으니까 이 때 점순이는 퍽 기뻤겠지.) 저기까지 잘 들리도록

"㉠ 이걸 까셀라부다!"

하고 소리를 쳤다.

장인님은 더 약이 바짝 올라서 잡은 참 지게막대기로 내 어깨를 그냥 내려 갈겼다. 정신이 다 아찔하다. 다시 고개를 들었을 때 그때엔 나도 온몸에 약이 올랐다. 이 녀석의 장인님을, 하고 눈에서 불이 퍽 나서 그 아래 밭 있는 ⓓ 넝 알로 그대로 떠밀어 굴려 버렸다.

"부려만 먹구 왜 성례 안 하지유"

나는 이렇게 호령했다.

– 김유정, 〈봄·봄〉

31 다음 중 ㉠에 대한 설명으로 바른 것은?

① 잔뜩 약이 올라서 하는 말이다.

② 혼자서 마음속으로 하는 말이다.

③ 진심과는 달리 억지로 지어내어 하는 말이다.

④ 누군가를 염두에 두고 허세(虛勢)를 부리는 말이다.

해설

'나'는 점순이가 엿보고 있는 것을 알고 있으며, 그래서 사정을 보아 가면서도 짐짓 허세를 부려 소리치고 있음을 알 수 있다.

32 위 글에 나타난 해학성을 뒷받침하는 요소로 적절하지 않은 것은?

① 예상치 못한 행동의 전개
② 상반되는 성격의 인물 등장
③ 간결한 독백체 문장의 사용
④ 희극적이고 과장된 상황 설정

해설

<봄·봄>의 해학성은 데릴사위가 장인의 바짓가랑이를 잡아당기는 것과 같은 예상치 못한 행동, 의뭉스런 장인과 순박한 '나'의 성격 대비, 장인과 주인공이 번갈아 바짓가랑이를 잡아당기는 희극적이고 과장된 상황 설정, 익살스럽고 토속적인 어휘의 사용 등에 의해 형성되고 있다.

33 다음 중 ⓐ~ⓓ의 의미가 바른 것은?

① ⓐ 창자, 배알
② ⓑ 맑은 마음
③ ⓒ 거짓으로
④ ⓓ 이랑

해설

오답분석

ⓑ '심술'의 사투리, ⓒ 정말로, ⓓ 둔덕

34 위 글에서 화자의 말투와 거리가 먼 것은?

① 고백체의 어투를 쓰고 있다.
② 주로 문어체를 구사하고 있다.
③ 비속어를 쓰기도 한다.
④ 설명하는 어투로 호흡은 긴 편이다.

해설

화자는 주로 구어체를 쓰고 있다.

정답 31 ④ 32 ③ 33 ① 34 ②

※ 다음 글을 읽고 물음에 답하시오. [35~39]

유리(琉璃)에 ⓐ 차고 슬픈 것이 어른거린다.
열없이 붙어 서서 입김을 흐리우니
길들은 양 ⓑ 언 날개를 파다거린다.
㉠ 지우고 보고 지우고 보아도
ⓒ 새까만 밤이 밀려 나가고 밀려와 부딪히고,
㉡ 물 먹은 별이, 반짝, 보석(寶石)처럼 백힌다.
밤에 홀로 유리를 닦는 것은
외로운 황홀한 심사이어니,
고흔 폐혈관(肺血管)이 찢어진 채로
아아, 늬는 ⓓ 산(山)ㅅ새처럼 날러갔구나!

– 정지용, 〈유리창 1〉

35 위 글에서 지시하는 대상이 동일한 것으로 볼 수 없는 것은?

① 차고 슬픈 것
② 언 날개
③ 물 먹은 별
④ 유 리

해설

위 글에서 지시하는 시적 대상은 죽은 아들이다. 그러나 '유리(琉璃)'는 죽은 아들과 시적 화자(아버지)를 연결시켜 주는 기능과 단절시키는 이중적 기능을 한다.

36 위 글에 대한 설명으로 옳지 않은 것은?

① 시각적 심상을 효과적으로 사용하고 있다.
② 대화 형식을 통해 극적인 느낌이 들도록 형상화하고 있다.
③ 감상적 정서를 절제하여 표현하고 있다.
④ 모순 어법을 구사하여 시어의 함축성을 높이고 있다.

해설

이 시는 대화적 형식과 관계가 없으며, 자식을 잃은 아버지의 슬픔을 애상적 어조로 담담하게 그리고 있다.

37 밑줄 친 ㉠에 담긴 의미에 대한 설명으로 적절한 것은?

① 화자가 얼른 날이 밝아 어둠이 물러가기를 바라고 있음을 알 수 있다.
② 화자와 아이를 가로막는 존재가 무엇인지를 알 수 있다.
③ 죽은 자식에 대한 그리움이 절실함을 알 수 있다.
④ 죽은 자식의 행동을 따라해 보고 있다.

해설

유리창을 닦는 것은 유리창에 어른거리는 아이의 모습을 더 잘 볼 수 있도록 하기 위한 것이다.

38 밑줄 친 ㉡에 대한 설명으로 옳지 않은 것은?

① 화자의 눈에는 눈물이 고여 있다.
② '별, 보석'은 죽은 자식을 가리킨다.
③ 시적 대상과 감정적으로 거리를 두고 매우 객관적인 위치에서 슬픔을 조망하였다.
④ 죽은 아이의 영상을 비유적으로 표현하였다.

해설

㉡에는 시적 화자의 감정이 대상에 이입되어 있다.

39 ⓐ~ⓓ 중 시적인 의미가 다른 하나는?

① ⓐ 차고 슬픈 것
② ⓑ 언 날개를 파다거린다
③ ⓒ 새까만 밤
④ ⓓ 산(山)ㅅ새

해설

ⓒ 죽은 자식과의 단절감을 비유함

오답분석

ⓐ·ⓑ·ⓓ 죽은 자식을 비유적으로 표현함

정답 35 ④ 36 ② 37 ③ 38 ③ 39 ③

성공한 사람은 대개 지난번 성취한 것보다 다소 높게,
그러나 과하지 않게 다음 목표를 세운다.
이렇게 꾸준히 자신의 포부를 키워 간다.

- 커트 르윈 -

PART 4

NCS 직업기초능력평가

작은 기회로부터 종종 위대한 업적이 시작된다.

– 데모스테네스 –

CHAPTER

01 의사소통능력

01 다음 (가) ~ (라) 문단을 논리적 순서대로 바르게 나열한 것은?

> (가) 여기에 반해 동양에서는 보름달에 좋은 이미지를 부여한다. 예를 들어, 우리나라의 처녀귀신이나 도깨비는 달빛이 흐린 그믐 무렵에나 활동하는 것이다. 그런데 최근에는 동서양의 개념이 마구 뒤섞여 보름달을 배경으로 악마의 상징인 늑대가 우는 광경이 동양의 영화에 나오기도 한다.
>
> (나) 동양에서 달은 '음(陰)'의 기운을, 해는 '양(陽)'의 기운을 상징한다는 통념이 자리를 잡았다. 그래서 달을 '태음', 해를 '태양'이라고 불렀다. 동양에서는 해와 달의 크기가 같은 덕에 음과 양도 동등한 자격을 갖춘다. 즉, 음과 양은 어느 하나가 좋고 다른 하나는 나쁜 것이 아니라 서로 보완하는 관계를 이루는 것이다.
>
> (다) 옛날부터 형성된 이러한 동서양 간의 차이는 오늘날까지 영향을 끼치고 있다. 동양에서는 달이 밝으면 달맞이를 하는데, 서양에서는 달맞이를 자살 행위처럼 여기고 있다. 특히 보름달은 서양인들에게 거의 공포의 상징과 같은 존재이다. 예를 들어, 13일의 금요일에 보름달이 뜨게 되면 사람들이 외출조차 꺼린다.
>
> (라) 하지만 서양의 경우는 다르다. 서양에서 낮은 신이, 밤은 악마가 지배한다는 통념이 자리를 잡았다. 따라서 밤의 상징인 달에 좋지 않은 이미지를 부여하게 되었다. 이는 해와 달의 명칭을 보면 알 수 있다. 라틴어로 해를 'Sol', 달을 'Luna'라고 하는데 정신병을 뜻하는 단어 'Lunacy'의 어원이 바로 'Luna'이다.

① (가) – (나) – (라) – (다)

② (나) – (다) – (가) – (라)

③ (나) – (라) – (다) – (가)

④ (다) – (나) – (라) – (가)

02 김상수 부장은 박정수 부장의 조언에 따라 부하직원들에게 〈보기〉와 같이 말하였다. 이때, 김상수 부장이 박정수 부장의 조언을 제대로 활용하지 못한 대화는 무엇인가?

김상수 부장 : 요즘 우리 부서 직원들이 실수를 자주 하는데, 어떻게 꾸짖어야 하는지 잘 모르겠어. 혹시 내가 말을 잘못해서 상처받지 않을까 하고 그냥 참고 있는데, 좋은 방법이 없을까?
박정수 부장 : 아, 그럴 때는 상황에 맞는 의사표현법을 써야지. 상대방의 기분을 해치지 않으면서도 효과적으로 내 의사를 전달할 수 있게 말이야.
김상수 부장 : 그래? 몇 가지 방법 좀 알려줄 수 있어?
박정수 부장 : 부하 직원이 잘못을 저질렀을 때는, 본인이 알 수 있도록 확실하게 지적해야 해. 괜히 돌려 말한다고 모호한 말로 얘기하면 설득력이 떨어져. 그리고 이왕 꾸짖는 거니 그동안 잘못했던 일을 한꺼번에 얘기하면 서로 불편한 일 여러 번 하지 않아서 좋지.
김상수 부장 : 그렇군.
박정수 부장 : 그리고 질책만 하지 말고, 칭찬을 먼저하고 질책을 한 다음, 끝에 격려의 말을 한다면 더 좋을 거야.
김상수 부장 : 그래. 너무 질책만 하면 의기소침해 질 수 있으니까.
박정수 부장 : 또 충고해야 할 때는 속담이나 예화를 들어 비유법으로 깨우쳐주면 듣는 사람도 이해하기가 쉽겠지. 그리고 충고는 가급적이면 최후의 수단으로 하는 것이 좋아. 그나저나, 우리 부서 강과장이 연단공포증이 있어서 큰일이야. 지난번에 실적 발표를 하면서 덜덜 떨던 거 자네도 기억하나? 앞으로 많은 사람 앞에서 발표할 일이 많을 텐데 어떻게 해줘야 할지 모르겠어.

보기

ㄱ. '두 마리 토끼를 잡으려다 한 마리도 못 잡는다'라는 말이 있지 않나. 너무 욕심 부리지 말고 지금 진행하고 있는 프로젝트부터 끝내도록 하게.
ㄴ. 보고서 21페이지의 표가 잘못되었어. 2023년이 아니라 2024년 수치로 넣도록 해.
ㄷ. 최근 고객으로부터 자네가 불친절하다는 항의를 들었어. 고객대응 매뉴얼을 다시 한 번 정독하고 앞으로는 이런 얘기가 나오지 않도록 하게.
ㄹ. 계약서를 이렇게 쓰면 어떻게 하나. 그래도 채대리는 꼼꼼한 성격이니 다음부터는 이런 실수가 없을 거야. 기운 내도록 해.
ㅁ. 최사원의 이번 기획안이 참 좋네. 세부 계획의 내용이 좀 부족한데 그 부분을 상세하게 수정하면 잘 될 걸세.

① ㄱ
② ㄹ
③ ㄴ, ㄷ
④ ㄷ, ㅁ

03 다음은 노인장기요양보험법의 일부이다. 이를 이해한 내용으로 적절하지 않은 것은?

> **국가 및 지방자치단체의 책무 등(제4조)**
> ① 국가 및 지방자치단체는 노인이 일상생활을 혼자서 수행할 수 있는 온전한 심신상태를 유지하는 데 필요한 사업(이하 "노인성질환 예방사업"이라 한다)을 실시하여야 한다.
> ② 국가는 노인성질환 예방사업을 수행하는 지방자치단체 또는 국민건강보험법에 따른 국민건강보험공단(이하 "공단"이라 한다)에 대하여 이에 소요되는 비용을 지원할 수 있다.
> ③ 국가 및 지방자치단체는 노인인구 및 지역특성 등을 고려하여 장기요양급여가 원활하게 제공될 수 있도록 적정한 수의 장기요양기관을 확충하고 장기요양기관의 설립을 지원하여야 한다.
> ④ 국가 및 지방자치단체는 장기요양급여가 원활히 제공될 수 있도록 공단에 필요한 행정적 또는 재정적 지원을 할 수 있다.
> ⑤ 국가 및 지방자치단체는 장기요양요원의 처우를 개선하고 복지를 증진하며 지위를 향상시키기 위하여 적극적으로 노력하여야 한다.
> ⑥ 국가 및 지방자치단체는 지역의 특성에 맞는 장기요양사업의 표준을 개발·보급할 수 있다.
>
> **장기요양급여에 관한 국가정책방향(제5조)**
> 국가는 제6조의 장기요양 기본계획을 수립·시행함에 있어서 노인뿐만 아니라 장애인 등 일상생활을 혼자서 수행하기 어려운 모든 국민이 장기요양급여, 신체활동 지원 서비스 등을 제공받을 수 있도록 노력하고 나아가 이들의 생활안정과 자립을 지원할 수 있는 시책을 강구하여야 한다.
>
> **장기요양 기본계획(제6조)**
> ① 보건복지부 장관은 노인 등에 대한 장기요양급여를 원활하게 제공하기 위하여 5년 단위로 다음 각 호의 사항이 포함된 장기요양 기본계획을 수립·시행하여야 한다.
> 1. 연도별 장기요양급여 대상인원 및 재원조달 계획
> 2. 연도별 장기요양기관 및 장기요양 전문인력 관리 방안
> 3. 장기요양요원의 처우에 관한 사항
> 4. 그 밖에 노인 등의 장기요양에 관한 사항으로서 대통령령으로 정하는 사항
>
> ② 지방자치단체의 장은 제1항에 따른 장기요양 기본계획에 따라 세부 시행계획을 수립·시행하여야 한다.

① 보건복지부 장관은 5년 단위로 장기요양 기본계획을 수립한다.
② 노인성질환 예방사업을 수행하는 데 소요되는 비용은 지방자치단체가 지원한다.
③ 국가는 공단의 장기요양급여 제공에 있어 행정적 또는 재정적으로 지원한다.
④ 장기요양 기본계획에 따른 세부 시행계획은 지방자치단체의 장이 수립·시행한다.

04 다음 글의 밑줄 친 ㉠~㉣을 고친 내용으로 적절하지 않은 것은?

> 업무상 자살에 대한 산재 승인율이 지난해부터 급감한 것으로 나타났다. 승인율이 낮아진 이유로는 근로복지공단의 정신질환 산재 조사·판정의 부적절성이 꼽힌다. 공단은 서울업무상질병판정위원회에서 ㉠ 일괄적으로 처리했던 정신질환 사건을 2019년 하반기부터 다른 지역의 질병판정위원회로 ㉡ 결집했고, 이로 인해 질병판정위 별로 승인 여부가 제각각이 된 것이다. 또한 대법원을 포함한 사법부는 자살에 이를 정도의 업무상 사유에 대한 판단 기준을 재해자 기준에 맞추고 있는 것과 달리, 공단은 일반인·평균인 관점에서 판단하는 점도 문제로 제기되고 있다.
> 공단과 사법부의 판단이 엇갈리는 상황에서 불승인을 받은 유족들은 재판부의 문을 두드리고 있어, 공단의 산재불승인에 불복해 행정소송을 제기한 업무상 자살 건수는 매년 ㉢ 감소하고 있다. 특히 올해 법원에 확정된 사건은 모두 7건인데 이 중 공단이 패소한 경우는 4건(패소율 57.1%)에 다다라 공단의 판단 기준에 대한 문제가 절실히 드러나고 있다.
> 이는 공단이 대법원보다 소극적인 방식으로 업무상 사망 ㉣ 상관관계 잣대를 적용하는 탓에 자살 산재 승인율이 낮아진 것으로 보인다. 따라서 공단은 신속하고 공정하게 보상한다는 산업재해보상보험법 목적에 맞게 제도를 운용하도록 대법원이 제시한 원칙에 맞게 까다로운 승인 기준을 재정비 해야할 것으로 보인다.

① ㉠ : 일괄적으로 → 개별적으로
② ㉡ : 결집했고 → 분산했고
③ ㉢ : 감소 → 증가
④ ㉣ : 상관관계 → 인과관계

05 다음 글의 밑줄 친 ㉠~㉣의 수정 방안으로 적절하지 않은 것을 고르시오.

> 행동경제학은 기존의 경제학과 ㉠ 다른 시선으로 인간을 바라본다. 기존의 경제학은 인간을 철저하게 합리적이고 이기적인 존재로 상정(想定)하여, 인간은 시간과 공간에 관계없이 일관된 선호를 보이며 효용을 극대화하는 방향으로 선택을 한다고 본다. ㉡ 기존의 경제학자들은 인간의 행동이 예측 가능하다는 것을 전제(前提)로 경제 이론을 발전시켜 왔다. 반면 행동경제학에서는 인간이 제한적으로 합리적이며 감성적인 존재라고 보며, 처한 상황에 따라 선호가 바뀌기 때문에 그 행동을 예측하기 어렵다고 생각한다. 또한 인간은 효용을 ㉢ 극대화하기 보다는 어느 정도 만족하는 선에서 선택을 한다고 본다. 행동경제학은 기존의 경제학이 가정하는 인간관을 지나치게 이상적이고 비현실적이라고 비판한다. ㉣ 그러나 행동경제학은 인간이 때로는 이타적인 행동을 하고 비합리적인 행동을 하는 존재라는 점을 인정하며, 현실에 실제하는 인간을 연구 대상으로 한다.

① ㉠ : 문맥을 고려하여 '같은'으로 고친다.
② ㉡ : 문장을 자연스럽게 연결하기 위해 문장 앞에 '그러므로'를 추가한다.
③ ㉢ : 띄어쓰기가 옳지 않으므로 '극대화하기보다는'으로 고친다.
④ ㉣ : 앞 문장과의 내용을 고려하여 '그래서'로 고친다.

06 G씨는 성장기인 아들의 수면습관을 바로잡기 위해 수면습관에 관련된 글을 찾아보았다. 다음 글을 읽고 이해한 내용으로 적절하지 않은 것은?

수면은 비렘(Non – REM)수면과 렘수면으로 이뤄진 사이클이 반복되면서 이뤄지는 복잡한 신경계의 상호작용이며, 좋은 수면이란 이 사이클이 끊어지지 않고 충분한 시간 동안 유지되도록 하는 것이다. 수면 패턴은 일정한 것이 좋으며, 깨는 시간을 지키는 것이 중요하다. 그리고 수면 패턴은 휴일과 평일 모두 일정하게 지키는 것이 성장하는 아이들의 수면 리듬을 유지하는 데 좋다. 수면상태에서 깨어날 때 영향을 주는 자극들은 '빛, 식사시간, 운동, 사회활동' 등이 있으며, 이 중 가장 강한 자극은 '빛'이다. 침실을 밝게 하는 것은 적절한 수면 자극을 방해하는 것이다. 반대로 깨어날 때 강한 빛 자극을 주면 수면상태에서 빠르게 벗어날 수 있다. 이는 뇌의 신경전달물질인 멜라토닌의 농도와 연관되어 나타나는 현상이다. 수면 중 최대치로 올라간 멜라토닌은 시신경이 강한 빛에 노출되면 빠르게 줄어들게 되는데, 이때 수면 상태에서 벗어나게 된다. 아침 일찍 일어나 커튼을 젖히고 밝은 빛이 침실 안으로 들어오게 하는 것은 매우 효과적인 각성 방법인 것이다.

① 잠에서 깨는 데 가장 강력한 자극을 주는 것은 빛이었구나.
② 멜라토닌의 농도에 따라 수면과 각성이 영향을 받는군.
③ 평일에 잠이 모자란 우리 아들은 잠을 보충해 줘야 하니까 휴일에 늦게까지 자도록 둬야겠다.
④ 좋은 수면은 비렘수면과 렘수면의 사이클이 충분한 시간 동안 유지되도록 하는 것이구나.

07 다음 글의 제목으로 가장 적절한 것은?

요한 제바스티안 바흐는 '경건한 종교음악가'로서 천직을 다하기 위한 이상적인 장소를 라이프치히라고 생각하여 27년 동안 그곳에서 열심히 칸타타를 써 나갔다고 알려졌다. 그러나 실은 7년째에 라이프치히의 칸토르(교회의 음악감독)직으로는 가정을 꾸리기에 수입이 충분치 못해서 다른 일을 하기도 했고 다른 궁정에 자리를 알아보기도 했다. 또 그것이 계기가 되어 칸타타를 쓰지 않게 되었다는 사실이 최근의 연구에서 밝혀졌다. 볼프강 아마데우스 모차르트의 경우에는 비극적으로 막을 내린 35년이라는 짧은 생애에 걸맞게 '하늘이 이 위대한 작곡가의 죽음을 비통해 하듯' 천둥이 치고 진눈깨비 흩날리는 가운데 장례식이 행해졌고 그 때문에 그의 묘지는 행방을 알 수 없게 되었다고 하는데, 이러한 이야기는 빈의 기상대에 남아 있는 기상자료와 일치하지 않는다는 사실이 그 후 밝혀졌다. 게다가 만년에 엄습해 온 빈곤에도 불구하고 다수의 걸작을 남기고 세상을 떠난 모차르트가 실제로는 그 정도로 수입이 적지는 않았다는 사실도 드러나 최근에는 도박벽으로 인한 빈곤설을 주장하는 학자까지 등장하게 되었다.

① 음악가들의 쓸쓸한 최후
② 미화된 음악가들의 이야기와 그 진실
③ 음악가들을 괴롭힌 근거 없는 소문들
④ 음악가들의 명성에 가려진 빈곤한 생활

08 다음 글을 통해 추론할 수 없는 것은?

제약 연구원이란 제약회사에서 약을 만드는 과정에 참여하는 사람을 말한다. 제약 연구원은 이러한 모든 단계에 참여하지만, 특히 신약개발 단계와 임상시험 단계에서 가장 중점적인 역할을 한다. 일반적으로 약을 만드는 과정은 새로운 약품을 개발하는 신약개발 단계, 임상시험을 통해 개발된 신약의 약효를 확인하는 임상시험 단계, 식약처에 신약이 판매될 수 있도록 허가를 요청하는 약품허가 요청 단계, 마지막으로 의료진과 환자를 대상으로 신약에 대해 홍보하는 영업 및 마케팅의 단계로 나눈다.

제약 연구원이 되기 위해서는 일반적으로 약학을 전공해야 한다고 생각하기 쉽지만, 약학 전공자 이외에도 생명공학, 화학공학, 유전공학 전공자들이 제약 연구원으로 활발하게 참여하고 있다. 만일 신약개발의 전문가가 되고 싶다면 해당 분야에서 오랫동안 연구한 경험이 필요하기 때문에 대학원에서 석사나 박사 학위를 취득하는 것이 유리하다.

제약 연구원이 되기 위해서는 전문적인 지식도 중요하지만, 사람의 생명과 관련된 일인 만큼 무엇보다도 꼼꼼함과 신중함, 책임의식이 필요하다. 또한 제약회사라는 공동체 안에서 일을 하는 것이므로 원만한 일의 진행을 위해서 의사소통능력도 필수적으로 요구된다. 오늘날 제약 분야가 빠르게 성장하고 있다는 점을 고려할 때, 일에 대한 도전의식, 호기심과 탐구심 등도 제약 연구원에게 필요한 능력으로 꼽을 수 있다.

① 제약 연구원은 약품허가 요청 단계에 참여한다.
② 오늘날 제약 연구원에게 요구되는 능력이 많아졌다.
③ 생명이나 유전공학 전공자도 제약 연구원으로 일할 수 있다.
④ 신약개발 전문가가 되려면 반드시 석사나 박사를 취득해야 한다.

09 다음은 '밀그램 실험'에 대한 글이다. 이를 바탕으로 〈보기〉와 같이 요약했을 때, 빈칸에 들어갈 단어로 가장 적절한 것은?

사람이 얼마나 권위 있는 잔인한 명령에 복종하는지를 알아보는 악명높은 실험이 있었다. 예일대학교 사회심리학자인 스탠리 밀그램(Stanley Milgram)이 1961년에 한 실험이다. 권위를 가진 주체가 말을 하면 아주 잔인한 명령이라도 기꺼이 복종하는 것을 알아보는, 인간의 연약함과 악함을 보여주는 그런 종류의 실험이다.
밀그램 실험에서는 피실험자에게 매우 강력한 전기충격을 가해야 한다는 명령을 내린다. 그 전기충격의 강도는 최고 450V로, 사람에게 치명적인 피해를 입힐 수 있다. 물론 이 실험에서 실제로 전기가 통하게 하지는 않았다. 전기충격을 받은 사람은 고통스럽게 비명을 지르며 그만하라고 소리치게 했지만, 이 역시 전문 배우가 한 연극이었다. 밀그램은 실험참가자에게 과학적 발전을 위한 실험이며, 4달러를 제공하고, 중간에 중단해서는 안된다는 지침을 내렸다.
인간성에 대한 근원적인 의문을 탐구하기 위해 밀그램은 특수한 실험장치를 고안했다. 실험에 참가한 사람들은 실험자의 명령에 따라 옆방에 있는 사람에게 전기충격을 주는 버튼을 누르도록 했다. 30개의 버튼은 비교적 해가 안되는 15V에서 시작해 최고 450V까지 올라간다. 450V까지 높아지면 사람들은 치명적인 상처를 입는데, 실험참가자들은 그러한 위험성에 대한 주의를 받았다.
실제로는 전기충격 버튼을 눌러도 약간의 무서운 소리와 빛이 번쩍이는 효과만 날 뿐 실제로 전기가 흐르지는 않았다. 다만 옆방에서 전기충격을 받는 사람은 실험참가자들이 전기버튼을 누를 때마다 마치 진짜로 감전되는 것 같이 소리를 지르고 대가를 받는 훈련된 배우였다.
밀그램 실험에 참가한 40명 중 65%는 명령에 따라 가장 높은 450V의 버튼을 눌렀다. 감전된 것처럼 연기한 배우가 고통스럽게 소리를 지르면서 그만하라고 소리를 지르는데도 말이다. 일부 사람들은 실험실에서 나와서는 이같은 잔인한 실험을 계속하는 데 대해 항의했다. 밀그램은 실험 전에는 단 0.1%만이 450V까지 전압을 올릴 것이라 예상했으나, 실제 실험결과는 무려 65%의 참가자들이 450V까지 전압을 올렸다. 이들은 상대가 죽을 수 있다는 걸 알고 있었고, 비명도 들었으나 모든 책임은 연구원이 지겠다는 말에 복종했다.

보기

밀그램이 시행한 전기충격 실험은 사람들이 권위를 가진 명령에 어디까지 복종하는지를 알아보기 위한 실험이다. 밀그램이 예상한 것과 달리 아주 일부의 사람만 ________을/를 하였다.

① 이타적 행동
② 순 응
③ 고 민
④ 불복종

10 다음 글을 토대로 〈보기〉를 해석한 내용으로 적절하지 않은 것은?

자기조절은 목표 달성을 위해 자신의 사고, 감정, 욕구, 행동 등을 바꾸려는 시도인데, 목표를 달성한 경우는 자기조절의 성공을, 반대의 경우는 자기조절의 실패를 의미한다. 이에 대한 대표적인 이론으로는 앨버트 반두라의 '사회인지 이론'과 로이 바우마이스터의 '자기통제 힘 이론'이 있다.
반두라의 사회인지 이론에서는 인간이 자기조절능력을 선천적으로 가지고 있다고 본다. 이런 특징을 가진 인간은 가치 있는 것을 획득하기 위해 행동하거나 두려워하는 것을 피하기 위해 행동한다. 반두라에 따르면, 자기조절은 세 가지의 하위 기능인 자기검열, 자기판단, 자기반응의 과정을 통해 작동한다. 자기검열은 자기조절의 첫 단계로, 선입견이나 감정을 배제하고 자신이 지향하는 목표와 관련하여 자신이 놓여 있는 상황과 현재 자신의 행동을 감독, 관찰하는 것을 말한다. 자기판단은 목표 성취와 관련된 개인의 내적 기준인 개인적 표준, 현재 자신이 처한 상황, 그리고 자신이 하게 될 행동 이후 느끼게 될 정서 등을 고려하여 자신이 하고자 하는 행동을 결정하는 것을 말한다. 그리고 자기반응은 자신이 한 행동 이후에 자신에게 부여하는 정서적 현상을 의미하는데, 자신이 지향하는 목표와 관련된 개인적 표준에 부합하는 행동은 만족감이나 긍지라는 자기반응을 만들어 내고 그렇지 않은 행동은 죄책감이나 수치심이라는 자기반응을 만들어 낸다.
한편 바우마이스터의 자기통제 힘 이론은, 사회인지 이론의 기본적인 틀을 유지하면서도 인간의 심리적 현상에 대해 자연과학적 근거를 찾으려는 경향이 대두되면서 등장하였다. 이 이론에서 말하는 자기조절은 개인의 목표 성취와 관련된 개인적 표준, 자신의 행동을 관찰하는 모니터링, 개인적 표준에 도달할 수 있게 하는 동기, 자기조절에 들이는 에너지로 구성된다. 바우마이스터는 그중 에너지의 양이 목표 성취의 여부에 결정적인 영향을 준다고 보기 때문에 자기조절에서 특히 에너지의 양적인 측면을 중시한다. 바우마이스터에 따르면, 다양한 자기조절 과업에서 개인은 자신이 가지고 있는 에너지를 사용하는데, 에너지의 양은 제한되어 있어서 지속적으로 자기조절에 성공하기 위해서는 에너지를 효율적으로 사용해야 한다. 그런데 에너지를 많이 사용한다 하더라도 에너지가 완전히 고갈되는 상황은 벌어지지 않는다. 그 이유는 인간이 긴박한 욕구나 예외적인 상황을 대비하여 에너지의 일부를 남겨 두기 때문이다.

보기

S씨는 건강관리를 자기 삶의 가장 중요한 목표로 삼았다. 우선 그녀는 퇴근하는 시간이 규칙적인 자신의 근무환경을, 그리고 과식을 하고 운동을 하지 않는 자신을 관찰하였다. 그래서 퇴근 후의 시간을 활용하여 일주일에 3번 필라테스를 하고, 균형 잡힌 식단에 따라 식사를 하겠다고 다짐하였다. 한 달 후 S씨는 다짐한 대로 운동을 해서 만족감을 느꼈다. 그러나 균형 잡힌 식단에 따라 식사를 하지는 못했다.

① 반두라에 따르면 S씨는 선천적인 자기조절능력을 통한 자기검열, 자기판단, 자기반응의 자기조절 과정을 거쳤다.
② 반두라에 따르면 S씨는 식단조절에 실패함으로써 죄책감이나 수치심을 느꼈을 것이다.
③ 바우마이스터에 따르면 S씨는 건강관리라는 개인적 표준에 도달하기 위해 자신의 근무환경과 행동을 모니터링하였다.
④ 바우마이스터에 따르면 S씨는 운동하는 데 모든 에너지를 사용하여 에너지가 고갈됨으로써 식단조절에 실패하였다.

11 다음 글을 토대로 판단할 때, 〈보기〉에서 적절한 것을 모두 고르면?

〈경국대전〉은 조선의 기본 법전으로, 여러 차례의 개정 작업을 거쳐 1485년(성종16년)에 최종본이 반포되었다. 〈경국대전〉은 6조(曹)의 직능에 맞추어 〈이(吏)·호(戶)·예(禮)·병(兵)·형(刑)·공(工)〉의 6전(典)으로 구성되어 있다.

〈경국대전〉에는 임금과 신하가 만나서 정사를 논의하는 조회제도의 기본 규정이 제시되어 있다. 조회에 대한 사항은 의례 관련 규정을 수록하고 있는 〈예전(禮典)〉의 조의(朝儀) 조항에 집약되어 있다. 이때 조의는 '신하가 임금을 만나는 의식'을 의미한다. 다음은 〈경국대전〉 '조의'에 규정된 조회 의식의 분류와 관련 내용이다.

〈경국대전의 조회 의식〉

분류	종류	시행일	장소	참여 대상
대조(大朝)	정실조하(正室朝賀)	정삭(正朔), 동지(冬至), 탄일(誕日)	근정전(勤政殿)	왕세자, 모든 관원, 제방객사(諸方客使)
	삭망조하(朔望朝賀)	매월 삭(朔)(1일)·망(望)(15일)	근정전(勤政殿)	
상조(常朝)	조참(朝參)	매월 5·11·21·25일	근정문(勤政門)	모든 관원, 제방객사(諸方客使)
	상참(常參)	매일	사정전(思政殿)	상참관(常參官)

※ '대조'는 특별한 시점에 시행되는 조회라는 의미이고, '상조'는 일상적인 조회라는 의미이다.
※ '제방객사'는 주변국 외교사절로서, '삭망조하'와 '조참'에는 경우에 따라 참석하였다.

대조(大朝)의 범주에 해당하는 조회는 〈경국대전〉에 조하(朝賀)로 규정되어 있다. 조하는 축하를 모임의 목적으로 하는 의식이다. 정월 초하루, 해의 길이가 가장 짧아지는 동지 및 국왕의 생일 행사는 대조 중에서도 특별히 구분하여 3대 조회라고 지칭하고 의식의 규모도 가장 크다. 조하는 달의 변화에 따라 시행되기도 하였는데, 달의 변화를 기준으로 작성된 달력에 따라 매월 1일에 해당되는 삭일(朔日)과 보름달이 뜨는 망일(望日)에는 삭망조하가 시행되었다.

보기

ㄱ. 삭망조하는 달의 변화에 맞추어 시행되었다.
ㄴ. 정실조하의 참여대상 범위는 대체로 상참보다 넓다.
ㄷ. 한 해 동안 조회가 가장 많이 열리는 곳은 사정전이다.
ㄹ. 조회에 관한 사항은 공전(工典)의 의례 관련 규정에 집약되어 있다.

① ㄱ, ㄷ
② ㄴ, ㄹ
③ ㄱ, ㄴ, ㄷ
④ ㄱ, ㄴ, ㄹ

12 다음 글의 빈칸 (가) ~ (다)에 들어갈 문장을 〈보기〉에서 골라 바르게 연결한 것은?

> 비어즐리는 '제도론적 예술가'와 '낭만주의적 예술가'의 개념을 대비시킨다. 낭만주의적 예술가는 사회의 모든 행정과 교육의 제도로부터 독립하여 작업하는 사람이다. 그는 자기만의 상아탑에 칩거하며, 혼자 캔버스 위에서 일하고, 자신의 돌을 깎고, 자신의 소중한 서정시의 운율을 다듬는다. 그러나 사회와 동떨어져 혼자 작업하더라도 예술가는 작품을 만드는 동안 예술제도로부터 단절될 수 없다. ______(가)______ 즉, 예술가는 특정 예술제도 속에서 예술의 사례들을 경험하고, 예술적 기술의 훈련이나 교육을 받음으로써 예술에 대한 배경지식을 얻게 된다. 그리고 이와 같은 배경지식이 예술가의 작품활동에 반영된다.
>
> 낭만주의적 예술가 개념은 예술 창조의 주도권이 완전히 개인에게 있으며, 예술가가 문화의 진공상태 안에서 작품을 창조할 수 있다고 가정한다. 하지만 그런 낭만주의적 예술가는 사실상 존재하기 어렵다. 심지어 어린 아이들의 그림이나 놀이조차도 문화의 진공상태에서 이루어지지 않는다.
> ______(나)______
>
> 어떤 사람이 예술작품을 전혀 본 적 없는 상태에서 진흙으로 어떤 형상을 만들어 냈다고 가정해 보자. 이것이 지금까지 본 적이 없던 새로운 형상이라 하더라도, 그 사람은 예술작품을 창조한 것이라 볼 수 없다. ______(다)______ 비어즐리의 주장과는 달리 예술가는 아무 맥락 없는 진공상태에서 창작하지 않는다. 예술은 어떤 사람이 문화적 역할을 수행한 산물이며, 언제나 문화적 주형(鑄型) 안에 존재한다.

보기

ㄱ. 왜냐하면 어떤 사람이 예술작품을 창조하였다고 하기 위해서는 예술작품이 무엇인가에 대한 개념을 가지고 있어야 하기 때문이다.

ㄴ. 왜냐하면 사람은 두세 살만 되어도 인지구조가 형성되고, 이 과정에서 문화의 영향을 받을 수밖에 없기 때문이다.

ㄷ. 왜냐하면 예술가들은 예술작품을 만들 때 의식적이든 무의식적이든 예술교육을 받으면서 수용한 가치 등을 고려하는데, 그러한 교육은 예술제도 안에서 이루어지기 때문이다.

	(가)	(나)	(다)
①	ㄱ	ㄴ	ㄷ
②	ㄴ	ㄱ	ㄷ
③	ㄴ	ㄷ	ㄱ
④	ㄷ	ㄴ	ㄱ

13 다음 〈보기〉 뒤에 이어질 (가) ~ (라) 문단을 논리적 순서대로 바르게 나열한 것을 고르시오.

보기

선택적 함묵증(Selective Mutism)은 정상적인 언어발달 과정을 거쳐서 어떤 상황에서는 말을 하면서도 말을 해야 하는 특정한 사회적 상황에서는 말을 지속적으로 하지 않거나 다른 사람의 말에 언어적으로 반응하지 않는 것을 말한다. 이렇게 말을 하지 않는 증상이 1개월 이상 지속되고 교육적·사회적 의사소통을 저해하는 요소로 작용할 때 선택적 함묵증으로 진단할 수 있으며, 이를 불안장애로 분류하고 있다.

(가) 이러한 불안을 잠재우기 위해서는 발생 원인에 따라서 적절한 심리치료 방법을 선택해 치료 과정을 관찰하면서 복합적인 치료 방법을 사용하여야 한다.
(나) 아동은 굳이 말을 사용하지 않고서도 자신의 생각을 자연스럽게 표현하는 긍정적인 경험을 갖게 되어 이는 부정적 정서로 인한 긴장과 위축을 이완시킬 수 있다.
(다) 그중 하나인 미술치료는 아동의 저항을 줄이고, 언어의 한계성을 벗어나며, 육체적 활동을 통해 창조성을 생활화하고 미술 표현이 사고와 감정을 객관화한다고 볼 수 있다.
(라) 불안장애의 한 유형인 선택적 함묵증은 불안이 외현화되어 행동으로 나타나는 경우라고 볼 수 있으며, 대체로 심한 부끄러움, 사회적 상황에 대한 두려움, 사회적 위축, 강박적 특성, 거절증, 반항 등의 행동을 동반한다.

① (가) – (다) – (라) – (나)
② (가) – (라) – (나) – (다)
③ (라) – (가) – (다) – (나)
④ (라) – (가) – (나) – (다)

14 다음 글의 주장을 강화하는 것을 〈보기〉에서 모두 고르면?

우리는 물체까지의 거리 자체를 직접 볼 수는 없다. 거리는 눈과 그 물체를 이은 직선의 길이인데, 우리의 망막에는 직선의 한쪽 끝점이 투영될 뿐이기 때문이다. 그러므로 물체까지의 거리 판단은 경험을 통한 추론에 의해서 이루어진다고 보아야 한다. 예컨대 우리는 건물, 나무와 같은 친숙한 대상들의 크기가 얼마나 되는지, 이들이 주변 배경에서 얼마나 공간을 차지하는지 등을 경험을 통해 이미 알고 있다. 우리는 물체와 우리 사이에 혹은 물체 주위에 이런 친숙한 대상들이 어느 정도 거리에 위치해 있는지를 우선 지각한다. 이로부터 우리는 그 물체가 얼마나 멀리 떨어져 있는지를 추론하게 된다. 또한 그 정도 떨어진 다른 사물들이 보이는 방식에 대한 경험을 토대로, 그보다 작고 희미하게 보이는 대상들은 더 멀리 떨어져 있다고 판단한다. 거리에 대한 이런 추론은 과거의 경험에 기초하는 것이다.

반면에 물체가 손이 닿을 정도로 아주 가까이에 있는 경우, 물체까지의 거리를 지각하는 방식은 이와 다르다. 우리의 두 눈은 약간의 간격을 두고 서로 떨어져 있다. 이에 우리는 두 눈과 대상이 위치한 한 점을 연결하는 두 직선이 이루는 각의 크기를 감지함으로써 물체까지의 거리를 알게 된다. 물체를 바라보는 두 눈의 시선에 해당하는 두 직선이 이루는 각은 물체까지의 거리가 멀어질수록 필연적으로 더 작아진다. 대상까지의 거리가 몇 미터만 넘어도 그 각의 차이는 너무 미세해서 우리가 감지할 수 없다. 하지만 팔 뻗는 거리 안의 가까운 물체에 대해서는 그 각도를 감지하는 것이 가능하다.

보기

ㄱ. 100미터 떨어진 지점에 민수가 한 번도 본 적이 없는 대상만 보이도록 두고 다른 사물들은 보이지 않도록 민수의 시야 나머지 부분을 가리는 경우, 민수는 그 대상을 보고도 얼마나 떨어져 있는지 판단하지 못한다.

ㄴ. 아무것도 보이지 않는 캄캄한 밤에 안개 속의 숲길을 걷다가 앞쪽 멀리서 반짝이는 불빛을 발견한 태훈이가 불빛이 있는 곳까지의 거리를 어렵지 않게 짐작한다.

ㄷ. 태어날 때부터 한쪽 눈이 실명인 영호가 30센티미터 거리에 있는 낯선 물체 외엔 어떤 것도 보이지 않는 상황에서 그 물체까지의 거리를 바르게 판단한다.

① ㄱ　　② ㄷ

③ ㄱ, ㄴ　　④ ㄴ, ㄷ

※ 다음 글을 읽고 이어지는 질문에 답하시오. [15~16]

〈의료방사선 노출에 대한 오해와 진실〉

병의 치료는 진단에서 시작된다. 이 과정에서 의료방사선 노출은 피할 수 없는 과정이다. 개중에는 방사선 노출의 위험성을 이야기하면서 병을 진단하러 갔다가 오히려 얻어오는 경우도 있다는 소문도 들린다. 과연 진실일까?

방사선 노출에 대한 막연한 불안은 유전자 파괴와 돌연변이의 발견, 암의 발생 등 방사선 노출에 대한 위험성이 알려지면서부터 시작된 것 같다. 이런 공포는 체르노빌이나 일본의 원전사고로 더욱 고조되었다. 그렇다고 무턱대고 엑스레이나 CT, 방사선 치료 등을 피할 수는 없으니 의료방사선의 위험성을 진단해보고 그 허용범위는 어디까지인지 꼼꼼하게 알아보자.

방사선 검사는 진단 의학적 가치가 높아서 대다수 병원에서 사용하고 있다. 특히 건강검진 항목에 포함되면서 대다수 사람은 2년에 한 번씩 혹은 그보다 더 자주 X선에 노출되고 있다. X선 촬영 시 받는 방사선의 양은 흉부 촬영 시 0.1 ~ 0.3mSv로 신체에 유전적 이상을 초래할 가능성이 거의 없다. 이 양은 자연에서 생성되는 방사선의 양에 비해 극히 미미하다. 그러나 불필요한 X선 촬영은 피하는 것이 좋다.

임신 중 방사선 노출은 대부분 태아에게 치명적인 위험을 초래하지 않지만 다른 합병증이 생길 수 있으므로 꼭 필요한 검사만을 해야 한다. 진단이 필요하다면 방사선 노출이 우려되는 유방 촬영, 흉부 촬영, 골밀도, CT, X선 등의 검사를 될 수 있는 한 피하고 초음파나 MRI(임신 1기 제외)를 활용하는 것이 좋다. 임신인줄 모르고 X선에 노출되었다면, 진단용 방사선 검사는 피폭량이 적으므로 단순히 피폭을 이유로 중절시술을 받는 것은 옳지 않다. 태아에 심각한 영향을 미친다고 보는 방사선량은 100mGy 이상으로 일반적인 진단 방사선으로는 그 양에 도달하기 어렵다. 그래도 방사선 노출로 인한 부작용이 걱정된다면 전문의를 찾아가 상담해 볼 것을 권한다.

유방암 검사는 유방 촬영술, 초음파, MRI, 단층 촬영, 세침흡입세포검사 등 다양하다. 이중 유방 X선 촬영이나 단층 촬영은 방사선 때문에 오히려 유방암을 일으키는 원인이 된다고 기피하는 사람들이 있다. 그러나 유방암의 조기 검진을 하지 않았을 때 발생할 수 있는 위험을 생각한다면 피폭량이 한정적인 유방암 검진을 결코 피해서는 안 된다. 이 중 단층 촬영은 암이 다른 부위로 전이되었거나 꼭 필요할 때만 전문의의 진단 요청에 따라 실시되는 것이다. 방사선 진단이 인체에 좋은 것이라고는 할 수 없지만 병의 진단과 치료를 위해서는 적절한 시기에 꼭 필요한 것임을 알아두도록 하자.

㉠ <u>자연 방사선</u>은 우주 방사선과 ㉡ <u>지구 방사선</u>, 두 가지로 나뉘며 자연 속에 존재한다. 우리가 숨 쉬고 마시고 먹고 사는 모든 것에 방사성 물질이 포함된 것이다. 조사에 의하면 지역에 따라 다르긴 하지만 대부분 사람은 1년 동안 평균적으로 1mSv ~ 2.4mSv에 노출된다고 한다. 단순 X선 촬영 시 노출되는 방사선량은 이런 자연 방사선량보다 적고 심지어 비행기 여행 시 노출되는 방사선량보다 적다. 그러므로 방사선 노출 걱정 때문에 '필요한' 방사선 진단을 피할 필요는 없다.

15 다음 중 밑줄 친 ㉠과 ㉡의 관계와 유사하지 않은 것은?

① 직업 – 교사

② 기우 – 걱정

③ 계절 – 여름

④ 다각형– 마름모

16 다음 〈보기〉에 있는 의료방사선에 대한 소문 중 진실과 오해는 각각 몇 개인가?

> **보기**
>
> • 엑스레이를 찍는 것만으로도 위험하다.
> • 임신한 사람은 방사선 노출을 피해야 한다.
> • 유방암 검진이 오히려 유방암을 일으킬 수 있다.
> • 방사선 노출은 자연 상태에서도 이루어진다.

	진 실	오 해
①	2개	2개
②	3개	1개
③	1개	3개
④	0개	4개

※ 다음은 비점오염원에 대한 내용이다. 글을 읽고 이어지는 질문에 답하시오. [17~18]

1. 비점오염원이란?
수질오염원은 도시나 공장에서와 같이 지속해서 항상 발생하는 점오염원(Point Source)과 주로 비가 올 때 도시 및 농촌 지역에서 쓸려나오는 오염된 빗물유출수와 같이 수시로 임의 장소에서 발생하는 비점오염원(Nonpoint Source)으로 구분할 수 있다. 즉, 비점오염원이란 “공장, 하수 처리장 등과 같이 일정한 지점에서 오염물질을 배출하는 점오염원 이외에 불특정하게 오염물질을 배출하는 도시, 도로, 농지, 산지 등”의 오염물질 발생원을 가리킨다.

2. 비점오염원이 발생하는 곳
비점오염원의 종류를 토지이용 형태별로 도시, 도로, 농업, 산림・하천 지역으로 구분해 볼 수 있다. 도시 지역은 도시 내 건축물, 지표면 및 공업 지역 등의 불투수면 퇴적물, 하수관거월류수가 있고, 도로 지역은 자동차 배출가스 등 대기오염 강하물질이 노면에 축적되는 중금속을 포함한 오염물질, 공사 시 발생하는 토사 등이 있다. 농업 지역은 농지에 살포된 농약, 비료, 퇴・액비, 축사 및 주변의 가축분뇨, 고랭지 토양 침식 및 객토된 토사 등의 유출로 발생한다. 마지막으로 산림・하천 지역은 임도, 절・성토 사면, 산불 및 벌목, 간벌에 따른 토사와 잔재물 등의 유출, 하천변 영농행위, 골재 채취, 호안 정비, 상류 지역의 개발 등에 의한 유출로 기인한다.

3. 비점오염물질의 종류 및 영향
대지・도로・농지・공사장・임야 등의 비점오염원에서 고농도 오염물질이 하천으로 직접 유출되어 하천수질 및 수생태계에 악영향을 끼친다. 주요 비점오염물질로는 토사, 영양물질, 유기물질, 박테리아와 바이러스, 중금속, 농약, 유류, 각종 협잡물 등이 있다. 비점오염원은 토지 표면에 축적된 오염물, 토양의 침식, 대기 중 오염물질, 부유물질, 용존성 오염물질 등이 강우에 의해 유출되어 수생환경에 큰 영향을 미치고 있다. 토사는 대표적인 비점오염물질로 수생생물의 광합성, 호흡, 성장, 생식에 장애를 일으켜 생존에 큰 영향을 미친다. 기름과 그리스는 적은 양으로도 수생생물에 치명적일 수 있다. 납, 카드뮴 등의 중금속은 하천으로 유입되는 총 금속물질량 중 50% 이상이 비점오염원으로 배출된다. 제초제, 살충제, 항곰팡이제와 같은 농약은 플랑크톤과 같은 수생생물에 축적되고, 먹이사슬을 통한 생물농축으로 어류와 조류 등에 치명적인 결과를 초래할 수 있다.

17 다음 〈보기〉 중 점오염원과 비점오염원을 적절하게 짝지은 것은?

보기

(가) 폭우에 C축사에서 흘러나온 오수
(나) 벌목 현장에서 유입된 토사
(다) 매주 수요일에 하수 처리장으로 폐수를 보내는 A공장
(라) 밭에서 장마철 빗물에 섞여 하천으로 유입된 농약

	점오염원	비점오염원
①	(가), (다)	(나), (라)
②	(다)	(가), (나), (라)
③	(나), (다)	(가), (라)
④	(가), (나), (다)	(라)

18 다음은 생활 속 비점오염물질 줄이기에 대한 내용이다. 이를 잘 이행하고 있는 사람은?

〈비 오기 전〉

- 공사장이나 하천 주변, 폐기물 처리장 등에서는 비점오염물질이 비에 휩쓸려 가지 않도록 사전 점검을 합니다.
- 비 오기 전에는 우리 집 앞, 우리 가게 앞 거리를 청소합니다.

〈깨끗한 물을 위한 생활 속 행동요령〉

- 애완동물과 산책 시에는 꼭 비닐봉지를 준비하여 배변을 수거해주세요.
- 포장마차나 노점상에서 나오는 하수는 길거리 빗물받이에 바로 버리시면 안 됩니다.
- 아파트에서 세탁기 설치 시 앞 베란다가 아닌 뒤 베란다나 다용도실에 설치해주세요.
- 음식물 쓰레기나 약품, 기름찌꺼기, 페인트 등은 땅에 묻지 않으며 물에 흘러들지 않도록 조심합니다.
- 거리변 빗물받이에 담배꽁초, 껌, 휴지 등을 버리지 마세요.

〈야외에서 지켜야 할 행동〉

- 라면이나 찌개국물, 음료수, 술 등을 하천(계곡)에 버리지 마세요.
- 트럭으로 짐 운반 시 덮개가 잘 덮여 있는지 꼼꼼히 확인해 주세요.
- 야외에서 쓰레기는 지정된 장소에만 버려주세요(특히 물가 주변에 버리거나 땅속에 묻기, 태우는 행위를 하시면 안 됩니다).
- 낚시할 때 많은 미끼 사용은 자제해주세요. 그리고 낚시 후에 낚싯줄, 낚싯바늘은 수거해주세요.
- 가꾸는 텃밭이 있다면 과한 비료사용은 자제하고 유기농 퇴비를 사용합니다.

① A는 포장마차를 운영하면서 설거지에 사용한 물을 길거리 빗물받이에 버렸다.
② B는 이사한 아파트의 뒤 베란다에 자리가 없어 앞 베란다에 세탁기를 설치했다.
③ 캠핑을 간 C는 플라스틱은 분리수거를 하고 불에 타는 쓰레기는 태웠다.
④ 주말농장에서 배추를 키우는 D는 텃밭에 유기농 퇴비를 뿌려주었다.

19 다음 글의 내용으로 가장 적절한 것을 고르시오.

플라톤의 〈파이드로스〉에는 소크라테스가 파이드로스에게 문자의 발명에 관한 옛 이야기를 하는 대목이 있다. 이 옛 이야기에 따르면 문자뿐 아니라 숫자와 여러 문명의 이기를 고안해 낸 발명의 신(토이트)이 이집트의 왕(타무스)에게 자신이 발명한 문자를 온 백성에게 사용하게 하면 이집트 백성이 더욱더 현명하게 될 것이라는 제안을 한다는 것이다.
그러나 타무스 왕은 문자가 인간을 더욱 이성적이게 하고 인간의 기억을 확장시킬 도구라는 주장에 대해서 강한 거부감을 표현한다. '죽은' 문자는 백성들을 현명하게 만들기는커녕 도리어 생동감 있고 살아있는 기억력을 퇴보시킬 것이고, 문자로 적힌 많은 글들은 다른 여타의 상황해석 없이 그저 글로 적힌 대로만 읽히고 원뜻과는 동떨어지게 오해될 소지가 다분하다는 것이다.
우리 시대의 주요한 화두이기도 한 구어문화(Orality)에 대립되는 문자문화(Literacy)의 비역동성과 수동성에 대한 비판은 이제 막 알파벳이 보급되고 문자문화가 전래의 구술적 신화문화를 대체한 플라톤 시기에 이미 논의된 것이다.
실제의 말과 사고는 본질적으로 언제나 실제 인간끼리 주고받는 콘텍스트하에 존재하는데, 문자와 글쓰기는 이러한 콘텍스트를 떠나 비현실적이고 비자연적인 세계 속에서 수동적으로 이뤄진다. 글쓰기와 마찬가지로 인쇄술과 컴퓨터는 끊임없이 동적인 소리를 정지된 공간으로 환원하고, 말을 그 살아있는 현재로부터 분리시키고 있다.
물론 인류의 문자화가 결코 '폐해'만을 낳았던 것이 아니라는 주장도 만만치 않다. 지난 20년간 컴퓨터공학과 인터넷의 발전이 얼마나 우리의 주변을 변화시켰던가. 고대의 신화적이고 구어문화 중심적인 사회에서 문자사회로의 이행기에 있어서 문자의 사용은 신이나 지배자의 명령하는 목소리에 점령되지 않는 자유공간을 만들어 내기도 했다는 주장에 주목할 필요가 있을 것이다.
이러한 주장의 근저에는 마치 소크라테스의 입을 통해서 플라톤이 주장하는 바와 맥이 닿는 것이 아닐까. 언어 행위의 근간이 되는 변증법적 작용을 무시하는 언술 행위의 문자적 고착화에 대한 비판은 궁극적으로 우리가 살아가는 세상은 결코 어떠한 규정적인 개념화와 그 기계적인 강제로도 담아낼 수 없다는 것이다. 역으로 현실적인 층위에서의 물리적인 강제의 억압에 의해 말살될 위기에 처한 진리의 소리는 기념비적인 언술 행위의 문자화를 통해서 저장되어야 한다는 것이 아닐까.
이러한 문화적 기억력의 여과 과정은 결국 삶의 의미에 대한 성찰에 기반하여 문화적 구성원들의 가치 판단에 따라 이뤄질 몫이다. 문화적 기억력에 대한 성찰과 가치 판단이 부재한 시대의 새로운 매체는 단지 댓글 파노라마에 불과할 것이기 때문이다.

① 타무스 왕은 문자를 살아 있고 생동감 있는 것으로, 기억력은 죽은 것으로 생각했다.
② 플라톤 시기는 문자문화가 구술적 신화문화를 대체하기 시작한 시기였다.
③ 문자와 글쓰기는 항상 콘텍스트하에서 이뤄지는 행위이다.
④ 문자문화로 인해 진리의 소리는 물리적인 강제의 억압으로 말살되었다.

20 다음 글을 근거로 판단할 때, 우리나라에서 기단을 표시한 기호로 적절한 것은?

> 기단(氣團)은 기온, 습도 등의 대기상태가 거의 일정한 성질을 가진 공기 덩어리이다. 기단은 발생한 지역에 따라 분류할 수 있다. 대륙에서 발생하는 대륙성 기단은 건조한 성질을 가지며, 해양에서 발생하는 해양성 기단은 습한 성질을 갖는다. 또한 기단의 온도에 따라 한대기단, 열대기단, 적도기단, 극기단으로 나뉜다.
> 기단은 그 성질을 기호로 표시하기도 한다. 해양성 기단은 알파벳 소문자 m을 기호 처음에 표기하고, 대륙성 기단은 알파벳 소문자 c를 기호 처음에 표기한다. 이어서 한대기단은 알파벳 대문자 P로 표기하고, 열대기단은 알파벳 대문자 T로 표기한다. 예를 들어 해양성 한대기단은 mP가 되는 것이다. 또한 기단이 이동하면서 나타나는 열역학적 특성에 따라 알파벳 소문자 w나 k를 마지막에 추가한다. w는 기단이 그 하층의 지표면보다 따뜻할 때 사용하며 k는 기단이 그 하층의 지표면보다 차가울 때 사용한다.
> 겨울철 우리나라에 영향을 주는 대표적인 기단은 시베리아 기단으로 우리나라 지표면보다 차가운 대륙성 한대기단이다. 북극 기단이 우리나라에 영향을 주기도 하는데, 북극 기단은 극기단의 일종으로 최근 우리나라 겨울철 혹한의 주범으로 지목되고 있다. 여름철에 우리나라에 영향을 주는 대표적 열대기단은 북태평양 기단이다. 북태평양 기단은 해수 온도가 높은 북태평양에서 발생하여 우리나라 지표면보다 덥고 습한 성질을 가져 고온다습한 날씨를 야기한다. 또다른 여름철 기단인 오호츠크해 기단은 해양성 한대기단으로 우리나라 지표면보다 차갑고 습한 성질을 갖는다. 적도 지방에서 발생하여 북상하는 적도기단도 우리나라 여름철에 영향을 준다.

	시베리아 기단	북태평양 기단	오호츠크해 기단
①	cPk	mTw	mPk
②	cPk	mPk	mTw
③	mPk	mTw	cPk
④	mPk	cPk	mTw

CHAPTER

02 수리능력

01 대학 서적을 도서관에서 빌리면 10일간 무료이고, 그 이상은 하루에 100원의 연체료가 부과되며 한 달 단위로 연체료는 두 배로 늘어난다. 1학기 동안 대학 서적을 도서관에서 빌려 사용하는 데 얼마의 비용이 드는가?(단, 1학기의 기간은 15주이고, 한 달은 30일로 정한다)

① 18,000원
② 20,000원
③ 23,000원
④ 25,000원

02 가방가게를 운영하는 S씨는 샌들 원가 20,000원에 40%의 이익을 붙여서 정가를 정했지만 판매가 잘 되지 않아 할인을 하고자 한다. 이때 몇 %를 할인해야 원가의 10% 이익을 얻을 수 있는가?(단, 소수점 둘째 자리에서 반올림한다)

① 약 20.5%
② 약 21.4%
③ 약 22.5%
④ 약 23.7%

03 다음 〈보기〉에서 경우의 수가 가장 큰 순서대로 바르게 나열한 것은?

보기

ㄱ. 학급 6개에서 10명의 위원을 뽑는 경우의 수
ㄴ. P, A, S, S를 일렬로 나열할 수 있는 경우의 수
ㄷ. 중복을 허락하여 1～5의 5개 자연수로 네 자리 자연수를 만드는 경우의 수

① ㄱ－ㄴ－ㄷ
② ㄱ－ㄷ－ㄴ
③ ㄴ－ㄱ－ㄷ
④ ㄴ－ㄷ－ㄱ

04 S야구팀의 작년 승률은 40%였고, 올해는 총 120경기 중 65승을 하였다. 작년과 올해의 경기를 합하여 구한 승률이 45%일 때, S야구팀의 총 승리한 횟수는?

① 151회
② 152회
③ 153회
④ 154회

05 수정이는 부서 사람들과 함께 놀이공원을 방문하려고 한다. 이 놀이공원의 입장료는 1인당 16,000원이며 정가에서 25% 할인된 금액에 10인 단체 티켓을 구매할 수 있다고 할 때, 부서원이 몇 명 이상일 때부터 20명분의 단체 티켓 2장을 구매하는 것이 더 유리해지는가?(단, 부서원은 10명보다 많다)

① 15명
② 16명
③ 17명
④ 18명

06 서로 맞물려 돌아가는 톱니바퀴, A와 B가 있다. A톱니바퀴의 톱니 수는 220개이고, A톱니바퀴와 B톱니바퀴가 서로 맞물려 돌아가 처음으로 다시 같은 톱니가 맞물릴 때까지 A톱니바퀴는 10바퀴 회전한다. 이때, B톱니바퀴의 톱니 수는?(단, 톱니 수는 A톱니바퀴가 더 많다)

① 180개
② 190개
③ 200개
④ 210개

07

S고등학교 도서부는 매일 교내 도서관을 정리하고 있다. 부원은 모두 40명이며 각각 1 ~ 40번의 번호를 부여하여 월요일부터 금요일까지 12명씩 돌아가면서 도서관을 정리하기로 하였다. 6월 7일에 1 ~ 12번 학생이 도서관을 정리하였다면 이들이 처음으로 다시 함께 도서관을 정리하는 날은? (단, 주말에는 활동하지 않는다)

① 6월 20일
② 6월 21일
③ 6월 22일
④ 6월 23일

08

양궁 대회에 참여한 진수, 민영, 지율, 보라 네 명은 최고점이 모두 달랐다. 진수의 최고점과 민영의 최고점의 2배를 합한 점수가 10점이었고, 지율의 최고점과 보라의 최고점의 2배를 합한 점수가 35점이었다. 진수의 2배, 민영의 4배와 지율의 5배를 한 총점이 85점이었다면 보라의 최고점은?

① 9점　② 10점
③ 11점　④ 12점

09

S자동차 회사에서 새로운 두 모델에 대해 연비 테스트를 하였다. 두 모델 A와 B에 휘발유를 3L와 5L를 주입한 후 동일한 조건에서 주행하였을 때 차가 멈출 때까지 운행한 거리를 측정하였고, 그 결과는 다음 〈조건〉과 같았다. 3L로 시험했을 때 두 자동차의 주행거리의 합은 48km였고, 연비 테스트에서 모델 B가 달린 주행거리의 합은 56km였다면, 두 자동차의 연비의 곱은?

조건

구분	3L	5L
모델 A	$a$km	$b$km
모델 B	$c$km	$d$km

※ (연비)$=\frac{km}{L}$(단위 주행 거리당 소비하는 연료의 양)

① 63　② 62
③ 60　④ 58

10 다음은 사내전화 평균 통화시간을 조사한 자료이다. 평균 통화시간이 6 ~ 9분인 여자의 수는 12분 이상인 남자의 수의 몇 배인가?

〈사내전화 평균 통화시간〉

평균 통화시간	남 자	여 자
3분 이하	33%	26%
3 ~ 6분	25%	21%
6 ~ 9분	18%	18%
9 ~ 12분	14%	16%
12분 이상	10%	19%
대상 인원수	600명	400명

① 1.1배
② 1.2배
③ 1.3배
④ 1.4배

11 다음은 주요 온실가스의 연평균 농도 변화 추이를 나타낸 자료이다. 이에 대한 설명으로 옳지 않은 것은?

〈주요 온실가스 연평균 농도 변화 추이〉

구 분	2017년	2018년	2019년	2020년	2021년	2022년	2023년
이산화탄소 농도(ppm)	387.2	388.7	389.9	391.4	392.5	394.5	395.7
오존전량(DU)	331	330	328	325	329	343	335

① 이산화탄소의 농도는 계속해서 증가하고 있다.
② 오존전량은 계속해서 증가하고 있다.
③ 2023년 오존전량은 2017년 대비 4DU 증가했다.
④ 2023년 이산화탄소의 농도는 2018년 대비 7ppm 증가했다.

12 다음은 2023년 극한기후 유형별 발생일수와 발생지수에 대한 자료이다. 이에 대한 설명으로 옳은 것은?

〈2023년 극한기후 유형별 발생일수와 발생지수〉

유 형	폭 염	한 파	호 우	대 설	강 풍
발생일수(일)	16	5	3	0	1
발생지수	5.00	( )	( )	1.00	( )

※ 극한기후 유형은 폭염, 한파, 호우, 대설, 강풍만 존재한다.

〈산정식〉

$$(\text{극한기후 발생지수})=4\times\left(\frac{A-B}{C-B}\right)+1$$

- A : 당해년도 해당 극한기후 유형 발생일수
- B : 당해년도 폭염, 한파, 호우, 대설, 강풍의 발생일수 중 최솟값
- C : 당해년도 폭염, 한파, 호우, 대설, 강풍의 발생일수 중 최댓값

① 발생지수가 가장 높은 유형은 한파이다.

② 호우의 발생지수는 2.00 이상이다.

③ 대설과 강풍의 발생지수의 합은 호우의 발생지수보다 크다.

④ 극한기후 유형별 발생지수의 평균은 3.00 이상이다.

13 다음은 A～E 5개국의 경제 및 사회 지표 자료이다. 이에 대한 설명으로 옳지 않은 것은?

〈주요 5개국의 경제 및 사회 지표〉

구 분	1인당 GDP(달러)	경제성장률(%)	수출(백만 달러)	수입(백만 달러)	총 인구(백만 명)
A	27,214	2.6	526,757	436,499	50.6
B	32,477	0.5	624,787	648,315	126.6
C	55,837	2.4	1,504,580	2,315,300	321.8
D	25,832	3.2	277,423	304,315	46.1
E	56,328	2.3	188,445	208,414	24.0

※ (총 GDP)=(1인당 GDP)×(총 인구)

① 경제성장률이 가장 큰 나라가 총 GDP는 가장 작다.

② 총 GDP가 가장 큰 나라의 GDP는 가장 작은 나라의 GDP보다 10배 이상 더 크다.

③ 5개국 중 수출과 수입에 있어서 규모에 따라 나열한 순위는 서로 일치한다.

④ 1인당 GDP에 따른 순위와 총 GDP에 따른 순위는 서로 일치한다.

14 다음은 K제철소에서 생산한 철강의 출하량을 분야별로 기록한 자료이다. 2023년에 세 번째로 많은 생산을 했던 분야에서 2021년 대비 2022년의 변화율에 대한 설명으로 옳은 것은?

〈K제철소 철강 출하량〉

(단위 : 천 톤)

구 분	자동차	선 박	토목 / 건설	일반기계	기 타
2021년	5,230	3,210	6,720	4,370	3,280
2022년	6,140	2,390	5,370	4,020	4,590
2023년	7,570	2,450	6,350	5,730	4,650

① 약 10% 증가하였다.

② 약 10% 감소하였다.

③ 약 8% 증가하였다.

④ 약 8% 감소하였다.

15 다음은 주요 산업국 연도별 연구개발비에 대한 자료이다. 이에 대한 설명으로 옳은 것을 〈보기〉에서 모두 고르면?

〈주요 산업국 연도별 연구개발비〉

(단위 : U.S 백만 달러)

구 분	2018년	2019년	2020년	2021년	2022년	2023년
한 국	23,587	28,641	33,684	31,304	29,703	37,935
중 국	29,898	37,664	48,771	66,430	84,933	–
일 본	151,270	148,526	150,791	168,125	169,047	–
독 일	69,317	73,737	84,148	97,457	92,552	92,490
영 국	39,421	42,693	50,016	47,138	40,291	39,924
미 국	325,936	350,923	377,594	403,668	401,576	–

보기

ㄱ. 2022년에 연구개발비가 전년 대비 감소한 곳은 4개국이다.
ㄴ. 2022년 연구개발비의 2018년 대비 증가율이 가장 높은 곳은 중국이고, 가장 낮은 곳은 일본이다.
ㄷ. 2020년 한국 연구개발비의 전년 대비 증가율은 독일보다 높고, 중국보다 낮다.

① ㄱ　　② ㄴ
③ ㄱ, ㄷ　　④ ㄴ, ㄷ

16 다음은 지역별 마약류 단속에 대한 자료이다. 이에 대한 설명으로 옳은 것은?

〈지역별 마약류 단속 건수〉

(단위 : 건, %)

지역＼마약류	대 마	마 약	향정신성의약품	합 계	
					비 중
서 울	49	18	323	390	22.1
인천 · 경기	55	24	552	631	35.8
부 산	6	6	166	178	10.1
울산 · 경남	13	4	129	146	8.3
대구 · 경북	8	1	138	147	8.3
대전 · 충남	20	4	101	125	7.1
강 원	13	0	35	48	2.7
전 북	1	4	25	30	1.7
광주 · 전남	2	4	38	44	2.5
충 북	0	0	21	21	1.2
제 주	0	0	4	4	0.2
전 체	167	65	1,532	1,764	100.0

※ 수도권은 서울과 인천 · 경기를 합한 지역임

※ 마약류는 대마, 마약, 향정신성의약품으로만 구성됨

① 대마 단속 전체 건수는 마약 단속 전체 건수의 3배 이상이다.

② 수도권의 마약류 단속 건수는 마약류 단속 전체 건수의 50% 이상이다.

③ 마약 단속 건수가 없는 지역은 5곳이다.

④ 향정신성의약품 단속 건수는 대구 · 경북 지역이 광주 · 전남 지역의 4배 이상이다.

17 다음은 A지역의 2023년 주요 버섯의 도・소매가와 주요 버섯 소매가의 전년 동분기 대비 등락액에 대한 자료이다. 이에 대한 설명으로 옳은 것을 〈보기〉에서 모두 고르면?

〈2023년 주요 버섯의 도・소매가〉

(단위 : 원/kg)

버섯종류	구분 \ 분기	1분기	2분기	3분기	4분기
느타리	도 매	5,779	6,752	7,505	7,088
	소 매	9,393	9,237	10,007	10,027
새송이	도 매	4,235	4,201	4,231	4,423
	소 매	5,233	5,267	5,357	5,363
팽 이	도 매	1,886	1,727	1,798	2,116
	소 매	3,136	3,080	3,080	3,516

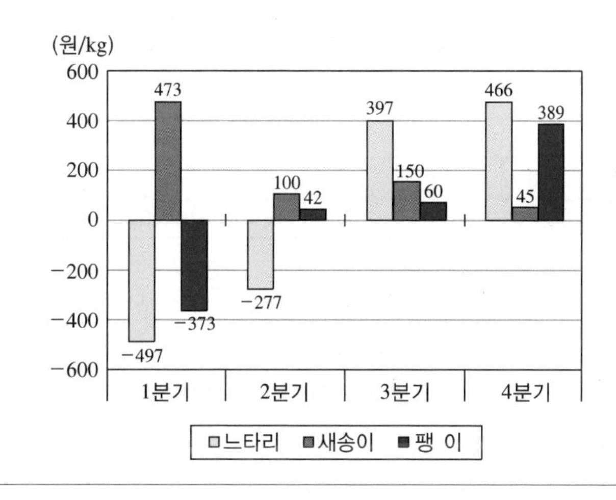

보기

ㄱ. 2023년 매분기 '느타리' 1kg의 도매가는 '팽이' 3kg의 도매가보다 높다.
ㄴ. 2022년 매분기 '팽이'의 소매가는 3,000원/kg 이상이다.
ㄷ. 2023년 1분기 '새송이'의 소매가는 2022년 4분기에 비해 상승했다.
ㄹ. 2023년 매분기 '느타리'의 소매가는 도매가의 1.5배 미만이다.

① ㄱ, ㄴ　② ㄱ, ㄷ
③ ㄴ, ㄷ　④ ㄴ, ㄹ

18 다음은 세계 총 에너지 소비실적 및 수요전망에 대한 자료이다. 이에 대한 내용으로 옳지 않은 것은?

〈세계 총 에너지 소비실적 및 수요전망〉

(단위 : Moe)

구 분	소비실적		수요전망					연평균 증감률(%)
	2000년	2022년	2030년	2035년	2040년	2045년	2050년	2022 ~ 2050년
OECD	4,522	5,251	5,436	5,423	5,392	5,399	5,413	0.1
미 국	1,915	2,136	2,256	2,233	2,197	2,192	2,190	0.1
유 럽	1,630	1,769	1,762	1,738	1,717	1,704	1,697	−0.1
일 본	439	452	447	440	434	429	422	−0.2
비(非)OECD	4,059	7,760	9,151	10,031	10,883	11,656	12,371	1.7
러시아	880	741	730	748	770	798	819	0.4
아시아	1,588	4,551	5,551	6,115	6,653	7,118	7,527	1.8
중 국	879	2,909	3,512	3,802	4,019	4,145	4,185	1.3
인 도	317	788	1,004	1,170	1,364	1,559	1,757	2.9
중 동	211	680	800	899	992	1,070	1,153	1.9
아프리카	391	739	897	994	1,095	1,203	1,322	2.1
중남미	331	611	709	784	857	926	985	1.7
합 계	8,782	13,361	14,978	15,871	16,720	17,529	18,293	1.1

① 2022년 아시아 에너지 소비실적은 2000년의 3배 이상이다.
② 비(非)OECD 국가의 에너지 수요전망은 2022 ~ 2050년 연평균 1.7%p씩 증가한다.
③ 2000년 전체 소비실적에서 중국과 인도의 에너지 소비실적 합의 비중은 13% 이상이다.
④ 중남미의 소비실적과 수요전망은 모두 증가하고 있다.

19 다음은 인터넷 공유활동 참여 현황을 정리한 자료이다. 이를 바르게 이해하지 못한 사람은?

〈인터넷 공유활동 참여율(복수응답)〉

(단위 : %)

구 분		커뮤니티 이용	퍼나르기	블로그 운영	댓글달기	UCC 게시
성 별	남 성	79.1	64.1	49.9	52.2	46.1
	여 성	76.4	59.6	55.1	38.4	40.1
연령대별	10대	75.1	63.9	54.7	44.3	51.3
	20대	88.8	74.4	76.3	47.3	54.4
	30대	77.3	58.5	46.3	44.0	37.5
	40대	66.0	48.6	27.0	48.2	29.6

※ 성별, 연령대별 조사인원은 동일함

① A사원 : 자료에 의하면 20대가 다른 연령대에 비해 인터넷상에서 공유활동을 활발히 참여하고 있네요.

② B주임 : 대체로 남성이 여성에 비해 상대적으로 활발한 활동을 하고 있는 것 같아요. 그런데 블로그 운영 활동은 여성이 더 많네요.

③ C대리 : 남녀 간의 참여율 격차가 가장 큰 영역은 댓글달기이네요. 반면에 커뮤니티 이용은 남녀 간의 참여율 격차가 가장 적네요.

④ D사원 : 10대와 30대의 공유활동 참여율을 높은 순서대로 나열하면 재미있게도 두 연령대의 활동 순위가 동일하네요.

20 다음은 국가 A ~ D의 정부신뢰에 대한 자료이다. 〈조건〉을 토대로 A ~ D에 해당하는 국가를 바르게 연결한 것은?

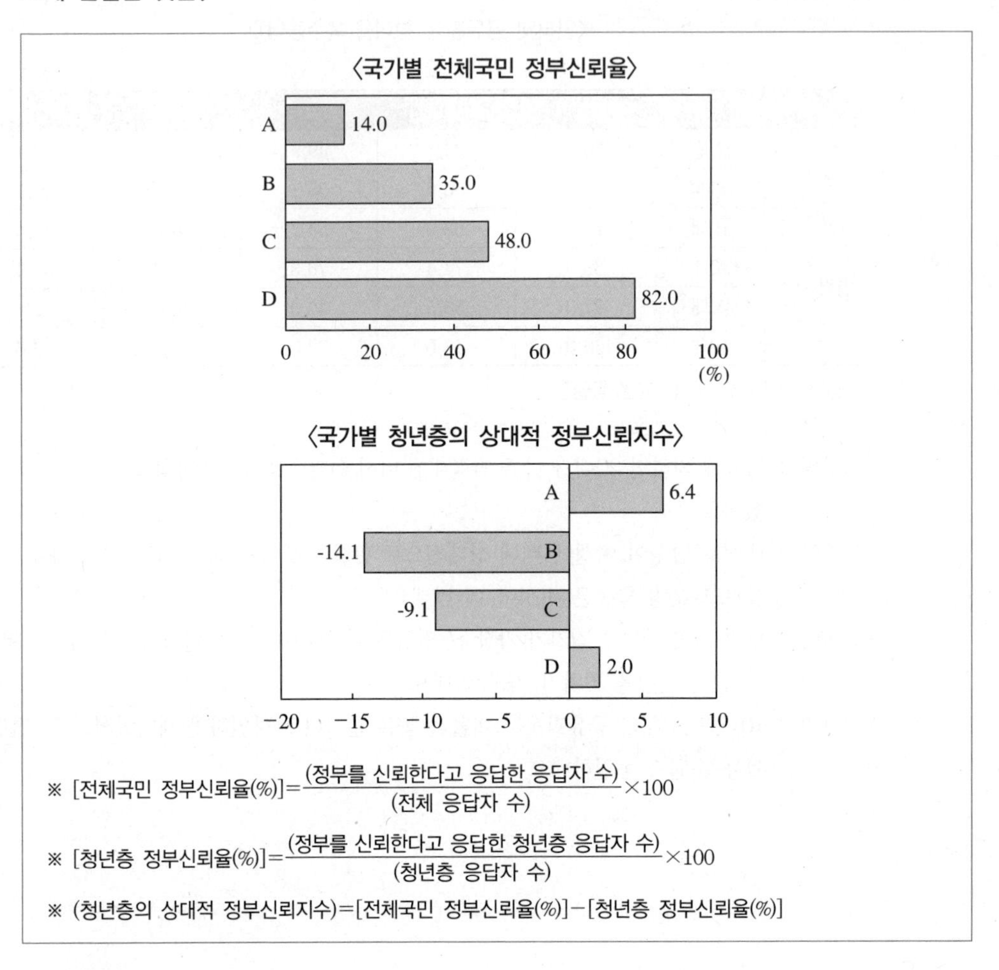

조건

- 청년층 정부신뢰율은 스위스가 그리스의 10배 이상이다.
- 영국과 미국에서는 청년층 정부신뢰율이 전체국민 정부신뢰율보다 높다.
- 청년층 정부신뢰율은 미국이 스위스보다 30%p 이상 낮다.

	A	B	C	D
①	그리스	영국	미국	스위스
②	스위스	영국	미국	그리스
③	스위스	미국	영국	그리스
④	그리스	미국	영국	스위스

CHAPTER

03 문제해결능력

01 다음 사례에서 K사가 문제해결에 사용한 사고방식으로 가장 적절한 것은?

> 게임 업체인 K사는 2000년대 이후 지속적인 하락세를 보였으나, 최근 AR 기반의 모바일 게임을 통해 변신에 성공했다. K사는 대표이사가 한때 "모바일 게임 시장이 곧 사라질 것"이라고 말했을 정도로 기존에 강세를 보이던 분야인 휴대용 게임만을 고집했었다. 그러나 기존의 관점에서 벗어나 신기술인 AR에 주목했고, 그동안 홀대했던 모바일 게임 분야에 뛰어들었다. 오히려 변화를 자각하고 새로운 기술을 활용하자 좋은 결과가 따른 것이다.

① 전략적 사고
② 분석적 사고
③ 발상의 전환
④ 내·외부자원의 효과적 활용

02 문제해결절차의 실행 및 평가 단계가 다음과 같은 절차로 진행될 때, 실행계획 수립 단계에서 고려해야 할 사항으로 적절하지 않은 것은?

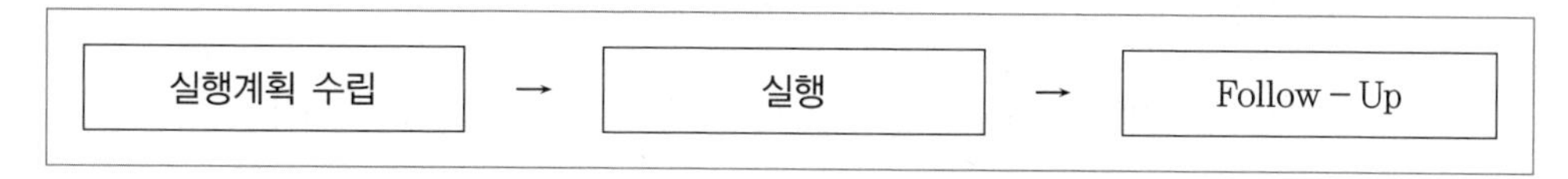

① 인적자원, 물적자원, 예산자원, 시간자원을 고려하여 계획을 세운다.
② 세부 실행내용의 난이도를 고려하여 구체적으로 세운다.
③ 해결안별 구체적인 실행계획서를 작성한다.
④ 실행상의 문제점 및 장애요인을 신속하게 해결하기 위해 모니터링 체제를 구축한다.

03 **S사의 사내식당에서는 이번 주 식단표를 짤 때, 쌀밥, 콩밥, 보리밥, 조밥, 수수밥의 5가지 종류의 밥을 지난주에 제공된 요일과 겹치지 않게 제공하려고 한다. 다음 <조건>을 참고할 때, 반드시 참인 것은?**

조건

- 월요일부터 금요일까지 5가지의 밥은 겹치지 않게 제공된다.
- 쌀밥과 콩밥은 지난주 월요일과 목요일에 제공된 적이 있다.
- 보리밥과 수수밥은 지난주 화요일과 금요일에 제공된 적이 있다.
- 조밥은 이번 주 수요일에 제공된다.
- 콩밥은 이번 주 화요일에 제공된다.

① 월요일에 제공되는 것은 보리밥 또는 수수밥이다.
② 금요일에 제공되는 것은 보리밥 또는 쌀밥이다.
③ 쌀밥은 지난주 화요일에 제공된 적이 있다.
④ 콩밥은 지난주 수요일에 제공된 적이 있다.

04 **S공사의 건물에서는 엘리베이터 여섯 대(1호기 ~ 6호기)를 6시간에 걸쳐 점검하고자 한다. 한 시간에 한 대씩만 검사한다고 할 때, 다음 <조건>에 근거하여 바르게 추론한 것은?**

조건

- 제일 먼저 검사하는 것은 5호기이다.
- 가장 마지막에 검사하는 것은 6호기가 아니다.
- 2호기는 6호기보다 먼저 검사한다.
- 3호기는 두 번째로 먼저 검사하며, 그 다음으로 검사하는 것은 1호기이다.

① 6호기는 4호기보다 늦게 검사한다.
② 마지막으로 검사하는 엘리베이터는 4호기가 아니다.
③ 4호기 다음으로 검사할 것은 2호기이다.
④ 6호기는 1호기 다다음에 검사하며, 5번째로 검사하게 된다.

05 **S대학교의 기숙사에서는 기숙사에 거주하는 4명, A～D는 1층부터 4층에 매년 새롭게 배정하고 있으며, 올해도 배정하려고 한다. 다음 〈조건〉을 참고할 때, 반드시 참인 것은?**

조건

- 한 번 거주한 층에는 다시 거주하지 않는다.
- A와 D는 2층에 거주한 적이 있다.
- B와 C는 3층에 거주한 적이 있다.
- A와 B는 1층에 거주한 적이 있다.
- A, B, D는 4층에 거주한 적이 있다.

① C는 4층에 배정될 것이다.
② D는 3층에 거주한 적이 있을 것이다.
③ D는 1층에 거주한 적이 있을 것이다.
④ C는 2층에 거주한 적이 있을 것이다.

06 **A～D가 키우는 동물의 종류에 대해서 다음과 같은 사실이 알려져 있다. 이에 근거한 추론으로 항상 옳은 것은?**

- A는 개, C는 고양이, D는 닭을 키운다.
- B는 토끼를 키우지 않는다.
- A가 키우는 동물은 B도 키운다.
- A와 C는 같은 동물을 키우지 않는다.
- A, B, C, D 각각은 2종류 이상의 동물을 키운다.
- A, B, C, D는 개, 고양이, 토끼, 닭 이외의 동물은 키우지 않는다.

① B는 개를 키우지 않는다.
② B와 C가 공통으로 키우는 동물이 있다.
③ C는 키우지 않지만 D가 키우는 동물이 있다.
④ 3명이 공통으로 키우는 동물은 없다.

07 다음 중 비판적 사고의 개발을 위해 필요한 요소와 이에 대한 설명이 바르게 연결된 것을 〈보기〉에서 모두 고르면?

> **보기**
>
> ㄱ. 지적 호기심 : 육하원칙에 따라 질문을 제기한다.
> ㄴ. 융통성 : 편견이나 선입견에 의해 결정을 내리는 것을 지양한다.
> ㄷ. 체계성 : 결론에 이르기까지 논리적 일관성을 유지한다.
> ㄹ. 개방성 : 고정성, 독단적 태도 혹은 경직성을 배격한다.
> ㅁ. 지적 정직성 : 충분한 근거가 있다면 그 내용을 진실로 받아들인다.

① ㄱ, ㄴ, ㄹ
② ㄱ, ㄴ, ㅁ
③ ㄱ, ㄷ, ㅁ
④ ㄴ, ㄷ, ㄹ

08 다음 중 논리적 사고 개발방법에 대해 바르게 설명한 사람을 〈보기〉에서 모두 고르면?

> **보기**
>
> 하은 : So What 기법과 피라미드 구조는 모두 논리적 사고를 개발하기 위한 방법들이야.
> 성민 : So What 기법은 하위의 사실이나 현상으로부터 사고하여 상위의 주장을 만들어 가는 방법이야.
> 가연 : 피라미드 구조는 보조 메시지들 중 핵심 정보를 선별하여 최종적 메시지를 도출해 내는 방법이야.
> 희원 : So What 기법은 주어진 정보에 대해 자문자답 형식으로 의미 있는 정보를 도출해 나가는 방식이다.

① 하은, 희원
② 하은, 가연
③ 성민, 가연
④ 성민, 희원

09 갑은 다음 규칙을 참고하여 알파벳 단어를 숫자로 변환하고자 한다. 규칙을 적용한 〈보기〉의 ㉠ ~ ㉣ 단어에서 알파벳 Z에 해당하는 자연수들을 모두 더한 값은?

〈규 칙〉

① 알파벳 'A'부터 'Z'까지 순서대로 자연수를 부여한다.

예 A=2라고 하면 B=3, C=4, D=5이다.

② 단어의 음절에 같은 알파벳이 연속되는 경우 ①에서 부여한 숫자를 알파벳이 연속되는 횟수만큼 거듭제곱한다.

예 A=2이고 단어가 'AABB'이면 AA는 '2^2'이고, BB는 '3^2'이므로 '49'로 적는다.

보기

㉠ AAABBCC는 10000001020110404로 변환된다.

㉡ CDFE는 3465로 변환된다.

㉢ PJJYZZ는 1712126729로 변환된다.

㉣ QQTSR은 625282726으로 변환된다.

① 154

② 176

③ 199

④ 212

10 다음은 도서코드(ISBN)에 대한 자료이다. 주문한 도서에 대한 설명으로 옳은 것은?

〈[예시] 도서코드(ISBN)〉

국제표준도서번호					부가기호		
접두부	국가번호	발행자번호	서명식별번호	체크기호	독자대상	발행형태	내용분류
123	12	1234567		1	1	1	123

※ 국제표준도서번호는 5개의 군으로 나누어지고 군마다 '–'로 구분한다.

〈도서코드(ISBN) 세부사항〉

접두부	국가번호	발행자번호	서명식별번호	체크기호
978 또는 979	한국 89 미국 05 중국 72 일본 40 프랑스 22	발행자번호 – 서명식별번호 7자리 숫자 예 8491 – 208 : 발행자번호가 8491번인 출판사에서 208번째 발행한 책		0～9

독자대상	발행형태	내용분류
0 교양 1 실용 2 여성 3 (예비) 4 청소년 5 중고등 학습참고서 6 초등 학습참고서 7 아동 8 (예비) 9 전문	0 문고본 1 사전 2 신서판 3 단행본 4 전집 5 (예비) 6 도감 7 그림책, 만화 8 혼합자료, 점자자료, 전자책, 마이크로자료 9 (예비)	030 백과사전 100 철학 170 심리학 200 종교 360 법학 470 생명과학 680 연극 710 한국어 770 스페인어 740 영미문학 720 유럽사

〈주문도서〉

978 – 05 – 441 – 1011 – 3 14710

① 한국에서 출판한 도서이다.
② 한 권으로만 출판되지는 않았다.
③ 발행자번호는 총 7자리이다.
④ 441번째 발행된 도서이다.

11 조선 시대에는 12시진(정시법)과 '초(初)', '정(正)', '한시진(2시간)' 등의 표현을 통해 시간을 나타내었다. 다음 중 조선 시대의 시간과 현대의 시간에 대한 비교로 옳지 않은 것은?

〈12시진〉

조선 시대 시간		현대 시간	조선 시대 시간		현대 시간
자(子)시	초(初)	23시 1분~60분	오(午)시	초(初)	11시 1분~60분
	정(正)	24시 1분~60분		정(正)	12시 1분~60분
축(丑)시	초(初)	1시 1분~60분	미(未)시	초(初)	13시 1분~60분
	정(正)	2시 1분~60분		정(正)	14시 1분~60분
인(寅)시	초(初)	3시 1분~60분	신(申)시	초(初)	15시 1분~60분
	정(正)	4시 1분~60분		정(正)	16시 1분~60분
묘(卯)시	초(初)	5시 1분~60분	유(酉)시	초(初)	17시 1분~60분
	정(正)	6시 1분~60분		정(正)	18시 1분~60분
진(辰)시	초(初)	7시 1분~60분	술(戌)시	초(初)	19시 1분~60분
	정(正)	8시 1분~60분		정(正)	20시 1분~60분
사(巳)시	초(初)	9시 1분~60분	해(亥)시	초(初)	21시 1분~60분
	정(正)	10시 1분~60분		정(正)	22시 1분~60분

① 한 초등학교의 점심시간이 오후 1시부터 2시까지라면, 조선 시대 시간으로 미(未)시에 해당한다.

② 조선 시대에 어떤 사건이 인(寅)시에 발생하였다면, 현대 시간으로는 오전 3시와 5시 사이에 발생한 것이다.

③ 현대인이 오후 2시부터 4시 30분까지 운동을 하였다면, 조선 시대 시간으로 미(未)시부터 유(酉)시까지 운동을 한 것이다.

④ 축구 경기가 연장 없이 각각 45분의 전반전과 후반전으로 진행되었다면, 조선 시대 시간으로 한시진이 채 되지 않은 것이다.

12 S제품을 운송하는 A씨는 업무상 편의를 위해 고객의 주문 내역을 임의의 기호로 기록하고 있다. 다음과 같은 주문 전화가 왔을 때, A씨가 기록한 기호로 옳은 것은?

〈임의기호〉

재 료	연 강	고강도강	초고강도강	후열처리강
	MS	HSS	AHSS	PHTS
판매량	낱 개	1묶음	1box	1set
	01	10	11	00
지 역	서 울	경기남부	경기북부	인 천
	E	S	N	W
윤활유 사용	청정작용	냉각작용	윤활작용	밀폐작용
	P	C	I	S
용 도	베어링	스프링	타이어코드	기계구조
	SB	SS	ST	SM

※ A씨는 [재료] – [판매량] – [지역] – [윤활유 사용] – [용도]의 순서로 기호를 기록한다.

〈주문 전화〉

B씨 : A씨, 나 인천 지점에서 같이 일했던 B야. 내가 필요한 것이 있어서 전화했어. 일단 서울 지점의 C씨가 스프링으로 사용할 제품이 필요하다고 하는데 한 박스 정도면 될 것 같아. 이전에 주문했던 대로 연강에 윤활용으로 윤활유를 사용한 제품으로 부탁하네. 나는 이번에 경기도 남쪽으로 가는데 거기에 있는 내 사무실 알지? 거기로 초고강도강 타이어코드용으로 1세트 보내 줘. 튼실한 걸로 밀폐용 윤활유 사용해서 부탁해. 저번에 냉각용으로 사용한 제품은 생각보다 좋진 않았어.

① MS11EISB, AHSS00SSST
② MS11EISS, AHSS00SSST
③ MS11EISS, HSS00SSST
④ MS11WISS, AHSS10SSST

13 K공사에 근무하는 A대리는 국내 자율주행자동차 산업에 대한 SWOT 분석 결과에 따라 국내 자율주행자동차 산업 발달을 위한 방안을 고안하는 중이다. A대리가 SWOT 분석에 의한 경영전략에 따라 판단하였다고 할 때, 다음 〈보기〉 중 SWOT 분석에 의한 경영전략에 맞춘 판단으로 적절하지 않은 것을 모두 고르면?

〈국내 자율주행자동차 산업에 대한 SWOT 분석 결과〉

구 분	분석 결과
강점(Strength)	• 민간 자율주행기술 R&D 지원을 위한 대규모 예산 확보 • 국내외에서 우수한 평가를 받는 국내 자동차 기업 존재
약점(Weakness)	• 국내 민간기업의 자율주행기술 투자 미비 • 기술적 안전성 확보 미비
기회(Opportunity)	• 국가의 지속적 자율주행자동차 R&D 지원법안 본회의 통과 • 완성도 있는 자율주행기술을 갖춘 외국 기업들의 등장
위협(Threat)	• 자율주행차에 대한 국민들의 심리적 거부감 • 자율주행차에 대한 국가의 과도한 규제

〈SWOT 분석에 의한 경영전략〉

- SO전략 : 기회를 이용해 강점을 활용하는 전략
- ST전략 : 강점을 활용하여 위협을 최소화하거나 극복하는 전략
- WO전략 : 기회를 활용하여 약점을 보완하는 전략
- WT전략 : 약점을 최소화하고 위협을 회피하는 전략

보기

ㄱ. 자율주행기술 수준이 우수한 외국 기업과의 기술이전협약을 통해 국내 우수 자동차 기업들의 자율주행기술 연구 및 상용화 수준을 향상시키려는 전략은 SO전략에 해당한다.

ㄴ. 민간의 자율주행기술 R&D를 적극 지원하여 자율주행기술의 안전성을 높이려는 전략은 ST전략에 해당한다.

ㄷ. 자율주행자동차 R&D를 지원하는 법률을 토대로 국내 기업의 기술개발을 적극 지원하여 안전성을 확보하려는 전략은 WO전략에 해당한다.

ㄹ. 자율주행기술 개발에 대한 국내 기업의 투자가 부족하므로 국가기관이 주도하여 기술 개발을 추진하는 전략은 WT전략에 해당한다.

① ㄱ, ㄴ ② ㄱ, ㄷ

③ ㄴ, ㄷ ④ ㄴ, ㄹ

14 다음은 국내 금융기관에 대한 SWOT 분석 자료이다. 이를 통해 SWOT 전략을 세운다고 할 때, 〈보기〉 중 분석 결과에 대응하는 전략과 그 내용이 바르게 연결된 것을 모두 고르면?

> 국내 대부분의 예금과 대출을 국내 은행이 차지하고 있을 정도로 국내 금융기관에 대한 우리나라 국민들의 충성도는 높은 편이다. 또한 국내 금융기관은 철저한 신용 리스크 관리로 해외 금융기관과 비교해 자산건전성 지표가 매우 우수한 편이다. 시장 리스크 관리도 해외 선진 금융기관 수준에 도달한 것으로 평가받는다. 국내 금융기관은 외환위기와 글로벌 금융위기 등을 거치며 꾸준히 자산건전성을 강화해 왔기 때문이다.
> 그러나 은행과 이자 이익에 수익이 편중돼 있다는 점은 국내 금융기관의 가장 큰 약점이 된다. 대부분 예금과 대출 거래 중심의 영업구조로 되어 있기 때문이다. 취약한 해외 비즈니스도 문제로 들 수 있다. 최근 동남아 시장을 중심으로 해외 진출에 박차를 가하고 있지만, 아직은 눈에 띄는 성과가 많지 않은 상황이다.
> 많은 어려움에도 불구하고 국내 금융기관의 발전 가능성은 아직 무궁무진하다. 우선 해외 시장으로 눈을 돌리면 다양한 기회가 열려 있다. 전 세계 신용・단기 자금 확대, 글로벌 무역 회복세로 국내 금융기관의 해외 진출 여건은 양호한 편이다. 따라서 해외 시장 개척을 통해 어떻게 신규 수익원을 확보하느냐가 성장의 새로운 기회로 작용할 전망이다. IT 기술 발달에 따른 핀테크의 등장도 새로운 기회가 될 수 있다. 국내의 발달된 인터넷과 모바일뱅킹 서비스, IT 인프라를 활용한 새로운 수익 창출 가능성이 열려 있는 것이다.
> 역설적으로 핀테크의 등장은 오히려 국내 금융기관의 발목을 잡을 수 있다. 블록체인 기술에 기반한 암호화폐, 간편결제와 송금, 로보어드바이저, 인터넷 은행, P2P 대출 등 다양한 핀테크 분야의 새로운 서비스들이 기존 금융 서비스의 대체재로서 출현하고 있기 때문이다. 금융시장 개방에 따른 글로벌 금융기관과의 경쟁 심화도 넘어야 할 산이다. 특히 중국 은행을 비롯한 중국 금융이 급성장하고 있어 이에 대한 대비책 마련이 시급하다.

보기

㉠ SO전략 : 높은 국내 시장점유율을 기반으로 국내 핀테크 사업에 진출한다.
㉡ WO전략 : 위기관리 역량을 강화하여 해외 금융시장에 진출한다.
㉢ ST전략 : 해외 금융기관과 비교해 우수한 자산건전성을 강조하여 글로벌 금융기관과의 경쟁에서 우위를 차지한다.
㉣ WT전략 : 해외 비즈니스 역량을 강화하여 해외 금융시장에 진출한다.

① ㉠, ㉡
② ㉠, ㉢
③ ㉡, ㉢
④ ㉡, ㉣

15 **투자정보팀에서는 문제기업을 미리 알아볼 수 있는 이상 징후로 다섯 개의 조건을 마련해, 이를 바탕으로 투자 여부를 판단한다. 투자 여부 판단 대상기업은 A～E이다. 다음과 같은 〈조건〉이 주어질 때, 투자 부적격 기업은?**

〈투자 여부 판단 조건〉

㉮ 기업문화의 종교화
㉯ 정책에 대한 지나친 의존
㉰ 인수 합병 의존도의 증가
㉱ 견제 기능의 부재
㉲ CEO의 법정 출입

이 5개의 징후는 다음과 같은 관계가 성립한다.

〈각 이상 징후별 인과 및 상관관계〉

1) '기업문화의 종교화'(㉮)와 '인수 합병 의존도의 증가'(㉰)는 동시에 나타난다.
2) '견제 기능의 부재'(㉱)가 나타나면 '정책에 대한 지나친 의존'(㉯)이 나타난다.
3) 'CEO의 법정 출입'(㉲)이 나타나면 '정책에 대한 지나친 의존'(㉯)과 '인수 합병의존도의 증가'(㉰)가 나타난다.

투자정보팀은 ㉮～㉲ 중 4개 이상의 이상 징후가 발견될 경우 투자를 하지 않기로 결정한다.

조건

1. ㉮는 A, B, C기업에서만 나타났다.
2. ㉯는 D기업에서 나타났고, C와 E기업에서는 나타나지 않았다.
3. ㉱는 B기업에서 나타났고, A기업에서는 나타나지 않았다.
4. ㉲는 A기업에서 나타나지 않았다.
5. 각각의 이상 징후 ㉮～㉲ 중 모든 기업에서 동시에 나타나는 이상 징후는 없었다.

① A, E
② B, C
③ B
④ D, E

16 S회사에서는 직원들에게 다양한 혜택이 있는 복지카드를 제공한다. 복지카드의 혜택사항과 B사원의 하루 일과가 다음과 같을 때, ⓐ~ⓔ 중에서 복지카드로 혜택을 볼 수 없는 행동을 모두 고르면?

〈복지카드 혜택사항〉

구 분	세부내용
교 통	대중교통(지하철, 버스) 3~7% 할인
의 료	병원 5% 할인(동물병원 포함, 약국 제외)
쇼 핑	의류, 가구, 도서 구입 시 5% 할인
영 화	영화관 최대 6천 원 할인

〈B사원의 하루 일과〉

B는 오늘 친구와 백화점에서 만나 쇼핑을 하기로 약속을 했다. 집에서 ⓐ 지하철을 타고 약 20분이 걸려 백화점에 도착한 B는 어머니 생신 선물로 ⓑ 화장품과 옷을 산 후, 동생의 이사 선물로 줄 ⓒ 침구류도 구매하였다. 쇼핑이 끝난 후 B는 ⓓ 버스를 타고 집에 돌아와 자신이 키우는 애완견의 예방접종을 위해 ⓔ 병원에 가서 진료를 받았다.

① ⓐ, ⓑ, ⓓ

② ⓑ, ⓒ

③ ⓐ, ⓑ, ⓒ

④ ⓒ, ⓔ

17 **다음 대화 내용과 원/100엔 환율 정보를 참고하였을 때, 빈칸에 들어갈 A사원의 대답으로 가장 적절한 것은?**

A사원 : 팀장님, 한 달 뒤에 2박 3일간 일본에서 해외교육연수가 있다는 것을 알고 있으시죠? 그런데 숙박요금이 어떻게 될지….

팀 장 : 무엇이 문제지? 예전에 1박당 13,000엔으로 숙박 당일에 현찰로 지불한다고 예약해두지 않았나?

A사원 : 네, 맞습니다. 그런데 그 곳에 다시 전화해보니 오늘까지 전액을 송금하면 10% 할인을 해준다고 합니다. 하지만 문제는 환율입니다. 오늘 뉴스에서 원/100엔 환율이 하락하는 추세로 향후 지속된다고 합니다.

팀 장 : 그럼 서로 비교해보면 되지 않은가? 어떤 방안이 얼마나 더 절약할 수 있지?

A사원 : (빈칸)

〈원/100엔 환율 정보〉

구 분	매매기준율(원)	현찰(원)		송금(원)	
		살 때	팔 때	보낼 때	받을 때
오 늘	1,110	1,130	1,090	1,120	1,100
한 달 뒤	990	1,010	970	1,000	980

※ 환전 시 금액의 소수점은 절사함

① 비교해 보니 오늘 결제하는 것이 260원 더 저렴합니다.
② 비교해 보니 오늘 결제하는 것이 520원 더 저렴합니다.
③ 비교해 보니 한 달 뒤에 결제하는 것이 260원 더 저렴합니다.
④ 비교해 보니 한 달 뒤에 결제하는 것이 520원 더 저렴합니다.

18 S공사에 전자파와 관련된 고객의 문의전화가 걸려왔다. 가전제품 전자파 절감 가이드라인에 기반한 다음 질문의 응답으로 옳지 않은 것끼리 짝지은 것은?

〈가전제품 전자파 절감 가이드라인〉

1. 생활가전제품 사용 시에는 가급적 30cm 이상 거리를 유지하세요.
   - 가전제품의 전자파는 30cm 거리를 유지하면 밀착하여 사용할 때보다 1/10로 줄어듭니다.
2. 전기장판은 담요를 깔고, 온도는 낮게, 온도 조절기는 멀리 하세요.
   - 전기장판의 자기장은 3 ~ 5cm 두께의 담요나 이불을 깔고 사용하면 밀착 시에 비해 50% 정도 줄어듭니다.
   - 전기장판의 자기장은 저온(취침모드)으로 낮추면 고온으로 사용할 때에 비해 50% 줄어듭니다.
   - 온도조절기와 전원접속부는 전기장판보다 전자파가 많이 발생하니 가급적 멀리 두고 사용하세요.
3. 전자레인지 동작 중에는 가까운 거리에서 들여다보지 마세요.
   - 사람의 눈은 민감하고 약한 부위에 해당되므로 전자레인지 동작 중에는 가까운 거리에서 내부를 들여다보는 것을 삼가는 것이 좋습니다.
4. 헤어드라이기를 사용할 때에는 커버를 분리하지 마세요.
   - 커버가 없을 경우 사용부위(머리)와 가까워져 전자파에 2배 정도 더 노출됩니다.
5. 가전제품은 필요한 시간만 사용하고 사용 후에는 항상 전원을 뽑으세요.
   - 가전제품을 사용한 후 전원을 뽑으면 불필요한 전자파를 줄일 수 있습니다.
6. 시중에서 판매되고 있는 전자파 차단 필터는 효과가 없습니다.
7. 숯, 선인장 등은 전자파를 줄이거나 차단하는 효과가 없습니다.

상담원 : 안녕하십니까, 고객상담팀 김○○입니다.

고　객 : 안녕하세요, 문의할 게 있어서 전화했습니다. 이번에 전기장판을 사용하는데 윙윙거리는 전자파 소리가 들려서 도저히 불안해서 사용할 수가 없네요. 전기장판에서 발생하는 전자파는 어느 정도인가요?

상담원 : ㉠ 일상생활에서 사용하는 모든 가전제품에서는 전자파가 나오지만 그 세기는 매우 미약하고 안전하니 걱정하지 않으셔도 됩니다.

고　객 : 하지만 괜히 몸도 피곤하고 전기장판에서 자면 개운하지 않은 것 같아서요.

상담원 : ㉡ 혹시 온도조절기가 몸과 가까이 있지 않나요? 온도조절기와 전원접속부는 전기장판보다 전자파가 더 많이 발생하니 멀리 두고 사용하면 전자파를 줄일 수 있습니다.

고　객 : 네, 온도조절기가 머리 가까이 있었는데 위치를 바꿔야겠네요.

상담원 : ㉢ 또한 전기장판은 저온으로 장시간 이용하는 것보다 고온으로 온도를 올리고 있다가 저온으로 낮춰 사용하는 것이 전자파 절감에 더 효과가 있습니다.

고　객 : 그럼 혹시 핸드폰에서 발생하는 전자파를 절감할 수 있는 방법도 있나요?

상담원 : ㉣ 핸드폰의 경우 시중에 판매하는 전차파 차단 필터를 사용하시면 50% 이상의 차단 효과를 보실 수 있습니다.

① ㉠, ㉡　　② ㉠, ㉢

③ ㉡, ㉣　　④ ㉢, ㉣

※ 다음은 S공사의 전기요금 할인제도 중 복지할인에 대한 종류를 명시한 표이다. 이어지는 질문에 답하시오. [19~20]

〈전기요금 할인제도〉

[복지할인 종류]

구 분	계약종별	적용대상	할인율
독립유공자	주택용	독립유공자 예우에 관한 법률에 의한 독립유공자 또는 독립유공자의 권리를 이전받은 유족 1인	정액감면(월 8천 원 한도)
국가유공자	주택용	국가유공자 등 예우 및 지원에 관한 법률에 의한 1 ~ 3급 상이자	
5·18 민주유공자	주택용	5·18 민주유공자 예우에 관한 법률에 의한 1 ~ 3급 상이자	
장애인	주택용	장애인복지법에 의한 1 ~ 3급 장애인	
사회복지시설	주택용	사회복지사업법에 의한 사회복지시설 ※ 노인복지주택, 유료양로시설, 유료노인요양시설 등 호화 사회복지시설은 감면대상에서 제외	21.6%
	일반용		20%
	심야(갑)		31.4%
	심야(을)		20%
기초생활수급자	주택용	국민기초생활보장법에 정한 수급자	정액감면(월 8천 원 한도)
	심야(갑)	주거용 심야전력 사용 기초생활수급자	31.4%
	심야(을)	주거용 심야전력 사용 기초생활수급자	20%
차상위계층	주택용	국민기초생활보장법에 의한 차상위계층 법령에 의해 지원받는 자	정액감면(월 2천 원 한도)
	심야(갑)	주거용 심야전력 사용 차상위계층	29.7%
	심야(을)	주거용 심야전력 사용 차상위계층	18%
3자녀 이상 가구	주택용	가구원 중 자녀가 3인 이상인 가구	20%(월 1만 2천 원 한도)

※ 단, 중복할인은 3개까지 가능함

19 **다음 대화를 바탕으로 할머니가 받을 수 있는 복지할인의 종류를 적절하게 나열한 것은?**

사회복지사 : 할머니 안녕하세요, A사회복지관 김○○입니다. 잘 지내셨어요?
할머니 : 네, 잘 지냈어요.
사회복지사 : 이제 여름도 다가오는데 전기요금 걱정 많으시죠? 할머니, 혹시 전기요금에서 복지할인을 받으실 수 있는 항목이 있는지 여쭤보려고 전화 드렸어요.
할머니 : 복지할인? 우리 남편이 예전에 독립운동을 해서 독립유공자인데 일찍 돌아가셨어. 이것도 할인을 받을 수 있나? 내가 혜택을 받을 수 있는지 계속 나한테 연락이 오긴 하더라고.
사회복지사 : 그렇군요, 아 그러고보니 자녀분도 세 분 있는 걸로 알고 있는데요.
할머니 : 셋 다 결혼해서 큰아들이랑 둘째 아들은 서울에 살고 막내딸은 대구에 있어.
사회복지사 : 그러시군요. 할머니, 혹시 가지고 계신 장애등급은 없으세요?
할머니 : 예전에 몸이 안 좋아서 큰 수술을 한 번 했었는데, 심장 이식을 받았어. 그때 장애등급 5급을 받았었는데, 등록증이 어디 있나 모르겠네.
사회복지사 : 네, 알겠습니다. 제가 해당사항 검토 후에 다시 연락드릴게요. 감사합니다.

① 독립유공자
② 독립유공자, 국가유공자
③ 기초생활수급자, 3자녀 이상 가구
④ 3자녀 이상 가구, 장애인

20 **미성년자인 3남매를 둔 A씨 가족의 한 달 전기요금이 67,000원이라면, 복지요금으로 얼마를 할인 받을 수 있는가?**

① 10,000원
② 11,200원
③ 12,000원
④ 13,400원

CHAPTER

04 정보능력

01 **다음은 데이터베이스에 대한 설명이다. 데이터베이스의 특징으로 적절하지 않은 것은?**

> 데이터베이스란 대량의 자료를 관리하고 내용을 구조화하여 검색이나 자료 관리 작업을 효과적으로 실행하는 프로그램으로, 삽입, 삭제, 수정, 갱신 등을 통하여 항상 최신의 데이터를 유동적으로 유지할 수 있으며, 이와 같은 다량의 데이터는 사용자의 질의에 대한 신속한 응답 처리를 가능하게 한다. 또한 이러한 데이터를 여러 명의 사용자가 동시에 공유할 수 있고, 각 데이터를 참조할 때는 사용자가 요구하는 내용에 따라 참조가 가능함은 물론 응용프로그램과 데이터베이스를 독립시킴으로써 데이터를 변경시키더라도 응용프로그램은 변경되지 않는다.

① 실시간 접근성
② 계속적인 진화
③ 동시 공유
④ 데이터 논리적 의존성

02 **다음 글을 읽고 정보관리의 3원칙 중 밑줄 친 ㉠~㉢에 해당하는 내용을 바르게 나열한 것은?**

> ‘구슬이 서말이라도 꿰어야 보배’라는 속담처럼 여러 가지 채널과 갖은 노력 끝에 입수한 정보가 우리가 필요한 시점에 즉시 활용되기 위해서는 모든 정보가 차곡차곡 정리되어 있어야 한다. 이처럼 정보의 관리란 수집된 다양한 형태의 정보를 어떤 문제 해결이나 결론 도출에 사용하기 쉬운 형태로 바꾸는 일이다. 정보를 관리할 때에는 특히 ㉠ 정보에 대한 사용목표가 명확해야 하며, ㉡ 정보를 쉽게 작업할 수 있어야 하고, ㉢ 즉시 사용할 수 있어야 한다.

	㉠	㉡	㉢
①	목적성	용이성	유용성
②	다양성	용이성	통일성
③	용이성	통일성	다양성
④	통일성	목적성	유용성

03 K물산에 근무하는 B사원은 제품 판매 결과보고서를 작성할 때, 자주 사용하는 여러 개의 명령어를 묶어 하나의 키 입력 동작으로 만들어서 빠르게 완성하였다. 그리고 판매 결과를 여러 유통업자에게 알리기 위해 같은 내용의 안내문을 미리 수집해 두었던 주소록을 활용하여 쉽게 작성하였다. 이러한 사례에서 사용한 워드프로세서(한글 2010)의 기능으로 옳은 것을 〈보기〉에서 모두 고르면?

보기

ㄱ. 매크로　　ㄴ. 글맵시
ㄷ. 메일 머지　　ㄹ. 하이퍼링크

① ㄱ, ㄴ　　② ㄱ, ㄷ
③ ㄴ, ㄷ　　④ ㄴ, ㄹ

04 다음 중 빈칸 (가) ~ (다)에 들어갈 말을 순서대로 바르게 나열한 것은?

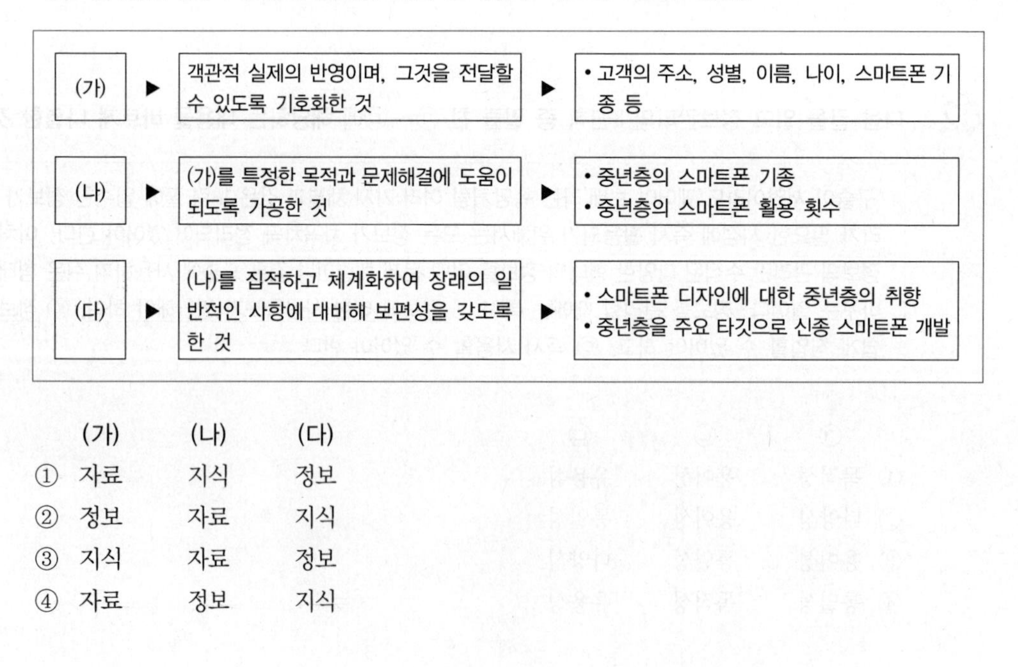

	(가)	(나)	(다)
①	자료	지식	정보
②	정보	자료	지식
③	지식	자료	정보
④	자료	정보	지식

05 다음 중 4차 산업혁명의 적용사례로 적절하지 않은 것은?

① 농사기술에 ICT를 접목한 농장에서는 농작물 재배시설의 온도・습도・햇볕량・토양 등을 분석하고, 그 결과에 따라 기계 등을 작동하여 적절한 상태로 변화시킨다.

② 주로 경화성 소재를 사용하고, 3차원 모델링 파일을 출력 소스로 활용하여 프린터로 입체 모형의 물체를 뽑아낸다.

③ 인터넷 서버에 데이터를 저장하고 여러 IT 기기를 사용해 언제 어디서든 이용할 수 있는 컴퓨팅 환경에서는 자신의 컴퓨터가 아닌 인터넷으로 연결된 다른 컴퓨터로 정보를 처리할 수 있다.

④ 인터넷에서 정보를 교환하는 시스템으로, 하이퍼텍스트 구조를 활용해서 인터넷상의 정보들을 연결해 준다.

06 다음 중 엑셀의 기능 중 틀 고정에 대한 설명으로 옳지 않은 것은?

① 틀을 고정하면 셀 포인터의 이동에 상관없이 고정된 행이나 열이 표시된다.

② 인쇄할 때는 틀 고정을 해놓은 것이 적용이 안되므로 인쇄를 하려면 설정을 바꿔줘야 한다.

③ 틀 고정을 취소할 때에는 셀 포인터의 위치는 상관없이 [보기] – [틀 고정 취소]를 클릭한다.

④ 고정하고자 하는 행의 위 또는 열의 왼쪽에 셀 포인터를 위치시킨 후 [보기] – [틀 고정]을 선택한다.

07 다음 중 함수식에 대한 결괏값으로 옳지 않은 것은?

	함수식	결괏값
①	=TRIM("1/4분기 수익")	1/4분기 수익
②	=SEARCH("세","세금 명세서",3)	5
③	=PROPER("republic Of korea")	REPUBLIC OF KOREA
④	=LOWER("Republic Of Korea")	republic of korea

08 다음 시트에서 [B1] 셀에 〈보기〉의 (가) ~ (마) 함수를 입력하였을 때, 표시되는 결괏값이 다른 것은?

	A	B
1	333	
2	합격	
3	불합격	
4	12	

보기

(가) =ISNUMBER(A1)
(나) =ISNONTEXT(A2)
(다) =ISTEXT(A3)
(라) =ISEVEN(A4)

① (가)
② (나)
③ (다)
④ (라)

09 다음 워크시트에서 '박지성'의 결석 값을 찾기 위한 함수식은?

	A	B	C	D
1	성적표			
2	이름	중간	기말	결석
3	김남일	86	90	4
4	이천수	70	80	2
5	박지성	95	85	5

① =VLOOKUP("박지성",$A$3:$D$5,4,1)
② =VLOOKUP("박지성",$A$3:$D$5,4,0)
③ =HLOOKUP("박지성",$A$3:$D$5,4,0)
④ =HLOOKUP("박지성",$A$3:$D$5,4,1)

10 K공사의 P사원은 고객의 지출성향을 파악하기 위하여 다음과 같은 내역을 조사하여 파일을 작성하였다. 다음 중 외식비로 지출된 금액의 총액을 구하고자 할 때, [G5] 셀에 들어갈 함수식으로 옳은 것은?

	A	B	C	D	E	F	G
1							
2		날짜	항목	지출금액			
3		01월 02일	외식비	35,000			
4		01월 05일	교육비	150,000			
5		01월 10일	월세	500,000		외식비 합계	
6		01월 14일	외식비	40,000			
7		01월 19일	기부	1,000,000			
8		01월 21일	교통비	8,000			
9		01월 25일	외식비	20,000			
10		01월 30일	외식비	15,000			
11		01월 31일	교통비	2,000			
12		02월 05일	외식비	22,000			
13		02월 07일	교통비	6,000			
14		02월 09일	교육비	120,000			
15		02월 10일	월세	500,000			
16		02월 13일	외식비	38,000			
17		02월 15일	외식비	32,000			
18		02월 16일	교통비	4,000			
19		02월 20일	외식비	42,000			
20		02월 21일	교통비	6,000			
21		02월 23일	외식비	18,000			
22		02월 24일	교통비	8,000			
23							
24							

① =SUMIF(C4:C23,“외식비”,D4:D23)

② =SUMIF(C3:C22,“외식비”,D3:D22)

③ =SUMIF(C3:C22,“C3”,D3:D22)

④ =SUMIF(“외식비”,C3:C22,D3:D22)

CHAPTER

05 대인관계능력

01 다음 중 협상 과정의 5단계를 순서대로 바르게 나열한 것은?

ㄱ. 적극적으로 경청하고 자기주장을 제시한다.
ㄴ. 합의문을 작성한다.
ㄷ. 분할과 통합 기법을 활용하여 이해관계를 분석한다.
ㄹ. 간접적인 방법으로 협상의사를 전달한다.
ㅁ. 협상 안건마다 대안들을 평가한다.

① ㄱ → ㄷ → ㄹ → ㅁ → ㄴ
② ㄱ → ㄹ → ㄷ → ㄴ → ㅁ
③ ㄹ → ㄱ → ㄴ → ㄷ → ㅁ
④ ㄹ → ㄱ → ㄷ → ㅁ → ㄴ

02 다음은 고객불만 처리 프로세스 8단계를 나타낸 것이다. 밑줄 친 (A) ~ (D)에 대한 설명으로 옳지 않은 것은?

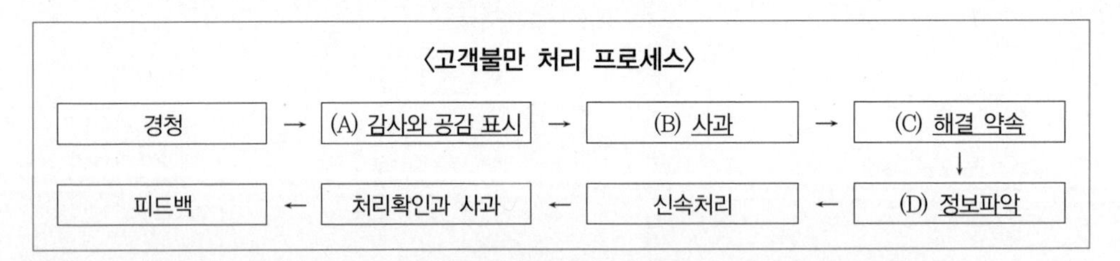

① (A) : 고객이 일부러 시간을 내서 해결의 기회를 준 것에 대한 감사를 표시한다.
② (B) : 고객의 이야기를 듣고 문제점을 인정하며, 잘못된 부분에 대해 사과한다.
③ (C) : 고객이 납득할 수 있도록 신중하고 천천히 문제를 해결할 것임을 약속한다.
④ (D) : 문제 해결을 위해 꼭 필요한 질문만 하여 정보를 얻는다.

03 **다음은 협상전략의 유형에 대한 설명이다. (A) ~ (D)에 해당하는 용어가 바르게 연결된 것은?**

(A) 상대방이 제시하는 것을 일방적으로 수용하여 협상의 가능성을 높이려는 전략이다. 즉, 상대방의 욕구와 주장에 자신의 욕구와 주장을 조정하고 순응시켜 굴복한다.
(B) 자신이 상대방보다 힘에 있어서 우위를 점유하고 있을 때 자신의 이익을 극대화하기 위한 공격적 전략이다. 즉, 상대방의 주장을 무시하고 자신의 힘으로 일방적으로 밀어붙여 상대방에게 자신의 입장을 강요하는 전략이다.
(C) 무행동전략이며, 협상으로부터 철수하는 철수전략이다. 협상을 피하거나 잠정적으로 중단하여 철수하는 전략이다.
(D) 협상 참여자들이 협동과 통합으로 문제를 해결하고자 하는 협력적 협상전략이다. 문제를 해결하는 합의에 이르기 위해서 협상 당사자들이 서로 협력하는 것이다.

	(A)	(B)	(C)	(D)
①	유화전략	협력전략	강압전략	회피전략
②	회피전략	강압전략	유화전략	협력전략
③	유화전략	강압전략	회피전략	협력전략
④	회피전략	협력전략	강압전략	유화전략

04 **다음 중 팀워크를 통한 조직목표 달성의 효과성 개선을 위한 노력으로 적절한 것을 〈보기〉에서 모두 고르면?**

보기

ㄱ. A부서는 외부 조직과의 협업에서 문제가 발생할 경우를 대비하여 절차상의 하자 제거를 최우선시함으로써 책임소재를 명확히 한다.
ㄴ. B부서는 추진사업 선정에 있어 부서 내 의견이 불일치하는 경우, 부서장의 의견에 따라 사안을 결정한다.
ㄷ. C부서는 사업 계획 단계에서 평가 지표를 미리 선정해두고, 해당 지표에 따라 사업의 성패 여부를 판단한다.
ㄹ. D부서는 비효율적인 결재 절차를 간소화하기 위해 팀을 수평적 구조로 재편하였다.

① ㄱ, ㄴ
② ㄱ, ㄷ
③ ㄴ, ㄷ
④ ㄷ, ㄹ

05 다음 중 거래적 리더십과 변혁적 리더십의 차이점에 대한 설명으로 옳지 않은 것은?

> 거래적 리더십은 '규칙을 따르는' 의무에 관계되어 있기 때문에 거래적 리더들은 변화를 촉진하기보다는 조직의 안정을 유지하는 것을 중시한다. 그리고 거래적 리더십에는 리더의 요구에 부하가 순응하는 결과를 가져오는 교환 과정이 포함된다. 그러나 조직원들의 과업목표에 대해 열의와 몰입까지는 발생시키지 않는 것이 일반적이다.
> 반면, 변혁적 리더십은 리더가 조직원들에게 장기적 비전을 제시하고 그 비전을 향해 매진하도록 조직원들로 하여금 자신의 정서·가치관·행동 등을 바꾸어 목표달성을 위한 성취의지와 자신감을 고취시킨다. 즉, 거래적 리더십은 교환에 초점을 맞춰 단기적 목표를 달성하고 이에 따른 보상을 받고, 변혁적 리더십은 장기적으로 성장과 발전을 도모하며 조직원들의 소속감, 몰입감, 응집력, 직무만족 등을 발생시킨다.

① 거래적 리더십의 보상체계는 규정에 맞게 성과 달성 시 인센티브와 보상이 주어진다.
② 변혁적 리더십은 기계적 관료제에 적합하고, 거래적 리더십은 단순구조나 임시조직에 적합하다.
③ 거래적 리더십은 안전을 지향하고 폐쇄적인 성격을 가지고 있다.
④ 변혁적 리더십은 공동목표를 추구하고 리더가 교육적 역할을 담당한다.

06 다음 글에서 설명하고 있는 설득전략으로 가장 적절한 것은?

> 어떤 과학적인 논리보다도 동료를 비롯한 사람들의 말과 행동으로 상대방을 설득하는 것이 협상 과정에서 생기는 갈등을 해결하기가 더 쉽다. 즉, 사람은 과학적 이론보다 자신의 동료나 이웃의 말이나 행동에 의해서 쉽게 설득된다는 것이다. 예를 들어 광고를 내보내서 고객들로 하여금 자신의 제품을 구매하도록 설득하는 것보다 소위 '입소문'을 통해서 설득하는 것이 매출에 더 효과적임을 알 수 있다.

① See－Feel－Change 전략
② 호혜관계 형성 전략
③ 헌신과 일관성 전략
④ 사회적 입증 전략

※ 다음 글을 읽고 이어지는 질문에 답하시오. [07~08]

E-스포츠 팀인 N팀은 올해 K리그 경기 출전하여 우승했다. N팀은 작년에 예선 탈락이라는 패배를 겪었고 N팀 주장과 감독은 패배의 실패 원인을 분석했다. 대부분이 개인플레이로 진행되었고 협동적으로 공격해야 할 때 각자 공격하는 방식을 취해 실패한 것으로 판단하였다. 그래서 N팀은 이번 리그를 준비하면서 개인플레이의 실력을 향상시키는 것보다 협동 공격의 연습에 집중하였다. 협동 공격 연습을 진행하던 중 불만이 생긴 A씨는 개인플레이어로서의 실력이 경기에서의 우승을 좌우하는 것이라고 주장하며 감독과 동료들 사이에서 마찰을 일으켰다. 결국, A씨는 자신의 의견이 받아들여지지 않자 팀을 탈퇴하였고 N팀은 새로운 배치로 연습을 진행해야 했다. 불과 리그를 6개월 앞둔 상황에서 벌어진 일이었다. N팀 감독은 N팀의 사기 저하를 신경쓰면서 팀의 연습에 대해서 서로 의견을 나누어 결정할 수 있게 도왔으며, 팀 개개인에게 칭찬과 ㉠ 동기부여를 지속적으로 제공했다. 그 결과, K리그 경기에서 N팀이 우승할 것이라고 아무도 예상하지 못한 생각을 뒤집고, 올해 K리그 경기에서 우승하였다.

07 A씨는 감독과 팀원들이 자신을 인정 안 해준다고 생각하며, 합동 연습에 부정적인 시각을 가지고 있다. 다음 중 A씨는 어떤 멤버십의 유형에 속하는가?

① 소외형 ② 순응형
③ 실무형 ④ 수동형

08 다음 중 윗글의 밑줄 친 ㉠의 동기부여 방법에 대한 설명으로 적절하지 않은 것은?

① 긍정적 강화법을 활용
② 새로운 도전의 기회를 부여
③ 책임감에 대한 부담을 덜어주기
④ 지속적인 교육과 성장의 기회를 제공하기

※ 다음 글을 읽고 이어지는 질문에 답하시오. [09~10]

직원 : 안녕하세요. 어떻게 오셨습니까?
고객 : 네, 안녕하세요. 다름이 아니라 이 회사가 있는 건물의 주차장 천장에 부착된 안내판이 위험해 보여서요. 제가 며칠 전에도 왔는데 그때도 떨어질 것 같이 흔들거리더니, 오늘도 계속 흔들거리는 게 위험해 보이네요.
직원 : ㉠ 그러셨습니까? 고객님, 일부러 찾아오셔서 알려주시니 정말 감사합니다. 그리고 ㉡ 이용에 불편을 드려 죄송합니다.
고객 : 아니에요. 그게 떨어지면 큰 사고가 날 것 같은데, 얼른 조치를 취하셔야 할 것 같아요.
직원 : 알겠습니다. 확인하는 대로 바로 처리하겠습니다. ㉢ 혹시 몇 층 주차장인지 알려주실 수 있을까요?
고객 : 지하 3층 B 구역이요.
직원 : 감사합니다. ㉣ 바로 담당 직원을 보내 확인 후 처리하도록 하겠습니다. 다시 한 번 이용에 불편을 드려 죄송합니다.

09 다음 중 윗글의 밑줄 친 ㉠~㉣과 이에 해당하는 고객 불만처리 프로세스가 잘못 짝지어진 것은?

① ㉠ : 일부러 시간을 내서 해결의 기회를 준 것에 감사를 표시한다.
② ㉡ : 고객의 이야기를 듣고 잘못된 부분에 대해 사과한다.
③ ㉢ : 문제 해결을 위해 꼭 필요한 정보를 얻는다.
④ ㉣ : 고객 불만 사례를 회사 및 전 직원에게 알려 다시는 동일한 문제가 발생하지 않도록 한다.

10 다음 중 밑줄 친 ㉢은 고객 불만 처리 과정에서 어느 단계에 해당하는가?

① 정보파악 단계
② 신속처리 단계
③ 처리확인과 사과 단계
④ 피드백 단계

CHAPTER

06 정답 및 해설

01 의사소통능력

01	02	03	04	05	06	07	08	09	10	11	12	13	14	15	16	17	18	19	20
③	②	②	①	①	③	②	④	④	④	③	④	③	①	②	①	②	④	②	①

01 정답 ③

제시문은 동양과 서양에서 달에 대해 서로 다른 의미를 부여하고 있는 것을 설명하고 있는 글이다. 따라서 (나) '동양에서 나타나는 해와 달의 의미' → (라) '동양과 상반되는 서양에서의 해와 달의 의미' → (다) '최근까지 지속되고 있는 달에 대한 서양에서의 부정적 의미' → (가) '동양에서의 변화된 달의 이미지'의 순서대로 나열하는 것이 적절하다.

02 정답 ②

상대방을 질책해야 할 때는 질책을 가운데 두고 칭찬을 먼저 한 다음에 격려의 말을 해야 한다. ㄹ의 경우에는 질책－칭찬－격려 순으로 구성되어 잘못된 의사표현법에 해당한다.

오답분석

ㄱ. 충고를 하면서 비유법을 활용하고 있다.
ㄴ·ㄷ. 잘못된 부분을 돌려 얘기하지 않고 확실하게 지적하고 있다.
ㅁ. 질책을 가운데 두고 칭찬을 먼저 한 다음, 마지막으로 격려의 말을 하고 있다.

03 정답 ②

제4조 제2항에 따르면 지방자치단체 또는 국민건강보험공단이 수행하는 노인성질환 예방사업에 소요되는 비용은 지방자치단체가 아닌 국가가 지원한다.

04 정답 ①

오답분석

② 제시문에 따르면 이전에는 서울업무상질병판정위원회에서만 진행했던 산재 조사·판정을 이제는 다른 지역에서도 각자 진행하고 있다고 하였다. 따라서 ㉡에서는 각 지역에서 개별적으로 진행하고 있다는 내용의 '분산했고'가 적절하다.
③ 제시문에 따르면 이전에 비해 산재 승인율이 감소하고 있다고 하였다. 따라서 불승인율은 증가한 상황에 불승인에 불복한 행정소송 제기는 더 증가했을 것임을 추론할 수 있다. 따라서 ㉢에는 '감소'보다는 '증가'가 더 적절하다.
④ 상관관계란 두 대상이 서로 관련성이 있다고 추측되는 넓은 의미의 관계인 반면, 인과관계는 어떤 사실로 인해 어떤 다른 사실이 초래되었다는 원인·결과 성립의 좁은 의미의 관계를 말한다. 따라서 문맥상 대법원보다 소극적인 방식으로 업무상 사망을 기준 짓는 공단은 해당 사건을 '인과관계'의 기준으로 적용했다는 보는 것이 더 적절하다.

05 정답 ①

제시문에 따르면 기존의 경제학에서는 인간을 철저하게 합리적이고 이기적인 존재로 보았지만, 행동경제학에서는 인간을 제한적으로 합리적이고 감성적인 존재로 보았다. 따라서 글의 흐름상 ㉠에는 '다른'이 적절하다.

06 **정답** ③

수면 패턴은 휴일과 평일 모두 일정하게 지키는 것이 성장하는 아이들의 수면 리듬을 유지하는 데 좋다. 따라서 휴일에 늦잠을 자는 것은 적절하지 않다.

07 **정답** ②

제시문에서는 유명 음악가 바흐와 모차르트에 대해 알려진 이야기들과, 이와는 다르게 밝혀진 사실을 대비하여 이야기하고 있다. 또한 사실이 아닌 이야기가 바흐와 모차르트의 삶을 미화하는 경향이 있으므로 제목으로는 '미화된 음악가들의 이야기와 그 진실'이 가장 적절하다.

08 **정답** ④

제시문에 따르면 신약개발의 전문가가 되기 위해서는 해당 분야에서 오랫동안 연구한 경험이 필요하므로 석사나 박사 학위를 취득하는 것이 유리하다고 하였다. 그러나 석사나 박사 학위가 신약개발 전문가가 되는 데 도움을 준다는 것일 뿐이므로 반드시 필요한 필수 조건인지는 알 수 없다. 따라서 ④는 제시문을 통해 추론할 수 없다.

09 **정답** ④

마지막 문단에 따르면 밀그램의 예상과 달리 65%의 사람들이 사람에게 분명히 해가 되는 450V까지 전압을 올렸고, 일부 실험자만이 '불복종'하였다.

10 **정답** ④

바우마이스터에 따르면 개인은 자신이 가지고 있는 제한된 에너지를 자기조절 과정에 사용하는데, 이때 에너지를 많이 사용한다고 하더라도 긴박한 상황을 대비하여 에너지의 일부를 남겨 두기 때문에 에너지가 완전히 고갈되는 상황은 벌어지지 않는다. 즉, S씨는 식단조절 과정에 에너지를 효율적으로 사용하지 못하였을 뿐, 에너지가 고갈되어 식단조절에 실패한 것은 아니다.

오답분석

① 반두라에 따르면 인간은 자기조절능력을 선천적으로 가지고 있으며, 자기조절은 세 가지의 하위 기능인 자기검열, 자기판단, 자기반응의 과정을 통해 작동한다.
② 반두라에 따르면 자기반응은 자신이 한 행동 이후에 자신에게 부여하는 정서적 현상을 의미하는데, 자신이 지향하는 목표와 관련된 개인적 표준에 부합하지 않은 행동은 죄책감이나 수치심이라는 자기반응을 만들어 낸다.
③ 바우마이스터에 따르면 자기조절은 개인적 표준, 모니터링, 동기, 에너지로 구성된다. S씨의 건강관리는 개인의 목표 성취와 관련된 개인적 표준에 해당하며, 이를 위해 S씨는 자신의 행동을 관찰하는 모니터링 과정을 거쳤다.

11 **정답** ③

ㄱ. 조하는 달의 변화에 따라 시행되기도 하였는데, 달의 변화를 기준으로 작성된 달력에 따라 매월 1일에 해당되는 삭일과 보름달이 뜨는 망일에 삭망조하가 시행된다고 하였으므로 적절한 내용이다.
ㄴ. 정실조하의 참여 대상은 왕세자, 모든 관원, 제방객사인데 반해, 상참의 참여 대상은 상참관이므로 적절한 내용이다.
ㄷ. 사정전에서 열리는 조회는 상참인데, 상참은 매일 열린다고 하였으므로 적절한 내용이다.

오답분석

ㄹ. 조회에 대한 사항은 〈예전〉의 '조의 조항'에 집약되어 있다고 하였으므로 적절하지 않은 내용이다.

12 **정답** ④

(가)의 앞 문장과 뒤 문장에서는 예술제도에 대한 이야기를 하고 있다. 따라서 (가)에는 예술제도에 대한 내용인 ㄷ이 들어가야 함을 알 수 있다. 또한, (나)에는 어린 아이들의 그림이나 놀이에 대한 설명인 ㄴ이 들어가야 하며, (다)에는 예술작품의 창조에 대한 내용인 ㄱ이 들어가야 한다.

13 **정답** ③

주어진 보기에서는 '선택적 함묵증'을 불안장애로 분류하고 있다. 따라서 불안장애에 대한 구체적인 설명 및 동반 행동을 제시하는 (라) 문단이 보기의 문장 뒤에 이어지는 것이 논리적으로 타당하다. 다음에는 이러한 불안장애 중 하나인 선택적 함묵증을 치료하기 위한 방안인 (가) 문단이 이어지고, (가) 문단에서 제시한 치료 방법의 구체적 방안 중 하나인 '미술치료'를 언급한 (다) 문단이 이어지는 것이 적절하다. 마지막으로 (다) 문단에서 언급한 '미술치료'가 선택적 함묵증의 증상을 나타내는 아동에게 어떠한 영향을 미치는지 언급한 (나) 문단이 이어질 것이다.

14 **정답** ①

제시문에 따르면 물체까지의 거리가 먼 경우에는 주변의 물체들에 대한 과거의 경험에 기초하여 거리를 추론한다고 하였다. 그런데 해당 물체에 대한 경험도 없고 다른 사물들을 보이지 않도록 한 상태라면 이 추론 과정이 작동하지 않아 거리를 판단할 수 없다. 따라서 ㄱ은 이 같은 입장을 반영하고 있으므로 제시문의 주장을 강화한다.

오답분석

ㄴ. 제시문의 주장에 따른다면 경험적 판단 기준이 없는 상황에서는 거리를 짐작할 수 없어야 한다. 그러나 ㄴ은 이와 상반된 내용을 담고 있으므로 제시문의 주장을 약화한다고 볼 수 있다.

ㄷ. 한쪽 눈이 실명이라면 두 직선이 이루는 각의 크기를 감지할 수 없으므로 거리를 파악할 수 없어야 한다. 그러나 ㄷ은 이와 반대로 나타나고 있다. 따라서 제시문의 주장을 약화시킨다.

15 **정답** ②

㉠과 ㉡의 관계는 상위와 하위 관계이다. 반면, '기우'와 '걱정'은 동의관계이므로 의미관계가 유사하지 않다.

16 **정답** ①

- 엑스레이를 찍는 것만으로도 위험하다(오해). → 3번째 문단
- 임신한 사람은 방사선 노출을 피해야 한다(진실). → 4번째 문단
- 유방암 검진이 오히려 유방암을 일으킬 수 있다(오해). → 5번째 문단
- 방사선 노출은 자연 상태에서도 이루어진다(진실). → 6번째 문단

17 **정답** ②

점오염원은 공장, 하수 처리장 등과 같이 일정한 지점에서 오염물질을 배출하는 것을 말하므로 (다)가 적절하다. 비점오염원은 점오염원을 제외하고 불특정하게 오염물질을 배출하는 도시, 도로, 농지, 산지 등의 오염물질 발생원을 뜻하므로 오수(가), 토사(나), 농약(라) 등을 말한다.

18 **정답** ④

오답분석

① 포장마차나 노점상에서 나오는 하수는 길거리 빗물받이에 버릴 수 없다.
② 아파트에서 세탁기 설치 시, 앞 베란다가 아닌 뒤 베란다나 다용도실에 설치해야 한다.
③ 야외에서 쓰레기는 지정된 장소에만 버려야 하며 땅속에 묻거나 태우는 행위를 해서는 안 된다.

19 **정답** ②

플라톤 시기에는 이제 막 알파벳이 보급되고, 문자문화가 전래의 구술적 신화문화를 대체하기 시작한 시기였다.

오답분석

① 타무스 왕은 문자를 죽었다고 표현하며, 생동감 있고 살아있는 기억력을 퇴보시킬 것이라 보았다.
③ 문자와 글쓰기는 콘텍스트를 떠나 비현실적이고 비자연적인 세계 속에서 수동적으로 이뤄진다.
④ 물리적이고 강제적인 억압에 의해 말살될 위기에 처한 진리의 소리는 기념비적인 언술 행위의 문자화를 통해서 저장되어야 한다고 보는 입장이 있다.

20 정답 ①

기단의 성질을 기호로 표시할 때의 순서는 습도 → 기단의 온도 → 열역학적 특성이다. 마지막 문단에 설명된 시베리아 기단의 성질은 지표면보다 차가운 대륙성 한대기단이므로 기호는 cPk가 된다. 북태평양 기단의 성질은 지표면보다 더운 해양성 열대기단이므로 mTw이며 지표면보다 차가운 해양성 한대기단인 오호츠크해 기단은 mPk로 표기한다.

02 수리능력

01	02	03	04	05	06	07	08	09	10	11	12	13	14	15	16	17	18	19	20
④	②	②	③	④	③	②	③	①	②	②	③	④	④	③	②	①	①	④	④

01 정답 ④

- 1학기의 기간 : 15×7=105일
- 연체료가 부과되는 기간 : 105−10=95일
- 연체료가 부과되는 시점에서부터 한 달 동안의 연체료 : 30×100=3,000원
- 첫 번째 달부터 두 번째 달까지의 연체료 : 30×100×2=6,000원
- 두 번째 달부터 세 번째 달까지의 연체료 : 30×100×2×2=12,000원
- 95일(3개월 5일) 연체료 : 3,000+6,000+12,000+5×(100×2×2×2)=25,000원

따라서 1학기 동안 대학 서적을 도서관에서 빌려 사용한다면 25,000원의 비용이 든다.

02 정답 ②

샌들의 정가는 20,000+20,000×0.4=28,000원이다.

정가를 x% 할인하였다고 하면

$$(\text{판매가})=(\text{정가})-(\text{할인 금액})=(28,000)-\left(28,000\times\frac{1}{100}x\right)\text{원}$$

이때 (판매가)−(원가)=(이익)이고, 원가의 10%인 이익이 20,000×0.1=2,000원이므로

$$\left\{(28,000)-\left(28,000\times\frac{1}{100}x\right)\right\}-20,000=2,000$$

$28,000-280x=22,000$

$280x=6,000 \rightarrow x≒21.4$

따라서 판매가에서 약 21.4%를 할인해야 원가의 10% 이익을 얻을 수 있다.

03 정답 ②

ㄱ. 중복조합을 구한다. ${}_6H_{10}={}_{6+10-1}C_{10}={}_{15}C_5=\frac{15\times14\times13\times12\times11}{5\times4\times3\times2\times1}=3,003$가지

ㄴ. 같은 것을 포함한 순열을 구한다. $\frac{4!}{2!}=12$가지

ㄷ. 중복을 포함한 경우의 수를 구한다. ${}_5\Pi_4=5^4=625$가지

따라서 경우의 수가 큰 것부터 순서대로 나열하면 ㄱ－ㄷ－ㄴ이다.

04 정답 ③

S야구팀의 작년 경기 횟수를 x회, 작년의 승리 횟수를 $0.4x$회라고 하자.

작년과 올해를 합산한 승률이 45%이므로

$\frac{0.4x+65}{x+120}=0.45 \rightarrow 5x=1,100 \rightarrow x=220$

작년의 총 경기 횟수는 220회이고, 승률이 40%이므로 이긴 경기는 220×0.4=88회이다.

따라서 S야구팀이 작년과 올해에 승리한 총 횟수는 88+65=153회이다.

05 정답 ④

10인 단체 티켓 가격은 $10\times16{,}000\times0.75=120{,}000$원이다. 놀이공원에 방문하는 부서원 수를 x명이라 할 때 부서원이 10명 이상이라면 10인 단체 티켓 1장과 개인 티켓을 구매하는 방법이 있고, 10인 단체 티켓 2장을 구매하는 방법이 있다. 이때 두 번째 방법, 즉 단체 티켓 2장을 구매하는 것이 더 유리하기 위해서는 $16{,}000\times(x-10)>120{,}000$을 만족해야 하므로, $x>17.5$이다.

따라서 부서원이 18명 이상일 때, 10인 단체 티켓 2장을 구매하는 것이 더 유리하다.

06 정답 ③

두 톱니의 최소공배수만큼 맞물린 후 처음으로 다시 같은 톱니에서 맞물린다. A톱니바퀴가 10회전을 하므로 맞물린 톱니 수는 2,200개이다. $220=2^2\times5\times11$이고 $2{,}200=2^3\times5^2\times11$이다.

따라서 B톱니바퀴의 톱니 수는 $2^3\times5^2=200$개이다.

07 정답 ②

$40=2^3\times5$, $12=2^2\times3$이므로 최소공배수는 $2^3\times3\times5=120$이다.

12명의 학생이 10일 동안 돌아가면서 정리하면 처음 같이 정리했던 부원과 함께 정리할 수 있다.

따라서 6월 7일에 정리한 학생들이 처음으로 도서관을 정리하는 날이 같아지는 날은 10일에다가 활동하지 않는 주말 4일을 더한 $10+4=14$일 후인 6월 21일이다.

08 정답 ③

진수, 민영, 지율, 보라 네 명의 최고점을 각각 a, b, c, d점이라고 하자.

$a+2b=10$ … ㉠

$c+2d=35$ … ㉡

$2a+4b+5c=85$ … ㉢

㉢과 ㉠을 연립하면 $2\times10+5c=85 \rightarrow 5c=65 \rightarrow c=13$

c의 값을 ㉡에 대입하여 d를 구하면 $13+2d=35 \rightarrow 2d=22 \rightarrow d=11$

따라서 보라의 최고점은 11점이다.

09 정답 ①

주어진 조건에 의하여 모델 A의 연비는 $\frac{a}{3}$km/L$=\frac{b}{5}$km/L … ㉠,

모델 B의 연비는 $\frac{c}{3}$km/L$=\frac{d}{5}$km/L $\rightarrow d=\frac{5}{3}c$ … ㉡이다.

3L로 시험했을 때 두 자동차의 주행거리의 합은 48km이므로 $a+c=48$ … ㉢

모델 B가 달린 주행거리의 합은 56km이므로 $c+d=56$ … ㉣

㉡과 ㉣을 연립하면 $c+\frac{5}{3}c=56 \rightarrow c=21$

c를 ㉢에 대입하면 $a+21=48 \rightarrow a=27$

즉, 모델 A의 연비는 $\frac{27}{3}=9$km/L이고 모델 B의 연비는 $\frac{21}{3}=7$km/L이다. 따라서 두 자동차의 연비의 곱은 $9\times7=63$이다.

10 정답 ②

- 평균 통화시간이 $6\sim9$분인 여자의 수 : $400\times\frac{18}{100}=72$명
- 평균 통화시간이 12분 이상인 남자의 수 : $600\times\frac{10}{100}=60$명

$\therefore \frac{72}{60}=1.2$배

11 정답 ②

오존전량의 증감 추이는 '감소 – 감소 – 감소 – 증가 – 증가 – 감소'이므로 옳지 않은 설명이다.

오답분석

① 이산화탄소의 농도는 계속해서 증가하고 있는 것을 확인할 수 있다.

③ 2023년 오존전량은 2017년 대비 335−331=4DU 증가했다.

④ 2023년 이산화탄소의 농도는 2018년 대비 395.7−388.7=7ppm 증가했다.

12 정답 ③

먼저 산정식에서 B는 0이고, C는 16이므로 극한기후 발생지수 산정식은 $\frac{A}{4}+1$로 단순화시킬 수 있다. 이를 이용하여 빈칸을 채워 넣으면 다음과 같다.

유 형	폭 염	한 파	호 우	대 설	강 풍
발생일수(일)	16	5	3	0	1
발생지수	5.00	$\frac{9}{4}$	$\frac{7}{4}$	1.00	$\frac{5}{4}$

대설(1.00)과 강풍$\left(\frac{5}{4}\right)$의 발생지수의 합은 $\frac{9}{4}$이므로, 호우의 발생지수 $\frac{7}{4}$보다 크다. 따라서 옳은 내용이다.

오답분석

① 발생지수가 가장 높은 것은 폭염(5.00)이므로 옳지 않은 내용이다.

② 호우의 발생지수는 $\frac{7}{4}$이므로 2.00에 미치지 못한다. 따라서 옳지 않은 내용이다.

④ 제시된 극한기후 유형별 발생지수를 모두 더하면 $\frac{(20+9+7+4+5)}{4}=\frac{45}{4}$이므로, 이의 평균은 $\frac{45}{20}=\frac{9}{4}$임을 알 수 있다. 이는 3에 미치지 못하는 수치이므로 옳지 않은 내용이다.

13 정답 ④

1인당 GDP 순위는 E>C>B>A>D이다. 그런데 1인당 GDP가 가장 큰 E국은 1인당 GDP가 2위인 C국보다 1% 정도밖에 높지 않은 반면, 인구는 C국의 $\frac{1}{10}$ 이하이므로 총 GDP 역시 C국보다 작다. 따라서 1인당 GDP 순위와 총 GDP 순위는 일치하지 않는다.

14 정답 ④

2023년에 세 번째로 많은 생산을 했던 분야는 일반기계 분야이다.

따라서 일반기계 분야의 2021년 대비 2022년의 변화율은 $\frac{4,020-4,370}{4,370}\times100 ≒ -8\%$이므로 약 8% 감소하였다.

15 정답 ③

ㄱ. 한국, 독일, 영국, 미국이 전년 대비 감소했다.

ㄷ. 2020년 한국, 중국, 독일의 전년 대비 연구개발비 증가율을 각각 구하면 다음과 같다.

- 한국 : $\frac{33,684-28,641}{28,641}\times100 ≒ 17.6\%$
- 중국 : $\frac{48,771-37,664}{37,664}\times100 ≒ 29.5\%$
- 독일 : $\frac{84,148-73,737}{73,737}\times100 ≒ 14.1\%$

따라서 중국, 한국, 독일 순서로 증가율이 높다.

오답분석

ㄴ. 2018년 대비 2022년 연구개발비의 증가율은 중국이 약 3배가량 증가하여 가장 높고, 일본은 $\frac{169,047-151,270}{151,270}\times100$ ≒11.8%이며, 영국은 $\frac{40,291-39,421}{39,421}\times100$≒2.2%로, 영국의 연구개발비 증가율이 가장 낮다.

16 정답 ②

수도권은 서울과 인천·경기를 합한 지역을 의미한다. 따라서 전체 마약류 단속 건수 중 수도권의 마약류 단속 건수의 비중은 22.1+35.8=57.9%이다.

오답분석

① • 대마 단속 전체 건수 : 167건
• 마약 단속 전체 건수 : 65건
65×3=195>167이므로 옳지 않은 설명이다.

③ 마약 단속 건수가 없는 지역은 강원, 충북, 제주로 3곳이다.

④ • 대구·경북 지역의 향정신성의약품 단속 건수 : 138건
• 광주·전남 지역의 향정신성의약품 단속 건수 : 38건
38×4=152>138이므로 옳지 않은 설명이다.

17 정답 ①

ㄱ. 표에서 2023년 매분기 '느타리' 1kg의 도매가는 '팽이' 3kg의 도매가보다 높다는 것을 알 수 있으므로 옳은 내용이다.

ㄴ. 2022년 분기별 '팽이'의 소매가를 계산하면 1분기는 (3,136+373)원/kg, 2분기는 (3,080−42)원/kg, 3분기는 (3,080−60)원/kg, 4분기는 (3,516−389)원/kg으로, 매 분기 3,000원/kg을 넘는다는 것을 알 수 있다.

오답분석

ㄷ. 2023년 1분기 '새송이'의 소매가는 5,233원/kg이고, 2022년 4분기는 5,363−45=5,318원/kg으로 옳지 않은 내용이다.

ㄹ. 2023년 1분기 '느타리' 도매가의 1.5배는 약 8,600원/kg이므로 소매가에 미치지 못한다. 따라서 1분기의 경우 소매가가 도매가의 1.5배를 넘으므로 옳지 않은 내용이다.

18 정답 ①

아시아의 소비실적이 2000년에 1,588Moe이었으므로 3배 이상이 되려면 4,764Moe 이상이 되어야 한다.

19 정답 ④

10대의 인터넷 공유활동을 참여율이 높은 순서대로 나열하면 '커뮤니티 이용 – 퍼나르기 – 블로그 운영 – UCC 게시 – 댓글달기'이다. 반면 30대는 '커뮤니티 이용 – 퍼나르기 – 블로그 운영 – 댓글달기 – UCC 게시'이다. 따라서 활동 순위가 서로 같지 않다.

오답분석

① 20대가 다른 연령대에 비해 참여율이 비교적 높은 편임을 자료에서 쉽게 확인할 수 있다.

② 대부분의 활동에서 남성이 여성보다 참여율이 높지만, 블로그 운영에서는 여성의 참여율이 더 높다.

③ 남녀 간의 참여율 격차가 가장 큰 영역은 13.8%p로 댓글달기이며, 가장 적은 영역은 2.7%p로 커뮤니티 이용이다.

20 정답 ④

제시된 자료를 토대로 각국의 청년층 정부신뢰율을 구하면 A는 7.6%, B는 49.1%, C는 57.1%, D는 80%이다. 우선 첫 번째 조건에 따라 두 국가 간의 수치가 10배 이상이 될 수 있는 것은 그리스와 스위스이므로, A는 그리스, D는 스위스임을 알 수 있다. 또한, 마지막 조건을 확인해 보면 D보다 30%p 이상 낮은 것은 B밖에 없으므로 B가 미국이 되며, 남은 C는 자동적으로 영국임을 알 수 있다.

03 문제해결능력

01	02	03	04	05	06	07	08	09	10	11	12	13	14	15	16	17	18	19	20
③	④	①	④	①	③	③	①	④	②	③	②	④	②	③	②	②	④	①	③

01 정답 ③

K사는 모바일 게임 시장은 사라질 것이라는 과거의 고정관념에서 벗어나 인식의 틀을 전환하여 오히려 신기술인 AR을 게임에 도입하여 큰 성공을 거두었다. 즉, K사는 기존에 가지고 있는 인식의 틀을 전환하여 새로운 관점에서 사물과 세상을 바라보는 발상의 전환을 통해 문제를 해결한 것이다.

02 정답 ④

실행계획 수립은 무엇을, 어떤 목적으로, 언제, 어디서, 누가, 어떤 방법으로 문제를 해결할지에 대한 답을 가지고 계획하는 단계이다. 계획은 자원을 고려하여 수립해야 하며, 세부 실행내용의 난도를 고려하여 가급적 구체적으로 세우는 것이 좋고, 해결안별 구체적인 실행계획서를 작성함으로써 실행의 목적과 과정별 진행내용을 일목요연하게 파악하도록 하는 것이 필요하다.

03 정답 ①

주어진 조건을 정리해 보면 다음과 같다.

구분	월	화	수	목	금
경우 1	보리밥	콩 밥	조 밥	수수밥	쌀 밥
경우 2	수수밥	콩 밥	조 밥	보리밥	쌀 밥

따라서 항상 참인 것은 ①이다.

오답분석

② 금요일에 먹을 수 있는 것은 쌀밥이다.
③·④는 주어진 정보만으로 판단하기 힘들다.

04 정답 ④

주어진 조건에 따라 엘리베이터 검사 순서를 추론해 보면 다음과 같다.

첫 번째	5호기
두 번째	3호기
세 번째	1호기
네 번째	2호기
다섯 번째	6호기
여섯 번째	4호기

따라서 1호기 다음은 2호기, 그 다음이 6호기이고, 6호기는 5번째로 검사한다.

05 정답 ①

한 번 거주했던 층에서는 다시 거주할 수 없기 때문에 A는 3층, B는 2층에 배정될 수 있다. C는 1층 또는 4층에 배정될 수 있지만, D는 1층에만 거주할 수 있기 때문에, C는 4층, D는 1층에 배정된다. 이를 표로 정리하면 다음과 같다.

A	B	C	D
3층	2층	4층	1층

따라서 항상 참인 것은 ①이다.

오답분석

②·③·④ 주어진 정보만으로는 판단하기 힘들다.

06 **정답** ③

네 번째, 다섯 번째 명제에 의해 A와 C는 각각 2종류의 동물을 키운다. 또한 첫 번째, 두 번째, 세 번째 명제에 의해 A는 토끼를 키우지 않는다. 따라서 A는 개와 닭, C는 고양이와 토끼를 키운다. 첫 번째 조건에 의해 D는 닭을 키우므로 C는 키우지 않지만 D가 키우는 동물은 닭이다.

오답분석

① 세 번째 명제에 의해 B가 개를 키운다.
② B가 토끼는 키우지 않지만, 고양이는 키울 수도 있다.
④ A, B, D 또는 B, C, D가 같은 동물을 키울 수 있다.

07 **정답** ③

오답분석

ㄴ. 편견이나 선입견에 의해 결정을 내리는 것을 지양하는 것은 개방성에 대한 설명이다.
ㄹ. 고정성, 독단적 태도, 경직성을 배격하는 것은 융통성에 대한 설명이다.

08 **정답** ①

오답분석

- 성민 : 하위의 사실이나 현상으로부터 사고하여 상위의 주장을 만들어가는 방법은 피라미드 구조에 따른 논리적 사고이다.
- 가연 : 피라미드 구조는 보조 메시지에서 선별이 아닌 종합의 방식으로 메인 메시지를 도출한 후, 메인 메시지를 종합하여 최종적 정보를 도출해내는 방법이다.

09 **정답** ④

㉠ A=100, B=101, C=102이다. 따라서 Z=125이다.
㉡ C=3, D=4, E=5, F=6이다. 따라서 Z=26이다.
㉢ P가 17임을 볼 때, J=11, Y=26, Z=27이다.
㉣ Q=25, R=26, S=27, T=28이다. 따라서 Z=34이다.
따라서 해당하는 Z값을 모두 더하면 125+26+27+34=212이다.

10 **정답** ②

발행형태가 4로 전집이기 때문에 한 권으로만 출판된 것이 아님을 알 수 있다.

오답분석

① 국가번호가 05(미국)로 미국에서 출판되었다.
③ 발행자번호는 441로 세 자리로 이루어져 있다.
④ 서명식별번호가 1011로 1011번째 발행되었다. 441은 발행자의 번호로 이 책을 발행한 출판사의 발행자번호가 441이라는 것을 의미한다.

11 **정답** ③

조선 시대의 미(未)시는 오후 1시 ~ 3시를, 유(酉)시는 오후 5시 ~ 7시를 나타낸다. 오후 2시부터 4시 30분까지 운동을 하였다면, 조선 시대 시간으로 미(未)시 정(正)부터 신(申)시 정(正)까지 운동을 한 것이 되므로 옳지 않다.

오답분석

① 초등학교의 점심시간이 오후 1시부터 2시까지라면, 조선 시대 시간으로 미(未)시(1 ~ 3시)에 해당한다.
② 조선 시대의 인(寅)시는 현대 시간으로 오전 3 ~ 5시를 나타낸다.
④ 축구 경기가 전반전 45분과 후반전 45분으로 총 90분 동안 진행되었으므로 조선 시대 시간으로 한 시진(2시간)이 되지 않는다.

12 **정답** ②

서울 지점의 C씨에게 배송할 제품과 경기남부 지점의 B씨에게 배송할 제품에 대한 기호를 모두 기록해야 한다.

- C씨 : MS11EISS
  - 재료 : 연강(MS)
  - 판매량 : 1box(11)
  - 지역 : 서울(E)
  - 윤활유 사용 : 윤활작용(I)
  - 용도 : 스프링(SS)
- B씨 : AHSS00SSST
  - 재료 : 초고강도강(AHSS)
  - 판매량 : 1set(00)
  - 지역 : 경기남부(S)
  - 윤활유 사용 : 밀폐작용(S)
  - 용도 : 타이어코드(ST)

13 **정답** ④

ㄴ. 민간의 자율주행기술 R&D를 지원하여 기술적 안정성을 높이는 전략은 위협을 최소화하는 내용은 포함하지 않고 약점만 보완하는 전략이므로 ST전략이라 볼 수 없다.

ㄹ. 국내 기업의 자율주행기술 투자가 부족한 약점을 국가기관의 주도로 극복하려는 내용은 약점을 최소화하고 위협을 회피하려는 WT전략의 내용으로 적합하지 않다.

오답분석

ㄱ. 높은 수준의 자율주행기술을 가진 외국 기업과의 기술이전협약 기회를 통해 국내외에서 우수한 평가를 받는 국내 자동차 기업이 국내 자율주행자동차 산업의 강점을 강화하는 전략은 SO전략에 해당한다.

ㄷ. 국가가 지속적으로 자율주행차 R&D를 지원하는 법안이 본회의를 통과한 기회를 토대로 기술 개발을 지원하여 국내 자율주행자동차 산업의 약점인 기술적 안전성을 확보하려는 전략은 WO전략에 해당한다.

14 **정답** ②

국내 금융기관에 대한 SWOT 분석 결과는 다음과 같다.

강점(Strength)	약점(Weakness)
• 높은 국내 시장 지배력 • 우수한 자산건전성 • 뛰어난 위기관리 역량	• 은행과 이자수익에 편중된 수익구조 • 취약한 해외 비즈니스와 글로벌 경쟁력
기회(Opportunity)	**위협(Threat)**
• 해외 금융시장 진출 확대 • 기술 발달에 따른 핀테크의 등장 • IT 인프라를 활용한 새로운 수익 창출	• 새로운 금융 서비스의 등장 • 글로벌 금융기관과의 경쟁 심화

㉠ SO전략은 강점을 살려 기회를 포착하는 전략으로, 강점인 국내 시장 점유율을 기반으로 핀테크 사업에 진출하려는 ㉠은 적절한 SO전략으로 볼 수 있다.

㉢ ST전략은 강점을 살려 위협을 회피하는 전략으로, 강점인 우수한 자산건전성을 강조하여 글로벌 금융기관과의 경쟁에서 우위를 차지하려는 ㉢은 적절한 ST전략으로 볼 수 있다.

15 **정답** ③

투자 여부 판단 조건에 대한 관계를 추가로 정리하면 다음과 같다.

2)를 근거로 ㉯가 나타나지 않으면 ㉱는 나타나지 않는다.

3)을 근거로 ㉯ 또는 ㉰가 나타나지 않으면 ㉲는 나타나지 않는다.

1 ~ 5의 조건에 따라 이상 징후 발견 여부를 정리하면 다음과 같다.

구 분	㉮	㉯	㉰	㉱	㉲
A	○	–	○	×	×
B	○	○	○	○	–
C	○	×	○	×	×
D	×	○	×	–	–
E	×	×	×	×	×

따라서 투자 부적격 기업은 4개 이상의 이상 징후가 발견된 B기업이다.

16 **정답** ②

ⓑ 화장품은 할인혜택에 포함되지 않는다.

ⓒ 침구류는 가구가 아니므로 할인혜택에 포함되지 않는다.

17 **정답** ②

- 오늘 전액을 송금할 경우 원화 기준 숙박비용 : 13,000엔×2박×(1−0.1)×1,120원/100엔=262,080원
- 한 달 뒤 전액을 현찰로 지불할 경우 원화 기준 숙박비용 : 13,000엔×2박×1,010원/100엔=262,600원

따라서 오늘 전액을 송금하는 것이 520원 더 저렴하다.

18 **정답** ④

ⓒ 전기장판은 저온모드로 낮춰 사용해야 고온으로 사용할 때보다 자기장이 50% 줄어든다. 고온으로 사용하다가 저온으로 낮춰 사용하는 것이 전자파를 줄일 수 있다는 내용은 가이드라인에서 확인할 수 없으므로 옳지 않다.

ⓓ 시중에 판매하는 전차파 차단 필터는 효과가 없는 것으로 밝혀졌으므로 옳지 않다.

19 **정답** ①

독립유공자 예우에 관한 법률에 의한 독립유공자 또는 독립유공자의 권리를 이전받은 유족 1인은 혜택을 받을 수 있다. 남편이 독립유공자이며 일찍 돌아가신 후 할머니에게 혜택과 관련된 연락이 오는 걸 미루어 권리를 이전받았다는 것을 추측할 수 있다. 3자녀 이상 가구는 가구원 중 자녀가 3인 이상이어야 혜택을 받을 수 있다. 할머니의 자녀들은 현재 모두 결혼해 타지역에서 가정을 이루고 있다. 따라서 3자녀 가구는 세대별 주민등록표상 세대주와의 관계가 “자(子)” 3인 이상 또는 “손(孫)” 3인 이상으로 표시된 주거용 고객이 신청할 수 있으므로 옳지 않다. 또한 할머니는 심장 이식으로 인해 장애등급 5등급을 가지고 있지만 복지할인은 1～3등급까지 받을 수 있기 때문에 적절하지 않다.

20 **정답** ③

67,000×0.2=13,400원이므로 총 할인금액은 13,400원이지만 월 1만 2천 원의 한도금액이 있으므로 할인받을 수 있는 금액은 12,000원이다.

04 정보능력

01	02	03	04	05	06	07	08	09	10
④	①	②	④	④	④	③	②	②	②

01 정답 ④

제시문에서는 '응용프로그램과 데이터베이스를 독립시킴으로써 데이터를 변경시키더라도 응용프로그램은 변경되지 않는다'라고 하였다. 따라서 데이터 논리적 의존성이 아니라 데이터 논리적 독립성이 적절하다.

오답분석

① '다량의 데이터는 사용자의 질의에 대한 신속한 응답 처리를 가능하게 한다'라는 내용이 실시간 접근성에 해당한다.

② '삽입, 삭제, 수정, 갱신 등을 통하여 항상 최신의 데이터를 유동적으로 유지할 수 있으며'라는 내용을 통해 데이터베이스는 그 내용을 변화시키면서 계속적인 진화를 하고 있음을 알 수 있다.

③ '여러 명의 사용자가 동시에 공유할 수 있고'라는 부분에서 동시 공유가 가능함을 알 수 있다.

02 정답 ①

정보관리의 3원칙

- 목적성 : 사용목표가 명확해야 한다.
- 용이성 : 쉽게 작업할 수 있어야 한다.
- 유용성 : 즉시 사용할 수 있어야 한다.

03 정답 ②

ㄱ. 반복적인 작업을 간단히 실행키에 기억시켜 두고 필요할 때 빠르게 바꾸어 사용하는 기능은 매크로이다.

ㄷ. 같은 내용의 편지나 안내문 등을 여러 사람에게 보낼 때 쓰이는 기능은 메일 머지이다.

04 정답 ④

- (가) 자료(Data) : 정보 작성을 위하여 필요한 데이터를 말하는 것으로, 이는 '아직 특정의 목적에 대하여 평가되지 않은 상태의 숫자나 문자들의 단순한 나열'을 뜻한다.
- (나) 정보(Information) : 자료를 일정한 프로그램에 따라 처리·가공함으로써 '특정한 목적을 달성하는 데 필요하거나 특정한 의미를 가진 것으로 다시 생산된 것'을 뜻한다.
- (다) 지식(Knowledge) : '특정한 목적을 달성하기 위해 과학적 또는 이론적으로 추상화되거나 정립되어 있는 일반화된 정보'를 뜻하는 것으로, 어떤 대상에 대하여 원리적·통일적으로 조직되어 객관적 타당성을 요구할 수 있는 판단의 체계를 제시한다.

05 정답 ④

World Wide Web(WWW)에 대한 설명으로, 웹은 3차 산업혁명에 큰 영향을 미쳤다.

오답분석

① 스마트 팜에 대한 설명이다.

② 3D 프린팅에 대한 설명이다.

③ 클라우드 컴퓨팅에 대한 설명이다.

06 정답 ④

고정하기를 원하는 행의 아래, 열의 오른쪽에 셀 포인터를 위치시킨 후 [보기] – [틀 고정]을 선택해야 한다.

07 **정답** ③

PROPER 함수는 단어 앞의 첫 글자만 대문자로 나타내고 나머지는 소문자로 나타내주는 함수이다. 따라서 'Republic Of Korea'로 나와야 한다.

08 **정답** ②

ISNONTEXT 함수는 값이 텍스트가 아닐 경우 논리값 'TRUE'를 반환한다. [A2] 셀의 값은 텍스트이므로 함수의 결괏값으로 'FALSE'가 산출된다.

오답분석

① ISNUMBER 함수 : 값이 숫자일 경우 논리값 'TRUE'를 반환한다.
③ ISTEXT 함수 : 값이 텍스트일 경우 논리값 'TRUE'를 반환한다.
④ ISEVEN 함수 : 값이 짝수이면 논리값 'TRUE'를 반환한다.

09 **정답** ②

VLOOKUP은 목록 범위의 첫 번째 열에서 세로 방향으로 검색하면서 원하는 값을 추출하는 함수이고, HLOOKUP은 목록 범위의 첫 번째 행에서 가로 방향으로 검색하면서 원하는 값을 추출하는 함수이다. 즉, 첫 번째 열에 있는 '박지성'의 결석값을 찾아야 하므로 VLOOKUP 함수를 이용해야 한다. VLOOKUP 함수의 형식은 「=VLOOKUP(찾을 값,범위,열 번호,찾기 옵션)」이다. 범위는 절대참조로 지정해줘야 하며, 근사값을 찾고자 할 경우 찾기 옵션에 1 또는 TRUE를 입력하고, 정확히 일치하는 값을 찾고자 할 경우에는 0 또는 FALSE를 입력해야 한다. 따라서 '박지성'의 결석 값을 찾기 위한 함수식은 「=VLOOKUP("박지성",$A$3:$D$5,4,0)」이다.

10 **정답** ②

주어진 자료에서 원하는 항목만을 골라 해당하는 금액의 합계를 구하기 위해서는 SUMIF 함수를 사용하는 것이 적절하다. SUMIF 함수는 「=SUMIF(범위,조건,합계를 구할 범위)」 형식으로 작성한다. 따라서 「=SUMIF(C3:C22,"외식비",D3:D22)」 함수식을 입력하면 원하는 값을 도출할 수 있다.

05 대인관계능력

01	02	03	04	05	06	07	08	09	10
④	③	③	④	②	④	①	③	④	①

01 정답 ④

협상 과정의 단계에 따르면 간접적인 방법으로 협상의사를 전달(협상 시작 단계) → 적극적으로 자기주장 제시(상호이해 단계) → 분할과 통합 기법을 활용하여 이해관계 분석(실질이해 단계) → 협상 안건마다 대안 평가(해결대안 단계) → 합의문 작성(합의문서 단계)의 순서로 이어진다.

02 정답 ③

고객불만 처리 프로세스 중 '해결 약속' 단계에서는 고객이 불만을 느낀 상황에 대해 관심과 공감을 보이며, 문제의 빠른 해결을 약속해야 한다.

고객 불만 처리 프로세스

구분	내용
경 청	고객의 항의에 선입관을 버리고 끝까지 경청한다.
감사와 공감 표시	일부러 시간을 내서 해결의 기회를 준 것에 감사를 표시하며, 고객의 항의에 공감을 표시한다.
사 과	고객의 이야기를 듣고 문제점에 대해 인정하며, 잘못된 부분에 대해 사과한다.
해결 약속	고객이 불만을 느낀 상황에 대해 관심과 공감을 보이며, 문제의 빠른 해결을 약속한다.
정보파악	문제 해결을 위해 꼭 필요한 질문만 하여 정보를 얻고, 최선의 해결방법을 찾기 어려우면 고객에게 어떻게 해주면 만족스러운지를 묻는다.
신속처리	잘못된 부분을 신속하게 시정한다.
처리확인과 사과	불만처리 후 고객에게 처리 결과에 만족하는지를 물어보고, 고객에게 불편을 끼친 점에 대해 사과한다.
피드백	고객 불만 사례를 회사 및 전 직원에게 알려 다시는 동일한 문제가 발생하지 않도록 한다.

03 정답 ③

(A)의 경우 상대방이 제시하는 것을 일방적으로 수용한다는 점을 볼 때, 유화전략임을 알 수 있으며, (B)의 경우 자신의 이익을 극대화하기 위한 공격적 전략이라는 점에서 강압전략임을 알 수 있다. (C)의 경우 협상을 피한다는 점으로 회피전략임을, (D)의 경우 협동과 통합으로 문제를 해결한다는 점에서 협력전략임을 알 수 있다.

04 정답 ④

ㄷ. 객관적 평가를 위해 계획 단계에서 설정한 평가 지표에 따라 평가하는 것은 조직목표 달성의 효과성 개선을 위한 노력으로 적절하다.

ㄹ. 개방적 의사소통은 조직목표 달성의 효과성 개선에 도움이 되므로 팀을 수평적 구조로 재구성하는 것은 적절하다.

오답분석

ㄱ. 책임소재를 명확히 하는 것은 좋으나, 조직목표 달성의 효과성 개선을 위해서는 절차보다 결과에 초점을 맞추어야 한다. 따라서 절차상의 하자 제거를 최우선시하는 것은 적절하지 않다.

ㄴ. 내부 의견이 일치하지 않는 경우 단순히 주관적 판단인 부서장의 의견을 따르기보다는 의견수렴을 통해 합리적이고 건설적으로 해결해야 한다.

05 정답 ②

거래적 리더십은 기계적 관료제에 적합하고, 변혁적 리더십은 단순구조나 임시조직, 경제적응적 구조에 적합하다.

- 거래적 리더십 : 리더와 조직원들이 이해타산적 관계에 의해 규정에 따르며, 합리적인 사고를 중시하고 보강으로 동기를 유발한다.
- 변혁적 리더십 : 리더와 조직원들이 장기적 목표 달성을 추구하고, 리더는 조직원의 변화를 통해 동기를 부여하고자 한다.

06 정답 ④

사회적 입증 전략이란 사람은 과학적 이론보다 자신의 동료나 이웃의 말이나 행동에 의해서 쉽게 설득된다는 전략이다.

오답분석

① See – Feel – Change 전략 : 시각화하고 직접 보게 하여 이해시키고(See), 스스로가 느끼게 하여 감동시키며(Feel), 이를 통해 상대방을 변화시켜(Change) 설득에 성공한다는 전략이다.
② 호혜관계 형성 전략 : 협상 당사자 간에 어떤 혜택들을 주고받은 관계가 형성되어 있으면 그 협상 과정상의 갈등해결이 용이하다는 것이다.
③ 헌신과 일관성 전략 : 협상 당사자 간에 기대하는 바에 일관성 있게 헌신적으로 부응하여 행동하게 되면 협상 과정상의 갈등해결이 용이하다는 것이다.

07 정답 ①

소외형은 동료들이나 리더의 시각에서는 냉소적이며 부정적이고, 적절한 보상이 없으면 자신을 인정해주지 않고 불공정하고 문제가 있다고 느끼는 사람으로써, A씨는 소외형 멤버십 유형에 속한다.

오답분석

② 순응형 : 질서를 따르는 것이 중요하고 획일적인 태도와 행동에 익숙한 유형으로, 팀플레이를 하며 리더나 조직을 믿고 헌신해야 한다고 생각한다. 동료의 시각에서는 아이디어가 없고 인기 없는 일은 하지 않으며 조직을 위해 자신과 가족의 요구를 양보하는 사람으로 비춰질 수 있다.
③ 실무형 : 규정의 준수를 강조하며 조직이 명령과 계획을 빈번하게 변경하고 리더와 부하 간의 비인간적인 풍토가 있다고 생각하는 유형으로, 조직의 운영방침에 민감하고 사건을 균형 잡힌 시각으로 본다. 동료의 시각에서는 개인의 이익을 극대화하기 위한 흥정에 능하고 적당한 열의와 평범한 수완으로 업무를 수행하는 사람이다.
④ 수동형 : 조직이 나의 아이디어를 원치 않으며 노력과 공헌을 해도 아무 소용이 없다고 느낀다. 판단과 사고를 리더에 의존하고 지시가 있어야 행동한다. 동료의 시각에서는 수행하는 일이 없고 업무수행에는 감독이 반드시 필요한 사람으로 보이는 유형이다.

08 정답 ③

책임감에 대한 부담을 덜어주는 것이 아니라, 책임을 부여하고 자신의 역할과 행동에 책임감을 가질 수 있는 환경을 제공해야 한다.

09 정답 ④

㉣은 문제의 빠른 해결을 약속하는 '해결 약속' 단계에서 해야 할 말이지만, 설명된 내용은 '피드백' 단계에 해당하므로 옳지 않다.

오답분석

①은 감사와 공감 표시에 대한 설명이다.
②는 사과에 대한 설명이다.
③은 정보파악에 대한 설명이다.

10 정답 ①

㉢은 문제 해결을 위해 꼭 필요한 질문만 하여 정보를 얻고, 최선의 해결방법을 찾기 어려우면 고객에게 어떻게 해결해야 만족스러운지를 묻는 정보파악 단계 과정이다.

SDEDU

합격의 공식
시대에듀

많이 보고 많이 겪고 많이 공부하는 것은 배움의 세 기둥이다.

- 벤자민 디즈라엘리 -

무언가를 위해 목숨을 버릴 각오가 되어 있지 않는 한
그것이 삶의 목표라는 어떤 확신도 가질 수 없다.

- 체 게바라 -

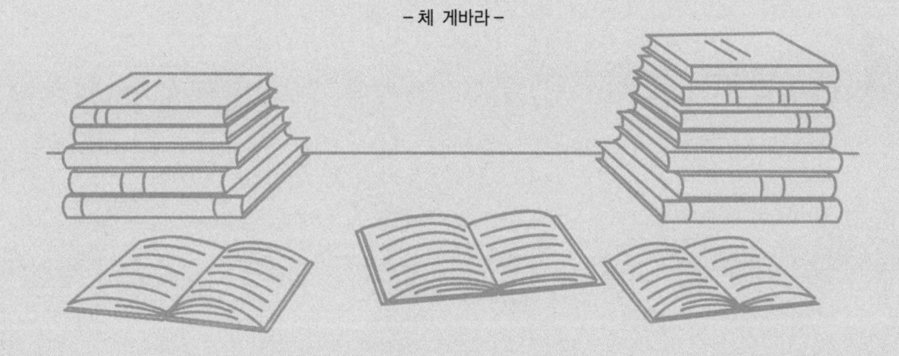

합격의
공식
시대에듀
SDEDU

모든 전사 중 가장 강한 전사는 이 두 가지, 시간과 인내다.

– 레프 톨스토이 –

대전광역시 공공기관 통합채용 NCS + 최신상식 + 일반상식

개정3판1쇄 발행	2025년 05월 10일 (인쇄 2025년 04월 14일)
초 판 발 행	2022년 04월 05일 (인쇄 2022년 03월 24일)
발 행 인	박영일
책 임 편 집	이해욱
편 저	시대적성검사연구소
편 집 진 행	김준일 · 남민우 · 김유진
표지디자인	김도연
편집디자인	차성미 · 고현준
발 행 처	(주)시대고시기획
출 판 등 록	제10-1521호
주 소	서울시 마포구 큰우물로 75 [도화동 538 성지 B/D] 9F
전 화	1600-3600
팩 스	02-701-8823
홈 페 이 지	www.sdedu.co.kr
I S B N	979-11-383-9218-1 (13320)
정 가	20,000원